国家出版基金项目
NATIONAL PUBLICATION FOUNDATION

复旦宋代文学研究书系 第二辑

王水照 主编

北宋翰林学士与文学研究

陈元锋 著

复旦大學 出版社

山东省一流学科山东师范大学文学院
中国语言文学学科建设经费资助

山东省一流学科山东师范大学文学院中国语言文学学科 "高层次著作"中文书系编委会

复旦宋代文学研究书系第二辑序

王水照

　　2013年,我们推出了"复旦宋代文学研究书系"第一辑,这套"书系"承袭我所编"日本宋学六人集"而来,可谓"六人集"的国内版。其中选入六部中青年学者的著作,作者都是我的学生。"书系"出版后,引起学术界的关注。同年12月,我们在复旦大学召开了新书座谈会,邀请中国社会科学院、北京师范大学、南京大学、华东师范大学、华中师范大学、上海外国语大学等高校的同行,就这套书做了一次集中评议,讨论评述了"书系"的学术价值和相关问题,评议成果陆续在各类期刊发表。同时,在这次座谈会参与人员的基础上,这批中青年学者又联络同道,互相砥砺,相约成立了宋代文学同人读书会,编辑《宋代文学评论》专刊。"书系"的积极效应显现,影响力也明显扩大,获得了第十二届上海市哲学社会科学优秀成果一等奖(集体),其中两部著作又获得了教育部第七届高校人文社会科学优秀成果二等奖、三等奖。这些都说明,我在第一辑序言中许下的"精选几部著作,形成一个品牌"的愿望,得以部分实现。

　　当然,要真正"形成一个品牌"并不是一件容易的事情,只有坚持标准,持续发力,才可能得到大家广泛认可。我们秉持"文化—文学"的学术思路,在强调文学本位的同时,注重交叉型课题的研究,以拓宽研究视野和研究路径,期能在得出具体论断之外,也为学界提供一些研究方法和研究角度上的启示。职是之故,我们又精心遴选,推出了第二辑。本辑在学术理念上，与第一辑一脉相承。比如本辑陈元锋《北宋翰林学士与文学研究》一书，是其博士学位论文《北宋馆阁翰苑与诗坛研究》的姊妹篇，两书研究角度都聚焦于"制度与文学"这一交叉型课题。书中全面讨论了北宋翰林学士的政治文化职能，以及他们主持文坛所形成的文学图景，突出了翰林学士在文学集团中的领袖作用，拓展了我们对北宋文学的认识。他提到交叉型课题要避免使文学沦为历史文化研究的附庸，这是我在第一辑序言中也着重强调过的。又如朱刚的《苏轼苏辙研究》，是作者长期钻研唐宋八大家的重要成果，与第一辑的《唐宋"古文运动"与士大夫文学》形成互补，加深了我们对苏氏兄弟文学、文献和行迹的认识，丰富了北宋士大夫文学的面相。再如侯体健的《士人身份与南宋诗文研究》，标题拈出"士人身份"一词，这在第一辑《刘克庄的文学世界——晚宋文学生态的一种考察》中，就已是全书的关键词之一；而戴路《南宋理宗朝诗坛研究》也主要从不同的诗人身份入手，架构全文。这都充分显示出本辑和第一辑内在的延续性。

但更值得注意的是，本辑较第一辑又有一些新的变化，某种程度上反映出近年来宋代文学研究整体格局的调整，主要表现在以下三个方面：

一是研究时段后移，南宋文学逐渐被大家所重视。第一辑的研究重心在北宋，除了侯体健一书是论南宋刘克庄，其他几部都是讨论北宋的文学现象，像朱刚《唐宋"古文运动"与士大夫文学》、李贵《中唐至北宋的典范选择与诗歌因革》两部还是从中唐谈起的。本辑论题在时段上则以南宋为主，侯体健《士人身份与南宋诗文研究》、戴路《南宋理宗朝诗坛研究》、王汝娟《南宋"五山文学"研究》书名都明确标示出南宋，赵惠俊《朝野与雅俗：宋真宗至高宗朝词坛生态与词体雅化研究》也有半部涉及南宋。侯体健在引言中还提出了"作为独立研究单元的南宋文学"的理念，更是显示出作者对南宋文学的特别关注。十多年前，我曾指出宋代文学研究存在"三重三轻"（重北宋轻南宋、重词轻诗文、重大作家轻中小作家）的偏颇。经过学界同仁的共同努力，这些偏颇现在都得到不同程度的纠正，宋代文学研究格局日益合理。我认为南宋文学是我国文学史上一个独立的发展阶段，呈现出诸多重大特点：文学重心在空间上的南移，作家层级下移，文体文风由"雅"趋"俗"，文学商品化的演进与文学传播广度、密度的加大等，都具有里程碑式的转折意义。我们应该在文学领域积极推动"重新认识南宋"这一课题的深入。侯体健、戴路、王汝娟的著作，可以说是对这个课题的初步探索与回应。

二是论题的综合性趋强，所涉文体论域更广。宋代是我国文学样式、文人身份、文体种类最为丰富的历史时期之一，要全面展现这个时代的文学图景，就必须多层次、多视角、多维度地观照。第一辑主要集中于以欧、苏为代表的士大夫文学，即使是刘克庄这样的文人，也多具士大夫色彩；文体上则偏重诗歌，如李贵论典范选择、金甫暕论苏轼"和陶"、成玮论宋初诗坛都是讨论宋诗之作。第二辑论题就明显广泛一些：从身份来看，除了依然关注翰林学士、苏轼兄弟之外，江湖诗人、地方文人、禅僧诗人被着重提出来讨论，在好几部书中都有不同程度的反映；从文体来看，诗文虽然仍是重点，但又添入赵惠俊关于词体雅化一书，可谓弥补了第一辑宋词缺席的遗憾，而且讨论宋代骈文的篇幅明显增加，侯体健、王汝娟的著作都有专章专节研讨"宋四六"；从研究模式来看，个案研究明显减少，时段研究、专题研究增多，出现了"翰林学士与文学"、"理宗诗坛"、"五山文学"、"词的雅化"等具有学术个性的专题，等等。这从侧面反映出当前宋代文学研究已经进入新的阶段。突破个案局限，走向更具挑战性的综合研究，成为大家共同的选择。这自然也对作者的知识结构、学术视野和资料搜集解读能力，提出了更高的要求。

三是尝试提出新视角与新概念，显示出学理性建构的努力。本辑的一些研究视角,都是以前研究比较少见或多有忽视的,比如陈元锋从翰林学士角度切入讨论北宋文坛,戴路以诗人身份属性分疏理宗诗坛,赵惠俊重构词体雅化脉络等,前人都未特别措意,他们却能独出机杼,另辟蹊径,提供了有意义的研究视角。另外还有一些新概念被提出来,如王汝娟使用南宋"五山文学",这是受到日本五山文学的影响而自创的概念。我们知道,日本之所以有"五山十刹"之称,本就是受到南宋寺庙规制影响,然而南宋禅宗文学并无专门指称,现在再"由日推中",借用为南宋"五山文学"以代指南宋禅僧文学,是具有学理意义的。侯体健则提出"祠官文学",以统称那些领任祠禄官的宋代士人表达祠官身份和志趣的文学作品,并认为是一窥南宋文人心灵世界的重要视角,也颇有启发意义。这些新的概念能否为大家所接受并获得进一步的讨论,自然有待时间的检验,但它们确实有助于我们思考当前宋代文学研究如何拓展视野,更新路径,以获得长足发展。

其他像陈元锋对翰林学士制诰典册的解读、朱刚对审刑院本《乌台诗案》的分析、侯体健对南宋骈文程式的讨论、王汝娟对日本所存禅宗文献的利用、戴路对晚宋士大夫诗人群体的挖掘、赵惠俊对词作的细读及"雅词"的辨析等具体的创获还很多,这里就不一一介绍了。宋代大儒朱熹有云"旧学商量加邃密,新知培养转深沉",本辑所收著作既有对旧题的再讨论、再补充、再纠正,也有自创新题的开拓与建构,邃密深沉,两兼其美,展现出宋代文学研究领域的求新面貌和广阔前景。

本辑呈现的变化,既是大家不甘守旧、努力创新的结果,也是学界新生力量不断成长的必然。第一辑的作者以出生于60、70年代为主,这一辑则已然是80、90后占绝对优势;而且他们中间有几位是我学生的学生,戴路是吕肖奂的博士,赵惠俊是朱刚的博士,王汝娟也曾随朱刚读研。学术事业,薪火相传,这是作为老师的我非常乐意也非常期盼见到的,希望他们能够戒骄戒躁,再接再厉,百尺竿头更进一步。

最后,我还想借此机会诚邀全国优秀的中青年学者加入我们,只要认同我们的学术理念,符合我们所追求的学术品格,就欢迎加盟,以推出第三辑、第四辑、第五辑……真正让"复旦宋代文学研究书系"成为学术共同体广泛认同的品牌。

目　录

引　言

　　翰林学士是北宋时期一个特殊的政治与文学群体,本书旨在以翰林学士制度为切入点,着重阐述翰林学士的政治与文化职能,考察翰林学士道德文章的典范作用及其在文坛主持风雅的中心地位。全书探讨北宋九朝共 166 位翰林学士的人员构成、政治分野、文化品格、雅集酬唱、聚合交替,以期展现北宋文学更为丰富的发展图景。

　　制度与文学的关系,是上世纪八九十年代以来学术界渐次兴起的热点话题之一。

　　中国数千年的文明发展史,也是制度文化的因革演变历史。"三礼"可谓三代两汉制度文化之结晶,并成为后代制度之重要根基。历代史书中的专史以及类书,政书等关于制度文化的记载包罗甚广,唐宋时期两部重要的政书可以作为制度分类的参照。其一是唐杜佑《通典》,分"食货"、"选举"、"职官"、"礼"、"乐"、"兵"、"刑法"、"州郡"、"边防"等 9 门。其二是清徐松所辑《宋会要辑稿》,计"帝系"、"后妃"、"礼"、"乐"、"舆服"、"仪制"、"瑞异"、"崇儒"、"运历"、"职官"、"选举"、"食货"、"刑法"、"兵"、"方域"、"蕃夷"、"道释"等 17 类。这些分类确立了古代政治制度的基本范畴。制度史一直属于史学领域的重要研究课题,宋史研究界 2001 年曾在杭州举办"近百年宋史研究的回顾与展望"研讨会,即以"制度史"为议题,提出的具体论题包括行政、法律、军事、科举、人口、土地、财政、中枢、修史、驿传、胥吏等制度史的具体侧面，①也大体涵盖了宋代重要的典章制度。

文史结合，是我国一以贯之的学术传统，因此文学向毗邻的史学、文化领域越界以开发领地，拓宽思路，也就成为题中应有之义。2001 年出版发行的宋代文学学会会刊《新宋学》第一辑"卷首语"中即提倡宋代文学研究"在理论的深化、学术格局的扩展、研究视野的开拓上，亟需从相邻的宋代社会史、政治史、经济史、思想史、文化史等研究成果中汲取营养和启示，从学科交叉中寻找学术发展的新的生长点"。②复旦大学王水照教授在 2011 年河南开封举行的宋代文学国际学术研讨会上，总结了宋代文学五个新兴交叉课题的研究，并戏称为"五朵金花"，即文学与科举、地域、党争、传播、家族的关联性研究。③从宏观的文化视野看，"五朵金花"之外，还有不少边缘学科可以纳入"文化—文学"的大文学研究思路，其中各个选题又可以衍生出若干具体而微的议题，制度与文学即是值得特别关注的跨学科研究课题。一个时期以来，由制度文化切入研究文学，在相关制度的视野下对文学进行文化观照，形成诸多学术热点，并取得了一系列引人注目的学术成果。目前制度文学的研究所涉及的领域，诸如礼乐、铨选、科举、幕府、驿传、馆驿、馆阁、书院、祠禄等，这些不同门类，都堪称文学制度的渊薮。

本书探究北宋翰林学士与文学，则是以古代的职官制度为切入角度。《四库全书总目》史部职官类序曰："盖建官为百度之纲。"④设官分职的职官制度是制度文化的关纽。以职官为核心的文学制度，可以追溯到《周礼》春官系统中的王室乐官，他们以诗礼教化、"制礼作乐"为基本职能，是西周文明制度的重要建设者。唐宋时期，则以

① 参见包伟民主编：《宋代制度史研究百年(1900—2000)》，商务印书馆 2004 年版。
② 《新宋学》第一辑，上海辞书出版社 2001 年版。
③ 参见王水照主编："复旦宋代文学研究书系"(六种)序，复旦大学出版社 2013 年版。
④ 《四库全书总目提要》卷七九，中华书局 1983 年版，第 682 页。

馆阁(史馆、昭文馆、集贤院、秘阁)翰苑(学士院)构成政治、文化、文学多功能的独立机构。在成熟的文官制度体系中,唐宋时期的翰林学士制度,为政治与文学的高度结合构建了充分的公共与私人空间。学士院设立于唐玄宗开元二十六年,至宋代制度更为完善。翰林学士在政治上有"内相"、"天子私人"、"禁中颇牧"之目,在文学上,他们是宫廷台阁艺术活动的主角,在文人学士中则通常被称为"翰林主人",雅集唱和不仅仅是翰林学士政治、文化、学术活动之余的补充和调剂,也已然成为必不可少的"故事"。因此,翰苑制度为我们认识宋代文学的发展演变提供了一个切近的视角。

我国文史专家早已关注对翰林学士的研究,傅璇琮先生关于唐代翰林学士研究的系列论著,开风气之先。宋代翰林学士院聚集了一大批优秀的学者型政治家和文学家,如王禹偁、杨亿、晏殊、欧阳修、王安石、司马光、苏轼等,他们大多由进士高科与馆职依次选任,在翰苑期间成为领袖士风和文风的文坛盟主,体现了"文学之选"的鲜明特色,这表明宋代翰林学士与文学的关系更为密切。因此,以制度文明为切入点,以翰林学士的文学活动为核心,在丰富生动的历史文化场景中展现北宋文学面貌,是一个极有价值的学术课题。

本书共分七章,在北宋文学演进的历史进程中,以翰林学士杨亿、欧阳修、王安石、苏轼为核心人物,分论北宋九朝(英宗朝与神宗朝、徽宗朝与钦宗朝均合为一个时期)翰林学士群体的文学活动,构建北宋文学的传承谱系。

宋太祖朝是翰林学士制度的沿袭过渡时期。翰林学士,多为旧朝词臣,且多系由后周入宋的中原人如陶谷、李昉。他们入宋后大多已至生命的中岁和晚年,对于政治与文学,都难以保持足够的热情和活力,也缺乏自觉的词臣意识和独立品格,严格地说,他们大多尚不能称为宋代作家。太祖创业垂统,翰林学士润色典章仪制,使太祖有"宰相须用读书人"之叹,但太祖对翰林学士及书生的态度却因其才行不同而或尊重,或鄙夷,体现了他尊尚儒学与德行而轻视文学的用人观念。

宋太宗崇儒右文,宠奖词臣,翰林学士成为清贵近密的文学之选。太平兴国中,完成了由旧朝词臣向新朝学士的过渡。淳化、至道间,两制三馆的唱和活动达到高潮,从李昉、徐铉到宋白、苏易简、王禹偁,太宗朝翰林学士几乎由清一色的"白体"诗人担当,"白体"形成宋代诗坛第一个影响广泛、绵延不绝的诗歌体派和诗人代群。太宗后期,以宋白为"翰林主人"、"文章盟主",以王禹偁、田锡等人为辅翼,他们以道义师友之交相游从,具备了自觉的宗盟意识,形成以座主门生为主体的两制词臣文学群体。王、田二人在当时文坛独步高蹈,摒弃五代,上追西汉,标榜李杜韩柳,开拓"白体",振举时风,成为北宋第一批有开创性成就的作家。

宋真宗号称"好文之主",其眷遇词臣,比太宗有过之无不及。学士人员在地域分布上北重南轻的局面逐渐被打破,杨亿作为以文学与气节领袖文坛、垂范后世的杰出词臣,其政治风概为文坛带来士风与文格的重要变化。在颂美功德与缘饰礼乐的时代气氛中,以馆阁翰苑为中心,博学多闻的诗坛群彦聚集酬唱,完成了由白体向昆体的嬗变,呈现了"盛世"之音的气象与格调。杨亿以清忠鲠亮之气发于翰墨吟咏,首变"文格"与"诗格",一洗唐末五代芜鄙卑弱之气。

宋仁宗朝是北宋学士人数最多、优秀人才集中涌现的时期。以欧公为首的翰苑诸公,创了"文章人物之盛"局面,堪称才俊荟萃,群星璀璨。学士院人员结构北重南轻的局面在仁宗朝已发生逆转,南国文士在文学领域日渐显示出巨大的优势。太宗、真宗两朝已经造就了博学型的翰林学士群体,至仁宗朝,翰林学士除了博学能文及道德完善的追求外,进一步确立了兼重政事的观念,集文人、学者、官员于一身的新的翰林学士类型,至此进一步形成。翰林学士兴文教,知贡举,历台谏,侍经筵,在文风与士风的重建中,都起到了关键作用。天圣、庆历、嘉祐间先后进入翰苑的晏殊、宋祁、欧阳修成为引领仁宗朝前后期文学风尚的文坛宗师。从师友传承、群体唱和及个人好尚看，仁宗朝翰林学士群体的诗文写作呈现复杂多元的演进形态。在众多略显杂乱的声音中，人脉绵延的西昆后进(以晏殊为旗帜)、复古潮流中的奇涩文风(以宋祁为代表)、异军突起的"新变派"(以欧阳修为领袖)尤为值得关注。欧阳修的文学活动贯穿整个仁宗朝，其以翰林学士身份主盟文坛，嘉祐二年知贡举是变革文风的重要文学史事件，礼部锁院唱和极一时之盛，具有重要的示范意义。嘉祐词臣唱和进一步显示了宋诗才学化、议论化、游戏性、谐谑性等"学人之诗"的品质。

熙宁、元丰人才之盛，堪比庆历、嘉祐。王安石文章节操都堪称"真翰林学士"，他对翰苑制度之变革、翰苑词臣之任用，尤其是翰林学士的政治职能，都给予直接有力的干预和推动。熙宁科举罢诗赋造成翰林写作人才断档，翰苑词臣整体水平堪忧，以至不得不降格以求或不次迁授。熙、丰时期不同政治力量间的角力与学术思想的交锋，主要围绕新法和新学展开，导致文学群体的分化。在王安石及其新党把持熙丰政坛、文坛话语权的情势下，旧党翰林学士陆续被贬退。文学的政治化、边缘化以及政治家和文学家身份的分裂，使熙丰时期的汴京诗坛并没有成为诗歌创作和传播的中心，而呈现京城与地方(汴京、洛阳、黄州)多个独立平行的诗人群落。熙宁中进士考试以策论、经义取代诗赋，制科考试则专试策论，两制词臣也转而从三代两汉之文中进一步开拓资源，西汉贾谊政论、董仲舒对策以及"西汉制诏"由此成为新的文章典范，"西汉文风"代替了宋初以来词臣所推崇的"燕许轨范"与"元和、长庆风格"。

元祐元年政坛的人事交替令人瞩目：退休的宰相、荆国公王安石与复出主政的宰相司马光薨，苏轼除中书舍人、翰林学士、翰林侍读学士，人事代谢，预示着一个时代的新旧交替。元祐、绍圣两个阶段的学士任命新旧党截然划界，带有鲜明的政治性色彩。哲宗朝翰苑人才盛于元祐时期,他们经历了皇祐、嘉祐的涵育与熙宁、元丰的历练。在翰林学士苏轼及其周围,聚集了一批当时政坛、文坛最优秀的词臣馆职诗人。绍圣、元符时期,苏轼、苏颂以及曾布等嘉祐中选拔造就的文学才俊因各种原因先后退出翰苑,馆职召试制度再遭废罢,朝廷马上面临词臣素质低下、人才匮乏、难以为继的局面。在元祐激烈的党争气氛中,诗坛却在其时迎来唱和的高潮,苏门酬唱尤为独特景象,元祐诗坛雅集唱和的规模超过了欧阳修为翰林主人的嘉祐诗坛。以"苏翰林"为中心、苏门学士诗人群为主体的元祐诗人,创造出了宋诗史上最具"宋调"风貌的群体风格和诗歌类型:"元祐体"。"苏翰林"以其气节政声、道德文章、文采风流而在朝野士庶中获得巨大的声誉,是醉翁事业最自觉最成功的继承者,尤其在元祐翰苑与文坛,以其出色的文学与政治实践,树立了翰林学士的崇高楷模,成为以道义文章相交的师友传承的典范,并由此构建了以翰林学士王禹偁发端、欧、苏前后相继的文学传承谱系。

徽宗朝的政治生态、文学环境、士风人心严重恶化,崇宁以来,蔡京集团实行严酷的"党禁"和荒唐的"诗禁",诗歌受"元祐学术政事"牵累,被逐出文学园地,诗赋仍然被视为"有害经术"的文体而被排斥在科场之外,这使徽宗朝诗歌的发展遭遇多重困境。徽、钦朝翰林学士在学术旨趣、道德水平、文学素养上薰莸异味,良莠参差。在当朝皇帝徽宗的带领下,政、宣之间,宫廷屡屡举行大型诗会,"作颂"成为自觉的集体意识,体现了侍从文人自觉的"职业意识";谄谀之风盛行,成为政、宣间词人墨客之常态。徽、钦朝翰林学士的写作水平,远达到不到嘉祐、熙宁、元祐几朝的高度,但仍有曾肇、慕容彦逢、王安中、叶梦得、李邴、翟汝文等掌诰的翰林学士"典型犹存",成为徽宗朝馆阁翰苑中的文学中坚力量,使得北宋欧阳修与王安石、苏轼相继开创的文学事业不至于出现断裂,这进一步显示了欧、苏、王三人作为政坛名臣与文坛领袖,其独特的魅力和崇高的地位。

第一章
宋太祖朝翰林学士述论

公元 960 年,宋太祖赵匡胤即帝位,定国号,改元建隆。是年正月,原后周学士承旨陶谷迁礼部尚书,翰林学士、中书舍人窦俨迁礼部侍郎,学士王著、李昉迁中书舍人,皆"依前充职"。其后扈蒙、窦仪、欧阳炯(亦作"迥")、卢多逊、张澹先后入院。太祖在位 17 年间(960—976),共任用 8 位学士,权直院 1 人,他们成为由五代向宋初过渡时期的翰苑词臣,太祖创业垂统,翰林学士则为中朝文化的重建润色礼乐,草创制度。

一 重北轻南的人员结构及制度因革

太祖朝翰林学士依次为:陶谷、窦俨、王著、李昉、扈蒙、窦仪、欧阳炯、卢多逊、张澹。其中李昉在太祖朝两入翰苑凡 10 年,其初拜仅 3 年,开宝二年至五年(969—972)为直院达 4 年,其后在太宗朝继任学士及承旨达 8 年。扈蒙在太祖朝任学士仅 1 年余,而在太宗朝再拜学士及承旨达 9 年。二人政治与文学地位都是在太宗朝奠定的,因此上述二人将在太宗朝学士群体中论述。本文重点论述李昉、扈蒙之外的 7 位学士。

太祖朝学士中任职时间最长的是学士承旨陶谷,凡 11 年;其次是欧阳炯,凡 7 年。其他人任职时间都不够长,最短者如窦俨,在职仅

宋太祖朝翰林学士简表

姓名	籍贯	在院时期	直院或承旨	任职时间
陶谷 (903—970)	邠州	建隆元年至开宝三年(960—970)	承旨	11年
窦俨 (?—969)	蓟州 渔阳	建隆元年(960)		1年
王著 (928—969)	单州 单父	建隆元年至乾德元年(960—963),乾德六年至开宝二年(968—969)		6年
李昉 (925—996)	深州 饶阳	建隆元年至三年(960—962)、开宝二年至太宗太平兴国八年(969—983)		10年
扈蒙 (915—986)	幽州 安次	建隆三年至乾德元年(962—963)		2年
窦仪 (914—966)	蓟州 渔阳	乾德元年至四年(963—966)		4年
欧阳炯 (896—971)	益州 华阳	乾德三年至开宝四年(965—971)		7年
卢多逊 (934—985)	怀州 河内	开宝二年至六年(969—973)		5年
张澹 (919—974)	邓州 南阳	开宝六年至七年(973—974)		2年

6个月。造成任期较短的原因之一是年寿不永或非正常死亡,其中5人卒于学士任上,分别是窦氏兄弟:窦仪年五十三,窦俨年仅四十二;王著开宝二年暴卒,年四十二;张澹开宝七年疽发背卒,年五十六。陶谷开宝三年卒,年六十八。欧阳炯开宝四年罢学士,亦于此年卒,年七十六。陶、欧二人是上述几人中享年较高者,亦卒于太祖朝。李昉、扈蒙享年亦较高,均为七十二岁,但已进入太宗朝。由此也造

成太祖朝翰林学士员数较少的状况,最多时仅四员(建隆元年、三年、乾德元年),却非卒即罢。常见的为二三员,最少时为独员,如开宝六年卢多逊除参知政事出院,至开宝九年,除张澹短期权直院外,学士院均以李昉独直。

太祖朝翰林学士人员构成的突出特点是以旧朝词臣为主。陶谷、王著、李昉、窦俨、窦仪为后周学士,扈蒙为后周知制诰,欧阳炯为后蜀学士。张澹、卢多逊也分别系后晋、后周进士。其次,在地域分布上,除欧阳炯外,全为北方人。宋王朝在由北而南的统一进程中,一开始就确立了重北轻南的地域观念,这种偏见在文武大臣以及词臣的选用和科举取士中都有鲜明体现。《道山清话》载:“太祖尝有言:‘不用南人为相。’《实录》《国史》皆载,陶谷《开基万年录》《开宝史谱》言之甚详,皆言太祖亲写‘南人不得坐吾此堂’,刻石政事堂上。”①《邵氏闻见录》卷一亦载:“祖宗开国,所用将相皆北人,太祖刻石禁中曰:‘后世子孙无用南士作相,内臣主兵。’至真宗朝始用闽人,其刻不存矣。”②至真宗朝,河北人王旦还曾反对用江西人王钦若为相说:“臣见祖宗朝未尝有南人当国者。”③虽然太祖曾对南唐著名文士徐铉、汤悦、张洎表示欣赏④,但3人于开宝八年(975)方随后主入宋,即使在开宝八年、九年李昉独直学士院的情况下,3人也未曾入院任职。事实上,以中原文士为翰林学士主体的结构在太宗朝仍未被根本打破。由于翰林学士皆为文词才学之士,他们的学术、文学趣味,便会因为这一结构性的优势地位,在较长时间内对北宋前期学风、文风保持主导性的影响。

---

① 旧题王晊:《道山清话》,《文渊阁四库全书》,上海古籍出版社1987年版,第1037册,第658页。
② 邵伯温:《邵氏闻见录》卷一,中华书局1983年版,第4页。
③ 脱脱等:《宋史》卷二八二《王旦传》,中华书局1985年版,第9548页。
④ 田况《儒林公议》:“太祖既下江南,得徐铉、汤悦、张洎辈,谓之曰:‘朕平金陵,止得卿辈尔。’”《文渊阁四库全书》第1036册,第277页。

太祖朝学士院制度上也大体因袭五代之旧,少有更革。最值得注意的一项措置是设直院和权直院代行学士职务。《两朝国史志》载:"凡他官入院未除学士谓之直院,学士俱阙,它官暂行院中文书,谓之权直。"①《梦溪笔谈》卷二载:"唐制,官序未至而以他官权摄者为直官,如许敬宗为直记室是也。国朝学士、舍人皆置直院,复置直舍人、学士院,但以资浅者为之,其实正官也。"②宋代这一制度正始于太祖朝。《长编》卷十"开宝二年十一月戊辰"条:"诏中书舍人李昉,兵部员外郎、知制诰卢多逊,分直学士院。直学士院自昉及多逊始也。"③《学士年表》载:开宝六年四月张澹以左补阙、知制诰权直院④。其后,卢多逊、李昉分别于开宝四年、五年拜学士,张澹则于开宝七年六月卒于官。学士院直官、权直官的设置反映了王朝初期文教方兴、文学人才匮乏的客观现实。

第二项措置是建直庐。沈该《翰苑题名》序说:"艺祖受命,首建直庐。"⑤直庐本为官署宿直之处,学士院直庐乃学士寓直待诏之所。《翰苑新书》前集卷十引《金坡遗事》云:"太祖鼎新大壮,敞金马之直庐。"⑥云"敞"而非"首建"。按学士院机构为唐玄宗开元末设立,但在唐代似乎一直没有固定的寓直处所。周必大《奏翰苑名称札子》曰:"臣窃见唐有集贤书院,盖集贤殿之书院也。其后置学士院,往往因所御宫殿而寓直焉,若驾在大内即置院于明福门,驾在兴庆宫则置院于金明门,德宗尝召学士对浴堂,则又移院于金銮殿。"⑦其后徽宗时

① 徐松:《宋会要辑稿》职官六之四六引,中华书局1957年版,第2519页。
② 沈括:《梦溪笔谈》卷二,上海书店出版社2003年版,第12页。
③ 李焘:《续资治通鉴长编》(以下简称《长编》)卷十"开宝二年十一月戊辰",中华书局1992年版,第235页。
④ 佚名:《学士年表》,洪遵《翰苑群书》卷十,《文渊阁四库全书》第595册,第391页。
⑤ 沈该:《翰苑题名序》,《翰苑群书》卷十一,《文渊阁四库全书》第595册,第400页。
⑥ 不著撰人:《翰苑新书》卷十,《四库类书丛刊》本,上海古籍出版社1991年版,第65页。
⑦ 周必大:《奏翰苑名称札子》,曾枣庄、刘琳主编:《全宋文》,上海辞书出版社、安徽教育出版社2006年版,第228册,第64页。按:此说源出李肇《续翰林志》,苏易简《续翰林志》转述之,参见《翰苑群书》卷八,《文渊阁四库全书》本。

又曾增广直庐，程大昌《演繁录续集》卷二："强渊明宣政间为翰林学士承旨，上为增广直庐，书'摛文堂'榜以宠之。"①直庐的增设其实与制度损益关系不大，不过"直庐"一词从此频频出现在锁院、寓直的唱和诗篇中，有时也成了"翰苑"的代名词。

二　"文章无用"与翰林
学士的尴尬地位

宋太祖作为创业垂统的开国皇帝，号为"艺祖"，史家也往往将宋代右文崇儒的局面溯源于太祖。《宋史》卷四三九《文苑传》云："自古创业垂统之君，即其一时之好尚，而一代之规杌可以豫知矣。艺祖革命，首用文吏而夺武臣之权，宋之尚文，端本乎此。太宗、真宗其在藩邸，已有好学之名，作其即位，弥文日增。自时厥后，子孙相承，上之为人君者，无不典学；下之为人臣者，自宰相以至令录，无不擢科，海内文士彬彬辈出焉。"②但武人出身的太祖与太宗、真宗、仁宗三位"好文之主"还是有较大差异的。这从他对"读书人"以及翰林学士的态度可以较为清楚地看出由武到文的转化轨迹。

关于太祖对"读书"与"书生"态度的记载颇有矛盾之处：

> 艺祖时新丹凤门，梁周翰献《丹凤门赋》。帝问左右："何也？"对曰："周翰儒臣，在文字职，国家有所兴建，即为歌颂。"帝曰："人家盖一个门楼，措大家又献言语！"即掷于地。③

> 太祖皇帝将展外城，幸朱雀门，亲自规画，独赵韩王普时从幸，上指门额问普曰："何不祇书朱雀门，须著'之'字安用？"普对

① 程大昌：《演繁录续集》卷二，《文渊阁四库全书》第852册，第223—224页。
② 《宋史》卷四三九《文苑传》，第12997页。
③ 龚鼎臣：《东原录》，《文渊阁四库全书》第862册，第565页。

曰:"语助。"太祖大笑曰:"之乎者也,助得甚事?"①

以上两条材料以生动的口吻表现了太祖鄙薄文章的武人习气,但他显然不是一介缺乏政治头脑的庸常武夫,《涑水记闻》卷一的记载耐人寻味:

> 太祖尝谓秦王侍讲曰:"帝王之子,当务读经书,知治乱之大体,不必学作文章:无所用也。"②

"务读经书"与"不学文章"的实用主义读书观在太祖对武臣所使用的语境里也得到了很好的诠释。马永卿编《元城语录》卷上载:"太祖极好读书,每夜于寝殿中看历代史。"不过起初"太祖与群臣未尝文谈,盖欲激厉将士之气,若自文谈,则将士以武健为耻,不肯用命,此高祖溺儒冠之意也"③。但在建国后的第二年(即建隆二年),太祖就明确提出武臣读书的要求:"上谓侍臣曰:'朕欲武臣尽读书以通治道,何如?'左右不知所对。"④这一转变显然使武臣无法适应,故"不知所对"。《涑水记闻》卷一亦载:"太祖闻国子监集诸生讲书,喜,遣人赐之酒果曰:'今之武臣,亦当使其读经书,欲其知为治之道也。'"⑤将以上数条材料合观,太祖提倡读书的政治用意就非常明了了,即知治乱,通治道,而只有"经书"或"经史"才能提供这种效用,"文章"则是无助实用的浮文虚词。

至于太祖自身开始读书以及劝赵普读书,史籍记载颇多,从中亦可体会其良苦用心。《宋史》卷三《太祖本纪》三:"晚好读书,尝读

---

① 文莹:《湘山野录》卷中,中华书局 1984 年版,第 35 页。
② 司马光:《涑水记闻》卷一,中华书局 1989 年版,第 20 页。
③ 马永卿编:《元城语录》,《文渊阁四库全书》第 863 册,第 366 页。
④ 《宋史》卷一《太祖本纪》,第 11 页。
⑤ 司马光:《涑水记闻》卷一,第 15 页。

《二典》。"①范祖禹《帝学》卷三载："帝自开宝以后好读书，尝叹曰：
'宰相须用读书人。'赵普为相，帝尝劝以读书。"②其《上哲宗论学本于
正心》曰："太祖皇帝以神武定四方，创业垂统，日不暇给，然而晚年尤
好读。尝曰：'宰相须用读书人。'"③《宋史》卷二五六《赵普传》：
"普少习吏事，寡学术，及为相，太祖常劝以读书，晚年手不释卷，每
归私第，阖户启箧，取书读之竟日，及次日临政，处决如流。既薨，家
人发箧视之，则《论语》二十篇也。"④宋太宗撰《太师魏国公尚书令
真定王赵普神道碑》载："王性本俊迈，幼不好学，及至晚岁，酷爱读
书，经史百家，常存几案，强记默识，经目谙心，硕学老儒，宛有不及。
既博达于今古，尤雅善于谈谐。"⑤《玉壶清话》卷二："太祖尝谓赵普
曰：卿苦不读书，今学臣角立，隽轨高驾，卿得无愧乎？普由是手不
释卷。然太祖亦因是广阅经史。"⑥可见，太祖与赵普的读书行为原
本都不自觉，及至立国、执政以后方切身体会到读书的重要性，而其
所读之书仍为"经史"。说太祖晚年或开宝以后始"好读书"，与一些
典籍夸大粉饰的说法可能更接近事实，更符合太祖由军阀到帝王身
份的转变。

　　关于太祖"宰相须用读书人"的祖训，其由来则与翰林学士有关。
《长编》卷七"乾德四年五月甲戌条"："上初命宰相撰前世所无年号以
改今元。既平蜀，蜀宫人有入掖廷者，上因阅其奁具，得旧鉴，鉴背有
'乾德四年铸'。上大惊，出鉴以示宰相曰：'安得已有四年所铸乎？'
皆不能答，乃召学士陶谷、窦仪问之，仪曰：'此必蜀物，昔伪蜀王衍有
此号，当是其岁所铸也。'上乃悟，因叹曰：'宰相须用读书人。'由是益

① 《宋史》卷一《太祖本纪》，第 50 页。
② 范祖禹：《帝学》卷三，《文渊阁四库全书》第 696 册，第 743 页。
③ 赵汝愚：《宋朝诸臣奏议》卷五，上海古籍出版社 1992 年版，第 46 页。
④ 《宋史》卷二五六《赵普传》，第 8940 页。
⑤ 宋太宗：《太师魏国公尚书令真定王赵普神道碑》，《全宋文》第 4 册，第 418 页。
⑥ 文莹：《玉壶清话》卷二，中华书局 1984 年版，第 19 页。

重儒臣矣。"①孔平仲《谈苑》卷四记载了"宰相须用读书人"出处的另一个版本:"太祖以神武定天下,儒学之士未甚进用。及卜郊乘大辂,翰林学士卢多逊执绥备顾问,占对详敏。他日,上曰:'作宰相当用儒者。'卢果大用。"②考虑到太祖尤重经史礼制以及卢多逊的博学和善于应对,这一记载也具有相当的可信度。

然而一旦脱离了"经史"治国的语境,太祖对以"文章"进用的翰林学士及一般"书生"的态度就远不如对"儒臣"那么尊重了。对陶谷的使用就显示了他对文词之士的某些偏见。陶谷历仕晋、汉、周、宋,自称"七朝掌诰"③,但其人品不足道,《东轩笔录》卷一载:"陶谷自五代至国初,文翰为一时之冠,然其为人倾险狠媚,自汉初始得用,即致李崧赤族之祸,由是缙绅莫不畏而忌之。太祖虽不喜,然藉其词章足用,故尚置于翰苑。谷自以久次旧人,意希大用。建隆以后为宰相者,往往不由文翰,而闻望皆出谷下。谷不能平,乃俾其党与,因事荐引,以为久在词禁,宣力实多,亦以微伺上旨。太祖笑曰:'颇闻翰林草制,皆检前人旧本,改换词语,此乃俗所谓依样画葫芦耳,何宣力之有?'谷闻之,乃作诗,书于玉堂之壁曰:'官职须由生处有,才能不管用时无。堪笑翰林陶学士,年年依样画葫芦。'太祖益薄其怨望,遂决意不用矣。"④太祖用其词章,却又毫不掩饰对这位老词臣的揶揄调侃。与陶谷共事翰苑的西蜀词臣欧阳炯则曾被太祖君臣引为鉴戒,《长编》卷六"乾德三年八月辛酉"条载:"炯性坦率,无检束,雅喜长笛。上闻,召至便殿奏曲。御史中丞刘温叟闻之,叩殿门求见,谏曰:'禁署之职,典司诰命,不可作伶人事。'上曰:'朕顷闻孟昶君臣溺于声乐,炯至宰相,尚习此伎,故为我擒,所

① 《长编》卷七"乾德四年五月甲戌",第171页。
② 孔平仲:《谈苑》卷四,《文渊阁四库全书》第1037册,第148页。
③ 陶谷:《篆书千字文序》,《全宋文》第2册,第18页。
④ 魏泰:《东轩笔录》卷一,中华书局1997年版,第5页。

以召炯,欲验言者之不诬耳。'温叟谢曰:'臣愚不识陛下鉴戒之微旨。'自是亦不复召炯矣。"①不论太祖对刘温叟说的话是否为了掩饰尴尬的托词,但他对孟昶、欧阳炯沉溺声乐的嘲讽态度,与后来对南唐后主李煜"不能修霸业,但嘲风咏月"②从而奚落其为"好一个翰林学士"③毫无二致,西蜀、南唐君臣的声色浮华确实为太祖鄙薄文学提供了口实,花间词人欧阳炯也就难以抹去其文学侍臣的痕迹。而当太祖发现吴越王钱俶以瓜子金贿赂赵普时,也大方地笑称:"但受之无害,彼谓国家事皆由汝书生耳。"④对"书生"的贬抑同样溢于言表。

　　总之,太祖好读书并提倡读书,以及确立"宰相须用读书人"的观念,乃是因政治需要而逐渐做出的改变和调整,太祖朝首辟三馆、搜求图书、开科取士等举措,也开辟了宋王朝崇尚文治的新局面,这一转变过程毕竟反映了他作为一个政治家的谋略和远见。但在太祖的观念里,仍然重"经史"而轻"文章",对翰林学士及读书人的态度轻视多于尊重。正如邓小南所说:"原本军阀习气相当浓厚的赵匡胤等人,也在'变家为国'的过程调整着个人的意识与作风。但无庸讳言的是,如前所述,太祖对于文臣的宽和,在某种程度上恰是源于他对于控御'书生'的自信,源于他相对于'书生'们的居高临下的感觉。""事实上,职业军人出身的皇帝赵匡胤与读书业儒的文臣之间有着相当的距离感。"⑤因此在太祖朝,翰林学士的地位总体上说是比较尴尬的,远无在以后各朝所享有的那般荣宠清贵地位,也少有机会进入两府。

---

① 《长编》卷六"乾德三年八月辛酉",第 157 页。
② 曾慥:《类说》卷十九,《文渊阁四库全书》第 873 册,第 337 页。
③ 叶梦得:《石林燕语》卷四,中华书局 1997 年版,第 60 页。
④ 《长编》卷十二"开宝四年十一月癸巳",第 273 页。
⑤ 邓小南:《祖宗之法》,三联书店 2006 年版,第 167、168 页。

三　翰林学士之道德文章

宋太祖对翰林学士的鄙薄倨傲,固然出于武人的偏狭,但客观地说,也与当时学士本身的道德状况有关。唐末五代之际,干戈扰攘,士大夫名节罔顾,士风颓靡,斯文扫地。太祖朝翰林学士皆系由后周或后蜀入宋的前朝文士,因此他们身上都带有五代士风的特点。《宋史》卷二六九《陶谷、扈蒙、王著、张澹等传论》概括说:"自唐以来,翰林直学士(按:应为'翰林学士')与中书舍人对掌训辞,颂宣功德,箴谏阙失,不专为文墨之职也。宋兴,亦采词藻以备斯选,若(陶)谷之才隽,(王)著之敏达,(张)澹之治迹……咸有可观。然豫成禅代之诏,见薄时君,终身不获大用(指陶谷)。及夫险诐忌前,酣饮少检(指王著);附势希荣,构谗谋己(指张澹),皆无取焉。(扈)蒙博洽长厚,继窦仪裁定仪制,惜乎南郊之议,请去太祖以宣祖配天,为识者所非。"[1]概要地指出了他们各自的优长与瑕疵。

综合考察太祖朝翰林学士的任用情况,仍以文学为主要条件,而其道德水平颇不一致。

太祖朝学士中文学最优者应为陶谷。他在后晋高祖时曾兼掌内外制,"词目繁委,谷言多委惬,为当时最","强记嗜学,博通经史,诸子佛老,咸所总览。多蓄法书名画,善隶书。为人隽辨宏博"[2],"博记美词翰"[3]。前引《东轩笔录》卷一说"陶谷自五代至国初,文翰为一时之冠"。《续湘山野录》也说:"国初文章,惟陶尚书谷为优。"[4]可见他是文学、学术均有深厚造诣的学者和文人,显然并非太祖嘲讽的只会

---

① 《宋史》卷二六九《陶谷等传》,第 9251 页。
② 《宋史》卷二六九《陶谷传》,第 9235、9238 页。
③ 《隆平集》卷十三《陶谷传》,《文渊阁四库全书》第 371 册,第 125 页。
④ 文莹:《续湘山野录》,中华书局 1984 年版,第 75 页。

"依样画葫芦"之辈。他屡知贡举,宋初法物制度,多其所定。但他又是太祖朝操守最差的学士,最为人所诟病的是在陈桥兵变中,预拟太祖受禅文,"太祖将受禅,未有禅文,翰林学士承旨陶谷在旁,出诸怀中进之,而曰:'已成矣。'太祖由是薄其为人。"①其次,他"奔竞务进","多忌好名"②,"倾险巧诋,为时论所薄"③。在翰苑时,与高锡、赵逢等结党,依附赵普,排挤窦仪,李昉建隆三年自学士院贬为彰武行军司马,亦系陶谷所诬。他在翰苑任职时间长达 11 年而未得大用,太祖鄙薄其人品是主要原因。

王著幼能属文,有俊才,"善与人交,好延誉后进,当世士大夫称之"④。但他嗜酒无度,行为放纵不检,《续翰林志》下载:"著以周世宗代邸旧僚,倍有眷注,暨世宗即大位,亦尝于曲宴扬袂起舞,上优容之,或夜召,访以时政,屡沉湎不能言。"⑤入宋后作风仍旧,乾德元年"宿直禁中,被酒,发倒垂被面,夜扣滋德殿门求见,帝怒,发其醉宿倡家之过,黜为比部员外郎"⑥。

张澹幼而好学,有才藻,但却被张去华指为"词学荒浅",以校艺所对不应策问而降职。《玉壶清话》卷三载:"张去华登甲科,直馆,喜激昂,急进取,越职上言:'知制诰张澹、卢多逊、殿院师颀,词学荒浅,深玷台阁,愿较优劣。'太祖立召澹辈临轩重试,委陶谷考之,止选多逊入格,余并黜之。时谚谓澹为'落第紫微'。"⑦但太宗淳化中论及文士时曾为他鸣不平:"澹典书命而试以策,非其所长,此盖陶谷、高锡党张去华以阻澹尔。"另外,他长于吏事,"历官鞶务,所至皆治",晚年

---

① 司马光:《涑水记闻》卷一,第 3 页。
② 《宋史》卷二六九《陶谷传》,第 9238 页。
③ 《隆平集》卷十三《陶谷传》,《文渊阁四库全书》第 371 册,第 125 页。
④ 《宋史》卷二六九《王著传》,第 9241 页。
⑤ 苏易简:《续翰林志》下,《文渊阁四库全书》第 595 册,第 383 页。
⑥ 《宋史》卷二六九《王著传》,第 9241 页。
⑦ 文莹:《玉壶清话》卷三,第 31 页。

依附卢多逊而再获用①。

卢多逊是太祖朝翰林学士中唯一大拜者。这一方面缘于他的博学和文才,"博涉经史,聪明强力,文辞敏给"②,曾参与修纂《旧五代史》《开宝通礼》等重要文献,为宋代文化建设作出了贡献。《玉海》卷四六:"开宝六年四月二十五日戊申诏:梁、后唐、晋、汉、周五代史,宜令参政薛居正监修,卢多逊、扈蒙、张澹、李穆、李昉等同修。"③《石林燕语》卷一:"国朝典礼,初循用唐《开元礼》,旧书一百五十卷,太祖开宝中始命刘温叟、卢多逊、扈蒙三人补缉遗逸,通以今事,为《开宝通礼》二百卷,又《义纂》一百卷以发明其旨,且依《开元礼》设科取士。"④另一方面,卢多逊的谋略也可称道:"好任数,有谋略,发多奇中。"⑤《儒林公议》载:"卢多逊,权谋之士也。太祖尝患耶律氏据幽蓟,未有策以下之,多逊进说,愿权都镇州经画攻取,俟恢复汉土则还跸于汴,闻者异之。"⑥开宝四年,多逊与扈蒙修天下图经未成,开宝六年四月,多逊奉使江南,求江表诸州图经以备修书,于是十九州岛形势尽得之⑦。这些都证明卢多逊的政治才干和智谋,但他的政治品格却不够磊落,"善伺人主意,太祖好读书,每遣使取书史馆,多逊伺知即通夕阅视,诘朝问书中事,多逊应答无滞,太祖宠异之"⑧。《后山诗话》载:"太祖夜幸后池,对新月置酒,问:'当直学士为谁?'曰:'卢多逊。'召使赋诗。请韵,曰:'些子儿。'其诗云:'太液池边看月时,好风

---

① 《宋史》卷二六九《张澹传》,第 9249 页。
② 《宋史》卷二六四《卢多逊传》,第 9118 页。
③ 王应麟:《玉海》卷四六,《文渊阁四库全书》第 944 册,第 266 页。
④ 叶梦得:《石林燕语》卷一,第 8 页。据《玉海》卷六九:"开宝四年五月,命中丞刘温叟、中书舍人李昉、知制诰卢多逊、扈蒙、詹事杨昭俭、补阙贾黄中、司勋郎和岘、中舍陈鄂,以本朝沿革制度,损益《开元礼》为之。其年六月丙子书成上之,凡二百卷。《目录》二卷,号曰《开宝通礼》,藏于书府。六年四月十八日,翰林学士卢多逊又上《新修开宝通礼义纂》百卷。"则非《石林燕语》所记 3 人。
⑤ 《宋史》卷二六四《卢多逊传》,第 9118 页。
⑥ 田况:《儒林公议》,《文渊阁四库全书》第 1036 册,第 284 页。
⑦ 王应麟:《玉海》卷十四,《文渊阁四库全书》第 943 册,第 346 页。
⑧ 《东都事略》卷三一《卢多逊传》,《文渊阁四库全书》第 382 册,第 213—214 页。

吹动万年枝。谁家玉匣新开镜,露出清光些子儿。'太祖大喜,尽以坐间饮食器赐之。"①这是太祖朝不多见的侍从应制场景。政事能力、学术与文章水平加上善于逢迎的性格,使卢多逊极受太祖赏识,终于开宝六年由学士迁拜参知政事,太宗太平兴国初拜相,位极人臣。但他贪固权位,谗害同列,素与李昉相善,背后却在太宗面前诋毁其"不直一钱"②。又与赵普不协,"在翰林日,每召对,多攻普之短"③。终因赵普发其交通秦王廷美事,被追削官爵,流配崖州而卒。

与上述人物不同,窦氏昆仲则是五代至宋初以道义自守、文行兼重的儒士。《宋史》本传载:其父窦禹钧以词学名,窦氏兄弟仪、俨、侃、偁、僖后晋中相继登科,冯道赠禹钧诗有"灵椿一株老,丹桂五枝芳"之句,当时号为"窦氏五龙"。窦仪"学问优博,风度峻整",后周广顺中为翰林学士。乾德元年,翰林学士王著以酒失贬官,扈蒙亦罢,陶谷独直,须补充学士,"太祖谓宰相曰:'深严之地,当待宿儒处之。'范质等对曰:'窦仪清介重厚,然已自翰林迁端明矣。'太祖曰:'非斯人不可处禁中,卿当谕以朕意,勉令就职。'即日再入翰林为学士"。对其极为尊重,并屡对大臣言其有执守,欲用为相,因赵普忌其刚直,又为陶谷、高锡党所排挤而罢。窦仪卒后,太祖闵然谓左右曰:"天何夺我窦仪之速耶!"惋惜其未能大用④。

窦俨后周广顺元年与窦仪同日拜命,分居两制,时人荣之。俨"博物洽闻,通音律历数"⑤。《宋史》本传载:"性夷旷,好贤乐善,优游策府凡十余年。所撰《周正乐》成一百二十卷,诏藏于史阁。其《(开宝)通礼》未及编纂而卒。"宋初"祠祀乐章,宗庙谥号,多俨撰定,议者服其该博"。有文集七十卷。就文学而言,"俨于仪尤为才俊,对景览

① 陈师道:《后山诗话》,何文焕辑《历代诗话》本,中华书局1981年版,第313页。
② 《东都事略》卷三二,《文渊阁四库全书》第382册,第216页。
③ 《宋史》卷二六四《卢多逊传》,第9118页。
④ 《宋史》卷二六三《窦仪传》,第9093页。
⑤ 《东都事略》卷三十《窦俨传》,《文渊阁四库全书》第382册,第206页。

古,皆形讽咏,更迭倡和至二百篇,多以道义相敦厉,并著集"①。可知其诗作颇多,尤长于怀古咏史,多蕴含道德主题,但今仅存《北海题渚宫》诗一首,②为"对景览古"之作。窦仪亦仅存《贺李昉》《过邺州留题》诗二首,③由于现存诗歌较少,难以了解其昆仲之间或与当代诗坛唱和情况。窦仪、窦俨昆仲保持了儒学传家、道德自持的良好门风,故甚得太祖尊重,可惜均英年早卒。《宋史》卷二六三《窦仪、窦俨、窦偁等传论》将其作为宋初士风的楷模给予高度赞扬:"窦氏弟昆以儒学进,并驰时望。仪之刚方清介,有应务之材,将试大用而遽沦亡。俨优游文艺,修起礼乐。太宗尹京,偁实元僚,冲淡回翔,晚著忠谠。若其门族宦业之盛,世或以为阴德之报,其亦义方之效也。……数贤(按,本卷尚有张昭、吕余庆、刘熙古、石熙载、李穆等人)虽当创业之始,而进退之际,蔼然承平多士之风焉。宜宋治之日进于盛也。"④

欧阳炯是前蜀与后蜀两制词臣及学士承旨,官至宰相。乾德三年正月随后蜀孟昶入宋,八月即以左散骑常侍拜学士,时已年届七十,是太祖朝中原之外唯一由后蜀入宋的翰林学士。他是著名的"花间词人",作有《花间集叙》,为中朝带来了西蜀的文采风流。欧阳炯其人,性格与王著颇为接近,《续翰林志》下载:"学士放诞,则有王著、欧阳炳。"⑤"炳以伪蜀顺化,旋召入院,尝不巾不袜,见客于玉堂之上。尤善长笛,太祖尝置酒令奏数弄,后以右貂终于西洛。"⑥按:欧阳炳与欧阳炯实为一人。另据《宋史》卷四七九《欧阳迥传》载:"(迥)尝拟白居易讽谏诗五十篇以献,昶手诏嘉美,赉以银器、锦彩。"又载:"迥

---

① 《宋史》卷二六三《窦仪传》,第 9097 页。

② 窦俨:《北海题渚宫》,北京大学古文献所编《全宋诗》,北京大学出版社 1998 年版,第 1 册,第 157 页。

③ 窦仪:《贺李昉》《过邺州留题》,《全宋诗》第 1 册,第 54 页。

④ 《宋史》卷二六三《窦仪、窦俨、窦偁等传论》,第 9108 页。

⑤ 按此则见李一氓《花间集校》附录《明正德覆晁本王国维题记——录自庚辛之间读书记》,不见于《四库全书》本《翰苑群书》。《花间集校》,人民文学出版社 1958 年版,第 225 页。

⑥ 苏易简:《续翰林志》下,《文渊阁四库全书》第 595 册,第 383 页。

好为歌诗,虽多而不工,掌诰命亦非所长。但在蜀日,卿相以奢靡相尚,迥犹能守俭素,此其可称也。"①可知他并非一位仅仅沉湎于花间月下、声色歌舞的御用词人,而是有一定政治责任心且能自奉"俭素"的大臣。从写作角度上说,他并不擅长制诰体文章,不是一位合格的翰林学士,但他曾模拟唐代翰林学士白居易的《新乐府》五十首讽谏时政,这组作品虽已不存,但这一现象颇值得注意。事实上,五代十国时期,西蜀与南唐、后周地区已是诗人"宗白"风尚的中心②,不妨各举一例。如陶谷后周广顺时曾作《龙门重修白乐天影堂记》,推尊"白傅文行"与"才美"③;张洎在南唐时作《张司业诗集序》,称许张籍及元、白之古风乐府④;欧阳炯在西蜀则效仿白氏讽谏诗。随着西蜀、南唐两个文学重镇相继纳入北宋王朝版图⑤,江南与中原文人学士陆续汇聚于中朝,并进入太祖、太宗两朝馆阁翰苑,文学风格的整合亦成自然之势,至太宗朝,白体遂率先确立了其在由唐转宋诗史进程中的典范地位。

太祖对翰林学士的选任并未提出明确的标准,只是曾对宰相说:"深严之地,当待宿儒处之。"(见前引《宋史·窦仪传》)经史兼通、道义与文学兼备的"宿儒"窦氏昆仲因而最受尊重,词章学术甚优而缺少气节的陶谷则颇遭鄙薄,同样品格卑劣的卢多逊因希旨善谋而获宠异,嗜酒放诞的王著被周世宗优容却遭太祖贬黜,擅长声乐词采的欧阳炯被视为"优人"词客。总之,从太祖对诸学士的态度大体可以了解他重儒学、首德行、轻文学的用人观念。从人物代谢的自然规律

① 《宋史》卷四七九《西蜀孟氏世家》,第 13894 页。
② 本文主要关注五代至宋初之际后周、西蜀、南唐几大区域翰林学士群体之宗白现象。关于五代十国时期追踪白居易之著名诗人之多,覆盖地域之广,及其承唐启宋之流变,可参看贺中复《论五代十国的宗白诗风》,《中国社会科学》1996 年第 5 期。
③ 陶谷:《龙门重修白乐天影堂记》,《全宋文》第 2 册,第 19—20 页。
④ 张洎:《张司业诗集序》,《全宋文》第 3 册,第 366 页。
⑤ 西蜀、南唐亡国归宋的时间分别为乾德三年(965)、开宝八年(975),吴越钱氏政权则于太平兴国三年(978)纳土归朝。

看,上述翰苑学士入宋后大多已至生命的中岁和晚年,其中 6 人卒于建隆元年至开宝七年以前,他们对于政治与文学,已难以保持足够的热情和活力,也缺乏自觉的词臣意识和独立品格,严格地说他们尚不能称为宋代作家,而只是在五代的废墟上,为海内一统后新秩序的建立修缀礼乐仪制、连接不同区域文化的过渡性人物。新一代道德与文学兼备的高素质的词臣尚未及培养出来,人材的接替无法完成,文学的革新除弊和全面复兴,有待于太宗、真宗、仁宗三朝的崇文兴教,造就新型的词臣学士群体,去承担引领文坛风气的使命。

第二章
宋太宗朝翰林学士述论

太平兴国元年(976)三月,宋太宗即皇帝位。李昉留任翰林学士,继续独当制命,十一月,汤悦、徐铉为直院;二年,扈蒙以中书舍人复拜学士,以上四人成为太宗朝第一批翰苑词臣。太平兴国八年(983)以后,宋白、贾黄中、苏易简、王禹偁等人相继入院,完成了由旧朝词臣向新朝学士的过渡。在太宗崇奖文儒、优宠词臣的气氛下,翰林学士成为清贵近密的文学之选。翰林学士主持修书,大大促进了宋朝廷的文化建设,并在诗坛形成以学士馆职为主体、以白体诗风为主导风格的唱和群体,为宋代文化与文学的持续繁荣奠定了基石。

一 文学之选:翰林学士的人才类型

终太宗朝(976—997)22 年间,共 15 位学士,2 位直院,依次为李昉、汤悦、徐铉、扈蒙、李穆、宋白、贾黄中、吕蒙正、李至、苏易简、李沆、韩丕、毕士安、张洎、钱若水、宋湜、王禹偁①。任职时间最长者有:李昉,建隆元年至三年(960—962)、开宝二年至太平兴国八年(969—983)为直院、学士长达 18 年,在太宗朝亦达 8 年;徐铉,太平兴国元

---

① 杨砺、王旦于至道三年(997)八月拜学士,真宗已即位。

年至八年(976—983)为直院8年;扈蒙,建隆三年至乾德元年(962—963)、太平兴国二年至雍熙二年(977—985)两拜学士凡11年,在太宗朝9年;苏易简,雍熙三年至淳化四年(986—993)凡8年;宋白,太平兴国八年至淳化二年(983—991)、至道元年至景德二年(995—1005)两入翰苑长达18年,在太宗朝10年;贾黄中,太平兴国八年至淳化二年(983—991)凡9年。任期最短者则不到1年,如李穆、吕蒙正、李至、王禹偁。其中李昉、扈蒙、苏易简、宋白先后拜学士承旨,主持学士院。

宋太宗朝翰林学士简表

姓名	籍贯	在院时期	直院或拜承旨	任职时间
李 昉 (936—1012)	深州饶阳	建隆元年至三年(960—962),开宝二年至太平兴国八年(969—983)	承旨	8年
徐 铉 (916—991)	扬州广陵	太平兴国元年年至八年(976—979)	直院	4年
汤 悦 (不详)	陈州西华	太平兴国元年至四年(976—979)	直院	4年
扈 蒙 (915—986)	幽州安次	建隆三年至乾德元年(962—964),太平兴国二年至雍熙二年(997—985)	承旨	7年
贾黄中 (941—996)	沧州南皮	太平兴国八年至淳化二年(983—991)		9年
李 沆 (947—1004)	洺州肥乡	端拱二年至淳化二年(989—991)		3年
李 穆 (928—984)	开封阳武	太平兴国八年(983)		1年
李 至 (947—1001)	真定	太平兴国八年(983)		1年

（续表）

姓名	籍贯	在院时期	直院或拜承旨	任职时间
吕蒙正 (944—1011)	河南	太平兴国八年(983)		1 年
宋 白 (936—1012)	大名	太平兴国八年至淳化二年 (983—991),至道元年至三年 (995—997)	承旨	9 年
苏易简 (959—997)	梓州 铜山	雍熙二年至淳化四年(985— 993)	承旨	9 年
毕士安 (938—1005)	东平	淳化二年至四年(991—993)		3 年
韩 丕 (?—1009)	华州 郑	淳化二年至四年(991—993)		3 年
钱若水 (960—1003)	河南 新安	淳化四年至至道元年(993— 995)		3 年
张 洎 (934—997)	滁州 全椒	淳化四年至至道元年(993— 995)		3 年
宋 湜 (950—1000)	京兆 长安	至道元年至咸平元年(995— 998)		4 年
王禹偁 (954—1001)	济州 巨野	至道元年(995)		1 年

太宗对两制词臣尤其是翰林学士极为崇重,曾屡屡对近臣表示:
"词臣清美,朕恨不得为之。"[1]"词臣之选,古今所重,朕早闻人言:朝
廷命一知制诰,六姻相贺,以谓一佛出世,岂容易哉!"[2]"学士之职清
要贵重,非他官可比,朕常恨不得为之。"[3]词臣的地位空前提高,呈现

---

[1] 洪遵:《翰苑遗事》引《国朝会要》,《翰苑群书》卷十二,《文渊阁四库全书》第 595 册,第 410 页。
[2] 《长编》卷二七"雍熙三年十月丙申",第 623 页。
[3] 《宋史》卷二六七《张洎传》,第 9212 页。

了一些新的特点。首先,与太祖朝17年仅9位学士(含直院1人)相比,太宗朝22年间共17位学士(直院2人),学士员数大为增加。最为集中的是太平兴国八年5人同时入院,其次是淳化年间。考虑到新授与迁罢交接的情况,大部分时间以每年3员为常态。

其次,翰林学士进入两府的比例增加。李昉、吕蒙正、李沆、毕士安官至宰相,李穆、李至、贾黄中、苏易简、张洎官至参政,宋湜官至枢密副使,钱若水同知枢密院事,扈蒙、宋白官至尚书,多为当时名臣。故曹彦约《经幄管见》卷四称:"本朝太宗盛时,人才辈出,赵普、李昉、吕蒙正、张齐贤、吕端为宰相,李穆、李至、寇准、向敏中为执政,田锡、王旦、毕士安、王禹偁之徒为两制,在上位者如此,则在下者可知矣。"①

第三,翰林学士的文化素质高,体现了"文学之选"的特色。《长编》载太宗语曰:"朕为官择人,惟恐不当,今两制之臣十余,皆文学适用,操履方洁。"②又载:"上尤重内外制之任,每命一词臣,必咨访宰相,求才实兼美者,先召与语,观其器识,然后授之。"③太宗朝学士大都经由进士、馆职、知制诰一路迁拔而来,因此具备较高的文学素养,其中不少为当代文坛名家,如扈蒙为"文学名流"④,钱若水"风流儒雅,有文学"⑤。"文学"作为词臣的基本素养和能力,包含诗赋文词与应用文章,但具体到写作者个人,则或有偏胜而不能兼善。

太宗一朝翰苑词臣,从写作角度大体可分为三种类型。

第一类是虽能诗赋,但不甚擅长制诏文章的偏才。如苏易简才思敏赡,弱冠举进士,长于诗赋,但其"由知制诰入为学士,年未满三十,属文初不达体要,及掌诰命,颇自刻励"⑥。韩丕"颇能为诗"⑦,

① 曹彦约:《经幄管见》卷四,《文渊阁四库全书》第686册,第66页。
② 《长编》卷二四"太平兴国八年十一月壬申",第558页。
③ 《长编》卷二七"雍熙三年十月丙申",第623页。
④ 《宋史》卷二六九《扈蒙传》,第9239页。
⑤ 《东都事略》卷三五,《文渊阁四库全书》第382册,第235页。
⑥ 《宋史》卷二六六《苏易简传》,第9173页。
⑦ 江少虞:《事实类苑》卷二九,《文渊阁四库全书》第874册,第252页。

"少游学嵩山间,性质朴刻励,著名于时,作《感秋诗》三十篇,人多传诵"①。田锡曾称道韩丕诗才:"已因诗好声名出,却为情高仕进慵。"②可知确有诗名。然而其授知制诰后,"属思艰涩,及典书命,伤于稽缓。宰相宋琪性褊急,常加督责,或申以谐谑,丕不能平。又舍人王祐以前辈负气,每陵轹面折之"③。淳化二年召入为翰林学士,"及入禁中,不甚长于应用。一夕须诏书甚急,韩停笔既久,问吏索旧草,吏以本典扃户出宿,不可搜检,丕乃破锁取之,改易而进"④,显露出"依样画葫芦"的窘迫,最终以"迟钝不敏于用"而罢职⑤。对此类词臣的批评主要是"不达体要"和"稽缓迟钝",这类问题一般通过揣摹训练即可改进提高,如无法掌握代言文体的写作规律就难以胜任了。

　　第二类是主要以撰作书诏著称的专才。如李穆,开宝六年(973)授知制诰,"五代以还,词令尚华靡,至穆而独用雅正,悉矫其弊"⑥。李沆,"五代已来,文体一变,至于雅诰,殊未复古,公之书命也,启迪前训,润色鸿业,善为辞令,长于除书。考三代之质文,取两汉之标格,使国朝谟训与元和、长庆同风者,繄公之故也"⑦。对此类词臣的褒赞之辞主要是"典赡""雅正",乃风格层面,其典范则是以常、杨、元、白及陆贽为代表的"元和、长庆风格"。其次是辞理精当,叙事明白,属文字表达层面。这两条是衡量制诏文"得体"或"达体要"的基本标尺。

　　第三类则是应用与创作兼长的通才。如李昉,自后汉、后周至宋,两入中书,典诰命 30 余年,号称"文学名儒",太祖时即"独当制命,自

① 江少虞:《事实类苑》卷四四,《文渊阁四库全书》第 874 册,第 367 页。
② 田锡:《寄韩丕进士》,《咸平集》卷十五,巴蜀书社 2008 年版,第 137 页。
③ 《宋史》卷二九六《韩丕传》,第 9860 页。
④ 江少虞:《事实类苑》卷二九,《文渊阁四库全书》第 874 册,第 252 页。
⑤ 《宋史》卷二九六《韩丕传》,第 9860 页。
⑥ 《宋史》卷二六三《李穆传》,第 9105 页。
⑦ 杨亿:《李公墓志铭》,《全宋文》第 15 册,第 64 页。

江南平,泊车驾雩祀西洛,书诏填委,旸略无凝滞,时论称之"①。徐铉,
"太平兴国初,李旸独直翰林,铉直学士院,从征太原,军中书诏填委,
铉援笔无滞,辞理精当,时论能之"②。汤悦,南唐时"凡书檄教诰皆出
于悦,特为典赡,切于事情"③;又"文采斐然,工于述作"④。张洎,博
涉经史,文采清丽,太宗即位后"以其文雅选直舍人院",太宗称其"富
有文艺,至今尚苦学,江东士人之冠也",在翰林"甚被宠顾"⑤。宋湜,
"好学,美文词……当世士流翕然宗仰之"⑥;"自掌命书,尤振时誉,累
当大手笔之事,皆为士君子所伏"⑦。宋白,早就名著词场,"属文敏
赡,然词意放荡少法度"⑧;"颇事浮丽,而理致或不工"⑨;"诗虽多疵
颣而语意绝有警拔者"⑩,其作良莠不齐。又"在内署久,颇厌番直,草
辞疏略,多不惬旨"⑪,景德二年(1005)五月,终因"书诏非工,年衰思
减"而被罢去学士承旨⑫。但宋白在真宗朝曾献《拟陆贽榜子集》,说
明他对此类文章素有研习,只是在太宗、真宗两朝长期担任学士及承
旨,对程式化的朝廷诏册文字已心生厌倦,又因年衰而退化,不完全
是写作水平问题,总之,他是有影响但不够严谨的文学家和词臣。王
禹偁,尤"精于四六"⑬,被太宗称为"文章独步当世","文章俊丽,无能
及者"⑭,"文章在有唐不下韩、柳之列"⑮,他是宋代第一批有成就的

---

① 《太宗实录》卷七六,《四部丛刊》三编本。
② 《宋史》卷四四一《文苑传》三,第13045页。
③ 马令:《南唐书》卷二三《汤悦传》,《文渊阁四库全书》第464册,第357页。
④ 吴任臣:《十国春秋》卷二八《殷崇义传》,《文渊阁四库全书》第465册,第269页。
⑤ 《宋史》卷二六七《张洎传》,第9212页。
⑥ 《宋史》卷二八七《宋湜传》,第9646页。
⑦ 杨亿:《宋公神道碑铭》,《全宋文》第15册,第28页。
⑧ 《宋史》卷四三九《文苑传》,第12999页。
⑨ 《隆平集》卷十三,《文渊阁四库全书》第371册,第129页。
⑩ 陆游:《老学庵笔记》卷八,中华书局1979年版,第102页。
⑪ 《宋史》卷四三九《文苑传》,第12999页。
⑫ 《长编》卷六十"景德二年五月乙卯",第3972页。
⑬ 朱胜非:《绀珠集》卷十二,《文渊阁四库全书》第872册,第512页。
⑭ 《东都事略》卷三九,《文渊阁四库全书》第382册,第255页。
⑮ 文莹:《玉壶清话》卷四,第41页。

文学家,倡导取法李杜韩柳、引领宋代文学风气的先驱。

第三类词臣所写翰苑文章同样具有"典赡"、"敏赡"等特点,但因其多兼擅诗赋,故为文更讲求"辞华"、"美文词",文风"辩丽"、"俊丽"、"清丽"甚至"浮丽",从而更能发挥四六美文的优长,使实用与审美相结合,表明其时词臣对四六诏诰写作艺术的自觉追求。

二　"思不出位"与"正道自持": 学士品格的差异

文学与操行兼重,是太宗选任两制词臣的重要准则,比较而言,德行尤重于文章。毕士安与张洎的任用是个鲜明的对照,毕仲游《丞相文简公行状》载:"宋兴四十余年,中外几平,文学侍从、言语政事之臣辐辏上前,至论德行必以公为称首。淳化二年冬,上欲召公为翰林学士,而执政欲用张洎,因对言:'洎之文学资次不在毕某下。'上曰:'剧知洎文学资任不下毕某,第以洎之德行不及毕某尔。'执政乃退,公遂为学士。"①与此同时,范杲献《玉堂记》请为学士,"上恶其躁竞,出之";"郭贽乏时望,虽命掌制诰,终不入翰林"②。学士既是地近"深严"的"天子私人",又是士林瞩望的楷模,其道德品行直接关系到士风名节,因此选任极严,张洎诸人虽知制诰,也都因品行问题而难以进入学士院。

太宗朝词臣,按其德行大致可分为三类。

第一类为循默守善型。如李昉被太宗称为"善人君子",自称"书诏之外,思不出位"③;"和厚多恕,不念旧恶,在位小心循谨,无赫赫称"④,与卢多逊、张洎善,而卢对其多所诋毁,谓其"不直一钱";昉罢

---

① 毕仲游:《丞相文简公行状》,《全宋文》第 111 册,第 118 页。
② 吕中:《宋大事记讲义》卷四,《文渊阁四库全书》第 686 册,第 228 页。
③ 《太宗皇帝实录》卷七六,《四部丛刊》三编本。
④ 《宋史》卷二六五《李昉传》,第 9138 页。

相,张洎草制深攻其短,但李昉均不念旧恶①。贾黄中性格亦如李昉,他因端谨守家法,廉白无私,为太宗所重,"在翰林日,太宗召见,访以时政得失,黄中但言:'臣职典书诏,思不出位,军国政事非臣所知。'上益重之,以为谨厚。及知政事,卒无所建明,时论不之许";因"畏慎过甚,中书政事颇留不决",以至太宗亦戒之曰:"夫小心翼翼,君臣皆当然,若太过则失大臣之体。"②又如扈蒙"性沉厚,不言人是非,好释典,不喜杀,缙绅称善人"③。李穆"性仁善,辞学之外无所豫";"质厚忠恪,谨言慎行,所为纯至,无有矫饰,深信释典"④。韩丕"纯厚畏慎"⑤,以清介自持,时称其长者,亦为太宗所重。这类人物多敦礼义,性谨厚,有家声,在道德操守上均无严重缺陷,但性格中大都缺少一种刚性气质,"思不出位"是一个很堂皇也很圆滑的借口,显然与词臣"颂宣功德、箴谏阙失"之责相悖⑥,因此他们尽管身处高位也往往缺乏政治魄力,但求仕途稳定,乐享安富尊荣,备位循默,谨小慎微,难有建树。

　　第二类为奸邪贪鄙型。张洎是此类人物的典型。他在南唐时就多谗毁良善,"性鄙吝,虽亲戚无所沾,及江表故旧,亦罕登其门"⑦;甘言善柔,"能伺人主颜色,善构同列短长"⑧,徐铉、苏易简、寇准都曾遭其攻讦谗害;"性险诐,尤善事宦官……然以文采清丽,巧于逢迎,上卒喜之"⑨。张洎与太祖朝陶谷、卢多逊之流是同类人物,但因太宗对词臣选拔极为严格,因此像他那样有文无行的学士也只此一例。另

① 《东都事略》卷三二,《文渊阁四库全书》第 382 册,第 216 页。
② 《宋史》卷二六五《贾黄中传》,第 9162 页。
③ 《宋史》卷二六九《扈蒙传》,第 9240 页。
④ 《宋史》卷二六三《李穆传》,第 9106 页。
⑤ 《宋史》卷二九六《韩丕传》,第 9860 页。
⑥ 《宋史》卷二六九《张澹高锡传论》,第 9251 页。
⑦ 《宋史》卷二六七,第 9215 页。
⑧ 《长编》卷九"开宝元年三月戊申",第 201 页。
⑨ 《长编》卷三六"淳化五年十一月丁巳",第 801 页。

外如宋白是个面貌较为复杂的人物,对其品行的评价也如其文学一样毁誉参半,史传记载他既"豪俊尚气节",又"素无检操",贪纳贿赂,但尚非奸诈阴险之辈①。

　　第三类为正道自持型。如吕蒙正"质厚宽简,有重望,以正道自持,遇事敢言,每论时政有未允者,必固称不可,上嘉其无隐"②;太宗上元观灯,宴近臣于端拱楼,群臣以太平繁盛景象相贺,蒙正却避席直言都城外饥寒而死者甚众,"帝颏颜不语,王禹偁名謇谔,时亦在列,闻其对,为之汗下,而公侃然复位,无惧色";富弼誉其为"圣世令德巨人"③。毕士安,太宗朝词臣中"论德行必以公为称首",为他官亦"以严正称"④。李沆、宋湜被太宗称为"嘉士",李沆"性直谅"⑤,宋湜真宗时从征契丹,竭力尽瘁而卒⑥。此类人物一般并不以文学著称,任翰林学士时间亦较短,但其后多成为名公卿、贤宰辅,他们为宋初士风的重建树立了表率。道德与文学兼备、气节与文风交融的翰林学士是王禹偁,他立朝刚直不阿,"以正道自持,故屡被摈斥"⑦,号称"天下正直之士"⑧,又以文章著称,苏轼赞誉他"翰林王公元之以雄文直道独立当世"⑨,成为后世景仰的学士典范。

三　"五凤齐飞"与禁林燕会:
学士院的更迭建设

　　太平兴国八年(983)与淳化二年(991)在宋代翰苑制度史上有着

① 《宋史》卷四三九《文苑传》,第 12998、13000 页。
② 《宋史》卷二六五《吕蒙正传》,第 9146 页。
③ 富弼:《吕文穆公蒙正神道碑》,《全宋文》第 29 册,第 44 页。
④ 毕仲游:《丞相文简公行状》,《全宋文》第 111 册,第 119 页。
⑤ 《宋史》卷二八二,第 9541 页。
⑥ 参见杨亿:《宋公神道碑铭》,《全宋文》第 15 册,第 28 页。
⑦ 《隆平集》卷十三,《文渊阁四库全书》第 371 册,第 127 页。
⑧ 《东都事略》卷三九,《文渊阁四库全书》第 382 册,第 257 页。
⑨ 苏轼:《王元之画像赞》,《苏轼文集》卷二一,中华书局 1986 年版,第 603 页。

特殊意义：前者完成了学士人员的新旧交替，后者修举和完善翰苑制度、禁苑唱和，进一步确立了翰林学士的尊崇地位。

太宗朝翰林学士的任免呈新旧交替趋势，新朝文士逐渐取代旧朝词臣。太祖朝共9位学士与直院，均为前朝进士，且除卢多逊外，均为后汉、后周两制词臣。太祖最初对词臣的态度不无偏见甚至鄙夷，翰林学士的地位多少有些尴尬。太宗即位初期，李昉、扈蒙系由后周入宋、太祖朝依旧充职的前朝学士，汤悦、徐铉则系南唐降宋后由学士降格任用的直院。《儒林公议》载："太祖既下江南，得徐铉、汤悦、张泊辈，谓之曰：'朕平金陵，止得卿辈尔。'"①对几位江南文人显然颇为看重。然而南唐文士在中朝的地位与太祖朝两位北方旧朝文臣李昉、扈蒙却大为不同，后者继续在太宗朝职掌翰苑并先后任翰长，而前者仅为直院。《锦绣万花谷后集》引《退朝录》曰："太平兴国元年，汤悦、徐铉直学士院，王克正、张泊直舍人院。四公皆江南文士也。"②徐铉、汤悦直学士院分别达8年和4年，迄未真拜学士。张泊与王克正亦为舍人院权直官而非正官，张泊虽被称太宗称为"江东士人之冠"，却一直以德行问题不被太宗认可，迟至淳化四年方被授为学士。《类说》卷十九的一段记载颇有意味："江南李氏纳款之后，伪命词臣多在近密，太宗幸翰苑阅群书，后主为金吾上将军，在环卫之列，徐铉、汤悦之徒侍坐，太宗见江南臣在上而故主居下，谓侍臣曰：'不能修霸业，但嘲风咏月，今日宜矣。'"③太宗对"江南文士"的任用，既是宋初重北轻南的地域观念的反映④，也是新朝对胜国的一种强势意识的流露。宋人自称太祖代周乃是禅让而非革命，"太祖皇帝聪明

---

① 田况：《儒林公议》，《文渊阁四库全书》第1036册，第277页。
② 不著撰人：《锦绣万花谷后集》卷十，《文渊阁四库全书》第924册，第591页。
③ 曾慥：《类说》卷十九，《文渊阁四库全书》第873册，第337页。
④ 太祖"不用南人为相"的思想在词臣的任用上也有体现，太祖朝学士除欧阳炯为蜀（益州）人外，其余8人均为北方人。太宗朝学士徐铉（扬州）、汤悦（池州）、张泊（滁州）为江南人，苏易简（梓州）为蜀人，其余13人则为北方人。

齐圣,由揖逊而有天下,如尧与舜"①。陈桥兵变时,太祖就号令诸军曰:"公卿大臣皆我比肩之人也,汝等无得辄加凌暴。"②因此后周旧臣对新朝便有一种归属感,也易得到太祖和太宗的信任,南唐君臣则始终改变不了"违命侯"与"伪命词臣"的身份,他们自身也因朝代归属上的隔阂,而存有疑惧畏慎心理。

太宗朝其余12位新任学士(除张泊外),其中10人为建隆至太平兴国间进士,其中颇不乏出身寒素者,如韩丕幼孤贫,王禹偁是出身微贱的"白屋子"③。他们成为宋王朝第一批真正意义上的翰林学士群体,在当时政治和文化生活中扮演了重要的角色。

太平兴国八年六月,徐铉迁左散骑常侍罢直院;七月,学士承旨李昉除参知政事出院,扈蒙接替李昉加承旨。而在此前五月,李穆、宋白、贾黄中、吕蒙正、李至同时授翰林学士,扈蒙赋诗称为"五凤齐飞入翰林"④。同年十一月,李穆、吕蒙正、李至同时由学士除参知政事。稍后,雍熙二年(985),扈蒙迁工部尚书罢学士,三年,年轻的苏易简(此年27岁)由知制诰入院,成为春风得意的"少年学士"。至此,旧朝词臣除张泊尚未入院外,余4人或迁或罢,逐步退出学士院,以后数年间,均由宋白、苏易简、贾黄中执掌词诰。因此,太平兴国八年的"五凤齐飞",虽然其中如李穆、吕蒙正、李至任期短暂,带有过渡的性质,但仍是一次具有标志性意义的人事变动,意味着太宗朝新旧词臣的交替基本完成。

淳化二年学士院再次发生任免变动。此年九月,宋白出为保大军节度行军司马,结束了他在学士院的第一个9年任期(其于至道元年至景德二年复拜承旨);贾黄中、李沆并除参知政事;苏易简则迁为

---

① 《东都事略》卷二,《文渊阁四库全书》第382册,第34页。
② 杨仲良:《皇宋通鉴长编纪事本末》卷一,黑龙江人民出版社2006年版,第5页。
③ 刘挚:《毕文简神道碑》,《全宋文》第77册,第119页。
④ 苏易简:《续翰林志》卷上,《文渊阁四库全书》第595册,第379页。

学士承旨,成为李昉、扈蒙后的新任翰长;十月韩丕、十一月毕士安新拜学士。

　　此次学士院人事变动的同时,翰苑也迎来空前盛事,学士承旨苏易简成为一系列事件的中心人物。《东都事略·苏易简传》载:"淳化中充承旨,易简多振举翰林故事,太宗为飞白书院额曰'玉堂'及以诗赐之。太宗曰:'此永为翰林中一美事。'易简曰:'自有翰林,未有如今日之荣也。'"①苏易简于九月迁承旨,十月即献上其新编《续翰林志》二卷,同时建议恢复宋初以来废罢的翰苑故事,"先是,曲宴将相,翰林学士皆预坐,梁迥启太祖罢之。又皇帝御丹凤楼,翰林承旨侍从升楼西南隅,礼亦废。至是(淳化二年)易简请之,皆复旧制"②。其子苏耆后来完成《次续翰林志》,成为继唐代李肇《翰林志》之后记录翰林制度的两部重要文献。但看似得意的苏易简此时其实本来有些失落。《事实类苑》载:"苏内翰易简在禁林八年,宠待之深,复出夷等。李相沆入玉堂后于公,一旦先除参政,以公为承旨,赉赐与参政等,苏不甚悦。""上擢黄中、沆参政事,以易简为中书舍人既承旨,并赐白金三十两。谕旨曰:'朕之待卿,非必执政而为重矣。'"③因此迁承旨、赐诗及白金、匾额数事,既是对苏易简的褒奖和慰抚,对学士院也是最高的荣耀。

　　太宗《赐苏易简》诗五、七言各一首:

　　　　翰林承旨贵,清净玉堂中。应用咸依式,深严比更崇。归家思值日,入内集英风。儒措门生盛,高明大化雄。

　　　　运偶昌时远更深,果然谷在我中心。从风臣偃光朝野,此日清华见翰林。举措乐时周礼法,思贤教古善规箴。少年学士文

---

① 《东都事略》卷三五,《文渊阁四库全书》第382册,第233页。
② 《宋史》卷二二六《苏易简传》,第9172页。
③ 江少虞:《事实类苑》卷六引《杨文公谈苑》,《文渊阁四库全书》第874册,第47页。

明世,一寸贤毫数万寻。①

苏易简27岁入禁林,32岁即贵为"翰林承旨",践居玉堂"清净"、"深严"、"清华"之地,其眷遇之深,在两宋翰林学士中仅此一人。这样的事件极具历史意义和现实效应,于是两制、经筵、馆阁等群彦聚会于学士院,赋诗纪盛,宰辅大臣亦预其事,"上谓宰相曰:'苏易简以卿等诗什来上,斯足以见儒墨之盛,学士之贵也。'"②此次唱和共17首诗,包括执政李昉、张齐贤、贾黄中、李沆、李至所作5首,题为《禁林燕会集》,两制词臣与馆职12人所作题为《禁林燕会之什》③,加上太宗两首圣制,使得这一系列活动成为翰苑制度史上浓墨重彩的一页。太宗皇帝着意开创"文明世",翰林学士作为文化精英,因太宗反复宣谕学士之贵、翰林之荣、儒墨之盛,更加确立了尊崇无比的地位,这大大增加了当时学士普遍的清贵意识和词臣情结。如苏易简在禁林最被恩遇,故其"诗什之中多思禁林"④。王禹偁也非常看重其"三入承明庐"⑤的两制经历,其诗歌中时时流露着自觉而强烈的词臣意识:"职业唯词臣。"⑥"昔事先皇叨近侍,北门西掖清华地。"⑦念兹在兹,不一而足。

四　太平修书:翰苑馆阁的文学图景

经过太祖、太宗的征伐,至太平兴国时,南北混一,文化建设事业

---

① 宋太宗:《赐苏易简》,《全宋诗》第1册,第448页。
② 《长编》卷三二"淳化二年十一月辛卯",第727页。
③ 详《翰苑群书》卷七,《文渊阁四库全书》第595册,第372—376页。
④ 曾慥:《类说》卷二二,《文渊阁四库全书》第873册,第389页。
⑤ 王禹偁:《北楼感事》,《全宋诗》第2册,第675页。
⑥ 王禹偁:《和杨遂贺雨》,《全宋诗》第2册,第681页。
⑦ 王禹偁:《筵上狂歌送侍棋衣袄天使》,《全宋诗》第2册,第787页。

随之蓬勃展开。太宗朝翰林学士参与三馆秘阁的扩建,主持馆阁修书,使馆阁翰苑成为助推北宋文学走向繁荣的基地。

宋初昭文馆、集贤院、史馆沿五代之旧,规模不大,图书不多,馆址亦颇简陋。太平兴国二年,太宗幸三馆旧址时感叹说:"是岂足以蓄天下图书,待天下贤俊邪?"于是诏有司于左升龙门东北车府地为三馆,晨夜兼作,三年二月新馆建成,复下诏曰:"国家聿新崇构,大集群书,宜锡嘉名,以光策府,其三馆新修书院宜为崇文院。"于是"简册之府,翕然一变矣"①。随着朝廷访求群籍,图书大增,至端拱中复建秘阁②,李至以吏部侍郎兼秘书监主其事,成为馆阁——也是文化学术沙龙的主持者之一。淳化三年秘阁再次增修,馆阁亦迎来一大盛会:太宗作秘阁赞,御书"秘阁"二字匾额以赐李至,并赐御诗以美其事,宰执、馆职聚会相贺③,"秘阁"升格,获此殊荣,恰与淳化二年御赐学士院"玉堂之署"相辉映,足见太宗对馆阁的重视程度。

自太平兴国二年至淳化三年,历经10余年,三馆秘阁完成了全部机构建设,形成宋代馆阁的基本格局。自此,馆阁日益成为宋朝廷聚拢人才、修纂文献、振兴学术、推进文学的核心。

太宗朝翰林学士所参与的最重要的馆阁文化活动,是太平兴国至雍熙中所修三部大书,即《太平御览》一千卷,《太平广记》五百卷,《文苑英华》一千卷。历史学家曾将太宗朝修书的动机归于政治原因:"是时诸降王死,多出非命,其故臣或宣怨言,太宗俱录之馆中,俾修《太平御览》等书,丰其廪饩,诸臣多卒老于中。"④这种推测有其合理性,但过于狭隘。宋朝四部大书,三部修成于太宗朝,决非仅仅为了羁縻和防范前朝旧臣。太宗本人以读书崇儒的行为率先垂范,诠

① 徐松辑:《宋会要辑稿》职官一八之五〇,第2779页。
② 详程俱撰、张富祥校证:《麟台故事校证》卷一"省舍",中华书局2000年版,第19页。
③ 详江少虞:《事实类苑》卷三一,《文渊阁四库全书》第874册,第264页。
④ 《十国春秋》卷二八《殷崇义传》,《文渊阁四库全书》第465册,第269页。

释了修书的意义。太平兴国八年十一月，"诏：'史馆所修《太平总类》(即《御览》)自今日进三卷，朕当亲览。'宋琪等言：'穷岁短晷，日阅三卷，恐圣躬疲倦。'上曰：'朕性喜读书，开卷有益，不为劳也。此书千卷，朕欲一年读遍，因思学者读万卷书，亦不为劳耳。'"①真宗亦曾追述说："朕常思太宗诚谕：'惟学读书最为好事。'朕遵行之，未尝失坠。"②太宗屡屡临幸馆阁，召宰执词臣及馆职阅馆中群书，甚至召武将观书，"欲其知文儒之盛也"③。蓄书、修书、读书，正是盛世偃武修文，以文化成天下的必然举措。胡应麟从文献传播的角度给予太宗此举高度评价："宋初辑三大类书，《御览》之庞赜，《英华》之芜冗，《广记》之怪诞，皆艺林所厌薄，而不知其有功于载籍者不眇也。非《御览》，西京以迄六代诸史乘煨烬矣；非《英华》，典午以迄三唐诸文赋烟埃矣；非《广记》，汲冢以迄五朝诸小说乌有矣。余每薄太宗之凉德，至读三书，则斧声烛影之疑辄姑举而置之。"④三部大书是对先唐文化尤其是唐代文学的一次大规模的整理和总结，为当代文学发展提供了基本文献和经典范本，其意义显然远远超出了政治的和帝学的范畴。

三部大书的修纂，均以翰林学士主其事，两制词臣与三馆秘阁馆职为主体，汇聚了当时的文坛英华，太宗皇帝热衷于与文臣讨论文艺，更激发了翰苑馆阁文士的创作热情，造成浓厚的崇文气氛。苏易简《续翰林志》描述其时舍人学士侍从游宴，圣制屡出、君臣唱和的景象，令太宗感慨："词臣实神仙之职也。"《麟台故事》载：至道元年(995)六月，太宗屡屡召史馆编修舒雅、杜镐、吴淑、吕文仲等于便殿读书，均有赏赐。十月，翰林学士、秘书监、知制诰及三馆学士以上，

---

① 《长编》卷二四"太平兴国八年十一月庚辰"，第 559 页。
② 《宋会要辑稿》帝系四之二，第 94 页。
③ 王应麟：《玉海》卷一六三，《文渊阁四库全书》第 947 册，第 272 页。
④ 胡应麟：《少室山房集》卷一〇四，《文渊阁四库全书》第 1290 册，第 752 页下。

以新增琴、阮弦,各献歌赋颂以美其事。"上谓宰相曰:'近日朝廷文物甚盛,前代所不及矣。群臣所献歌颂,朕一一览之,校其工拙,惟李宗谔、赵安仁、杨亿词理精当,有老成之风,可召至中书奖谕。'又曰:'吴淑、安德裕、胡旦,或词彩古雅,或学问优博,又其次也。'"①曹彦约《经幄管见》卷一载理宗朝进讲《三朝宝训》之《奖词学篇》,追述了太宗君臣间就文学问题展开的生动对话:太宗褒谕杨亿、李宗谔等,"亿对,(太宗)又戒之曰:'朕素知汝文学,更当遵守儒行,韬晦其能,苟谦虚守道,可保令名。'因问:'年几何?'曰:'始年十一释褐授官,今二十二矣。'上笑曰:'少年聪明,信是天赋。'……上曰:'此新题也,尤难为工。杨亿最可称奖,自幼在馆,俄忽二十二,文学大进。朕闻唐王勃十五作《滕王阁记》,时辈叹服,观亿亦勃之比也。'杨亿尝上表,上曰:'亿天与文性,好学不倦,每览制作,不易多得。'温仲舒曰:'陛下好文,故才俊间出,亿若不遇圣鉴,乃京华一旅人尔。'"②杨亿11岁时即以神童召对,应试诗赋,为太宗所赏异。淳化元年(990)17岁时诣阙献文,读书秘阁。淳化四年除直集贤院,22岁时,正值至道元年。他是在太宗关注下,在馆阁翰苑环境中培育成长起来的文学才俊,正如温仲舒所说:"亿若不遇圣鉴,乃京华一旅人耳。"杨亿的际遇成为君主好文、"才俊间出"的一个缩影,至道年间的这一系列活动,则勾勒出太宗朝词臣馆职与帝王共造文化与文学繁荣,赋颂盛世文明,以"学问优博"、"词采古雅"、"词理精当"为审美理想的主流文学图景。

五 白体:群体风格的趋同

如果说太宗皇帝对文学的品鉴以皇权话语的形式,成为台阁文

---

① 程俱:《麟台故事校证》卷五"恩荣",第196页。
② 曹彦约《经幄管见》卷一,《文渊阁四库全书》第686册,第38页。

学的导向标,那么,翰苑就是文风的发源地,翰林学士则是策动者。他们通过修书、观书、游赏、知举等机缘与馆阁文士、礼部举子交游聚合,汲引赏誉文学后进,成为士林趋奉的领袖人物,从而造成诗坛对文学典范的群体性选择。

一个显而易见的现象是,从李昉、徐铉到宋白、苏易简、王禹偁,太宗朝翰林学士几乎由清一色的"白体"诗人担当。这首先引发一个值得思考的问题:太宗朝翰林学士群体对"白体"诗风的自觉接受缘何持续几十年? 细加寻绎,两者间的契合点颇多。

其一是文化身份的体认。白居易元和二年(807)至六年为翰林学士,长庆元年(821)至二年任中书舍人,是宪宗、穆宗两朝词臣,故其诗中颇多"红药"禁林之思,如《紫薇花》诗:"丝纶阁下文书静,钟鼓楼中刻漏长。独坐黄昏谁是伴,紫薇花对紫薇郎。"[1]后来哲宗就曾御书此诗赐苏轼。这种共同的身份认同感使宋代词臣对这位在政治与文学上都堪称成功的前辈同道保持了更多的尊重和兴趣,更乐于借鉴其从政经验,追奉其文采翰墨与学士风范。

其二是文体风格的会通。白居易在元和、长庆时不仅以诗著称,且以策论与制诏闻名,在五代人所修《旧唐书》中,对白居易文章的评价明显高于韩愈。白居易的制诰文也与常衮、杨炎、陆贽、元稹一起被宋人用为诏诰文写作研习的范本。王禹偁《贺柴舍人(成务)新入西掖》:"好继忠州文最盛,应嫌长庆格犹卑。"自注云:"舍人尝与余评前贤诏诰,以为陆相首出。若奉天罪己诏,元、白之徒,可坐在庑下。"[2]又据《古今事文类聚别集》卷七载:"丁晋公(谓)言王二丈元之忽一日面较元和、长庆时名臣所行诏诰,有胜于《尚书》,众皆惊而请益,曰:'如元稹行牛元翼制云:"杀人盈城,汝当深戒,孥戮尔众,朕不忍闻。"且

---

[1] 朱金城:《白居易集笺校》卷十九,上海古籍出版社1988年版,第1240页。
[2] 王禹偁:《贺柴舍人新入西掖》,《全宋诗》第2册,第719页。

《尚书》云:"不用命,戮于社。"又:"予则孥戮汝。"以此方之,《书》不如矣。'其阅览精详如此,众皆服之。"①可知王禹偁确曾对元和、长庆诏诰下过认真的研讨工夫。白居易有诗云:"制从长庆辞高古,诗到元和体变新。"自注云:"微之长庆初知制诰,文格高古,始变俗体,继者效之也。"②居易文集中有中书制诰六卷,翰林制诏四卷,其中书制诰标明"旧体"、"新体"各三卷。陈寅恪说:"其所谓'新体',即微之所主张,而乐天所从同之复古改良公式文字新体也。"③朱金城说:"旧体,即用骈俪文体所草拟之制诰。""新体,与旧体骈俪制诰对立之散体。"④元稹《白氏长庆集序》称白居易"碑记、叙事、制诰长于实,诏奏、表状长于直,书檄、词策、剖判长于尽"⑤;白居易则称元稹制诰"能荚繁词,划弊句,使吾文章言语,与三代同风"⑥。又说:"制诰,王言也,近代相沿,多失于巧俗。自公下笔,俗一变至于雅,三变至于典谟,时谓得人。"⑦可见元白对革新制诰应用文体的自觉意识,长庆制诏的"高古"风格包含了对"新体"的追求,这与其元和诗歌的"变新"在精神和方向是一致的。反观韩柳,他们虽是唐代古文的提倡者,并为欧阳修、苏轼等古文家高度推崇,但并不以制诏应用之文著闻。韩愈元和九年十二月曾以考功郎中、史馆修撰兼知制诰,十一年正月迁中书舍人,但仅存《除崔群户部侍郎制》一文,马其昶曰:"公掌纶诰一年,唯《外集》有此制一首,则其文遗逸多矣。"⑧柳宗元则未曾掌制。因此追慕元白制诰体的两制词臣更为熟悉并偏爱白诗风格,应是顺理成章的事情。

其三是文献传播的优势。始于太平兴国七年成于雍熙三年的

① 祝穆:《古今事文类聚别集》卷七,《文渊阁四库全书》第927册,第621页。
② 白居易:《余思未尽加为六韵重寄》,《白居易集笺校》卷二三,第1533页。
③ 陈寅恪:《元白诗笺证稿》第四章,中华书局1978年版,第114页。
④ 分见《白居易集笺校》卷四八,第2875页;卷五一,第2981页。
⑤ 元稹:《白氏长庆集序》,《白居易集笺校》附录二,第3972页。
⑥ 白居易:《元稹除中书舍人、翰林学士、赐紫金鱼袋制》,《白居易集笺校》卷五十,第2954页。
⑦ 白居易:《唐故武昌军节度处置等使元公墓志铭》,《白居易集笺校》卷七十,第3735页。
⑧ 马其昶:《韩昌黎文集校注》外集上卷,上海古籍出版社1987年版,第686页。

《文苑英华》,是官方对唐人文集第一次大规模地搜集整理。周必大
《文苑英华序》云:"臣伏睹太宗皇帝丁时太平,以文化成天下。既得
诸国图籍,聚名士于朝,诏修三大书,曰《太平御览》、曰《册府元龟》、
曰《文苑英华》各一千卷,今二书闽、蜀已刊,惟《文苑英华》士大夫家
绝无而仅有,盖所集止唐文章,如南北朝间存一二。是时印本绝少,
虽韩、柳、元、白之文尚未甚传,其它如陈子昂、张说、九龄、李翱等诸
名士文集世尤罕见,故修书官于宗元、居易、权德舆、李商隐、顾云、罗
隐辈或全卷取入。"①晚唐五代时典籍散佚严重,许多唐代文人作品或
"世尤罕见",或"尚未甚传",能存"全卷"者尤为珍贵。据《文苑英华》
所收作品统计,白居易计698篇,柳宗元197篇,韩愈158篇,白氏诗
文作品的数量都数倍于韩柳,而制诰文的比例竟为133:0。事实上,
从宋人的阅读史可知,白居易文集在宋初确已极为流行。前举太宗
朝17位翰林学士(暨直院)参加过三部大书编纂的先后有李昉、扈
蒙、徐铉、汤悦、李穆、李至、吕蒙正、贾黄中、宋白、苏易简、张洎、宋湜
等,多达13人。馆阁修书、阅书,成为文献传播与接受的主要渠道,
使词臣获得近便地阅读前人作品的机会,而作家作品在当代权威选
本或总集中入选的多寡决定了他们在多大程度上进入当代的阅读视
野,有多少机会被品评,被借鉴,进入经典化的流程。在这一方面,白
居易占有了绝对的优势。

其四是文学趣味的趋近。太宗朝两制诗人对白诗的接受有两个
层面最值得注意。其一也是最显明的艺术表征即浅切平易的风格,
这是宋初白体诗人共同的艺术取向,主要表现为题材的琐细凡常和
语言的平淡质朴,其载体则以近体律诗为主。李昉是其代表,"昉诗
务浅切"②,"为文章慕白居易,尤浅近易晓"③,其诗文皆以白氏为宗。

① 周必大:《文苑英华序》,《全宋文》第230册,第183—184页。
② 吴处厚:《青箱杂记》卷一,中华书局1985年版,第3页。
③ 《宋史》卷二六五《李昉传》,第9138页。

流风所及,至仁宗朝尚存余脉。其二,太宗朝白体诗人对白诗的讽谕谏诤精神亦有所发扬,其载体多为乐府古诗,从而拓宽了学白的路径,王禹偁与田锡为其先声(详下文)。

由此引出另一个相关的问题是,位于诗坛中心的翰林学士,对于"士大夫皆宗白乐天诗"①的诗学趋向,对于"白体"形成宋代诗坛第一个绵延不绝的诗歌体派和诗人代群,起到了怎样的引领和示范作用?

首先值得关注的是,翰林学士作为文坛的核心人物,以交游为纽带,通过师友传习、侪辈切磋所形成的文人关系。本来,前辈发现提携后进,晚学追随师从名家,是士林相沿的古风。太宗重文学,翰林学士多为当时文章大家,他们以荐拔后进为乐事,与文人间的文学交游聚合更为频繁。翰林学士知贡举,两制词臣与馆职同知的制度,以及由学士院或舍人院、秘阁等召试馆职的做法,进一步促成文人群体的建立。如李昉久在翰林,"大半门生作侍臣"②。徐铉入宋后"中朝人士皆倾慕其风采"③,"吏部侍郎李公至、翰林学士承旨苏公易简,皆当世英俊,奉公以师友之礼"④;(陈)彭年师事徐铉为文⑤。李至既是李昉的"唱和友",又师事徐铉,曾手写铉及其弟锴文集置于几案,而其任秘监期间,也多荐引文士入馆⑥。贾黄中"再典贡部,多柬拔寒俊","当世文行之士,多黄中所荐引"⑦;曾教苏易简属辞⑧。宋白"后进之有文艺者,必极意称奖,时彦多宗之"⑨;三掌贡士,"得苏易简、王

---

① 蔡居厚:《蔡宽夫诗话》,吴文治主编《宋诗话全编》本,凤凰出版社 1998 年版,第 1 册,第 622 页。
② 王操:《上李昉相公》,《全宋诗》第 1 册,第 647 页。
③ 欧阳修:《徐铉〈双溪院记〉》,《欧阳修全集》卷一四三,中华书局 2001 年版,第 2322 页。
④ 李昉:《徐公墓志铭》,《全宋文》第 3 册,第 175 页。
⑤ 《宋史》卷二八七《陈彭年传》,第 9661 页。
⑥ 参见《宋史》卷二六六《李至传》,第 9176 页。
⑦ 《宋史》卷二六五《贾黄中传》,第 9161、9162 页。
⑧ 《宋史》卷二六六《苏易简传》,第 9172 页。
⑨ 《宋史》卷四三九《文苑传》,第 13000 页。

禹偁、田锡、李宗谔、胡旦,时谓之得人"①。苏易简"久在禁林,连典贡部……及公荐陈枢相尧叟、孙紫微何,一不摇动。天下伏其知人,寒畯之流,牢笼殆尽,虽退黜者曾无怨言,场屋之间,至今歌咏"②。毕士安"与寇准、王旦、杨亿及少所从游韩丕、刘锡、杨璞友善,而王禹偁、陈彭年乃公门下士也"③。宋湜"喜引重后进有名者,又好趋人之急,当世士流翕然宗仰之"④。钱若水"汲引后进,推贤重士,襟度豁如也"⑤。王禹偁"所与游必儒雅,称奖后进,如孙何、丁谓,遂名重一时"⑥。由此可见,当代众多的文学才俊尤其是那些寒素之士以门生、故旧等关系聚集在翰林学士周围,追陪游从,前后相续,易于形成对某种文学风尚的递接传承。

其次,翰林学士对文风的影响,是其创作本身尤其是群体性的文学活动所产生的示范效应。太宗朝两制三馆频频雅集唱酬,以下是一些重要的文学人物及其诗歌集会与唱和活动:

1. 徐铉《翰林酬唱集》。《通志》卷七十《艺文略》:"《翰林酬唱集》一卷,宋朝王溥与李昉、汤悦、徐铉等。"⑦此为徐铉、李昉太平兴国修书时与其他馆阁人员唱和之作,首开宋初翰苑与馆阁酬唱之风⑧。其书久佚,难以考察其唱和形态,但徐铉确以其博学多才的文学风采,为中朝文士所尊奉,成为由南入北、从五代至宋初元和诗风流传延续的宗师。

2. 淳化二年李昉、苏易简等《禁林燕会集》与《禁林燕会之什》。这是今存第一部宋代翰苑馆阁的集会专集。上文已论及,此不赘。

---

① 《东都事略》卷三八,《文渊阁四库全书》第 382 册,第 246 页。
② 苏耆:《次续翰林志》,《文渊阁四库全书》第 595 册,第 387 页。
③ 毕仲游:《丞相文简公行状》,《全宋文》第 111 册,第 121 页。
④ 《宋史》卷二八七《宋湜传》,第 9646 页。
⑤ 《宋史》卷二六六《钱若水传》,第 9171 页。
⑥ 《隆平集》卷十三,《文渊阁四库全书》第 371 册,第 127 页。
⑦ 《文渊阁四库全书》第 374 册,第 471 页。
⑧ 参见王水照主编:《宋代文学通论》,河南大学出版社 1997 年版,第 83 页。

3. 淳化二年李昉、李至《二李唱和集》。据李昉《二李唱和集序》，是书所编为二人自端拱元年至淳化二年近 4 年间唱和作品 123 首，"他人亦有和者，咸不取焉"①。其时二人身居高位，职清而务简，"昉诗务浅切，效白乐天体，晚年与参政李公至为唱和友，而李公诗格亦相类，今世传《二李唱和集》是也"②。以二李之地位与文学造诣，自有吸引力与示范效应。

4. 太宗、真宗之际宋白《唱和集》。杨亿《广平公唱和集序》曰：

> 有若翰林主人、大宗伯广平公，以才识兼茂、治行第一，登金门，上玉堂，发挥帝谟，润色大业，自太平兴国迄于咸平，凡岁星再周于天矣……作文章盟主，实朝廷宗工。天其或者殆以公为儒林之木铎也。而视草之暇，含毫靡倦，形于风什，传于僚友，同声相应，发言成章，乃至文昌正卿，宥密元老，蓬丘之长，兰台之英，争奇逞妍，更赋迭咏，铺锦列绣，刻羽引商，烂然成编，观者皆耸。③

据杨亿序可知，宋白曾将视草之余与宰辅馆职的赋咏之作编成唱和集七卷，数量相当可观，惜俱已不存。但作为任期最长（跨越两朝）、地位亦高（学士承旨）、影响颇大（三掌贡举）、以"元白才名"著称的翰林学士，他堪称太宗朝后期主持文坛的"翰林主人大宗伯"。

由上文可知，太宗朝两制三馆的唱和活动在淳化、至道间达到高潮。但需要指出的是，其时文人唱酬虽多，但大都尚无开宗立派、结盟树帜的自觉意识，文人之间的聚合也较为松散，他们的唱和还缺少艺术竞争的氛围，因袭模仿多于革新创造。如淳化二年的禁林唱和均为同题赋咏，意在渲染翰苑恩荣，艺术上并无新意。《二李唱和集》

---

① 按是序作于淳化四年五月十五日，见《全宋文》第 3 册，第 161—162 页。
② 吴处厚：《青箱杂记》卷一，《文渊阁四库全书》第 1036 册，第 612 页。
③ 杨亿：《广平公唱和集序》，《全宋文》第 14 册，第 384 页。

甚至对同时参与唱和的其他人作品也缺乏热情,一概不予收录。由此造成整个太宗朝"白体"诗人在艺术风格上趋同性强,而鲜见作者的艺术个性,也就难以在宗唐学白的道路上有较大的突破。

六 追复唐风:"元和、长庆风格"的文学史意义

太宗后期至真宗初,以宋白为"翰林主人"、"文章盟主",王禹偁、田锡等人为辅翼,形成座主门生相呼应的两制词臣文学群体,成为北宋第一批有开创性成就的作家。

宋白早年即"豪俊尚气节,重交友,在词场名称甚著"①,后两入翰林,屡典贡举,苏易简、王禹偁、李宗谔、田锡、胡旦等两制词臣皆出其门下。其门生中最可注意的是王禹偁与田锡,二人从政与创作经历颇多相似之处,他们均从宋白游,出入玉堂掖垣。田锡雍熙四年(987)、王禹偁端拱二年(989)先后拜知制诰。端拱二年田锡罢知制诰,次年(淳化元年)出知陈州,王禹偁作《酬赠田舍人》云:"忆昔逢君在邹鲁,翰林丈人东道主。一言得意便定交,数日论文暗相许。"②诗中追述两人早年因当今"翰林丈人"宋白结缘于邹鲁,时为太平兴国四年,宋白以左拾遗权知兖州,禹偁曾作《投宋拾遗文》干谒陈情:"下韩氏二百年,世非无其文章,罕能聚徒众于门,张圣贤之道矣。其或者复授于明公乎!明公履孔、孟、扬雄之业,振仲淹、退之之辞,矧天与之时,则追还唐风,不为难焉。然登明公之门,师明公之道者甚众,止闻胡、田二君矣。……今年春,始敢囊书笈文,登明公之门以求誉,师明公之道以进身。"③文中"胡、田二君"即胡旦、田锡,二人均为太平

---

① 《宋史》卷四三九《文苑传》,第12998页。
② 王禹偁:《酬赠田舍人》,《全宋诗》第2册,第778页。
③ 王禹偁:《投宋拾遗文》,《全宋文》第7册,第415页,参见祝尚书:《王禹偁事迹著作补考》,《宋代文学探讨集》,大象出版社2007年版,第421页。

兴国三年进士,王禹偁则迟至太平兴国八年方进士及第。此文表明王禹偁早年即有意继踵胡、田,追随宋白,不仅以求延誉进身,而且志在兴复圣贤之道与文章。田锡《贻宋小著书》也记载早年曾与宋白"数日论文,更得新意,若获秘宝,如聆雅音。苟非贤智之交,宁厚切磋之道? 所谓悦我以文藻,荣我以道义也"①。可见,他们以道义师友之交相游从,已经具有了较为自觉的宗盟意识。

对王禹偁的文学史地位古今皆有较高评价,对宋白及田锡的作用则不甚涉及②。宋白甚有文名,有《宋文安集》(又名《广平集》)一百卷,已佚,又有《宫词一百首》。除《宫词》外,《全宋诗》《全宋文》辑录其诗文数量亦较少,难以窥见其全貌。王禹偁《寄献鄜州行军司马宋侍郎》云:"歌诗数千首,人口炙与脍。……制诰复西汉,碑板揭东岱。金銮赴夜召,顾问及远大。白麻几千纸,意出元白外。"③赞叹其诗歌数量多,流传广,禁中草诏,上追西汉,超迈元白。田锡《寄宋白拾遗》云:"严吾侍从臣,元白才名子。……不日演丝纶,鳌宫承帝旨。"④《览韩偓郑谷诗因呈太素》:"顺熟合依元白体,清新堪拟郑韩吟。搜来健比孤生竹,得处精于百炼金。"⑤指出其既具"元白才名",堪当翰苑之职,又在"元白体"的"顺熟"之外,兼有"清新"、"精""健"之风。

出于座主门生之谊,王、田二人对宋白的评价容有溢美之辞,不过他们都曾与宋白谈诗论文,对宋白的文学思想及其诗文风格是相当了解和认同的,他们都着意强调宋白诗文在沿袭元白基础上的某些新变。复古和新变,正是这一时期文坛涌动着的一股潜流。柳开《赠诸进士诗》云:"今年举进士,必谁登高第? 孙传及孙仅,外复有丁

---

① 田锡:《贻宋小著书》,《咸平集》卷二,第 33 页。
② 知见所及,最早关注田锡文学成就的是祝尚书先生,详见氏著:《试论北宋西蜀作家田锡》,收入《宋代文学探讨集》,第 246—259 页。本节参考了此文。
③ 王禹偁:《寄献鄜州行军司马宋侍郎》,《全宋诗》第 2 册,第 655 页。
④ 田锡:《寄宋白拾遗》,《咸平集》卷十七,第 166 页。
⑤ 田锡:《览韩偓郑谷诗因呈太素》,《咸平集》卷十五,第 136 页。

谓。到京见陈访,好尚同韩泊。馆中诸仙郎,纶阁贵三字。翰林四主人,列辟群英粹。"①孙何、丁谓淳化三年进士及第,此年翰林学士三人:承旨苏易简、学士韩丕、毕士安,由苏易简知贡举,毕士安、钱若水、吕祐之、王旦同知②。据王禹偁淳化二年《送丁谓序》云:"两制间咸愿识其面而交其心矣,翰林贾公尤加叹服。"③贾黄中正于此年九月除参知政事罢学士出院,故柳诗所谓"翰林四主人"应包括贾黄中而言。柳开在宋初以复兴韩愈古文与道统为己任,孙何(即孙传)、孙仅兄弟及丁谓也因师法韩柳而屡屡受到王禹偁的称赏。可见,其时标榜韩柳的复古风气,已经在科场、馆阁到舍人院("三字"即知制诰)、学士院蔓延开来。王禹偁与田锡则是两制词臣中独步高蹈的先行者。王禹偁秉持"吾道斯文"④,致力于"追还唐风",挽救"近代"以来"可怜诗道日益替,风骚委地无人收"⑤的衰弊局面。《送孙何序》指出:"咸通以来,斯文不竞,革弊复古,宜其有闻。"⑥《东观集序》:"(唐)三百年间,圣贤相会,事业之大者,贞观、开元;文章之盛者,贞元、长庆而已;咸通而下,不足征也。"⑦《五哀诗·高锡》:"文自咸通后,流散不复雅。因仍历五代,秉笔多艳冶。"⑧他明确以贞元、长庆与"咸通而下"作为唐代文学盛衰的时间标识,对贞元至长庆经典作家更具体的表述则是韩柳元白,同时兼取李杜,上追西汉。《寄题陕府南溪兼简孙何兄弟》:"篇章取李杜,讲贯本姬孔。古文阅韩柳,时策闻晁董。"⑨《赠朱严》:"谁怜所好还同我,韩柳文章李杜诗。"⑩《前赋〈春居杂兴诗

① 柳开:《赠诸进士诗》,《全宋诗》第1册,第575页。
② 参见张希清:《北宋贡举登科人数考》,《国学研究》第二卷,北京大学出版社1994年版。
③ 王禹偁:《送丁谓序》,《全宋文》第7册,第425页。
④ 王禹偁:《谪居感事》:"吾道宁穷矣,斯文未已而。"《放言诗》其二:"吾道斯文如未丧,且凭方寸托穹旻。"分见《全宋诗》第2册,第712、720页。
⑤ 王禹偁:《还扬州许书记家集》,《全宋诗》第2册,第781页。
⑥ 王禹偁:《送孙何序》,《全宋文》第7册,第424页。
⑦ 王禹偁:《东观集序》,《全宋文》第8册,第17页。
⑧ 王禹偁:《五哀诗·高锡》,《全宋诗》第2册,第665页。
⑨ 王禹偁:《寄题陕府南溪兼简孙何兄弟》,《全宋诗》第2册,第656页。
⑩ 王禹偁:《赠朱严》,《全宋诗》第2册,第759页。

二首〉……聊以自贺》:"本与乐天为后进,敢期子美是前身。"①田锡则以"通变"的观点观照唐人文学,《贻宋小著书》曰:"锡以是观韩吏部之高深,柳外郎之精博,微之长于制诰,乐天善于歌谣,牛僧孺辨论是非,陆宣公条奏利害,李白、杜甫之豪健,张谓、吕温之雅丽。锡既拙陋,皆不能宗尚其一焉。但为文、为诗、为铭、为颂、为箴、为赞、为赋、为歌,氤氲吻合,心与言会,任其或类于韩,或肖于柳,或依希于元白,或仿佛于李杜,或浅缓促数,或飞动抑扬,但卷舒一意于洪蒙,出入众贤之阃阈,随其所归矣。"②《贻陈季和书》重点论诗之"变":"迩来文士颂美箴阙,铭功赞图,皆文之常态也。若豪气抑扬,逸词飞动,声律不能拘于步骤,鬼神不能秘其幽深,放为狂歌,目为古风,此所谓文之变也。李太白天付俊才,豪侠悟道,观其乐府,得非专变于文欤?乐天有《长恨歌》《霓裳曲》、五十讽谏,出人意表,大儒端士,谁敢非之?何以明其然也?世称韩退之、柳子厚萌一意措一词,苟非美颂时政,则必激扬教义,故识者观文于韩柳,则警心于邪僻,抑末扶本,跻人于大道可知矣,然李贺作歌,二公嗟赏,岂非艳歌不害于正理,而专变于斯文哉?"③田锡所论作家除李杜外,全部出于中唐,其所论析诸家文体、风格更为广泛而具体。他崇尚"天真"自然,随意摹写,无所拘束,追求"文之变"而不满"文之常态",正恰当地诠释了白居易标榜"诗到元和体变新"的创变精神。

如果说,《文苑英华》的编纂是宋王朝对唐代文学文献的整理汇辑,那么,王禹偁与田锡则是从理论上对唐代文学做了更为成熟的总结和思考,并借此明确表达了"革弊复古"的文学理想和目标。在他们的批评话语中,除了李白、杜甫两位盛唐诗人之外,贞元、元和、长庆也即后世所谓"中唐"这一时段显示了在唐宋文学承继转捩进程中

① 王禹偁:《前赋〈春居杂兴诗二首〉……聊以自贺》,《全宋诗》第2册,第733页。
② 田锡:《贻宋小著书》,《咸平集》卷二,第34页。
③ 田锡:《贻陈季和书》,《咸平集》卷二,第32页。

所具有的独特意义：诗、文全面繁荣，韩、柳、元、白并立，而韩愈的地位愈来愈突出，"韩之下二百年"成为宋人复兴儒道与古文的新起点①，这一认识与后来的古文家们桴鼓相应。

　　作为分掌内外制的词臣，王禹偁与田锡二人均以立朝正直的形象垂范后世。范仲淹称田锡为"天下之正人"，苏轼称其为"古之遗直"②。王禹偁因"性刚不能容物"(太宗语)而屡遭诬谤，以致其三入西掖与翰苑都以直言谏诤而遭贬。与政治气节相互辉映的是，王、田二人的诗文创作已能超迈常流，振举时风。首先，跳出了前期白派诗人一味以近体诗闲吟唱和的窠臼。田锡论诗，欣赏的是豪荡飞动的"狂歌""古风"，进入他批评视野的唐人诗歌是李白的"乐府"，白居易的"歌谣"，李贺的"艳歌"。他们采用的诗体也更为丰富，王禹偁《小畜集》有古调诗三卷，古诗一卷，歌行二卷。田锡《咸平集》律诗仅二卷，古风歌行多达四卷。二人在淳化年间，还都写作了讽谕时政的乐府古诗，如王禹偁《对雪》《感流亡》、田锡《苦寒行》等，是白诗与杜诗精神的融汇。其次，追摹元和、长庆风格。太宗朝词臣写作喜标榜"元和、长庆风格"，以矫正五代颓靡文风，王禹偁制诰文的写作亦以"考三代、两汉之典章，取贞元、长庆之风格"为准的③。《四库全书总目提要》评曰："宋承五代之后，文体纤俪，禹偁始为古雅简淡之作，其奏疏尤极剀切，《宋史》采入本传者，议论皆英伟可观。在词垣时所为应制骈偶之文，亦多宏丽典赡，不愧一时作手。"④李之鼎《咸平集跋》评田锡："田表圣奏议剀切敷陈，久有继轨陆宣公之誉。其他诗文，气象宏博，允为北宋大家。"⑤他们的制诏奏议仍以四六为主，但已能兼

---

① 柳开《东郊野夫传》："韩之下二百年。"王禹偁《投宋拾遗文》："下韩氏二百年。"分见《全宋文》第6册，第392页；第7册，第415页。
② 范仲淹：《田司徒墓志铭》，苏轼：《田表圣奏议序》，均见《咸平集》卷首。
③ 王禹偁：《谢除刑部郎中知制诰启》，《全宋文》第7册，第407页。
④ 《四库全书总目·小畜集提要》，第1307页。
⑤ 曾枣庄等编《宋文纪事》卷三，四川大学出版社1995年版，第44页。

取骈散,融入气骨,而无雕锼洴涩余习。

总之,在尹洙、穆修之前,王禹偁与田锡已是复古革新最积极的倡导者与实践者,但他们最终都未能彻底扭转时风。前人评王禹偁文章成就时曾指出两点原因,一是《文献通考》引林希逸所说:"王元之又在尹、穆之前,虽未能尽去五代浮靡之习,而意已务实,但未得典则之正。"①即作为先驱者自身尚未尽完善。二是叶适所说:"王禹偁文简雅古淡,由上三朝未有及者,而不甚为学者所称,盖无师友论议之故。"②即环顾寂寞,缺少同道者的支持和呼应。但王禹偁的交游圈子里既有毕士安、宋白、田锡等两制师友,又有孙何、丁谓等后进举子,似乎并不缺少同道和"师友论议"。客观地说,有两个因素不容忽视:一是王禹偁曾赞扬宋白"大半生徒两制间"③,王祐"两制门生伴凤毛"④,但自己却从未知举,故有诗曰:"三入承明不知举,看人门下放诸生。"⑤其次,王禹偁三入承明却累为迁客,时间均不长,在翰苑仅数月,此后亦未跻大用,这就在很大程度上削弱了他的政治地位和影响力,使他难以成为像宋白那样的"翰林主人"和文坛宗师。但他所倡导的"韩柳文章李杜诗",做为太宗朝文学的尾声,为庆历以后的文学复古高潮做了重要的铺垫,而"翰林王公"的道德文章与学士品格也被后来的翰苑词臣反复提起,遗风余烈流传不绝。

---

① 马端临:《文献通考》卷二三三,中华书局 1986 年版,第 1861 页。
② 叶适:《习学记言》卷四九,《文渊阁四库全书》第 849 册,第 794 页。
③ 王禹偁:《赠卫尉宋卿二十二丈》,《全宋诗》第 2 册,第 745 页
④ 王禹偁:《内翰毕学士、外制柴舍人,故兵部阁老王公之门生,又与第五厅舍人同在两制……》,《全宋诗》第 2 册,第 719 页。
⑤ 文莹:《玉壶清话》卷四,第 40 页。

第三章
宋真宗朝翰林学士述论——以杨亿为中心

至道三年(997)三月,宋真宗即皇帝位,太宗朝学士宋湜、宋白留任;八月,杨砺、王旦分别以给事中、中书舍人成为新拜学士。真宗在位 26 年间(997—1022),共任用翰林学士 22 人,学士人员在地域分布上北重南轻的局面逐渐被打破,他们在政治活动中主要分化为邪正分明的两个团体,并涌现出了杨亿这样文学与气节领袖文坛、垂范后世的杰出词臣,在杨亿的主持下,才高学博的诗坛群彦聚集酬唱,完成了由白体向昆体的过渡,"西昆体"以其雄深奥衍、典雅赡丽的诗格、文格一洗唐末五代以来的芜鄙卑弱之气。

一 翰林学士的地域分布与政治分野

真宗朝 22 位翰林学士中任职时间较长者为:宋白 8 年,晁迥 16 年,李宗谔 9 年,杨亿 9 年,李维 8 年。主持翰苑的学士承旨 3 人,即宋白、晁迥、李维(见下表)。进入真宗、仁宗朝两府者 10 人:王旦、王钦若、王曾、李迪、宋湜、陈彭年、赵安仁、晏殊、钱惟演、盛度。

真宗朝翰苑人事安排的一个重大变化是北重南轻的局面发生了明显转变,22 位学士北、南方的比例为 14∶8,与太宗朝相比有了相当大的变化。事实上,真宗朝在政治文化上对南人的偏见仍然根深蒂固,南方人的发展时常面临着来自北方人的打压。如咸平五年(1002)

宋真宗朝翰林学士简表①

姓名	籍贯	在院时期	拜承旨时间	任职时间
宋　白 (936—1012)	大名	至道三年至景德二年(997—1005)	至道元年	9 年
宋　湜 (950—1000)	京兆长安	咸平元年(998)		1 年
王　旦 (957—1017)	大名莘	至道三年至咸平二年(997—999)		3 年
杨　砺 (931—999)	京兆鄠	至道三年至咸平元年(997—998)		2 年
梁周翰 (929—1009)	郑州管城	咸平三年至景德二年(1000—1005)		6 年
师　颃 (934—1002)	大名内黄	咸平三年至五年(1000—1002)		3 年
朱　昂 (925—1007)	潭州	咸平三年至四年(1000—1001)		2 年
王钦若 (962—1025)	临江新喻	咸平三年至四年(1000—1001)		2 年
梁　颢 (963—1004)	郓州须城	咸平六年至景德元年(1003—1004)		2 年
赵安仁 (958—1018)	河南洛阳	景德元年至二年(1004—1005)		2 年
晁　迥 (951—1034)	澶州清丰	景德二年至天禧四年(1005—1020)	天禧元年	16 年
李宗谔 (964—1013)	深州饶阳	景德二年至大中祥符六年(1005—1013)		9 年

---

① 宋湜、宋白在太宗至道中拜学士,李维、盛度、晏殊、李咨、刘筠在仁宗朝继任学士,任期均不计。

（续表）

姓名	籍贯	在院时期	拜承旨时间	任职时间
杨　亿 (974—1020)	建州 浦城	景德三年至大中祥符六年 (1006—1013)，天禧四年(1020)		9 年
陈彭年 (961—1017)	抚州 南城	大中祥符六年至九年(1013— 1016)		4 年
李　维 (961—1031)	洺州 肥乡	大中祥符六年至天禧二年 (1013—1018)，天禧五年至乾 兴元年(1021—1022)	天禧 五年	8 年
王　曾 (978—1038)	青州 益都	大中祥符六年至九年(1013— 1016)		4 年
李　迪 (不详)	濮州 鄄城	大中祥符九年至天禧元年 (1016—1017)		2 年
钱惟演 (962—1034)	杭州 临安	大中祥符八年至九年(1015— 1016)，天禧二年至四年 (1018—1020)		5 年
盛　度 (968—1041)	杭州 余杭	天禧二年至四年(1018—1020)		3 年
晏　殊 (991—1055)	抚州 临川	天禧四年至乾兴元年(1020— 1022)		3 年
刘　筠 (971—1031)	大名	天禧四年至五年(1020—1021)		2 年
李　咨 (982—1036)	新喻	天禧五年至乾兴元年(1021— 1022)		2 年

洪州南昌人陈恕知贡举，"恕自以洪人避嫌，凡江南贡士悉被黜退"，此年所取状元为青州人王曾。[1] 南方人的自卑与北方人的自傲形成鲜明对照，大中祥符八年(1015)莱州人蔡齐为状元，便是寇准(华州

———

[1] 《宋史》卷二六七《陈恕传》，第9202页。

下邦人)干预的结果。《江邻几杂志》记载:"莱公性自矜,恶南人轻巧,萧贯(临江新喻人)当作状元,莱公进曰:'南方下国,不宜冠多士。'遂用蔡齐,出院顾同列曰:'又与中原夺得一状元!'"①又如真宗欲用江西人王钦若为相,王旦(大名莘人)阻止说:"臣见祖宗朝未尝有南人当国者。"王旦死后钦若始大用,忿忿地说:"为王公迟我十年作宰相。"②景德初年,临川人晏殊被以神童举荐,赐同进士出身,时任宰相的寇准提醒真宗:"殊江外人。"不过欣赏晏殊的真宗反问说:"张九龄非江外人邪?"③真宗的积极姿态表明,随着南人的渐次崛起,统治者势必调整固有的用人观念和策略,"江外"、"南方"已经不可能成为取用人才的限隔。

不过很有意思,轻视南人立场最为顽固的北方人寇准、王旦却与出身南方的学士杨亿交往最密。寇准与杨亿相契甚深,景德中,寇准为宰相,杨亿知制诰,均从驾征契丹,在澶州前方,"准与杨亿饮博,歌谑欢呼"④。王旦"与杨亿素厚","尝与杨亿评品人物",且谓丁谓有才无道,预见其当权必为身累,临终前曾将杨亿"延至卧内,请撰遗表"⑤。《青箱杂记》卷一记载:"公(王旦)与杨文公亿为空门友,杨公谪汝州,公适当轴,每音问不及他事,惟谈论真谛而已。"杨亿对另一位翰苑同僚、青州人王曾则颇为敬畏。《宋史》卷三一〇《王曾传》载:"少与杨亿同在侍从,亿喜谈谑,凡僚友无不狎侮。至与曾言,则曰:'余不敢以戏也。'"并叹王曾为"王佐器也"⑥。实际上,杨亿在太宗朝就曾与北方出身的词臣王禹偁交游唱和。同样有点奇怪的是,杨亿身为闽人,对闽人的评价却不高。他曾荐举浦城同乡章得象

① 江休复:《江邻几杂志》,朱易安、傅璇琮等编:《全宋笔记》第一编第五册,大象出版社2003年版,第171页。
② 《宋史》卷二八二《王旦传》,第9548页。
③ 《宋史》卷三一一《晏殊传》,第10195页。
④ 《宋史》卷二八一《寇准传》,第9531页。
⑤ 《宋史》卷二八二《王旦传》,第9549页。
⑥ 《宋史》卷三一〇《王曾传》,第10182、10185页。

(天圣中翰林学士)有公辅器,理由是:"闽士轻狭,而章公深厚有容,此其贵也。"①可见,杨亿看重的还是品格与气度,并未囿于狭隘的地域观念。从更大的范围来看,南北文人的交游并非那样势同水火,而早已打破地域的限制,"西昆"酬唱诗人群的组成即是一个显例。从入选《西昆集》的诗人来看,杨亿(浦城)、钱惟演、惟济(杭州)、舒雅(歙)、刁衎(升州)、薛映(蜀)、丁谓(苏州)、张秉(新安)等8人为南方人,刘筠(大名)、李维(肥乡)、晁迥(清丰)、李宗谔(饶阳)、崔遵度(淄川)、陈越(开封)、张咏(鄄城)等7人为北方人,刘骘、任随二人籍贯不详。如果仅从地域比例看,南北方持平,但就实际作用而言,南方人却处于核心地位。假如再将后期西昆体诗人如晏殊、胡宿、二宋等考虑在内,那么南国才士的文学地位已然傲居全国前列了。

翰林学士因其独特地位与影响,与馆职、朝臣之间都交往颇多,往往因性情、品格与立场的不同而分化成不同的团体、派别或朋党。景德、祥符年间,"澶渊既盟,封禅事作,祥瑞沓臻,天书屡降,导迎奠安,一国君臣如病狂然"②。围绕东封西祀、立后草制、宰相罢免等重大事件,真宗朝翰林学士在政治活动中分化为邪正分明的两派。一派以杨亿为首,刘筠、王旦、李迪、王曾为辅翼,与朝臣寇准声气相投。一派以王钦若、陈彭年为代表,与权臣丁谓共售其奸。

杨亿"性耿介,尚名节"③,不为权势所屈。其外祖杨徽之"平生以风鉴自高,而寡合于世",在其勉励下,杨亿也成为"高名峻节"的"一代宗师"④。他所结交游处者亦皆此类人物,如早期与王禹偁、张咏游,禹偁乃天下正直之士,"张咏正直少合,与杨亿颇相知善"⑤。范仲淹称赞杨亿与王旦、寇准、马知节交,"此三君子者,一代之伟人也。

① 《宋史》卷三一一《章得象传》,第10204页。
② 《宋史》卷八《真宗本纪》,第172页。
③ 《宋史》卷三〇五《杨亿传》,第10081页。
④ 苏颂:《杨公神道碑铭并序》,《苏魏公文集》卷五一,中华书局1988年版,第134页。
⑤ 田况:《儒林公议》,《文渊阁四库全书》第1036册,第288页。

公与三君子深相交许,情如金石,则公之道其正可知矣"①。他与寇准不仅气味投合,在政治上亦互相援引,堪称死党。天禧三年(1019)真宗得风疾,寇准"欲废章献,立仁宗,策真宗为太上皇,而诛丁谓、曹利用等。于是李迪、杨亿、曹玮、盛度、李遵勖等协力,处画已定,凡诰命,尽使杨亿为之,且将举事"②。杨亿在馆阁及翰苑时屡为王钦若、陈彭年所诟毁,"王钦若骤贵,亿素薄其为人,钦若衔之,屡抉其失;陈彭年方以文史售进,忌亿名出其右,相与毁訾"③。"钦若为人倾巧,同僚皆嫉之……亿在馆阁,钦若或继至,必避出,他所亦然。"④天禧四年(1020)王钦若出知杭州时,真宗及朝臣皆有诗相送,杨亿独不作,甚至连真宗的谕旨也不理会。作为执掌词命的翰林学士,杨亿表现出了可贵的职业操守。祥符五年(1012),"议册皇后刘氏,上欲得亿草制,使丁谓喻旨曰:'大年勉为此,不忧不富贵。'(亿)曰:'如此富贵,非所愿也。'"虽有谕旨与富贵诱惑,也拒草册后制,真宗亦不得不敬重他:"亿性峻直,无所附会。"⑤刘筠气节与杨亿亦颇相类,"性不苟合,临事明达";"初,筠尝草丁谓与李迪罢相制,既而谓复留,令别草制,筠不奉诏,乃更召晏殊。筠自院出,遇殊枢密院南门,殊侧面而过,不敢揖,盖内有所愧也。帝久疾,谓浸擅权,筠曰:'奸人用事,安可一日居此?'请补外,以右谏议大夫知庐州"。⑥晏殊年辈稍低,由神童、馆职而至两制,政治上尚未崭露头角,故略乏杨、刘那样的锋芒。

其他学士如李迪被真宗誉为"禁中颜、牧",亦曾屡上谏疏反对册立刘后,"以章献起于寒微,不可母天下,章献深衔之"。其为相时抨击丁谓、林特、钱惟演、冯拯等结为朋党,嫉害寇准,曾愤然语同列曰:

---

① 范仲淹:《杨文公写真赞》,《全宋文》第19册,第6页。
② 魏泰:《东轩笔录》卷三,第26页。
③ 《宋史》卷三〇五《杨亿传》,第10081页。
④ 《长编》卷六七"景德四年十二月乙未",第1510页。
⑤ 《宋大事记讲义》卷七,《文渊阁四库全书》第686册,第248页。
⑥ 《宋史》卷三〇五《刘筠传》,第10088页。

"迪起布衣至宰相,有以报国,死犹不顾,安能附权倖为自安计邪!"卒后仁宗篆其墓碑曰"遗直之碑"①。王曾受杨亿与寇准器重,景德初为知制诰,时瑞应沓至,曾即表示异议,"及帝既受符命,大建玉清昭应宫,下莫敢言者,曾陈五害以谏",卒后仁宗篆其碑曰"旌贤之碑"②。王旦素与杨亿相善,曾极力阻止"南人"王钦若为相,对陈彭年逢迎躁进的人品亦甚为不屑:"彭年尝谒王旦,旦辞不见。翌日见向敏中,敏中以彭年所上文字示旦,旦瞑目不览,曰:'是不过兴建符瑞,图进取耳。'"③遗憾的是为相之后,未能顶住真宗的压力,"(帝)召旦饮,欢甚,赐以尊酒,曰:'此酒极佳,归与妻孥共之。'既归发之,皆珠也。由是凡天书、封禅等事,旦不复异议";"惟受王钦若之说,以遂天书之妄"④。总之,正如范仲淹《杨文公写真赞》所说:"当时台阁英游,盖多出于师门矣。"在杨亿周围,确实存在这样一个正直不阿、不阿附权党的学士与朝臣群体。

王钦若任学士在杨亿前,景德初已迁参知政事。陈彭年于祥符六年(1013)入翰苑时,"宗谔卒,亿病退,而彭年专任矣"⑤。王、陈二人与丁谓、林特、刘承珪以奸邪险伪被时人称为"五鬼"。"真宗封泰山,祀汾阴,而天下争言符瑞,皆钦若与丁谓倡之";钦若好神仙之事,"自以深达道教,多所建明,领校道书,凡增六百余卷";"智数过人,每朝廷有所兴造,委曲迁就,以中帝意。又性倾巧,敢为矫诞";仁宗曾对辅臣说:"钦若久在政府,观其所为,真奸邪也。"他素与寇准不谐,且屡屡倾陷同僚,如景德中以参知政事判尚书都省,修《册府元龟》,钦若名义上总其事,实则杨亿负学术总责,然而,"或褒赞所及,钦若自名表首以谢,即缪误有所谴问,戒书吏但云杨亿以下,其所

① 《宋史》卷三一〇,第 10172—10075 页。
② 《宋史》三一〇《王曾传》,第 10182—10186 页。
③ 《宋史》卷二八七《陈彭年传》,第 9665 页。
④ 《宋史》卷二八二《王旦传》,第 9558 页。
⑤ 《宋史》卷二八七《陈彭年传》,第 9666 页。

为多此类也"①。他的这一龌龊行径引起馆阁同僚的共愤，也遭到了恶搞："使陈越寝如尸，以为钦若，石中立作钦若妻哭其旁，余人歌《虞殡》于前。钦若闻之，密奏，将尽绌责，王旦持之得寝"②。又，"真宗作《喜雪诗》，误用旁韵，王旦欲白真宗，钦若曰：'天子诗可校以礼部格耶？'旦遂止。钦若退，遽密以闻。他日真宗谓辅臣曰：'前日所赐诗，微钦若，几为众所笑。'"③由此二例，足可见其卑劣奸罔之状。

丁谓早年诗、文都大受王禹偁称赏，曾参与西昆酬唱，执政后对杨亿也有所保护。据欧阳修《归田录》卷一载："寇忠愍之贬，所素厚者九人，自盛文肃(度)已下，皆坐斥逐，而杨大年与寇公尤善，丁晋公怜其才，曲保全之。议者谓丁所贬朝士甚多，独于大年能全之，大臣爱才一节可称也。"④但与寇准有深交的杨亿并没有给丁谓留情面。吴坰《五总志》载："寇莱公贬时，杨文公在西掖，既得词头，有请于丁晋公。公曰：'春秋无将，汉法不道，皆其罪也。'杨深不平之。及晋公去位，杨尚当制，为责词曰：'"无将"之戒，深著乎鲁经；"不道"之诛，难逃于汉法。'一时快之。"⑤丁谓在真宗朝与王钦若沆瀣一气，大力迎合真宗，"谓机敏有智谋，憸险过人"。他虽未掌制，却干预学士草词，曾挟私擅改学士制词。仁宗即位，寇准、李迪再贬，"谓取制草改曰：'当丑徒干纪之际，属先王违豫之初，罹此震惊，遂至沉剧。'凡与准善者，尽逐之"；甚至"学士草制辞，(雷)允恭先持示谓，阅讫乃进"⑥。这是对学士草词制度的肆意破坏。

钱惟演政治上也不够磊落，《东都事略》卷二四《钱惟演传》载："天禧末，丁谓为参知政事，惟演见谓宠盛，附之与讲姻好，而惟演女

① 《宋史》卷二八三《王钦若传》，第 9561—9564 页。
② 《长编》卷六七"景德四年十二月乙未"，第 1509 页。
③ 《东都事略》卷四九《王钦若传》，《文渊阁四库全书》第 382 册，第 310 页。
④ 欧阳修：《归田录》卷一，中华书局 1997 年版，第 8 页。
⑤ 吴坰：《五总志》，《文渊阁四库全书》第 863 册，第 816 页。
⑥ 《宋史》卷二八三《丁谓传》，第 9568—9570 页。

弟适后戚刘美,相与共排。其为人少诚信,初附丁谓,力排寇准,其后逐谓,亦与有力焉。"盛度为钱惟演之婿,翁婿二人于天禧二年至四年同在翰苑,但他却"不喜惟演,盖邪正不相入也",仁宗时起草惟演责词,"人怪度老而笔力不衰,或曰:'度作此词久矣。'"①同样,盛度也不依附丁谓,天禧三年六月,丁谓由保信军节度使为吏部尚书、参知政事,"故事,节度使除拜当降麻,翰林学士盛度以为参知政事当属外制,遂命知制诰宋绶草辞,谓甚恨焉"②。盛度曾与杨亿、李宗谔、王曾、李维、石中立等人同编《续通典》《文苑英华》,但其人却"性极猜险"③。杨亿在文学上与钱、丁、盛均有交往,钱惟演还与杨、刘成为昆体的三位主将,但杨亿卒于天禧四年(1020),年仅 47 岁,他的文学生命始于太宗,终于真宗,而钱、丁二人交结已进入仁宗朝,盛度亦于天圣中再入翰苑为承旨,故此不多论。

　　上述两类翰林学士是对真宗朝政治产生过重要影响的代表人物,其政治品格亦邪正分明。《宋史》评价王钦若等人说:"王钦若、丁谓、夏竦(按,夏竦天圣中拜学士),世皆指为奸邪。真宗时,海内乂安,文治洽和,群臣将顺不暇,而封禅之议成于谓,天书之诬造端于钦若,所谓以道事君者,固如是耶?"④"陈彭年以辞藻被遇,上表献箴,详练仪制,若可嘉尚,乃附王钦若、丁谓,溺志爵禄,甘为小人之归,岂不重可叹也哉!"⑤评价李迪等人说:"李迪、王曾、张知白、杜衍,皆贤相也,四人风烈,往往相似。方仁宗初立,章献临朝,颇挟其才,将有专制之患,迪、曾正色危言,能使宦官近习,不敢窥觎……宋之贤相,莫盛于真、仁之世,汉魏相、唐宋璟、杨绾,岂得专美哉!"⑥杨亿尤以词臣

---

① 苏轼:《盛度责钱惟演诰词》,《苏轼文集》卷七二,第 2290 页。
② 《长编》卷九三"天禧三年六月戊戌",第 2152 页。
③ 《宋史》卷二九二《盛度传》,第 9761 页。
④ 《宋史》卷二八三《王钦若、丁谓、夏竦传》,第 9578 页。
⑤ 《宋史》卷二八七《陈彭年传》,第 9666 页。
⑥ 《宋史》卷三一〇《李迪、王曾、张知白、杜衍传》,第 10192 页。

的政治风节垂范当代和后世，苏轼称赞他是"近世士大夫"中的"忠清鲠亮之士"①，苏颂称"文公名节冠当世，没世清风更凛然"②。黄庭坚将其与王禹偁相提并论："元之如砥柱，大年若霜鹗。王、杨立本朝，与世作郛郭。"③真德秀也评价他在咸平、景德间"清忠大节，凛凛弗渝，不义富贵，视犹涕唾，此所以屹然为世之郛郭也欤！"④清储大文则将杨亿与王禹偁、苏轼并称为宋代有道义、文章的"三翰林"⑤。作为天下文士的楷模和文坛领袖，杨亿的政治风概也为文坛带来士风与文格的重要变化。

二 真宗好文与"贞元、元和风格"

真宗以好文之主著称，他崇儒重学、优遇词臣的作风，比太宗有过之而无不及。《宋史》卷三一七载："真宗雅眷词臣，其典掌诰命，皆躬自柬拔。"⑥《东轩笔录》卷一载："真宗天纵睿明，博综文学，尤重儒术，凡侍从之臣每因赐对，未始不从容顾问。真宗善谈论，虽造次应答，皆典雅有伦。当时儒学之士，擢为侍从，则有终身不为外官者。"⑦杨亿刚介寡合而又疏放孤傲，频忤上旨，曾因真宗改其《答契丹书》而请辞学士，真宗说："杨亿不通商量，真有气性。"⑧又屡遭王钦若、陈彭年毁谤，但真宗对他一直甚为眷顾和优容。《石林诗话》卷中云："杨文公在翰林，以谗佯狂去职，然圣眷之不衰，闻疾愈，即起为郡。未几，复以判秘

① 苏轼：《议学校贡举状》，《苏轼文集》卷二五，第724页。
② 苏颂：《读杨文公集》，《苏魏公文集》卷一一，第134页。
③ 黄庭坚：《次韵杨明叔见钱十首》，《山谷诗集注》卷十四，《黄庭坚诗集注》，中华书局2003年版，第499页。
④ 真德秀：《杨文公书玉溪生诗》，《西山先生真文忠公文集》卷三四，《四部丛刊》初编本，第24页。
⑤ 储大文：《存研楼文集》卷十四《书武夷集后》，《文渊阁四库全书》第1327册，第314页。
⑥ 《宋史》卷三一七《钱惟演传》附《钱易传》，第10344页。
⑦ 魏泰：《东轩笔录》卷一，第6页。
⑧ 《东都事略》卷四七《杨亿传》，《文渊阁四库全书》第382册，第297页。

监召,既到阙,以诗赐之曰:'琐闼往年司制诰,共嘉藻思类相如。蓬山今日诠坟史,还仰多闻过仲舒。报政列城归觐后,疏恩高阁拜官初。诸生济济弥瞻望,铅椠咨询辨鲁鱼。'祖宗爱惜人材,保全忠贤之意如此。"①

真宗对文学的兴趣相当浓厚,他自称:"朕听览之暇,以翰墨自娱,虽不足垂范,亦平生游心于此。"②《青箱杂记》卷三载:"真宗听政之暇唯务观书,每观毕一书,即有篇咏,使近臣赓和,可谓近代好文之主也。"他在景德、祥符间针对馆阁翰苑的文学风尚,有多次重要的品评和谕旨,对其时文风迁变有着不可忽视的影响。③

其一,对西昆体"浮靡"诗风的抑制。景德四年(1007)六月,枢密直学士刘总出镇并门,两制、馆阁赋诗饮饯,"时方竞务西昆体,碟裂雕篆,亲以御笔选其平淡者,止得八联"④。祥符二年(1009)正月,王钦若等诬告杨亿、刘筠、钱惟演唱和《宣曲诗》,事涉掖廷、词涉浮华,真宗责备说:"'词臣,学者宗师也,安可不戒其流宕?'乃下诏风励学者,如自今有属词浮靡,不遵典式者,当加严谴。"⑤

其二,倡导"贞元、元和风格"。真宗曾与王旦论及杨亿及其追随者文章,"真宗常谓王旦:'亿词学无比,后学多所法则,如刘筠、宋绶、晏殊而下,比比相继,文章有正(贞)元、元和风格,自亿始也。'旦曰:'后进皆师慕亿,惟李宗谔久与之游,终不能得其鳞甲,盖李昉词体弱,不宗尚经典故也。'"⑥。

其三,对馆阁"典雅"风格的褒奖。祥符三年(1010)当"四海无

---

① 叶梦得:《石林诗话》卷中,何文焕辑《历代诗话》本,第 418 页。
② 《宋史》卷八《真宗本纪》,第 169 页。
③ 吴处厚:《青箱杂志》卷三,第 27 页。
④ 文莹:《玉壶清话》卷一,第 2 页。
⑤ 《长编》卷七一"大中祥符二年正月庚午",第 1589 页。
⑥ 《隆平集》卷十三《杨亿传》,《文渊阁四库全书》第 371 册,第 133 页。按《长编》卷八五系此事于大中祥符八年八月庚寅,《宋大事记讲义》卷七系于大中祥符六年六月,均以"贞元、元和风格自亿始"记为宰相王旦语。元不著撰人《氏族大全》卷十一载:"王旦云:'刘筠、宋绶相继,翰苑属文有贞元、元和风格。'"同书卷十七载:"王旦曰:'刘筠、宋绶、晏殊属文有贞元、元和风格。'"

虞"之际,真宗对王旦说:"今文章体格与近代不同,馆阁中颇勤职业,每览歌颂,皆以典雅相尚。"①

这三点意见都直接或间接地与杨亿及西昆体联系在一起,反映了真宗的审美取向,但语境不同,涵义亦有区别。对杨、刘《宣曲诗》的批评,起因是王钦若的附会,掺杂了政治因素,不过真宗是从词臣作为"学者宗师"的角度力戒"浮靡""流宕"之风,这与他选诗标榜"平淡"意在抑制昆体"碟裂雕篆"之习前后呼应。对杨亿昆体及其后学"贞元、元和风格"的赞誉,是在阅读了杨亿知汝州时所上奏章后所发,主要指"翰苑属文"也即应用"文章"而言。对馆阁"歌颂"之"以典雅相尚"的"体格",则是在封州刺史钱惟济献诗后的读后感想。考察景德、祥符以来诗坛,举子、馆职及词臣竞上歌诗赋颂蔚成风气,构成颂美圣德的宫廷文学生态。如葛宫举进士,上《太平雅颂》十篇,真宗嘉之,召试学士院;又献《宝符阁颂》,为杨亿所称②。李维"真宗初献《圣德诗》,召试中书,擢直集贤院"③。陈尧叟大中祥符初"献《封禅圣制颂》,帝作歌答之"④。张师德"献《汾阴大礼颂》于行在",举进士第一,后为知制诰⑤。杨亿弟杨伟"天禧元年献颂,召试学士院,赐进士及第",试秘书省校书郎⑥。晁迥子晁宗悫"屡献歌颂",赐进士及第,除馆阁校勘⑦。晁氏父子还分别献《玉清昭应宫颂》与《景灵宫庆成歌》,真宗夸赞说:"迥父子同献歌颂,缙绅间美事也。"⑧刘筠任馆职时,"真宗将祀汾脽,屡得佳雪,召筠及监察御史陈从易崇和殿赋歌诗,帝数称善。车驾西巡,又命筠纂土训。是时四方献符瑞,天子方

① 《长编》卷七三"大中祥符三年五月丁未",第 1673 页。
② 《宋史》卷三三三《葛宫传》,第 10704 页。
③ 《宋史》卷二八二《李维传》,第 9541 页。
④ 《宋史》卷二八四《陈尧叟传》,第 9586 页。
⑤ 《宋史》卷三〇六《张去华传》,第 10110 页。
⑥ 《宋史》卷三〇五《杨伟传》,第 10084 页。
⑦ 《宋史》卷三〇五《晁宗悫传》,第 10087 页。
⑧ 《宋史》卷三〇五《晁迥传》,第 10086 页。

兴礼文之事,筠数上赋颂"①。晏殊在馆时献《河清颂》②。可见,所谓"馆阁中颇勤职业",创造的就是这样一番廊庙文学的繁荣景象。杨亿集中同样不乏《天禧观礼赋》《承天节颂》及奉和御制的赋颂作品,同时他作为"以斯文为己任"的翰林学士,当时"东封西祀之仪,修史修书之局,皆归大手,为皇家之盛典"③。"西昆酬唱"正躬逢其盛,除了《宣曲诗》这样的个案之外,它与当时颂美盛世礼乐的宫廷雅音并不冲突。从上述真宗的话语不难看出,他对景德、祥符以来的文坛状况相当满意,而真宗与王旦对杨亿"后学多所法则"、"比比相继"、"后进皆师慕亿"的评价,则反映了杨亿在当代文坛的中心地位和影响。

三　"一代之文豪": 内相
杨文公主盟斯文

就综合条件和影响力而言,真宗朝堪称学者宗师与文坛盟主的翰林学士,非杨亿莫属。真宗朝早期词臣中,有杨砺(931—999)、宋白(936—1012)、梁周翰(929—1009)、朱昂(925—1007)、晁迥(951—1034)这样的前辈,五人的年龄分别达到69、77、81、83、84岁,杨亿(974—1020)作为晚辈,享年仅47岁,但此时尚处才富力强之年,而其他五人均已届老年,宋、梁、朱尤呈明显衰惫之态。杨砺"为文尚繁,无师法,每诗一题或数十篇,在翰林制诰迂怪,见者哂之"④,实在不够称职。宋白在太宗、真宗朝两入翰苑长达20年,在太宗朝11年,以其久任词职,故任真宗朝首任学士承旨,时间长达9年。他两知贡举均在太宗朝(太平兴国八年、端拱元年),⑤苏易简、王禹偁、李宗谔、

---

① 《宋史》卷三〇五《刘筠传》,第10088页。
② 《宋史》卷七《真宗本纪》,第145页。
③ 范仲淹:《杨文公写真赞》,《全宋文》第19册,第6页。
④ 《宋史》卷二八七《杨砺传》,第9644页。
⑤ 参见张希清:《北宋贡兴趣登科人数考》,《国学研究》第二卷。

田锡、胡旦等两制词臣皆出其门下，杨亿曾作《广平公唱和集序》，称其为"自太平兴国迄于咸平"间的"翰林主人"和"文章盟主"①。然而宋白继任学士承旨时年已60余，已"年衰思减"②，再加"在内署久，颇厌番直，草辞疏略，多不惬旨"，其后以集贤院学士判院事，上朝时竟至"嬴老步梗，就班足跌"，多致讥诮③。梁周翰"以辞学为流辈所许"④，但"及掌书命，周翰已老矣，才思不如昔，多不称上意"⑤。比如，"景德中《答宰相待罪表》不称旨，上别令赵安仁撰，曰：'不可令周翰知，恐其愧恨。'"⑥朱昂有"小万卷"之称，任学士仅两年即坚请致仕。但年轻的杨亿对梁、朱二老却不甚尊重，咸平初三人同为知制诰，《中山诗话》载："梁周翰，真宗即位始知诰，赠柳开诗曰：'九重城阙新天子，万卷诗书老舍人。'时杨大年、朱昂同在禁掖，杨未及满三十，而二公皆老，数见侮侮。梁谓之曰：'公毋侮我老，此老亦将留与公尔。'朱昂闻之，背面摇手掖下，谓梁曰：'莫与莫与！'大年死不及五十。"⑦杨亿比梁、朱年轻近50岁，确有一股恃才自傲、盛气凌人的作风，让人难以接受。

另外一位长者为晁迥。刘克庄曾提出："宋兴，至咸平、景德中，儒学文章之盛，不归之平棘宋氏，则属之清丰晁氏，二氏者，天下甲门也。"⑧"清丰晁氏"即晁迥，他年长杨亿24岁，两人多年共事，在翰苑任职时间最长，几乎贯穿真宗朝大半，且任承旨4年，屡知贡举，是最有条件和资格成为文坛领袖的人物。在翰苑时，"时朝廷方修礼文之事，诏令多出迥手"，"真宗数称其好学长者"⑨，著述极为丰富。他曾

① 杨亿：《广平公唱和集序》，《全宋文》第14册，第384页。
② 《长编》卷六十"景德二年五月乙卯"，第3972页。
③ 《宋史》卷四三九《文苑传》一，第12999页。
④ 《宋史》卷四三九《文苑传》一，第13004页。
⑤ 《东都事略》卷三八《梁周翰传》，《文渊阁四库全书》第382册，第249页。
⑥ 曾慥：《类说》卷二二，《文渊阁四库全书》第873册，第390页。
⑦ 刘攽：《中山诗话》，何文焕辑《历代诗话》本，第294页。
⑧ 刘克庄：《江西诗派序·晁叔用》，《全宋文》第329册，第111页。
⑨ 《宋史》卷三〇五《晁迥传》，第10086页。

参与西昆酬唱,杨亿称誉他"负王佐之伟才,擅人伦之嘉誉"①;"迥所作书命无过褒,得代言之体"②。刘随说他:"文苑指为宗师,朝野推为君子。"③他又"善吐纳养生之术,通释老书,以经史傅致精意为一家之说。性乐易纯固,服道甚笃"④。看来,晁迥的性格气质、学术志趣及老年心境似乎更适合一代人文懿范的社会角色,作为主盟文坛的"翰林主人",其作用则要比杨亿逊色不少。"平棘宋氏"为宋绶(991—1040),他与杨亿为表兄弟,杨亿曾称赞他"其文沉壮淳丽"为己所不及⑤,亦以文章学术著称,但他于仁宗天圣三年(1025)方入翰苑。宋绶与景德中的"神童"晏殊同龄,后者30岁即进入翰苑,尚属政坛新星。从年辈说,杨亿长于宋、晏二人18岁,真宗与王旦明确将此二人视为杨亿"后学",其地位与杨亿自不可同日而语。

　　至于其他学士,陈彭年与李宗谔、杨亿年辈相若,以博学称,也深受真宗眷遇,但早年"喜嘲咏,不为宋白所善,白屡知贡举,屡出之"⑥。他在杨亿之后专文史之任,却积劳成疾,"事务既丛,形神皆耗,遂举止失措,颠倒冠服,家人有不记其名者"⑦。况且其品格也无法使天下文人推服。

　　杨亿却具备了作为文坛领袖的优势。他少年时即以"少年聪明"和"词理精当,有老成之风"而受知于太宗,青年时期与王禹偁交游,王禹偁年长杨亿20岁,淳化五年(994)时作《送史馆学士杨亿闽中迎侍》云:"迎侍闽川去路长,才名官职过欧阳。翰林贵族夸东槐,史馆清衔庆北堂。"咸平元年(998)作《送正言杨学士亿之任缙云》云:"弱

---

① 杨亿:《与史馆晁司谏启》,《全宋文》第14册,第328页。
② 《宋史》卷三〇五《晁迥传》,第10086页。
③ 刘随:《请询访晁李》,《文渊阁四库全书》第1350册,第442页。
④ 《东都事略》卷四六《晁迥传》,关于晁迥的文学活动及影响,可参见李朝军:《晁迥与宋初文学》,《四川大学学报》2005年第3期。
⑤ 《宋史》卷二九一《宋绶传》,第9735页。
⑥ 《东都事略》卷四四《陈彭年传》,《文渊阁四库全书》第382册,第282页。
⑦ 《宋史》卷二八七《陈彭年传》,第9666页。

冠珥朝簪，才堪入翰林。"词臣情结极重的王禹偁以"入翰林"赞赏其才华，对其前途充满期许。咸平初，王禹偁以知制诰得罪第三度被贬，未能重回翰苑，咸平四年（1001）卒于蕲州贬所。杨亿作《故蕲州王刑部阁老五首》追悼之："东观未绝笔，西垣俄解龟。罢裁青云诏，重入白云司。"（其一）"鸡省曾三入，鳌峰近十旬。命书批凤尾，谏疏逆龙鳞。"（其二）两人有相似的从政经历：馆职、两制词臣，性格与际遇也颇为接近。至道三年四月，新即位的真宗就对宰相说："朕在宫府，多令杨亿草笺奏，文理精当，世罕偕者，宜即加奖擢。"①景德三年至大中祥符六年、天禧四年，杨亿两入翰苑，前后达 9 年，他以独特的人格魅力和卓越的文学才华，成为王禹偁之后景德至天禧间真正开宗立派的文坛领袖。杨亿博学，馆阁修书时，"其序次体制，皆亿所定，群僚分撰篇序，诏经亿窜定方用之"；"同修国史，凡变例多出亿手"。他"厚风义，重名教，诱进后学，乐道人善，贤士大夫翕然宗之"②，后进赖其诲诱，"以成名者甚众"③，甚至在居阳翟治疾时，"门生馆食者尚千余人"④。在馆阁中，尤与刘筠、石中立、李宗谔等友善，"亿刚介寡合，在书局，唯与李维、路振、刁衎、陈越、刘筠辈厚善，当时文士咸赖其题品"⑤。苏颂云："内相杨文公一代英才，主盟斯文，公（石中立）与中山刘公筠、颍川陈公越、成纪李公宗谔游其藩，更唱迭和，合如一律。"⑥胡宿在为杨亿的门生郑戬所作墓志铭中也说："翰林杨公号称辞宗，名有鉴拔，笃于奖进，故贤士大夫日游其藩。"⑦欧阳修称他是"以文章擅天下"的"一代之文豪"⑧。总之，不论文章、学术还

---

① 《长编》卷四一"至道三年四月甲辰"，第 863 页。
② 《东都事略》卷四七《杨亿传》，《文渊阁四库全书》第 382 册，第 296 页。
③ 《宋史》卷三〇五《杨亿传》，第 10082 页。
④ 田况：《儒林公议》，《文渊阁四库全书》第 1036 册，第 287 页。
⑤ 《宋史》卷三〇五《杨亿传》，第 10082 页。
⑥ 苏颂：《二乐陵郡公石公神道碑铭》，《苏魏公文集》卷五四，第 817 页。
⑦ 胡宿：《郑公（戬）墓志铭》，《全宋文》第 22 册，第 224 页。
⑧ 欧阳修：《归田录》卷一，第 16 页。

是道义,杨亿都具有相当的影响力,堪为当代文士表率。景德、祥符、天禧时期,在杨亿周围,形成一个词臣馆职诗人群体,他们以景德修书为机缘,酬赠唱和于馆阁禁林,创立了风靡诗坛的"西昆体"。

四　从白体走向昆体:杨文公首变诗格

与太宗朝翰林学士基本为清一色的"白体"诗人不同,真宗朝翰林学士中白体诗人与昆体诗人均为数不少。从诗人代群的更替来看,真宗前期诗人大多与白体诗人有着文学渊源,如陈彭年南唐时师事徐铉为文。晁迥、丁谓、杨亿皆与王禹偁交游。宋白为太宗、真宗两朝翰林学士,王禹偁出其门下,杨亿则作《广平公唱和集序》推重其为"翰林主人"。李宗谔为李昉之子。他们或师或友,出此入彼,并无旗帜鲜明的壁垒和门户,诗坛因此常常呈现白体与昆体诗人同赋、诗风错综交结的景象。正如研究者已经指出的,收入《西昆酬唱集》的诗人中,有些在体派归属上原本属于白体,如张咏、晁迥、李维、丁谓、李宗谔、舒雅、刁衎,[①]甚至杨亿本人早期的创作也带有明显的白体的影子,他所交往的诗人中还有寇准这样的晚唐体作者。杨亿门人黄鉴所辑《杨文公谈苑》记杨亿对"雍熙以来文士诗"的品评,涉及文臣、布衣、释子,多达 54 人,囊括了宋初三体的重要作者,他品鉴诗人的标准是"夙擅盛名"的"能诗者"、"工于诗者",更着眼于其是否有佳句、警策传世,而并无某派某体的门户之见。其次,杨亿起初并无自觉的宗盟意识,以他为中心的西昆酬唱只是一个松散的、短暂的修书学士诗人群,在馆阁修书的特定环境里,以及对倡导者的尊奉,他们的唱和作品在风格上会表现出一定的趋同性,但并不会从此便改弦

---

① 参见李贵《唐末五代宋初白体诗人考论》,载《首届宋代文学国际研讨会论文集》,复旦大学出版社 2001 年版,第 106 页。

易辙,统统归依到杨、刘旗下。

但时代为杨亿创造了机遇,把他推上了景德、祥符的诗坛中心,真宗朝诗风的嬗变仍以宫廷台阁为中心,由杨亿策动,创造了宋代诗歌史上新的艺术典范和成熟的诗歌体派。与"白体"和"晚唐体"都难以找出不可替代的代表人物不同的是,"昆体"从酝酿、形成到结集、传播,都刻印上了杨亿鲜明的个人色彩,一旦刊行,遂靡然成风,故欧阳修称:"先朝杨、刘风采,耸动天下,至今使人倾想。"①

将李商隐作为昆体诗文模拟的典范,是杨亿自觉的选择。他从至道至景德凡 10 余年间,从馆阁到掖署、翰苑,在读书、修书、演纶之暇,一直孜孜搜求玉溪生诗歌,从 100 多首到 580 多首,反复揣摩研读。杨亿论李商隐诗的材料主要有三条,其一是"獭祭鱼"之说:"旧说李商隐为文,多检阅书册,鳞次堆积,时号獭祭鱼。"②其二最详:"至道中,偶得玉溪生诗百余篇,意甚爱之,而未得其深趣。咸平、景德间,因演纶之暇,遍寻前代名公诗集,观富于才调,兼极雅丽,包蕴密致,演绎平畅,味无穷而久愈出,钻弥坚而酌不竭,曲尽万态之变,精索推言之要,使学者少窥其一班,略得其余光,若涤肠而换骨矣。由是孜孜求访,凡得五七言长短韵歌行杂言共五百八十二首。唐末,浙右多得其本,故钱邓帅若水尝留意捃拾,才得四百余首。钱君举其《贾谊》两句云:'可怜夜半虚前席,不问苍生问鬼神。'钱云:'其措辞如此,后人何以企及?'余闻其所云,遂爱其诗弥笃,乃专缉缀。鹿门先生唐彦谦慕玉溪,得其清峭感怆,盖圣人之一体也,然警拔之句亦多,予数年类集捃求,得薛廷珪所作序凡百八十二首。世俗见予爱慕二君诗什,夸传于书林文苑,浅学之徒相非者甚众,噫!大声不入俚耳,岂足论哉。"③第三条是评李商隐《宫妓》诗:"杨大年出义山诗示陈

① 欧阳修:《与蔡君谟帖》,《欧阳修全集》卷一五五,第 2595 页。
② 曾慥:《类说》卷五三引《谈苑》,《文渊阁四库全书》第 873 册,第 918 页。
③ 江少虞:《宋朝事实类苑》卷三四,《文渊阁四库全书》第 874 册,第 291 页。

恕,酷爱一绝云:'珠箔轻明覆玉墀,披香新殿半腰支。不须看尽鱼龙
戏,终遣君王怒偃师。'叹曰:'古人措辞寓意如此深妙,令人感慨不
已。'"①钱若水为太宗淳化四年至至道元年(993—995)学士,景德中
为集贤院学士知院事,至道三年受诏预修《太宗实录》,若水引柴成
务、宗度、吴淑、杨亿同修。② 杨亿《钱公墓志铭》称他:"下学上达,文
成雅诰。"③亿咸平元年出知处州,若水作《送杨大年知处州二首》:"夫
子厌承明,还求领郡行。两章干负扆,数刻对延英。"④陈恕知咸平五
年贡举,亦曾以集贤学士判院事。钱、陈二人虽未参与《西昆集》酬
唱,但自至道、咸平年间就与杨亿有过文学交往,曾一起搜求、研读玉
溪生诗,表现出了共同的艺术趣味,比如杨亿与钱若水都赞叹李商隐
诗的"措意"之妙。杨亿又把自己的阅读视野扩大到了专学李商隐、
温庭筠的唐彦谦,他评玉溪生诗"包蕴密致、演绎平畅"之"深趣","措
辞寓意"之"深妙",唐彦谦诗的"清峭感怆",显示了高超的文学眼光
和论诗旨趣。这种文学趣味在当时曾遭"浅学之徒"的非笑,但在景
德修书与唱和中获得了知音,"时今紫微钱君希圣、秘阁刘君子仪,尤
精雅道,雕章丽句,脍炙人口……因以历览遗编,研味前作,把其芳
润,发于希慕,更迭唱和,互相切劘"⑤。三人共同抉发了李商隐诗的
艺术价值,在创作中获得了成功,丰富了唐诗的经典文库,为后来者
学唐、并由李商隐为中介上追杜甫,进而由唐变宋,提供了可资参考
的艺术经验。其次,杨、刘的制诰文以规范的四六体作为词臣写作轨
则,取法于李商隐的《樊南四六》,也应是合理的典范选择。钱锺书先

① 计有功:《唐诗纪事》卷五三"李商隐"条。按《苕溪渔隐丛话后集》卷十四引《谈苑》云:
  "予知制诰日,与余恕同考试……因以义山诗共读,酷爱一绝。"人民文学出版社1962年
  版,第103页。云云,作"余恕"误,陈恕与杨亿同时,《宋史》卷二六七有《传》。按陈恕咸
  平五年知贡举,亿时为知制诰,与陈恕论诗当在此年。参见王仲镛《唐诗纪事校笺》,中
  华书局2007年版,第1811页。
② 《宋史》卷二六六《钱若水传》,第9166页;《宋史》卷三〇五《杨亿传》,第10080页。
③ 杨亿:《钱公墓志铭》,《全宋文》第15册,第50—56页。
④ 钱若水:《送杨大年知处州二首》,《全宋诗》第2册,第975页。
⑤ 杨亿:《西昆酬唱集序》,王仲荦注《西昆酬唱集注》卷首,上海书店出版社2001年版。

生早已指出："樊南四六与玉溪诗消息相通,犹昌黎文与韩诗也。杨文公之昆体与其骈文,此物此志。"①景德至祥符初,西昆酬唱已经完成,杨亿、刘筠等相继入翰苑,其制诰文亦形成典赡精工的昆体四六,《邵氏闻见后录》卷一六云："本朝四六,以刘筠、杨大年为体,必谨四字、六字律令。"②正是樊南四六一路。

　　馆阁修书为诗人提供了聚合酬唱的文化沙龙,而文坛风尚的转轨还有赖于时代的因缘际会。自太宗大兴科举及大规模修书等崇文之举,一个博学的学者型学士群逐渐形成。真宗朝学士中,参加过太宗朝修书的就有王旦、杨砺、宋湜、宋白、杨亿等人,预修《册府元龟》的先后有王钦若、杨亿、李维、陈彭年、刘筠、钱惟演,其他也都身任三馆两制文史之职。钱惟演认为:"朝廷之官,虽宰相之重,皆可杂以他才处之,惟翰林学士非文章不可。"③"翰林学士备顾问,司典诰,于天下之书,一有所不观,何以称职?"④确实,真宗朝学士中颇多饱学之士,他们在创作中更为自如地精研声律、词藻、典故等写作技巧,自觉追求奥雅典丽的文风,促使宋初诗风逐渐向由浅入深、以学为诗的"宋调"转化,正如四库馆臣评《西昆酬唱集》所说:"要其取材博赡,练词精整,非学有根柢,亦不能镕铸变化,自名一家。"但当代的朝政气氛、文化景象对典赡文风的要求,是昆体盛行更深层的原因。"澶渊之盟"以屈辱求和的代价为宋王朝换来数十年的和平环境,咸平、景德、祥符之间,号称太平极治。司马光元丰八年(1085)上奏时说:"咸平、景德之治,为有宋隆平之极。"⑤石介《石曼卿诗集序》云:"国家祥符中,民风豫而泰,操笔之士,率以藻丽为胜。"⑥《邵氏闻见录》卷三记

① 周振甫:《李商隐选集》前言引,上海古籍出版社 1999 年版,第 8 页。
② 邵博:《邵氏闻见后录》卷十六,中华书局 1983 年版,第 124 页。
③ 欧阳修:《内制集序》,《欧阳修全集》卷四一,中华书局 1999 年版,第 597 页。
④ 《长编》卷一一五"景祐元年七月辛丑",第 2690 页。
⑤ 司马光:《乞省览农民封事札子》,《传家集》卷四八,李之亮:《司马温公集编年笺注》,巴蜀书社 2009 年版,第四册,第 204 页。
⑥ 石介:《石曼卿诗集序》,《徂徕石先生文集》卷十八,中华书局 1984 年版,第 212 页。

载:"伯温侍长老言曰:'本朝惟真宗咸平、景德间为盛,时契丹通和,兵革不用,家给人足,以洛中言之,民以车载酒食声乐,游于通衢,谓之棚车鼓笛。'"①显然,晚唐体的枯瘠寒俭和白体的浅俗平易都无法表现这种"太平盛世"气象,润色王业、颂美帝德的需要正好让博奥雅丽的昆体专美,故四库馆臣指出:"(杨亿)大致宗法李商隐,而时际升平,春谷典赡,无唐末五代衰飒之气。"②揭示了文风迁变与时运隆替的关系。

从文学史的发展进程来看,杨亿开创昆体的意义在于,变革五代至宋初诗文卑俗芜鄙之格和枯瘠浮弱之弊。什么是"五代体"?冯志弘概括说:"五代体的文风特征是伤时愤世、吟唱艳情,以及润色王泽。""典雅偶俪"是五代至宋初文体的主要特征,其适用范围包括诏诰、启奏、酬答、干谒、铭诔等应用文;同时"五代体"表现出衰世之文的弊病,即淳化以后柳开、王禹偁及庆历以后欧阳修、苏轼等人所屡屡指出的:冶艳喧卑、鄙俚浅俗。③ 宋初诗文变革的进程始终伴随着对晚唐(大中、咸通以后)五代文风的批判和变革,杨亿显然是这一进程中不可或缺的一环。对"革五代之弊",杨亿也有着自觉意识。作为两制词臣,他首先关注制诰文的写作。《送倚序》自述:"我以不肖之质,中人之才,黄屋过听,擢司雅诰,敢不摩揣铅钝,励精夙夜,期有以润色帝载,与三代同风。"④在为太宗朝学士李沆所作墓志铭中说:"五代已来,文体一变,至于雅诰,殊未复古。公之书命也,启迪前训,润色鸿业,善为辞令,长于除书。考三代之质文,取两汉之标格,使国朝谟训与元和、长庆同风者,繁公之故也。"⑤"润色帝载"、"润色鸿

---

① 邵伯温:《邵氏闻见录》卷三,第 23 页。
② 《四库全书总目·武夷新集提要》,第 1307 页。
③ 参见冯志弘:《北宋古文运动的形成》第二章《"五代体"析论》,上海古籍出版社 2009 年版,第 53—78 页。
④ 杨亿:《送倚序》,《全宋文》第 14 册,第 374 页。
⑤ 杨亿:《李公(沆)墓志铭》,《全宋文》第 15 册,第 64 页。

业"，与"三代两汉"、"元和、长庆"同风，便是他秉持的词臣理想。

杨亿变革五代的成就首先是创变"文格"。杨亿本人亦以"格"论文，"与三代同风"、"取两汉之标格"、"与元和、长庆同风"云云即有此义。宋代史臣赞誉说："（亿）文格雄健，自唐大中后，词气衰滥，国朝稍革其浮，至亿乃振起风采，与古之作者方驾矣。"①其友人陈恕谓其《致政李殿丞豫章东湖所居涵虚阁记》"信一代之雄文"②。田况评价其诗文之变："杨亿在两禁，变文章之体，刘筠、钱惟演辈皆从而效之，时号杨刘。三公以新诗更相属和，极一时之丽。亿乃编而叙之，题曰《西昆酬唱集》。当时佻薄者谓之西昆体。其它赋颂章奏，虽颇伤于雕摘，然五代以来芜鄙之气，由兹尽矣。"③宋祁则重点评价杨亿之文："天子好文学，而虢略杨亿以雄浑奥衍革五代之弊，公与中山刘筠、颖川陈越推而肆之，故天下靡然变风。"④"亿工文章，采缛闳肆，汇类古今气象，魁然如贞元、元和，以此倡天下而为之师。公（石中立）与刘、陈数公，推毂趣和之，既乃大变。景德、祥符间号令彬彬，谓之尔雅，而五代之气尽矣。"⑤林骃《古今源流至论后集》卷六谓："祥符间，时则杨亿、刘筠二公为文宗主耳，笔力宏壮，天下仰慕，染翰如飞，门人传录，此文之始唱也。"⑥诸人所谓"雄健"、"雄文"、"雄浑奥衍"、"宏壮"、"采缛闳肆"、"如贞元、元和"云云，颇能概括杨亿所创"文格"的主要特征。前引王旦在回应真宗"贞元、元和风格自亿始"的评价时说："后进皆师慕亿，惟李宗谔久与之游，终不能得其鳞甲，盖李昉词体弱，不宗尚经典故也。"李昉为宋初白体代表，但其文尚存词体卑弱之弊，至景德间，则"号令彬彬，谓之尔雅"。从"变文章之体"的

① 《长编》卷九六"天禧四年十二月丁丑"，第 2226 页。
② 胡仔：《苕溪渔隐丛话后集》卷十四引《谈苑》，人民文学出版社 1981 年版，第 103 页。
③ 田况：《儒林公议》，《文渊阁四库全书》第 1036 册，第 277 页。
④ 宋祁：《石太傅墓志铭》，《全宋文》第 25 册，第 131 页。
⑤ 宋祁：《石少师行状》，《全宋文》第 25 册，第 70 页。
⑥ 林骃：《古今源流至论后集》卷六，《文渊阁四库全书》第 942 册，第 256 页。

角度看,杨亿章表奏疏之文主要取法樊南四六,试录白居易、李商隐、杨亿三人制诏表启之文对读之,以解析白体与昆体制诏文体、风格之异同:

敕:仲尼曰:"志有之,言以足志,文以足言,言之无文,行而不远。"故吾精求雄文达识之士,掌密命,立内庭。甚难其人,尔中吾选。尚书祠部郎中、知制诰、赐绯鱼袋元稹,去年夏拔自祠曹员外,试知制诰。而能芟繁词,划弊句,使吾文章言语与三代同风。引之而成纶绰,垂之而为典训。凡秉笔者,莫敢与汝争能。是用命尔为翰林学士,以备访问。仍以章绶,宠荣其身,一日之中,三加新命。尔宜率素履,思永图,敬终如初,足以报我。可中书舍人、翰林学士、赐紫金鱼袋。(白居易《元稹除中书舍人翰林学士赐紫金鱼袋制》)

臣某言:伏见二月二十二日制书,逆贼李师道已就枭戮者。皇灵有截,睿算无遗,妖氛廓清,退迩庆幸。臣某诚欢诚喜,顿首顿首。

臣闻乱常干纪,天殄神诛。李师道包藏祸心,暴露逆节,罪盈恶稔,众叛亲离。未劳师徒,自取擒戮。伏惟睿圣文武皇帝陛下,文经天地,武定华夷,凡是猖狂,无不除剪,两河清晏,四海会同。升平之风,实自此始。

臣名参共理,职忝分忧,忭舞欢呼,倍万常品。守官有限,不获称庆阙庭。无任庆快踊跃之至。谨具奏闻,谨奏。(白居易《贺平淄青表》,注:"元和十四年四月九日。")

臣某言:臣得本道进奏官某状报:某月日幽州节度使张仲武奏破奚北部落及诸山奚……天声远叠,庙略遐宣,白虏获于宁台,赤夷俘于燕路,中贺。

臣窃窥旧史,逖听前朝,有天子忧边,清宵辍寐;将军出塞,白首言归。至乃或胜或奔,一彼一此,竟至塞郊之柝,那停绝漠之烽? 犹欲叙烈旗常,告功祧庙,用其智胜,谓曰难能。况幽朔巨都,全燕重地,荐臻奚寇,猾乱华人。田让之获鲜卑,莫能深入;祭肜之军辽水,惟遣相攻。近岁以来,为患滋甚。走单于侦逻之路,怀驹支漏泄之奸。张仲武重感国恩,习知边事,同三师而肆楚,俾五饵以间戎。乘其嚣惰之时,俄得剪除之便。⋯⋯固已上庆祖宗,下光编策。篆图洪范,竞三古之殊猷;玉检金泥,有百神之灵祐。

臣虽当防遏,不介边陲,空增气于懦夫,实叨荣于下将。日围千里,天盖九重,奉一月之捷书,惟知忭蹈;献万年之寿酒,尚隔班行。念风水于退藩,寄梦寐于宣室,无任望阙结恋之至。(李商隐《为荥阳公贺幽州破奚寇表》)

臣某言:今月八日,得进奏院状报:去年十二月三日,御札取五日车驾暂幸河北者。毳幕稽诛,銮舆顺动。羽卫方离于象魏,天威已震于龙荒。慰编氓徯后之心,增壮士平戎之气。臣某中谢。

臣闻涿鹿之野,轩皇所以亲征;单于之台,汉帝因之耀武。用歼夷于凶丑,遂底定于边陲。五材并陈,盖去兵之未可;六龙时迈,因犯顺以必诛。矧朔漠妖氛,腥膻杂类,敢因胶折之候,辄为鸟举之谋。固已命将出师,擒俘献馘。虽夺名王之帐,未焚老上之庭。是用亲御戎车,躬行天讨。⋯⋯然后登临瀚海,刻石以铭功;陟降云亭,泥金而典礼。远追八九之迹,永垂亿万之年。

臣忝守方州,莫参法从。空励请缨之志,惭无扈跸之劳。惟聆三捷之音,远同百兽之舞。(杨亿《驾幸河北起居表》)

白氏所作元稹制词标为"旧体"①,作于长庆中,正是"制从长庆辞高古"②的范例,郭预衡先生指出,所谓"高古",就是其中用了古朴自然的语句,其行文基本为散体,几乎没有骈句③,显示了变革书诏体文风的尝试。另外三篇均为庆贺与祝愿破敌致胜之表,白表作于元和十四年,时为忠州刺史,已卸翰林学士之职。杨亿表作于咸平三年出守处州时,其文风已经成熟。三表为同体之作而同中有异,首先,均采用三段式结构,即首叙奉表致贺及祝愿之由,次段说明征讨贼寇的正义性,颂扬胜利、预祝成功,末尾进一步遥申奉表欣悦、感奋之情。其次,都以骈语组织成文。但比较而言,白居易直书其事,不用典实,不为浮词,且基本为四言句,体现了简明、切当、平实的特点;而李、杨则以四六行文,多用典故,词藻繁富,踵事增华,风格典丽,博赡精工。陈师道说:"国初士大夫例能四六,然用散语与故事尔。杨文公刀笔豪赡,体亦多变,而不脱唐末与五代之气,又喜用古语,以切对为工,乃进士赋体尔。"④以"体"而论,昆体确实有因"切对为工"而"伤于雕摘"的弊病,但重要的是,杨亿为文贯注了清直之气与博奥之思,从而使文格丕变,一除五代至宋初芜鄙卑弱之气。一个值得注意的现象是,李商隐、杨亿两位所谓"昆体"作家与古文渊源颇深。李商隐17岁时即大和三年(829)始从令狐楚学习"今体章奏",已非元和、长庆风格范畴,但他幼时即习为古文,16岁时以古文出诸公间,"为文瑰迈奇古"⑤,其弟羲叟也"特善古文",且"常以今体规我"⑥,可知他有良好的古文基础,这使其骈文写作"托体较尊"⑦,不流于浮靡纤弱。

① 《白氏长庆集》"中书制诰"六卷,"旧体"、"新体"各三卷,"旧体"犹"古体",是散文化了的骈体文;"新体"即"今体",是标准的骈体。
② 白居易:《余思未尽加为六韵重寄微之》,《白居易集笺校》卷二三,第1532页。
③ 参见郭预衡:《中国散文史》(中)论元稹制诰文,上海古籍出版社1993年版,第285页。
④ 陈师道:《后山诗话》,何文焕辑《历代诗话》本,第310页。
⑤ 《新唐书》卷二○三《文艺传》下,中华书局1987年版,第5793页。
⑥ 李商隐:《樊南甲集序》,刘学锴《李商隐文编年校注》,中华书局2002年版,第1713页。
⑦ 周振甫:《李商隐选集·前言》,第5页。

杨亿以严谨工整的骈体四六著称,但其为文亦不乏散语,如咸平中所上《论灵州事宜》即基本为散体,而且可贵的是,即使是四六"时文",也有"指事造实"之文,平易自然,不甚"浮华",而与古文相似。① 可见,李商隐、杨亿其实都是骈、散兼长的作家,至于在写作实践中为骈为散,对他们而言,并不是能力问题,一是关乎"职业",二是时运使然。

其次是"诗格"的创立。欧阳修与昆体诗人钱惟演渊源颇深,其对杨亿及西昆体评价亦最高:"杨大年与钱、刘诸公唱和,自《西昆集》出,时人争效之,诗体一变。而先生老辈患其多用故事,至于语僻难晓,殊不知自是学者之弊……盖其雄文博学,笔力有余,故无施而不可,非如前世诗人者,区区于风云草木之类,为许洞所困者也。"② 刘克庄认为:"首变诗格者,文公也……文公亦《咏汉武》云:'力通青海求龙种,死讳文成食马肝。待诏先生齿编贝,那教索米向长安。'《明皇》云:'河朔叛臣惊舞马,渭桥遗老识真龙。蓬山钿合空传信,回首风涛百万重。'比之钱、刘,尤为老健。"③ 葛立方评曰:"咸平、景德中,钱惟演、刘筠首变诗格,而杨文公与王鼎、王绰号江东三虎,诗格与钱、刘亦绝相类,谓之西昆体,大率效李义山之为丰富藻丽,不作枯瘠语。"④ 由以上所论,可将杨亿所创"诗格"大略概括为"老健"、"丰富藻丽"及"雄文博学、笔力有余",这与上引杨亿"雄浑奥衍"之文格显示了同样的内蕴。从欧阳修、葛立方贬抑的"区区于风云草木"、"枯瘠语"看,主要应指晚唐体而言;欧阳修又曾指出与杨亿尖锐对立的陈从易诗似"白乐天",并贬抑仁宗朝"白乐天体""其语多得于容易",可见杨亿创变诗格的意义对晚唐体与白体均有某种矫正作用。

宋人对杨亿的评价,实关乎风节与文章两端。杨亿以气节著称,

---

① 参见郭预衡:《中国散文史》(中),第 414 页。
② 欧阳修:《六一诗话》,何文焕辑《历代诗话》本,第 270 页。
③ 刘克庄:《后村诗话》后集卷一,中华书局 1983 年版,第 57 页。
④ 葛立方:《韵语阳秋》卷二,何文焕辑《历代诗话》本,第 499 页。

历来并无异议。但其刚直耿介的政治品格能否以及如何转化为"雄健"的文格？苏轼针对石介攻击杨亿文风华丽的矫激言论，认为杨亿的"文章华靡"并不妨碍其成为"忠清鲠亮之士"①，真德秀认为杨亿的"清忠大节"使他区别于"独以词翰名"的骚人墨客，朱熹也将杨亿的文风与气节区别看待："杨亿工于纤丽浮巧之文，已非知道者所为。然资禀清介，立朝献替，略有可观。"②他们对文学与道德都持不同的评价尺度。不可否认，杨亿文风华靡，昆体藻丽富赡，但华靡偶丽的文风是否与雄健雅正的"文格"必然相悖而无法兼容？《宋大事记讲义》卷七给出的答案是："国家创造之初，则其大体必本于忠；风俗涵养之久，则其大势必趋于文。故吕文穆(蒙正)、王文正(旦)以诚实朴厚之风镇宇内，而杨大年、刘子仪辈，其文章格力皆足以润色王猷，黼黻云汉矣。"这缘于"刘、杨虽文士，观其性质刚介，臧否人物，册后之举，富贵可立俟也，而不草刘后之制；拜相之麻，权要可趋媚也，而不草相谓之制。又岂可以文章之士待之哉！"③显然，吕中认为杨、刘"润色王猷、黼黻云汉"的朝廷诏令同样表现出了与其"性质刚介"相应的文章格力。清代储大文认为："予谓大年才在欧阳、苏之下，刘侍读(敞)、曾舍人(巩)、苏编礼(洵)之上。其词极丰赡，而不敢指为肥脂体者，以气决之也。"④也并不因其词藻"丰赡"而视为"肥皮厚肉"⑤的俗下文字，这正体现了杨亿在景德、祥符特定的朝政气象和文学生态下，"首变诗格"与"文格"的文学史意义。周亮工说："宋初之诗沿五季卑靡之习，词多率易，至杨文公大年始创为西昆体，同时和之者有刘筠、钱惟演、胡宿、晏殊、晁迥诸人。其诗组织工丽，虽门径自玉溪

① 苏轼：《议学校贡举状》，《苏轼文集》卷二五，第 724 页。
② 朱熹：《答李伯谏》，《全宋文》第 246 册，第 271 页。
③ 吕中：《宋大事记讲义》卷七，《文渊阁四库全书》第 686 册，第 249 页。
④ 储大文：《书武夷集后》，《文渊阁四库全书》第 1327 册，第 312—313 页。
⑤ 柳宗元《乞巧文》："骈四俪六，锦心绣口。"《读韩愈所著毛颖传后题》："模拟窜窃，取青媲白，肥皮厚肉，柔筋脆骨。"均形容四六文字，所谓"肥脂体"，盖指此也。《柳宗元集》卷十八、卷二一，中华书局 1979 年版，第 487、569 页。

生,而才富力强,终是綦隆人物。"①杨、刘昆体以雄深矫正卑靡,以赡丽取代率易,呈现了"盛世"之音的气象与格调,试比较三首"禁直"诗:

> 疏帘摇曳日辉辉,直阁深严半掩扉。一院有花春昼永,八方无事诏书稀。树头百啭莺莺语,梁上新来燕燕飞。岂合此身居此地,妨贤尸禄自知非。(李昉《禁林春直》)
>
> 缭垣峣阙庆云深,画烛熏炉对拥衾。三殿夜签传漏箭,九秋霜籁入风琴。阶前槁叶惊寒雨,天际孤鸿答迥砧。攲枕便成鱼鸟梦,岂知名路有机心。(杨亿《直夜》)
>
> 鸡人肃唱发章沟,汉殿重重虎戟稠。缒羽欲栖温室树,金波先上结璘楼。风来太液闻鸣鹤,雾卷明河见饮牛。万国表章频奏瑞,手批天语思如流。(刘筠《直夜》)

三首七律均为禁林当直诗,最能反映词臣心态。李昉诗为鸟语花香之春日,杨、刘诗为风鸣雨寒之秋夜,故景色气氛不同。李昉此作《瀛奎律髓》选入"升平类",是"白体"诗中的上乘之作,用平易的语言,白描的手法,闲逸的意象,烘托出盛朝"无事"的太平景象,方回评曰:"李昉此诗,合是宋朝善言太平第一人。"纪昀评:"三四真太平宰相语,其气象广大,太和之意盎然。"②但结尾"妨贤"之叹颇显牵合,词气不振。杨、刘二诗为《西昆酬唱集》中两组《直夜》诗之一,均以杨亿首唱,组织工丽,偶对精整,是较为典型的"昆体"范式。刘筠诗用典繁密,结语"万国表章频奏瑞,手批天语思如流"显示词臣身份,亦能写出皇朝盛大气象。杨亿此诗用事较少,只是层层深入地渲染深秋寒夜气氛,以映衬自己孤寂的心境,尾联流露对官场倾轧的忧畏,其另

---

① 周亮工:《因树屋书影》卷十,《续修四库全书》第 1134 册,上海古籍出版社 2002 年版,第 478 页。
② 李庆甲集评:《瀛奎律髓汇评》卷五,上海古籍出版社 2005 年版,第 210 页。

一首《直夜》结尾"误濯尘缨成底事,岩阿千古有《移文》"同一机杼,通篇并无宋初词臣自觉的颂圣意识和恩荣情结,倒是在字里行间不难看到那个被真宗称作"不通商量、真有气性"的杨亿的个性,艺术上也体现了寓意深妙委婉和风格"清峭感怆"以及音节顿挫的特点。比较而言,杨、刘诗深在"才高学博",李昉诗浅在意熟语易。若以"格"论,李昉固然流于浮弱,刘筠亦稍逊杨亿。

五　翰林学士的代际更替与重振古道的期待

　　杨亿开创昆体并创变文格与诗格,在引起赞誉的同时,也招致不满和批评。赞之者将其与欧阳修、苏轼相提并论,赵君锡曾说:"(苏轼)之文追攀六经,蹈藉班马,自成一家之言。国家以来,惟杨亿、欧阳修及轼数人而已。"[1]汪藻说:"宋兴百余年,文章之变屡矣。杨文公倡之于前,欧阳文忠公继之于后,至元丰、元祐间,斯文几于古而无遗恨矣。"[2]事实上,欧阳修、苏轼作为嘉祐与元祐时期的翰林学士和文坛领袖,也是最坚定的"挺杨派"。贬杨或反西昆体的焦点则集中于"道"与"文"的冲突,代表人物即石介,他在《怪说》中将杨亿之"淫巧浮伪之言"与佛老之"妖妄怪诞之教"相提并论:"昔杨翰林欲以文章为宗于天下,忧天下未尽信已之道,于是盲天下人目,聋天下人耳,使天下目盲,不见周公、孔子、孟轲、扬雄、文中子、吏部之道;使天下耳聋,不闻有周公、孔子、孟轲、扬雄、文中子、吏部之道……今杨亿穷妍极态,缀风月,弄花草,淫巧侈丽,浮华篡组,刓锼圣人之经,破碎圣人之言,离析圣人之意,蠹伤圣人之道。"[3]但其党同伐异的偏狭立场和

---

① 《长编》卷四二五"元祐四年四月癸卯",第10266页。
② 汪藻:《苏魏公集序》,《全宋文》第157册,第226页。
③ 石介:《怪说中》,《徂徕石先生文集》卷五,第62页。

激进态度却为时人所不满,天圣八年与石介同年进士的文坛名将欧阳修即称赞"杨刘风采,耸动天下",而对石介"自许太高,诋时太过"[①]的作风却很不以为然。苏轼也批评石介为"迂阔矫诞之士"[②]。四库馆臣认为石介"主持太过,抑扬皆不得其平",缘于其"客气太深,名心太重,不免流于诡激"[③]。客观地说,石介极端的思想方法与偏激的观点甚不足取。

其实在太宗、真宗朝学士文人代群交替之际,宋初文坛以来的复古思潮也并未沉寂,翰林学士梁周翰、杨亿、梁颢、李迪、王旦都与太宗朝复古人物颇有渊源。一是在柳开周围,如梁周翰,"五代以来,文体卑弱,周翰与高弁、柳开、范杲习尚淳古,齐名友善,当时有高、梁、柳、范之称"[④];不过,及至真宗朝入禁林掌书命,已至老年,其精力已不足有大作为。李迪字复古,乃柳开门人,"少从柳开学为古文,开谓门人张景、高弁曰:'此公辅器也。'"[⑤]二是以王禹偁为中心,如王旦,淳化中王禹偁尝荐其才。[⑥] 杨亿曾受王禹偁赏识。梁颢"从王禹偁为学,禹偁颇器之"[⑦],太宗朝曾上书论科举以"诗赋论策之小技"[⑧]取士之弊,惜其年仅42卒。五代至宋初,今山东、河北等北方地区成为儒学复兴和文学复古思潮的发源地,上述文学交游圈,除杨亿外,即均为北方士人,而杨亿结交最密切的恰恰是王禹偁、王旦、寇准、张咏等北方文臣。

当昆体极盛之时,两个南方文人的表现也特别值得注意。其一是陈从易(?—1031),泉州晋江人,《儒林公议》载:"陈从易者,颇好

① 欧阳修:《与石推官第一书》,《欧阳修全集》卷六八,第 991 页。
② 苏轼:《议学校贡举状》,《苏轼文集》卷二五,第 724 页。
③ 《四库全书总目·徂徕集提要》,第 1312 页。
④ 《宋史》卷四三九《文苑传一》,第 13003 页。
⑤ 《隆平集》卷五《李迪传》,《文渊阁四库全书》第 371 册,第 49 页。
⑥ 《宋史》卷二八二《王旦传》,第 9543 页。
⑦ 《东都事略》卷四七《梁颢传》,《文渊阁四库全书》第 382 册,第 299 页。
⑧ 《宋史》卷二九六《梁颢传》,第 9863 页。

古,深摈亿之文章,亿亦陋之。天禧中,从易试别头进士,策问时文之弊曰:'或下俚如皇夸,或丛脞如急就。'亿党见者深嫉之。"而据欧阳修《六一诗话》载:"陈舍人从易当时文方盛之际,独以醇儒古学见称,其诗多类白乐天。"陈从易与杨亿的关系,反映了古文派与西昆"时文"的冲突。职此之故,他虽预修《册府元龟》,而并未参与西昆唱和。其二是姚铉(968—1020),庐州合肥人,他于大中祥符四年(1011)编成《唐文粹》一百卷,其编选时间正与昆体形成的时间重合,而其"止以古雅为命,不以雕篆为工"及其不收骈体四六文与五七言近体诗的编选宗旨,却透露了与杨、刘诸人不同的文学趋尚,正如四库馆臣所称:"于欧、梅未出以前,毅然矫五代之弊,与穆修、柳开相应者,实自铉始。"[1]在某种意义上可以说,两位南方士子对北方文士的复古诉求给予了默契呼应。

　　然而,杨亿却没有站在北方复古派的立场上,亦未发扬他的前辈王禹偁的复古革新思想,在杨亿的文学世界里,儒学道统、韩柳古文与杜诗精神都是缺席的。他论文不言道统,不喜杜诗和韩文。王若虚云:"旧说杨大年不爱老杜诗,谓之村夫子语。而近见傅献简嘉话云:'晏相常言:大年尤不喜韩、柳文,恐人之学,常横身以蔽之。'呜呼! 为诗而不取老杜,为文而不取韩、柳,其识见可知也。"[2]冯志弘认为:"杨亿不喜韩愈文章,是因为韩愈'不平则鸣'、'穷苦之言易好'的主张不符合其'革时风之浇浮,润皇藻之雅正'的文学观念。"[3]其不喜杜诗亦当作如是观。杨亿个人的好尚在很大程度上延缓了宋初以来倡儒道、尊韩柳的脚步,整个真宗朝,学士院内外的复古声音显得相当微弱。景德初以神童入馆阁读书的晏殊曾自述说:"某少时闻群进士盛称韩、柳,茫然未测其端。洎入馆阁,则当时隽贤方习声律,饰歌

----

① 《四库全书总目·唐文粹提要》,第 1692 页。
② 王若虚:《文辨》,《文渊阁四库全书》第 1190 册,第 461 页。
③ 冯志弘:《北宋古文运动的形成》,第 147 页。

颂,诮韩、柳之迂滞,靡然向风,独立不暇。"①对韩柳从"盛称"到讥诮,
所反映的正是景德、祥符中时文方炽而古文趋冷的现状。范仲淹云:
"近则唐贞元、元和之间,韩退之主盟于文,而古道最盛,懿、僖以降,
寝及五代,其体薄弱。皇朝柳仲涂起而麾之,髦俊率从焉。仲涂门人
能师经探道,有文于天下者多矣。洎杨大年以应用之才独步当世,学
者刻辞镂意,有希仿佛,未暇及古也。其间甚者专事藻饰,破碎大雅,
反谓古道,不适于用,废而弗学者久之。洛阳尹师鲁少有高识,不逐
时辈,从穆伯长游,力为古文……遽得欧阳永叔,从而大振之,由是天
下之文一变。"②显然,在范仲淹所列述的古文家的谱系里,杨亿是偏
离古道的,这与他在《杨文公写真赞》中盛赞其"盛乎斯文"的评价其
实可以互为补充。昆体之功过得失俱存,杨亿固不能辞其责,但范公
与欧公在指出昆体诗文之流弊时,都有意将杨亿本人与其追随者即
"学者"加以区别,其说法还是客观的。

   对于杨亿文学的功绩与缺憾,宋、元时期两部史书的论赞均从
"时"的历史坐标上给予了更为公允的评价,可以作为本章的总结。
《东都事略》卷四七《杨亿、刘筠传》论曰:"文章之难,莫难于复古。亿
与筠皆以文名于世,然去古既远,时尚骈俪,虽词华之妙足以畅帝谟,
而议论之粹亦足以谋王体,至于属辞比事,用各有当,虽云工矣,而简
严典重之体,温厚深淳之气,终有愧于古焉。夫欲维持斯文,使一变
而复古,必得命世之大才而后可也。"《宋史》卷三〇五《杨亿等传》论
曰:"自唐末词气浸弊,迄于五季甚矣! 先民有言:'政厖土裂,大音不
完,必混一而后振。'宋一海内,文治日起,杨亿首以辞章擅天下,为时
所宗。盖其清忠鲠亮之气,未卒大施,悉发于言,宜乎雄伟而浩博也。
刘筠后出,能与齐名,气象似尔。至于文体之今古,时习使然,遑暇议

---

① 晏殊:《与富监丞书》,《全宋文》第 19 册,第 221 页。
② 范仲淹:《尹师鲁〈河南集〉序》,《全宋文》第 18 册,第 393 页。

是哉!"昆体大盛,适其"时"也;古道未复,待其"时"也。在文坛"以典雅相尚"的时代文学命题下,作为主盟文坛的一代词臣,杨亿完成了他的文学使命,于天禧四年(1020)病逝,他所识拔的刘筠、晏殊则以翰林学士的身份进入了天圣文坛,继续主持风雅,与杨亿对立的陈从易也在天圣中以"好古笃行"的姿态获得了知制诰的身份,学士词臣的代际更替为文学的进一步变革埋下了伏笔。

第四章
宋仁宗朝翰林学士述论——以欧阳修为中心

宋仁宗乾兴元年(1022)二月即皇帝位,至嘉祐八年(1063),在位42年,是北宋九朝在位时间最长的帝王;其任用翰林学士52位,也是北宋学士人数最多、优秀人才集中涌现的时期。苏颂说:"仁宗皇帝一朝,文章人物之盛跨越前代。天圣初,故相郑国宋公(庠)洎仲氏尚书景文公(祁)同时擢甲科。景祐中,故参知政事欧阳文忠公由铨选陟文馆,阅旬岁而历两禁,登二府,号令风采,耸然动天下。豪英间出,相继进用。方是时,承平百年,礼乐兴起,亡书佚史,靡不蒐辑,鸿笔大手,兢献所长。上之朝廷,诏诰词命与典谟相高;下之台阁,论议章奏有忠嘉之美。至于一篇一咏,尺牍片札,朝染翰墨,夕遍家户。彬彬然文雅之风,成于上而浃于下矣。"①"文章人物之盛"局面的创造,正有赖于以欧公为首的翰苑诸公。

仁宗即位之后,面临宋初60年来的诸多积弊,在政治与文化领域全面革旧图新,崇儒复古。仁宗的好文举措,也带来宋初的文风丕变。黄庭坚诗曰:"仁祖康四海,本朝盛文章。"②吕中认为:"唐之文体至韩愈而古,本朝之文体至欧阳修而古,谓欧阳今之韩愈,非溢美耳。然唐文三变,非唐文之变也,乃韩、柳自变于下耳,故当时惟韩、柳之

① 苏颂:《吕舍人文集序》,《苏魏公文集》卷六十,第1011页。
② 黄庭坚:《观秘阁苏子美题壁及中人张侯家墨迹十九纸率同舍钱才翁学士赋之》,《山谷集别集诗注》卷下,《黄庭坚诗集注》,第1455页。

徒与之俱变,而天下之文体不为之变,以其变之之权不出于上也。我朝承五季之乱,盖风俗文章屡变之下,流而人心学术一新之都会也。自我太祖、太宗留意文治,而真宗复戒励词臣之浮靡,仁宗复进好古笃行之士以矫文弊,是其斡旋天下之大势,转移风俗之要枢,盖自上始。则文体之变,虽在于嘉祐之时,实萌于天圣之初矣。唐文变于韩柳,我朝之文虽倡于欧阳,而实变于仁宗。"①天圣至庆历间,在政治变革与儒学复古的背景下,对唐末五代以来的颓靡文风与轻薄士风历行改革,成为重要议题,仁宗所采取的一项重要政治措施是试图通过对以翰林学士为首的两制词臣的选拔任用,起到表率和激励作用。翰林学士兴文教,知贡举,历台谏,侍经筵,在文风与士风的重建中,都起到了关键作用。宋代文化和文学由此进入转型和成熟时期:士风高涨,文风新变,宋调创立。

　　仁宗朝时间跨度大,文学演进的历程曲折反复,天圣、庆历、嘉祐是三个重要节点,其间先后进入翰苑的晏殊、宋祁、欧阳修则是引领仁宗朝前后期文学风尚的关键人物。

一　学士院人员构成

　　仁宗朝学士院人员的组成,值得注意的特点是,学士均为正员,没有出现以直学士院代理学士的情况。其次,学士员数较完备,在院学士平均保持在 5 人以上,甚至多次出现学士 7 人这样超员的情况。② 这反映了朝廷对翰林学士的高度重视,学士院制度愈趋完

---

① 吕中:《宋大事记讲义》卷十,《文渊阁四库全书》第 686 册,第 293 页。
② 据李心传《旧闻证误》卷二考证,太宗太平兴国八年(983),仁宗庆历八年(1048)至皇祐元年(1049)、至和元年(1054)、嘉祐元年(1056)至二年(1057),在院学士皆为七员,但太平兴国八年包括直院一人即徐铉。"至和元年九月,吕溱、王洙并为翰林学士。故事:翰林学士六员,时杨察、赵槩、杨伟、胡宿、欧阳修皆为学士,于是察加承旨,洙盖第七员也。温成皇后之丧,洙附会时事,钩摭非礼,陈执中、刘沆喜其助己,故擢洙员外,议者非之。(注:'出李焘《长编》。')按《学士年表》:太平兴国八年五月,在院学士李文恭(穆)、（转下页）
（转下页）

善,工作运转正常,同时反映了仁宗朝得人之盛,堪称俊才荟萃,群星璀璨。陈傅良曾感叹"庆历、嘉祐之际人物之伟"而"追想前辈,高山仰止",他所提及的只是"龙图陈公讳从易,曾、胡、田、杨四公者讳公亮、宿、况、伟也。杨以庆历八年、曾、田以皇祐三年、胡以五年相继为学士云",当是他所见苏颂《百咏诗稿》曾咏及者。①苏颂《百咏诗稿》今不存,但他对仁宗朝"文章人物之盛"的赞美已见本章开头所引。

在仁宗朝 52 位翰林学士中,晏殊、李咨、李维、刘筠 4 位由真宗后期连任,成为仁宗即位初五年间翰林学士,仁宗朝新授翰林学士实自天圣三年(1025)宋绶始。其他任职时间不超过半年的有陈尧咨、徐奭、柳植、梁适、嵇颖 5 位。任期 10 年以上的 5 位:丁度,10 年;章得象、赵概,11 年;王尧臣,12 年;孙抃,15 年。其他任职时间较长者是:晁宗悫、王拱辰,5 年;冯元、盛度、叶清臣、宋祁,6 年;宋绶、曾公亮,7 年;欧阳修,8 年;孙抃、胡宿、王珪,9 年。② 学士承旨 11 人,相继为:李维,刘筠,章得象,盛度,石中立,丁度,王尧臣,王拱辰,宋祁,孙抃,杨察,他们的任期一般都较长(见下表)。

宋仁宗朝翰林学士简表

姓名	籍贯	在院时期	拜承旨时间	任职时间
晏 殊 (991—1055)	江西抚州	乾兴元年至天圣三年(1022—1025)		4 年

<hr>

(接上页)宋文安(白)、吕文穆(蒙正)、贾娲民(黄中)、李言几(至),凡五人,而扈日用(蒙)为承旨,徐鼎臣(铉)兼直院,盖七人也。庆历八年十二月至皇祐元年三月,在院学士王文安(尧臣)、孙文懿(抃)、赵康靖(概)、钱修懿(明逸)、叶道卿(清臣)、彭利建(乘)及杨公伟,凡七人。嘉祐元年二月至二年七月,在院学士赵康靖、胡文恭(宿)、欧阳文忠、孙文懿、王文恭(珪)、曾宣靖(公亮)、及杨公伟,亦七人。非始于王原叔也。《三朝会要》云:学士无定员。泰所云盖据王岐公《续会要》所书尔。"中华书局 1981 年版,第 24—25 页。
① 陈傅良:《跋苏魏公百咏诗稿后》,《全宋文》第 268 册,第 20 页。
② 晏殊、李咨、李维、刘筠、盛度在真宗朝,张方平、王珪、贾黯在神宗朝任职时间不计入内。

（续表）

姓名	籍贯	在院时期	拜承旨时间	任职时间
李 咨 (982—1036)	新喻	乾兴元年至天圣三年（1022—1025）		4 年
李 维 (961—1031)	洺州 肥乡	乾兴元年至天圣四年（1022—1026）	天禧五年 （1021）	4 年
刘 筠 (971—1031)	大名	乾兴元年（1022），天圣五年至六年（1027—1028）	天圣五年 （1027）	3 年
宋 绶 (991—1040)	赵州 平棘	天圣三年至七年（1025—1029），天圣八年至九年（1030—1031）		7 年
钱 易 (968—1026)	钱塘	天圣三年至四年（1025—1026）		2 年
夏 竦 (985—1051)	江州 德安	天圣四年至五年（1026—1027）		2 年
蔡 齐 (988—1039)	莱州	天圣四年至六年（1026—1028）		3 年
章得象 (978—1048)	浦城	天圣四年至景祐三年（1026—1036）	景祐二年 （1035）	11 年
陈尧咨 （生卒不详）	阆州 阆中	天圣五年（1027）二月至八月		1 年
冯 元 (975—1037)	南海	天圣六年至明道二年（1028—1033）		6 年
陈尧佐 (963—1044)	阆州 阆中	天圣六年至七年（1028—1029）		2 年
徐 奭 （?—1030）	瓯宁	天圣八年（1030）四月至九月		1 年
盛 度 (968—1041)	杭州 余杭	天圣八年至景祐二年复拜（1030—1035）	明道二年 （1033）	6 年
石中立 (972—1049)	河南 洛阳	景祐元年至四年（1034—1037）	景祐四年 （1037）	4 年

(续表)

姓名	籍贯	在院时期	拜承旨时间	任职时间
张 观 (985—1050)	绛州	景祐元年至三年(1034—1036)		3 年
丁 度 (990—1053)	祥符	景祐三年至庆历五年(1036—1045)	庆历元年 (1041)	10 年
晁宗悫 (985—1042)	澶州 清丰	景祐三年至康定元年(1036—1040)		5 年
胥 偃 (983—1039)	潭州 长沙	景祐四年至宝元二年(1037—1039)		3 年
李 淑 (1002—1059)	徐州 丰县	景祐四年至宝元元年(1037—1038),庆历三年(1043)		2 年
宋 庠 (996—1066)	开封 雍丘	宝元元年至二年(1038—1039)		2 年
王举正 (991—1060)	真定	宝元二年至庆历元年(1039—1041)		3 年
柳 植 (生卒不详)	真州	宝元二年八月至十一月(1039)		1 年
王尧臣 (1003—1058)	宋州 虞城	康定元年至皇祐三年(1040—1051)	庆历六年 (1046)	12 年
聂冠卿 (998—1042)	歙州 新安	庆历元年至二年(1041—1042)		2 年
王拱辰 (1012—1085)	开封 咸平	庆历元年至二年(1041—1042),皇祐四年至至和元年(1052—1054)	皇祐四年 (1052)	5 年
苏 绅 (996—1046)	泉州 晋江	庆历元年至三年(1041—1043)、庆历五年(1045)		4 年
吴 育 (1004—1058)	建州 建安	庆历二年至五年(1042—1045)		4 年

（续表）

姓名	籍贯	在院时期	拜承旨时间	任职时间
富　弼① (1004—1083)	河南	庆历三年(1043)		
叶清臣 (1000—1049)	苏州长洲	庆历三年至五年(1043—1045)、庆历七年至皇祐元年(1047—1049)		6年
宋　祁 (998—1061)	开封雍丘	庆历三年至五年(1043—1045)、庆历八年六月至十月(1048)、嘉祐五年至六年(1060—1061)	嘉祐五年(1060)	6年
孙　抃 (996—1064)	眉州眉山	庆历五年至皇祐五年(1045—1053)、至和二年至嘉祐五年(1055—1060)	至和二年(1055)	15年
张方平 (1007—1091)	应天宋城	庆历五年至六年正月(1045—1046)、六年十一月至七年(1046—1047)		4年
梁　适 (1001—1070)	东平	庆历五年(1045)十一月		1年
杨　察 (1011—1056)	合肥	庆历六年至七年(1046—1047)、至和元年至二年(1054—1055)	至和元年(1054)	4年
彭　乘 (985—1049)	益州华阳	庆历七年至皇祐元年(1047—1049)		3年
钱明逸 (1015—1071)	钱塘	庆历七年至皇祐元年(1047—1049)、治平初		2年
杨　伟 (984—1058)	建州浦城	庆历八年至嘉祐三年(1048—1058)		11年

① 按富弼庆历三年十月以右正言知制诰拜，固辞罢。

(续表)

姓名	籍贯	在院时期	拜承旨时间	任职时间
赵 槩 (998—1083)	宋州 虞城	庆历八年至嘉祐三年(1048—1058)		11 年
嵇 颖 (996—1050)	应天 宋城	皇祐二年(1050)八月至九月		1 年
曾公亮 (999—1078)	泉州 晋江	皇祐三年至至和元年(1051—1054)、嘉祐元年至三年(1056—1058)		7 年
田 况 (1005—1063)	冀州 信都	皇祐四年至五年(1052—1053)		2 年
胡 宿 (996—1067)	常州 晋陵	皇祐五年至嘉祐六年(1053—1061)		9 年
欧阳修 (1007—1072)	吉州 永丰	至和元年至二年六月(1054—1055)、至和二年七月至嘉祐五年(1055—1060)		7 年
吕 溱 (1014—1068)	扬州	至和元年至二年(1054—1055)		2 年
王 洙 (997—1057)	应天 宋城	至和元年至嘉祐元年(1054—1056)		3 年
王 珪 (1019—1085)	成都 华阳	嘉祐元年至二年(1056—1057)、嘉祐四年至嘉祐八年(1059—1063)		7 年
韩 绛 (1012—1088)	开封 雍丘	嘉祐三年至四年(1058—1059)		2 年
吴 奎 (1011—1068)	潍州 北海	嘉祐四年至五年(1059—1060)、嘉祐六年至七年(1061—1062)		4 年
贾 黯 (1022—1065)	邓州 穰	嘉祐五年(1060)二月至九月、嘉祐五年十一月至治平二年(1060—1065)		4 年

（续表）

姓名	籍贯	在院时期	拜承旨时间	任职时间
蔡　襄 (1012—1067)	兴化仙游	嘉祐五年至八年(1060—1063)		4 年
范　镇	成都华阳	嘉祐五年至治平元年(1060—1064)		4 年

太宗、真宗两朝学士院人员结构北重南轻的局面在仁宗朝已发生逆转,翰林学士南北方比例为 28：24,南国文士在文学领域日渐呈现出其巨大的优势。陆游《论选用西北士大夫札子》云:"臣伏闻天圣以前,选用人才,多取北人,寇准持之尤力,故南方士大夫沉抑者多。仁宗皇帝照知其弊,公听并观,兼收博采,无南北之异,于是范仲淹起于吴,欧阳修起于楚,蔡襄起于闽,杜衍起于会稽,余靖起于岭南,皆为一时名臣,号称圣宋得人之盛。"①北方重经术而南土尚文辞的地域化文化差异渊源有自,而自五代宋初以来,因政治分裂及重南轻北的用人政策的实施表现得尤为突出,其表现是:一方面,活跃于文坛的河北、山东一带的文人如柳开、王禹偁、孙复、石介等人,以倡言复古、继述韩愈相号召,②至庆历时期达到高潮;另一方面,以南方士人为首的昆体诗派则呈现出重文轻道的倾向而盛行于真宗朝诗坛。至仁宗朝,人才结构的变化打破了狭隘的地域束缚,为南北文风的交融架起了桥梁,欧阳修所倡导的新古文运动取得成功即是南北文风融合结果。程民生指出:

　　北宋古文运动的开创之功在北方人,完善之功在南方人……中国古代的文学运动,大都是自北而南的走向,南渐之后,由南方

---

① 陆游:《论选用西北士大夫札子》,《全宋文》第 222 册,第 198 页。
② 参见朱刚:《唐宋四大家的道论与文学》,东方出版社 1997 年版,第 70 页。

唯美唯艺的丽辞写作范式对其改作重构,从而以审美代功利,刚柔兼济。唐宋八大家中,唐代二人都是北方人,宋代六人全是南方人,在更大的历史范围内显示了古文运动的地域流变规律。①

巧合的是,宋代6人中,蜀中与江西各占其半,即使将视野放宽至六家之外,也符合这一南北文风由冲突趋于融合的历史进程。值得注意的是,欧阳修提倡平易典要的古文,反对的正是以他的同年——北方人石介为代表的"太学体"的怪诞文风。

二 翰林学士的风操与士风重振

宋初士风与文风均承五代之弊。王夫之论唐末五代之士风曰:"士之贱,于此而极!"如冯道、陶谷之流,"视改面易主为固然,以成其风尚";和凝、冯延巳、韩熙载之流,"沉酣倡俳之中"②。因此,如何修补五代以来士大夫中普遍缺失的气节道德,树立良好的名节观,便成为朝廷改造士风面临的重要课题。如天圣九年(1031)十月,"诏公卿大夫励名节"。宝元元年(1038)十月,"诏戒百官朋党"。庆历四年(1044)十一月,"诏戒朋党相讦,及按察恣为苛刻、文人肆言行怪者"。嘉祐五年(1060)七月,"诏中书门下采端实之士明进诸朝,辨激巧伪者放黜之"。③ 从贯穿仁宗朝的一系列诏令,可以看出朝廷对这一问题的重视和士风建设任务之艰难。长期以来,士大夫"因陋守旧、论卑气弱",也导致文格不振。太宗朝,选任两制词臣以文章与德行并重,翰林学士的道德操行对士风的建设起到了积极的促进作用。仁宗朝翰林学士的道德水平总体上是北宋时期最为优秀的,但翰苑中

---

① 程民生:《宋代地域文化》,河南大学出版社1997年版,第355页。
② 王夫之:《宋论》卷一之四,中华书局1964年版,第6页。
③《宋史》卷九、卷十二。

仍有操行邪僻、作风轻薄之士。比如《宋史》卷二九四论曰："学士大夫异于众人者，以操行修尔。诗曰：'靡不有初，鲜克有终。'君子不可不慎也。(掌)禹锡迂陋，不知止足之戒，取讥当世；(苏)绅急进喜倾；(王)洙阿谀附会，晚节污变，卒忘平生之学。(胥)偃之恬正、(柳)植之廉介、(聂)冠卿之雅尚，其列侍从，庶亡愧焉。"①道德上有污点和缺陷的学士人选都会遭到士论朝议的严厉抨击和弹奏。如欧阳修庆历三年(1043)曾上书论及庆历初学士操行状况："臣近见翰林学士苏绅、叶清臣等相继解职。风闻侍从之臣内有奸恶小人，颇急经营，争先进用，至有喧忿之语传闻中外者，既亏廉让之风，又损朝廷之体。臣伏思翰林之职，重于唐世，乃是天子亲信，朝夕谋议内助之臣，当时号为内相。故其进用，尤极精选，只取材识，不限资品，往往自州县官而拜者。国朝近岁，于此一职颇非其人，既见其材识愚下，不足以备访问，人主因之薄其待遇，迹渐疏外，同于冗官，遂容小人得以滥进……伏乞自今后翰林学士不必足员，用人不限资品，但择有材望正人堪充者，出自上意擢用，以杜小人争进之端，而天子左右更无奸邪之人，庶清侍臣之列。"②他所论及的二人，其一为苏绅，《宋史》卷二九四《苏绅传》载："绅锐于进取，善中伤人"，"与梁适同在两禁，人以为险波，故语曰：'草头木脚，陷人倒卓。'"③欧阳修尚有《论苏绅奸邪不宜侍从札子》论奏曰："绅之奸邪，天下共恶，视正人端士如仇雠，惟与小人气类相合。"④欧阳修所提及的另一人为叶清臣，不过史称清臣"立朝謇謇，无所附丽，为一时名臣"⑤，并无劣迹，只是与宋庠、宋祁、郑戬同年，"趣尚既同，权势亦盛，时人谓之四友。吕夷简深忌

① 《宋史》卷二九四《掌禹锡、苏绅、王洙、胥偃、柳植、聂冠卿等传》，第 9821 页。
② 欧阳修：《论学士不可令中书差除札子》，《欧阳修全集》卷一〇〇，第 1541—1542 页。
③ 《宋史》卷二九四《苏绅传》，第 9813—9814 页。
④ 欧阳修：《论苏绅奸邪不宜侍从札子》，《欧阳修全集》卷九八，第 1513 页。
⑤ 《宋史》卷二九五《叶清臣传》，第 9857 页。

之,指为朋党"①。

其他操行为人诟病的翰林学士还有数人。夏竦,天圣四年(1026)至五年(1027)在院。竦博学有文名,杨亿曾叹其"真宰相器也"②,但他"材术过人,急于进取,喜交结,任数术,倾侧反复,世以为奸邪";"挟诈任数,奸邪倾险,与吕夷简不相能,夷简畏其为人,不肯引为同列";与宰相王钦若厚善,而又"阴谋猜阻,钩致成事,一居政府,排斥相踵"③。因德行问题而争议最大的翰林学士是李淑,景祐四年(1037)至宝元元年(1038),庆历三年(1043)在院。李淑亦博学,但人品极为人所诟病,《儒林公议》载:"淑自负文藻,急于柄用,众恶其阴险,每入朝,则搢绅为之不安。"④《东都事略》卷五七《李淑传》载:"景祐初知制诰,自是五除翰林学士,两以人言不拜。"⑤五拜学士恐怕是创记录的次数了,但他的每次任命几乎都遭到言官的弹劾。如庆历三年九月再入翰苑,谏官欧阳修先后上《论李淑奸邪札子》《再论李淑札子》,提出:"自古有文无行之人,多为明主所弃。只如徐铉、胡旦,皆是先朝以文章著名于天下,二人皆以过恶废弃,终身不齿,当时朝廷亦不至乏人。"而"(李)淑二三十年出入朝廷,奸险倾邪,害人不少"⑥。知谏院蔡襄上《论李淑、梁适奸邪奏》,⑦殿中侍御史赵抃连上《奏状乞寝李淑充翰林学士指挥》《奏状再论李淑》《奏状再乞追罢李淑》《奏状再乞寝李淑恩命》四状弹奏不已,追问"词禁最为近密,安可使不忠不孝、丑秽阴邪之人复践其职?"⑧在台谏的交章弹奏下,终于迫使朝廷罢免李淑。其他如包拯、吴奎、张昇等任谏官时均曾以李淑奸

① 田况:《儒林公议》,《文渊阁四库全书》第 1036 册,第 312—313 页。
② 江少虞:《事实类苑》卷三四,《文渊阁四库全书》第 874 册,第 289 页。
③ 《宋史》卷二八三《夏竦传》,第 9571—9578 页。
④ 江少虞:《事实类苑》卷三四,《文渊阁四库全书》第 1036 册,第 311 页。
⑤ 《东都事略》卷五七《李淑传》,《文渊阁四库全书》第 382 册,第 358 页。
⑥ 欧阳修:《论李淑奸邪札子》《再论李淑札子》,《欧阳修全集》卷一〇一,第 1547—1548 页。
⑦ 蔡襄:《论李淑、梁适奸邪奏》,《全宋文》第 46 册,第 329—330 页。
⑧ 赵抃:《再论李淑状》,《全宋文》第 41 册,第 208 页。

邪而奏罢其学士之职。钱明逸,庆历七年(1047)至皇祐元年(1049)、治平初两入翰苑。庆历中,希陈执中、章得象之意,排挤新政领袖杜衍、范仲淹、富弼。治平中,御史蒋之奇及吴奎、傅卞、刘庠等都曾奏弹明逸奸邪,之奇说:"臣与明逸素无嫌隙,但以倾险憸薄,在仁宗朝,附贾昌朝、夏竦、王拱辰、张方平之党,陷杜衍、范仲淹、尹洙、石介之徒,朝廷一空,天下同疾。况文辞纰缪,政术乖疏,贪赃有闻,沉湎污滥,岂可冒居禁苑?"①

当然,此类翰林学士并非仁宗朝主流,两制词臣道德水平的良莠不齐也历朝有之。宋朝廷所采取的优待文官、宠遇儒臣的政策,也在一定程度上增加了改变士风的难度。

景祐"党议"与庆历"党争"成为北宋士风重振的契机。天圣进士群在景祐至庆历年间以馆职及台谏官的身份参与了以范仲淹为中心的"朋党"之争,经历了政治生涯中最初的贬谪,政治品格得到了反复砥砺。景祐三年(1036),权知开封府范仲淹进《百官图》,忤宰相吕夷简,贬知饶州。集贤校理余靖上书论救,馆阁校勘尹洙上书请与同贬,同为校勘的欧阳修移书责司谏高若讷,三人均坐谴贬谪。时任秘阁校勘的蔡襄作《四贤一不肖诗》,"都人士争相传写,鬻书者市之,得厚利"②。一时轰动朝野,正所谓"一人去国,众人哗然而争之,章疏交于上,讽刺作于下"③。这一政治事件的进展具有极大的象征意义:庆历三年三月,景祐政争中遭贬的范、欧等人重新获得重用:范仲淹迁参知政事,王素、欧阳修并知谏院,余靖为右正言,谏院供职,蔡襄对这一任命感到兴奋,再次作诗贺之:

　　御笔新除三谏官,士民千口尽相欢。昔时流落丹心在,自古

---

① 《长编》卷二〇九"治平四年三月丙寅",第5081页。
② 《宋史》卷三二〇《蔡襄传》,第10397页。
③ 《四库全书总目·蔡忠惠集提要》,第1312—1213页。

> 忠贤得路难。好竭谋猷居帝右,直须风采动朝端。人生万事皆尘土,惟是功名永远看。①

其诗"辞多激劝",欧阳修等人给予的积极回应是"三人者以其诗荐于上"②,蔡襄于是亦被命为知谏院。九月,仁宗面谕四人曰:"卿等朕所自择,数论事无所避,故有是赐。"③而诸人不辱君命,余靖"益奋不顾,争抨权幸,溢于文辞"④;蔡襄"益任职论事,无所回挠"⑤;石介则在国子监作《庆历圣德诗》予以歌颂,这与诸人景祐被贬的政治命运形成鲜明对照。但至庆历四年,诸人再度因新政失败而遭贬,知潞州尹洙上疏论"公论"与"朋党"曰:"陛下优容谏臣,在唐文皇上。"而对欧阳修等人之任用不能善终表示遗憾。⑥ 虽然欧阳修等人在景祐、庆历政治斗争中有因意气所激而"客气"太重、不够客观的一面(景祐三年时欧阳修30岁,蔡襄25岁,石介32岁),⑦但他们从馆职历台谏再到两制词臣,一路清要,其政治节操在一系列事件中得到砥砺,以积极进取的从政热情诠释了"以天下为己任"的新士风,这对激扬正义、鼓舞士气,乃至重塑宋代文学品格,均产生了深远而积极的影响。

范仲淹在北宋士风的重建中起到了关键作用。仲淹少有大节,慨然以天下为己任,在朝时,"每感激论天下事,奋不顾身,一时士大夫矫厉尚风节,自仲淹倡之"⑧。朱熹高度赞扬他:"本朝忠义之风,却

---

① 蔡襄:《喜欧阳修永叔余安道王仲仪除谏官》,《全宋诗》第7册,第4789页。
② 《长编》卷一四〇"庆历三年四月戊申",第3365页。
③ 《长编》卷一四三"庆历三年九月戊辰",第3447页。
④ 周源:《武溪集序》,《全宋文》第46册,第89页。
⑤ 《宋史》卷三二〇《蔡襄传》,第10397页。
⑥ 《长编》卷一五三"庆历四年十一月己巳",第3718—3719页。
⑦ 《四库全书总目提要》卷一五二《徂徕集》:"介传孙复之学,毅然以天下是非为己任,然客气太深,名心太重,不免流于诡激。"《蔡忠惠集提要》:"襄平生著作确有可传,惟此五篇(按指《四贤一不肖诗》)不可为训,欧阳修作襄《墓志》,削此一事不书,其自编《居士集》亦削去《与高司谏书》不载,岂非晚年客气渐平,知其过当欤?"(第1312—1313页)
⑧ 《宋史》卷三一四《范仲淹传》,第10268页。

是自范文正公作成起来也。"①"祖宗以来,名相如李文靖(沆)、王文正(曾)诸公,只恁地善,亦不得。至范文正时,便大厉名节,振作士气,故振作士大夫之功为多。"②欧阳修则在士风与文风两端进一步发扬光大之,他"天资刚劲,见义勇为,虽机穽在前,触发之不顾;放逐流离,至于再三,志气自若"③。苏轼称赞他:"欧阳子,今之韩愈也。宋兴七十余年,民不知兵,富而教之。至天圣、景祐极矣!而斯文终有愧于古,士亦因陋守旧,论卑而气弱,自欧阳子出,天下争自濯磨,以通经学古为高,以救时行道为贤,以犯颜纳谏为忠。长育成就,至嘉祐末,号称多士。欧阳子之功为多。"④

庆历四年(1044)的苏舜钦奏邸狱案使范仲淹革新派的政治与文学力量再次遭到政敌的摧残,也对士风的建设产生重要影响。舜钦为杜衍婿,又为范仲淹所荐,故吕夷简党王拱辰等人务欲借此剪除之,王拱辰劾奏苏舜钦的罪名是"放肆狂率,诋玩先圣,实为害教"⑤。苏舜钦等青年才士以放狂的行为而贻人以"轻薄"的口实,被利用为排斥异己的手段,馆阁之士一时被"一网打尽"⑥,这一扩大化的政治案例造成的影响是消极的。据《东轩笔录》卷四载:"苏舜钦奏邸之会,预坐者多馆阁同舍,一时被责十余人。仁宗临朝,叹以轻薄少年,不足为台阁之重。宰相探其旨,自是务引用老成,往往不惬人望,甚者语言文章为世所笑。彭乘之在翰林,杨安国之在经筵是也。"⑦据史载,仁宗曾称彭乘:"此老儒也,雅有恬退名。"但他"历典赞命而文辞少工"⑧,"为翰林

---

① 《朱子语类》卷四七,中华书局 1986 年版,第 1188 页。
② 《朱子语类》卷一二九,第 3086 页。
③ 《宋史》卷三一九《欧阳修传》,第 10380 页。
④ 苏轼:《六一居士集叙》,《苏轼文集》卷十,第 315—316 页。
⑤ 《名臣碑传琬琰集》下卷二十《王懿恪公拱辰传》,《文渊阁四库全书》第 450 册,第 812 页。
⑥ 冯琦、陈邦瞻:《宋史纪事本末》卷五"庆历党议",吉林出版集团 2005 年影印《四库全书荟要》,第 159 页。
⑦ 魏泰:《东轩笔录》卷四,第 42 页。
⑧ 《宋史》卷二九八《彭乘传》,第 9900 页。

学士,文章诰命尤为可笑"①。杨安国景祐初选为崇政殿说书,后累进翰林侍讲学士,"安国说一以注疏为主,无他发明,引喻鄙俚,世或传以为笑,尤喜纬书,及注疏所引纬书则尊之与经等。在经筵二十七年,仁宗称其行义淳质,以比先朝崔遵度"②。所谓"行义淳质",在时人看来,却是"讦激矫伪,言行鄙朴"③。在翰林而不工文辞,在经筵而不善讲说,以这样"老成"而才华平庸的人物来矫正士风,只能让人取笑。

仁宗鼓励台谏风闻言事,难免被望风希旨、奔竞趋利、结党营私者利用为获取私利、党同伐异的手段,并渐而演变为意气之争,故至嘉祐五年(1060)六月下诏:"戒上封告讦人罪或言赦前事,及言事官弹劾小过或不关政体者。"此诏缘于殿中侍御史吕诲上言:"比来中外臣僚多上章告讦人罪,既非职分,实亦侵官。甚者诋斥平素之缺,暴扬暧昧之事,刻薄之态,浸以成风,请惩革之。"④同年七月,御史中丞赵槩亦言:"比年以来,搢绅之伦多险刻竞浮,宜行戒敕之。"⑤但总的看来,仁宗朝的小人君子、忠奸朋党之辨以及"异论相搅"的谏诤风气,仍然有助于士风的重振。

三 翰林学士的素质：政事与文学

仁宗对于翰林学士之职,除文章外更重视其政治与文化角色,翰林学士被赋予引领文风与士风的使命,也获得了更多参与政事的机会。如果说太宗、真宗朝的崇文右儒,已经造就了宋代博学型的翰林学士群体,那么至仁宗朝,翰林学士已经不再停留于对博学能文以及

---

① 魏泰:《东轩笔录》卷九,第101页。
②《宋史》卷二九四《杨安国传》,第9828页。
③ 魏泰:《东轩笔录》卷九,第101页。
④《长编》卷一九一"嘉祐五年六月己丑",第4627页。
⑤《长编》卷一九二"嘉祐五年七月庚戌",第4637页。

道德完善的追求,而进一步确立了兼重政事的观念。欧阳修天圣中在西京幕府时,接受了钱惟演"翰林学士非文章不可"的思想;贬夷陵时,明确提出了政事重于文学的观点:"学者求见,所与言,未尝及文章,惟谈史事。谓文章止于润身,政事可以及物。"①在熙宁四年(1071)所作《薛简肃公文集序》中感叹说:"君子之学,或施之事业,或见于文章,而常患于难兼也……唐之刘、柳无称于事业,而姚、宋不见乎文章,彼四人者,犹不能于此两得,况其下者乎?"②欧阳修本人确实堪称政事与文章相兼的学士典范,他曾任枢密副使与参知政事,"修在兵府,与曾公亮考天下兵数及三路屯戍多少、地理远近,更为图籍,凡边防久缺屯戍者,必加蒐补。其在政府,与韩琦同心辅政。凡兵民、官吏、财利之要,中书所当知者,集为总目,遇事不复求之有司。时东宫犹未定,与韩琦等协定大议"③。

　　仁宗对台谏官与经筵官的作用更为重视,翰林学士中亦多兼任经筵官与言事官等清要职位,这也锻炼和丰富了翰林学士的政事能力。

　　台谏官的设置颇久,但在北宋前期多为备员,未能真正发挥其举劾纠弹的作用。至仁宗亲政以后,鼓励台谏风闻言事,以造成"异论相搅"的政治气氛,台谏官亦厕身清要行列。《宋大事记讲义》卷九云:"台谏之职,在国初则轻,在仁宗时则重;在国初则为备员,在仁宗之时则为振职。何耶? 盖仁祖不以天下之威权为纪纲,而以言者之风采为纪纲。"④有一个生动的细节很能说明问题。庆历四年六月盛暑,余靖请上言,"靖素不修饰,上入内云:'被一汗臭汉薰杀,喷唾在吾面上。'上优容谏臣如此"⑤。仁宗优容谏官,广开言路,鼓励谏职风

① 《宋史》卷三一九《欧阳修传》,第 10381 页。
② 欧阳修:《薛简肃公文集序》,《欧阳修全集》卷四三,第 618 页。
③ 《宋史》卷三一九《欧阳修传》,第 10379 页。
④ 吕中:《宋大事记讲义》卷九,《文渊阁四库全书》第 686 册,第 277 页。
⑤ 《长编》卷一五〇"庆历四年六月丁未",第 3635 页。

闻言事,从制度上激发和保护了朝臣参议政事的热情,庆历中范仲淹、孔道辅开其端,翰林学士田况、欧阳修、蔡襄等都先后担任谏职,正色谠言,辞气不挠,"以救时行道为贤,以犯颜纳谏为忠",显示了仁宗朝台谏群体的"风采",翰林学士立朝刚正的风节在谏诤中得到了历练,士气也因此活跃高涨。

宋代经筵讲读官制度始于真宗朝。太宗朝仅吕文仲曾授为翰林侍读,真宗咸平二年(999)即位之始,即以兵部侍郎杨徽之、户部侍郎夏侯峤并为翰林侍读学士,国子祭酒邢昺为翰林侍讲学士,翰林侍读吕文仲为翰林侍读学士。仁宗亦颇重经筵讲读,《东轩笔录》卷三载:"仁宗圣性好学,博通古今,自即位,常开迩英讲筵,使侍讲、侍读日进经史,孜孜听览,中昃忘倦。"①值得注意的变化是,仁宗朝经筵官不但人员数量大为增加,且多由翰林学士兼任,成为翰林学士文化身份之外重要的政治身份。仁宗朝翰林学士兼侍读、侍讲学士的有:晏殊、宋绶、章得象、冯元、丁度、王举正、苏绅、富弼、李淑、柳植、聂冠卿、孙抃、胡宿、赵槩、欧阳修、王洙、冯京等。嘉祐三年(1058)三月,命翰林学士欧阳修兼任侍读学士,修固辞不拜,说:"侍读之职,最为亲近,自祖宗以来,尤所慎选,居其职者,常不过一两人。今经筵之臣一十四人,而侍读十人,可谓多矣。臣以愚缪,忝厕翰林,又充史职、太常礼仪、秘阁、秘书省、尚书礼部、刊修《唐书》。然则在臣不谓无兼职,而经筵又不阙人,忽沐圣慈,特此除授。盖以近年学士相承,多兼此职,朝廷已为成例,不惜推恩。比来外人议者,皆云讲筵侍从人多,无坐处矣。"可见其时经筵官人数之多,翰林学士兼讲读官已成惯例。欧阳修固辞侍读的理由之一是自己兼职过多,实际用意是不希望这一制度流于形式,"不使朝廷慎选之清职,遂同例授之冗员"②。实际上,

---

① 魏泰:《东轩笔录》卷三,第31页。
② 欧阳修:《辞侍读学士札子》,《欧阳修全集》卷九一,第1335页。

嘉祐五年九月,欧阳修还是兼任了侍读学士。

翰林侍讲与侍读学士制度是翰林学士制度的补充,经筵讲读以儒学与史学为主要内容,丰富了帝王政治之学——"帝学"的内涵,构成宋代君臣之间政治交往的平台,也从制度上保证了宋代帝王崇文右儒的传统得到有效的延续。故范祖禹《帝学》卷三曰:"太宗始命吕文仲侍读,真宗置侍讲侍读学士,仁宗开迩英、延义二阁,日以讲读为常,累圣相承,有加无损,有勤无怠,此所以遗子孙之法也。是以海内承平百三十年,自三代以来盖未之有,由祖宗无不好学故也。"①词臣、经筵官讲读之余,帝王亦往往与其观书论文,君臣唱和,这也构成宋代文学发展的文化背景。

仁宗朝翰林学士参与政事的另一个现象是,由文学进身翰苑,然后进入两府担任军政要职的翰林学士不在少数。《东轩笔录》卷十一云:"嘉祐中,禁林诸公皆入两府。"②欧阳修《归田录》卷二记载:"嘉祐八年上元夜,赐中书、枢密院御筵于相国寺罗汉院。国朝之制,岁时赐宴多矣,自两制以上皆与,惟上元一夕,祗赐中书、枢密院,虽前两府见任使相,皆不得与也。是岁昭文韩相、集贤曾公、枢密张太尉皆在假不赴,惟余与西厅赵侍郎(槩)、副枢胡谏议(宿)、吴谏议(奎)四人在席,酒半相顾,四人皆同时翰林学士,相继登二府,前此未有也。因相与道玉堂旧事为笑乐,遂皆引满剧饮,亦一时之盛事也。"③据杨果统计,仁宗朝学士58人(与本书统计人数有差异),升宰执者29人,比例为50%,④是北宋各朝由翰苑入两府人数最多的。仁宗朝其他以政事著称的翰林学士还有如"王曾(真宗朝学士)、宋庠为名宰相,冯京为名执政,风节相映,不愧其科名焉"⑤;赵槩、胡宿"考其立朝

①　范祖禹:《帝学》卷三,《文渊阁四库全书》第696册,第745页。
②　魏泰:《东轩笔录》卷十一,第126页。
③　欧阳修:《归田录》卷二,第26—27页。
④　杨果:《中国翰林制度研究》,武汉大学出版社1996年版,第78页。
⑤　《宋史》卷三一七《邵亢、冯京、钱惟演等传》,第10352页。

大节,皆磊落,为良执政"①;吕溱知开封府,"时为京尹者比不称职,溱精识过人,辨讼立断,豪恶敛迹"②,京师翕然称之。与此形成对照的是,曾巩则因有所偏颇而未能大用:"吕公著尝告神宗,以巩为人行义不如政事,政事不如文章,以是不大用云。"③

总之,集文人、学者、官员于一身的新的翰林学士类型,至此进一步形成,显示了翰林学士综合素质的普遍提高,其在政治与文化上的地位与作用亦愈益突出。

四 翰林学士知贡举、兴学校与文风迁变

天圣前后,是真、仁之际文风演变的一条明晰的时间线。苏轼云:"始朝廷以声律取士,而天圣以前,学者犹袭五代之弊,独吾州之士通经学古,以西汉文词为宗师。方是时,四方指以为迂阔,至于郡县胥史,皆挟经载笔,应对进退,有足观者。"④周源《武溪集序》:"天禧、天圣之间文尚华侈……穆伯长、欧阳永叔起文复古,公(余靖)亦变体,弃华取质,以道理相交,与欧阳、蔡诸公埒名价。"⑤朱熹谓:"天圣以来,穆伯长、尹师鲁、苏子美、欧阳永叔始唱为古文,以变西昆体,学者翕然从之。"⑥可见,宋人的认知相当一致,天圣无疑是仁宗朝文学复古思潮的起点。

天圣以来的文风迁变沿着自上而下的路线展开,朝廷采取的主要对策是调整科场条例、利用词臣影响和发展学校教育,互相配合以

① 《宋史》卷三一八《张方平、王拱辰、赵概、胡宿等传》,第 10372 页。
② 《宋史》卷三二〇《吕溱传》,第 10402 页。
③ 《宋史》卷三一九《曾巩传》,第 10392 页
④ 苏轼:《眉州远景楼记》,《苏轼文集》卷十一,第 352 页。
⑤ 周源:《武溪集序》,《全宋文》第 46 册,第 89 页。
⑥ 朱熹:《八朝名臣言行录·徂徕石先生》,《文渊阁四库全书》第 449 册,第 122 页。

育材取士,矫正文风。

首先,通过翰林学士知贡举,渐次推行对科场风习的变革。据张希清统计,仁宗朝科考共举行 13 场,知贡举者依次为刘筠(2 次)、晏殊、章得象、丁度、聂冠卿、孙抃、赵槩、王拱辰、欧阳修、胡宿、王珪、范镇,均为(或曾为)翰林学士,同知者不计,尤以天圣中刘筠、晏殊与嘉祐中欧阳修知举产生的效应最大。范镇曾说:"自唐季以来,历五代,文物扫地尽矣。天圣初,宋兴六十余年,寖明寖昌,而赋诗取士,特卑弱不振。"①针对诗赋取士之得失利弊,自唐中叶以来就争论不已,殊难一概而论。宋初以来,诗赋仍然是进士考试的主要内容,但景德以来昆体靡丽诗风的流行使得诗赋取士制度面临更大的困境。天圣中变革的焦点便是取士兼重策、论,以矫正浮华文风。翰林学士刘筠、晏殊分别主持了天圣中的三场科考,刘筠"三入禁林,三典贡举,以策论升降天下士,自筠始也"②,其在仁宗朝知天圣二年、五年贡举。天圣二年(1024)进士知名者有宋庠、宋祁昆仲及叶清臣、郑戬、尹洙、余靖、张先、胡宿、高若讷、王洙、江休复、曾公亮等,此科的意义在于,以策论试士并擢为高第,"刘筠得清臣所对策,奇之,故擢第二。国朝以策擢高第自清臣始"③,时翰林学士晏殊亦曾参与编排进士等第,同年状元宋郊(庠)则以《采侯诗》号为擅场。天圣五年(1027)正月,"诏礼部贡院:比进士以诗赋定去留,学者或病声律而不得骋其才,其以策、论兼考之,诸科毋得离摘经注以为问目"④。明确规定以策论考进士,刘筠再知贡举,此榜知名者有吴育、王尧臣、韩琦、赵槩等。

天圣六年(1028),朝廷作出一项重要的人事安排,任命陈从易(?—1031)与杨大雅(964—1032)为知制诰,以矫正景德文风。《长

---

① 范镇:《宋景文公祁神道碑》,《全宋文》第 40 册,第 293 页。
②《东都事略》卷四七《刘筠传》,《文渊阁四库全书》第 382 册,第 298 页。
③《长编》卷一〇二"天圣二年三月乙巳",第 2354 页。
④《长编》卷一〇九"天圣九年正月己未",第 2435 页。

编》卷一〇六载:"自景德后,文字以雕靡相尚,一时学者向之,而从易独自守不变,与大雅特相厚,皆好古笃行,无所阿附……朝廷欲矫文章之弊,故并进从易及大雅,以风天下。"①陈从易在真宗朝曾与修《册府元龟》,以好古文与习白诗而与杨亿矛盾甚深。欧阳修《谏议大夫杨公墓志铭》记载了二人的作用:"府君与颍川陈从易,皆以好古有文行知名。然二人者,皆久不用,遂以老,既而一日并用之。是时学者稍相习,务偷窳为文章,在位稍以为患,皆以谓天子用耆老将有意矣。而又下诏书敕学者禁浮华,使近古道,然后以谓用二人者皆不无意矣,而皆恨其晚也。"②陈、杨二人均为端拱二年(989)进士,天圣六年时,杨亿(974—1020)去世已近10年,大雅已65岁,从易与之年辈相若。将昔日孤独的好古者推向前台,这更像是朝廷的一种姿态,显示了仁宗革新景德文弊的决心。

欧阳修景祐元年(1034)娶大雅女,时大雅已卒,他在杨大雅墓志铭中明确将陈、杨二人的任用与天子诏书联系起来。按天圣七年(1027)正月、五月仁宗引人注目地针对礼部贡举连下两道戒浮华诏:

> (天圣)七年正月二日诏曰:国家稽古御图,设科取士,务求时俊,以助化源。而褒博之流,习尚为弊。观其撰著,多涉浮华,或碟裂陈言,或会粹小说,好奇者遂成于诵怪,矜巧者专事于雕镌。流宕若兹,雅正何在?属方开于贡部,直申儆于词场。当念文章所宗,必以理实为要。探典经之旨趣,究作者之楷模,用复温纯,无陷媮薄,庶有裨于国教,期增阐于儒风。咨尔多方,咸体朕意。③
>
> (天圣七年五月)朕试天下之士,以言观其趣向。而比来流

---

① 《长编》卷一〇六"天圣六年九月丙午",第2482页。
② 欧阳修:《谏议大夫杨公墓志铭》,《欧阳修全集》卷六二,第910页。
③ 《宋会要辑稿》选举三之一六,第4269—4270页。

风之敝,至于会萃小说,磔裂前言,竞为浮夸靡曼之文,无益治
道,非所以望于诸生也。礼部其申饬学者,务明先圣之道,以称
朕意焉。①

两诏用意、措辞相近,所谓"小说"者,大体指唐人类书、韵书之类诗赋
骈文写作所需之工具书。天圣三年(1025)二月,亦曾诏国子监:"见
刊印《初学记》《六帖》《韵对》等书,皆钞集小说,无益学者,罢之。"②次
年即天圣八年(1030)开科,晏殊(时为资政殿学士)受命权知贡举,此
科所录知名者有:省元欧阳修、状元王拱辰及蔡襄、石介、田况、孙
甫、王畴、王素等,亦堪称"龙虎榜"。

　　天圣中刘筠、晏殊知贡举及陈从易、杨大雅任词臣,保持了革新
文风的连续性。看看天圣间三榜进士名单,人才之盛,就足以令人赞
叹,其中有 13 人成为仁宗朝翰林学士,1 人为英宗朝学士(王畴)。更
可注意的是,两位知举者均为"西昆体"代表人物,座主门生之间固然
有其诗学师承,然"时运交移,质文代变",即知举的刘筠、晏殊也在寻
求变化以适应时代的要求,景德与西昆风习之转移,也将在他们手中
完成。天圣戒浮华两诏目的是去浮华,崇治道,尚理实,由科场发动
对文体、文风的变革,但单靠行政命令的手段不能彻底解决一切积
弊,以策论进退举子的政令也并非畅通无阻,因此至明道二年(1033)
十月,仁宗仍需申戒:"近岁进士所试诗赋多浮华,而学古者或不可以
自进,宜令有司兼以策论取之。"③此时距天圣七年(1029)戒浮华诏已
逾 5 年。

　　庆历前后,是北宋文风演进的又一个重要节点。贡举条例成为
两制词臣反复讨论的重要议题,值得注意的新问题,是科举与学校的

① 《长编》卷一〇八"天圣七年五月己未",第 2512 页。
② 《长编》卷一〇三"天圣三年二月癸酉",第 2378 页。
③ 《长编》卷一一三"明道二年十月辛亥",第 2639 页。

关系受到特别关注。

宝元中(1038—1040),仁宗向翰林学士李淑询问诗赋、策论的次序问题,李淑上奏曰:"今陛下欲求理道,不以雕篆为贵,得取士之实矣。然考官以所试分考,不能通加评校,而每场辄退落,士之中否,特系于幸不幸尔。愿约旧制:先策,次论,次赋,次帖经、墨义。而敕有司并试四场,通较工拙,毋以一场得失为去留。"诏有司议,稍施行焉。① 庆历三年(1043)九月,参知政事范仲淹上奏十事,其三曰"精贡举",论"国家专以词赋取进士"之偏颇,建议"即依贾昌朝等起请,进士先策论而后诗赋,诸科墨义之外,更通经旨。使人不专辞藻,必明理道,则天下讲学必兴,浮薄知劝,最为至要"②。至庆历四年三月,诏两制及御史台详定贡举条制"。于是翰林学士宋祁、御史中丞王拱辰及知制诰张方平、欧阳修等八人合奏:"今教不本于学校,士不察于乡里,则不能核名实;有司束以声病,学者专于记诵,则不足尽人才⋯⋯莫若使士皆土著而教之学校,则学者修饬矣⋯⋯先策论则文词者留心于治乱矣,简程序则宏博者得以驰骋矣,问大义则执经者不专于记诵矣。"遂诏令"凡所科条,可为永式",令州县立学,进士试三场,先策,次论,次诗赋,罢帖经墨义。又指出词赋考试声病偶切过于拘忌,而唐白居易、独孤绶所试赋,"对偶之外,自有义意可观",因此"宜许仿唐体,使驰骋于其间"③。

庆历贡举新制的特点不是文体的取舍,而是录取标准孰先孰后的问题,先策论而后诗赋,仍然体现了"求理道"、抑浮华的精神,与天圣以策论进退天下之士的做法是一以贯之的。其次,是以兴学作为养贤取士之本。天圣、庆历间,以晏殊为首,从中央到地方,兴起了北

---

① 《长编》卷一三五"庆历二年正月丁巳",第 3214 页。按李淑之奏系在宝元中侍经筵时对仁宗所问而上,马端临《文献通考》卷三一《选举考五》引此文,"次赋"作"次赋及诗",第 289 页。
② 《长编》卷一四三"庆历三年九月丁卯",第 3435—3436 页。
③ 《长编》卷一四七"庆历四年甲戌、乙亥",第 3563—3565 页。

宋兴学重教的第一个高潮。地方兴学如晏殊天圣五年知应天府，"留守南京，大兴学校，以教诸生。自五代以来，天下学废，兴自公始"①。其间延请范仲淹掌学，教授生徒，"仲淹常宿学中，训督学者，皆有法度，勤劳恭谨，以身先之……由是四方从学者辐辏，其后宋人以文学有声名于场屋朝廷者，多其所教也"②。孙复谒仲淹于睢阳学舍，仲淹授以《春秋》学。③ 胡宿天圣时知湖州，亦"大兴学校，学者盛于东南，自湖学始"④。宋庠庆历中知扬州，"大兴郡学，礼师儒，又作诗以风厉之，郡人刻其诗学舍下"⑤。宋祁嘉祐初知益州，"始至，葺文翁学，自为记刻。西南学者奔走请业，公循循指教，莫不中其所偏"⑥。朝廷兴学的重要事件则是庆历二年石介入为国子监直讲，《湘山野录》卷中载："石守道康定中主盟上庠，酷愤时文之弊，力振古道，时庠序号为全盛之际。"⑦孙复亦于是年为国子监直讲，时距范仲淹掌睢阳学舍之后大约 15 年，至庆历五年石介卒，时间上正与范仲淹等论科举与兴学问题同一步调。

但随着庆历五年范、欧等人的相继落职外任，宋祁等人议定的贡举新制旋遭否定。《儒林公议》载："诏既下，人争务学，风俗一变。未几，首议者多出外官，所见不同，竞兴讥诋，以谓俗儒是古非今，不足为法，遂追止前诏，学者亦废焉。"⑧《文献通考》载："庆历中，范文正公、富公、韩魏公执政，欲先试论策，使工文辞者言古今治乱，简其程式，使得以逞；问以大义，使不专记诵，自是古文渐复。一年而三公皆

---

① 欧阳修：《晏公神道碑铭》，《欧阳修全集》卷二二，第 352 页。
② 司马光：《涑水记闻》卷十，第 182 页。
③ 魏泰：《东轩笔录》卷十四，第 159 页。
④ 欧阳修：《赠太子太傅胡公墓志铭》，《欧阳修全集》卷三五，第 515 页
⑤ 王珪：《宋元宪公神道碑》，《华阳集》卷三六，《丛书集成》初编本，商务印书馆 1935 年版，第 465 页。
⑥ 范镇：《宋景文公祁神道碑》，《全宋文》第 40 册，第 295 页。
⑦ 文莹：《湘山野录》卷中，第 24 页。
⑧ 田况：《儒林公议》，《文渊阁四库全书》第 1036 册，第 300 页。

罢政,此制遂停。"①持异议最力者为晏殊之婿杨察,其于庆历六年(1046)至七年(1047)、至和元年(1054)至二年(1055)两入翰苑并为学士承旨。《长编》卷一五五载:庆历五年三月,"诏礼部贡院进士所试诗赋、诸科所对经义,并如旧制考校。先是,知制诰杨察言前所更令不便者甚众,其略以诗赋声病易考,而策论汗漫难知,故祖宗莫能改也"②。按:以为策论"汗漫难考",天圣七年学士院、舍人院召试时已有此论。据《宋史》杨察本传载:杨察为知制诰,权判礼部贡院,"时上封者请罢有司糊名考士,及变文格,使为放轶以袭唐体。察以谓防禁一溃,则奔竞复起,且文无今昔,惟以体要为宗,若肆其澶漫,亦非唐氏科选之法,前议遂寝"③。可知杨察此议在其任翰林学士之前、权判贡院事务之时,正值范、欧等人士再度遭贬,贡举新制旋遭停罢,杨察起了主要作用。

与此同时,山东泰山学者石介在国子监推行的文风也并不成功。田况于庆历初判国子监,④他记载:"庆历初,今贾相国昌朝判领国庠,予贰其职,时山东人石介、孙复,皆好古醇儒,为直讲,力相赞和,期兴庠序。""石介为太子中允、国子监直讲,专以径直狂徼为务,人多畏其口。"⑤石介的狂徼个性表现在他对杨、刘昆体的激烈偏激态度,其次是在其主持下,形成一种被名为"太学体"的怪诞文风,而且,这种文风并没有随着石介的去世而偃旗息鼓,反而由国子监扩散至进士试,影响愈烈。对其抨击最力的仍然是翰林学士杨察与张方平,庆历六年(1046),翰林学士张方平权同知贡举,上《贡院请诫励天下举人文章奏》:

　　　　臣闻文章之变,盖与政通,风俗所形,斯为教本,国体攸系,
理道存焉……伏以礼部条例,定自先朝,考较升黜,悉有程序。
自景祐元年,有以变体而擢高第者,后进传效,因是以习。尔来
文格日失其旧,各出新意,相胜为奇。至太学之建,直讲石介课
诸生,试所业,因其好尚而遂成风,以怪诞诋讪为高,以流荡猥
烦为赡,逾越规矩,或误后学,朝廷恶其然也,故下诏书丁宁诫
励,而学者乐于放逸,罕能自还。今贡院考试诸进士,太学新体
间复有之,其赋至八百字已上,而每句有十六、十八字者;论
有一千二百字以上,策有置所问而妄肆胸臆条陈他事者,以
为不合格则辞理粗通,如是而取之,则上违诏书之意,轻乱旧
章,重亏雅俗,驱扇浮薄,忽上所令,岂国家取贤敛材以备治
具之意耶! 其举人程试,有擅习新体而尤诞漫不合程试者,
已准格考落外,窃虑远人未尽详之,伏乞朝廷申明前诏,更于
贡院前榜示,使天下之士知循常道。臣典司宪度,复预文衡,
敢此敷闻。①

张方平奏疏中论及两种文体,即景祐“变体”与庆历“太学新体”。按:
景祐元年(1034)章得象知贡举,郑向、胥偃、李淑、宋郊同知,其中李
淑以文风奇涩著称。《宋景文笔记》卷上载:“(李淑)末年尤奥涩,人
读之至有不能晓者。”②《东轩笔录》卷三亦云:“(李淑)文章尤尚奇
涩。”③《宋史》卷二九一《李淑传》:“其他文多裁取古语,务为奇险,时
人不许也。”④这或对景祐“以变体擢高第”不无推助作用。祝尚书先
生则从景祐状元张唐卿所存试题及其与石介等人交游关系中,勾勒

① 张方平:《贡院请诫励天下举人文章奏》,《全宋文》第37册,第53页。
② 宋祁:《宋景文笔记》卷上,《文渊阁四库全书》第862册,第538页。
③ 魏泰:《东轩笔录》卷三,第31页。
④ 《宋史》卷二九一《李淑传》,第9741页。

出了从景祐"变体"演变为庆历"太学新体"的"三部曲"。张唐卿以文行为东州士人所称,曾与石介游,二人最相知,石介推为"他日主吾道者"。唐卿亦为范仲淹推重,称其《积善成德论》"言切规谏"而不同于言不及时务,"婉辞过谨"的常格,并以此而擢高第;他既与石介气味相投,还可能与"东州逸党"文人群交游,从而受其旷达怪诞作风影响,沾染好大言的习气。景祐"变体"经过士子们的不断传习,尤其是石介在太学的培育扩散,最后演化为"太学体"。除了这一源头外,祝尚书指出,它与欧阳修所指陈的"迂僻奇怪以取德行之名,而高谈虚论以求材识之誉"①的庆历学风之弊也有深层的关系。② 因此可以说,庆历"太学体"的怪诞文风是"山东"狂怪士风及庆历学风相结合的产物。

庆历八年(1048)四月,仁宗再下诏书:"科场旧条,皆先朝所定,宜一切无易",这是因当时礼部贡院针对庆历四年"宋祁等定贡举新制"再次奏请:

> 盖诗赋以声病杂犯,易为去留,若专取策论,必难升黜。盖诗赋虽名小巧,且须指题命事,若记闻该富,则辞理自精。策论虽有问目,其间敷对,多挟他说……兼闻举人人举经史疑义可以出策论题目凡数千条,谓之《经史质疑》;至于时务,亦抄撮其要,浮伪滋甚,难为考较。又旧制以词赋声病偶切之类,立为考式,今特许仿唐人赋体及赋不限联数、不限字数。且古今文章,务先体要,古未必悉是,今未必悉非。尝观唐人程试诗赋,与本朝所取名人辞艺,实亦工拙相半。俗儒是古非今,不为通论。自二年以来,国子监生,诗赋即以汗漫无体为高,策论以激讦肆意为工,

---

① 欧阳修:《议学状》,《欧阳修全集》卷一一〇,第 1673 页。
② 祝尚书:《宋代科举与文学考论》,大象出版社 2006 年版,第 383 页。

中外相传,愈远愈滥,非惟渐误后学,实恐后来省试,其合格能几何人! 伏惟祖宗以来,得人不少,考较文艺,固有规程,不须变更,以长浮薄,请并如旧制。①

李焘注认为此次礼部贡院的奏请即杨察庆历五年之建议,唯不能确定的是杨察此时是否仍判贡院。杨察此奏看起来与庆历四年贾昌朝、范仲淹及宋祁、张方平、欧阳修等人所议的先策、论而后诗赋反其道而行之,其实不能简单地看作倒退。细加推究可以发现,杨察与张方平先后代表贡院所上奏请有一点是非常一致的,即并非反对策、论这两种文体,而是不满其"妄肆胸臆条陈他事"、"怪诞诋讪"、"浮薄""诞漫"以及"多挟他说"、"浮伪滋甚"、"以激讦肆意为工"等风气,而且把根源追究到"(庆历)二年以来"石介入国子监以后,直指太学体的怪诞文风。概括地说,"景祐新体"与庆历"太学新体"的载体都是指策论文,究其实,还是石介帮了倒忙,就如石介作《庆历圣德诗》所产生的副作用一样,②在某种意义上可以说,石介等人"求深务奇"的怪诞奇涩文风间接导致了庆历科举新制的夭折,也背离了文学复古者的初衷,对庆历学风与士风的建设均带来消极的影响,也使北宋的诗文革新多走了一段弯路。因此,即使庆历四年参与议定贡举新制的张方平、欧阳修,也都利用知贡举的时机给予其反戈一击,事实上,直到嘉祐二年(1057)欧阳修知贡举,才算有效地清除了石介留下的余弊。

颇为耐人寻味的是,同时受知于张方平与欧阳修的苏轼,对两位恩师、座主反对太学体怪诞文风的事迹的记述与评价。关于张方平,

---

① 《长编》卷一六四"庆历八年四月丙子",第 3945 页。
② 吕中《宋大事记讲义》卷十:"石介作《庆历圣德诗》……孙明复曰:子祸始于此矣! 时仲淹、琦适在陕西,还朝道中得诗,仲淹抚股谓琦曰:为此怪儿坏了事。琦曰:天下事不可如此,如此必坏。"(《文渊阁四库全书》第 686 册,第 287 页)

《张文定公墓志铭》记载:"士方以游词崄语为高,公上疏,以谓文章之变,实关盛衰,不可长也。诏以公言晓谕学者。"①所指即庆历六年方平所上《贡院请诫励天下举人文章奏》,但此疏遭到宰相贾昌朝与参知政事吴育的激烈反对,这不禁使人联想到,庆历三年范仲淹论贡举事明确表示赞同贾昌朝"进士先策论而后诗赋"的意见,而庆历二年石介任国子监直讲时,判国子监者也正是贾昌朝。关于欧阳修,《谢欧阳内翰书》亦指出:"(天子)招来雄俊魁伟敦厚朴直之士,罢去浮巧轻媚丛错采绣之文,将以追两汉之余,而渐复三代之古,士大夫不深明天子之心,用意过当,求深者或至于迂,务奇者怪僻而不可读,余风未殄,新弊复作。大者镂之金石以传久远,小者转相摹写号称古文,纷纷肆行,莫之或禁……伏惟内翰执事,天之所付以收拾先王之遗文,天下之所待以觉悟学者,恭承王命,亲执文柄,意其必得天下之奇士以塞明诏。"②所指即其知嘉祐二年贡举事。而苏轼本人则贬抑石介、孙复等"通经复古者"为"迂阔矫诞之士"③,与张、欧二公可谓同声气者。从这个意义上来说,杨察、张方平对景祐至庆历科场与庠序"变体"与"新体"文风的抨击,为欧阳修嘉祐二年知贡举时贬黜怪异文风,作了重要的铺垫。有意思的是,曾任翰林学士的词臣(杨察、张方平、欧阳修)与执政的宰辅们(范仲淹、贾昌朝)在这一问题上显然并非同道者,而后者及其周围又多以通经复古或儒学文行见称者,这既反映出欧阳修在嘉祐元年《议学状》中所提出的朝廷以文学取士而以德行官人的制度文化的深刻矛盾,④也透露出庆历学韩复古文学集团内部文学观念的冲突与分化。

---

① 苏轼:《张文定公墓志铭》,《苏轼文集》卷十四,第 447 页。
② 苏轼:《谢欧阳内翰书》,《苏轼文集》卷四九,第 1423—1424 页。
③ 苏轼:《议学校贡举状》,《苏轼文集》卷二五,第 724 页。
④ 欧阳修《议学状》指出:"臣请详言方今之弊:既以文学取士,又欲以德行官人,且速取之欤,则真伪之情未辨,是朝廷本欲以学劝人修德行,而反以利诱人为矫伪。"(《欧阳修全集》卷一一〇,第 1673 页)

五　翰林学士写作群体的多元文风

　　仁宗朝翰林学士不仅在道德操行与政事实践方面显示出整体优秀的水平,同时,这一群体中也颇多博学多闻、诗文兼擅的大家、名家,他们共同创造了异彩纷呈的文学繁荣局面。其中晏殊、宋祁、欧阳修因其在文坛的地位与影响力,将作专节论述,此节综论其他学士。

　　宋初诗风发展到仁宗朝,"晚唐体"、"白体"及"昆体"均已登场,风尚递嬗,尤以"白体"与"昆体"传播广远,延及仁宗朝尚不绝如缕。宋祁概述天圣初诗坛状况说:"上即位,天圣初元以来,缙绅间为诗者益少,惟故丞相晏公殊、钱公惟演、翰林刘公筠数人而已。至丞相王公曙、参知政事宋公绶、翰林学士李公淑,文章外亦作诗而不专也。其后石延年、苏舜钦、梅尧臣,皆自谓好为诗,不能自名矣。"①钱、刘、晏数人均为昆体诗人,刘筠卒于天圣末(1031),钱惟演卒于景祐元年(1034),此二人的去世可以看作西昆体结束的标志,晏殊则继续领袖诗坛。

　　从师友传承、群体唱和及个人好尚看,仁宗朝翰林学士群体的诗文写作仍呈现复杂多元的演进形态。

　　首先,白体余音不绝。欧阳修《六一诗话》记载:"仁宗朝有数达官以诗知名,常慕白乐天体,故其语多得于容易。尝有一联云:'有禄肥妻子,无恩及吏民。'有戏之者云:'昨日通衢遇一辎辂车,载极重而羸牛甚苦,岂非足下肥妻子乎?'闻者传以为笑。"又载:"陈舍人从易,当时文方盛之际,独以醇儒古学见称,其诗多类白乐天。"②第一则实

---

① 宋祁:《宋景文笔记》卷上,《文渊阁四库全书》第862册,第538页。
② 欧阳修:《六一诗话》,何文焕辑《历代诗话》本,第264、266页。

为嘲谑,第二则所记陈从易虽曾被仁宗寄予厚望,但除了文行高古外,其诗文本身都不甚见称。① 在仁宗朝为诗有白体艺术倾向者,吴育与宋庠的洛阳唱酬具有代表性。《宋史》吴育本传载"晚年在西台,与宋庠相唱酬,追裴、白遗事,至数百篇"②,动辄百篇,且咏裴度与白居易遗事,仿白氏唱和,诗风亦自然趋近白体。吴、宋二人有许多共同点,宋庠为天圣二年状元(本应为宋祁),吴育则为天圣五年省元,二人均出刘筠门下,宋庠曾作诗悼刘筠之逝,《前岁春仆与献臣同饯常山公于苑西曾未再期已均师门之痛兼承即日亲奉攒涂追往悼今哽涕无已因成短诗抒感谅心契之同戚也》:"昔岁西郊饯,曾瞻出守麾。今年东第哭,便叹哲人萎。辰巳空成谶,膏肓不遇医。诘朝闻衮敛,心折寝门悲。"③"献臣"指李淑,这种师门之痛也应是吴、宋二人共有的。如果单从师承关系看,他们应属昆体后进,但诗风的嬗递也随着人事的交替与时代的风会而呈现多面的演进状态。从从政道路看,宋庠,宝元元年(1038)至二年(1039)学士,吴育,庆历二年(1042)至五年(1045)在院,两人皆于庆历中入二府(枢密院与中书省),官居高位,同朝执政,又屡屡与当政者政见相忤而贬居州郡,极不稳定。④ 巧合的是,吴育之弟吴充、宋庠之弟宋祁其后亦都为仁宗、神宗朝翰林学士,宋庠对吴氏昆仲屡有称赞之语:"斗宫分局敞星闱,伯仲登贤士论归。奕世弓裘方善续,先春跗萼更相依。孤鸿暂作云衢骋,三凤行看帝阁飞。戚苑好书余庆事,一门仙橐映朝衣。"⑤是指吴氏昆仲先后

① 按:陈从易文存两篇,见《全宋文》第 13 册,第 387—388 页;诗存 3 首,见《全宋诗》第 2 册,第 1257—1258 页。《题北海》:"闻道荆王废池馆,化为徐湛好池台。江山形胜周遭见,花木芬芳次第开。"风格浅易可见。
② 《宋史》卷二九一《吴育传》,第 9732 页。
③ 宋庠:《前岁春仆与献臣同饯常山公……》,《全宋诗》第 4 册,第 2164 页。
④ 宋庠有诗题曰《立春日置酒郡斋因追感三为郡六迎春矣呈座客》,《全宋诗》第 4 册,第 2266 页。
⑤ 宋庠《次韵和吴侍郎任宗伯贰卿、冲卿领天官南局,皆世职有感》,《全宋诗》第 4 册,第 2256 页。按《宋史》卷三一二《吴充传》载:"除集贤校理,判吏部南曹。"但《宋史》卷二九一、《东都事略》卷六三吴育本传均未载其判吏部南曹事,当失载。

判吏部南曹,任职清要,为家族增光。两人棠棣情深,宋庠曾赋诗曰:"秋来遥说洒烦襟,季虎昆龙伴啸吟。弓影奋疑临酒释,荆枝欢意恋丛深。仙山校籍催归传,宿馆销魂警曙砧。我亦白头思共被,非君谁照急难心。"①诗末自注:"时子京方守常山,不得枉道见省。"从现存诗歌作品看,吴育诗今仅存 6 首,吴、宋唱和"至数百篇"可能有些夸大,但宋庠《元宪集》中可以明确为与吴育唱和酬答的作品计 43 题 46 篇,数量确实较多,从中可以考见二人行实情怀、唱酬情景与诗歌风格。"洛中酬唱"是吴、宋唱和主题,其唱和时间除在汴京朝堂时,集中在皇祐中吴育判西京留司御史台、宋庠皇祐中出知河南府兼判西京留守司之时,两人在洛阳的任期正相接武,宋庠有诗纪其事曰:"台阶抽得冒荣身,且喜西都见故人。仪世瑞鹓曾接翼(自注:'君两使内枢,一参大政,仆并叨陪接。'),论交寒柏不知春。"②其后吴育以资政殿学士兼翰林侍读学士再知陕州,宋庠则以户部尚书徙许州,《和吴侍郎相从经岁忽有陕许之别见贶长句》:"接武西台属巨贤,琴樽欢意满山川。论交共到忘言地,感别空惊易守年。陕界霜氛迎喜气(自注:'君再临雄部。'),颍郊秋色犯华颠(自注:'余养拙许昌。')。卜邻自有归休约,终就溪林占一廛。"③从诗题可知,二人在西京时"相从经岁",有充裕的时间相接游从。同样的政治际遇,使他们在洛阳不期然而然地步入了白居易的精神轨迹——事实上,自唐以来,洛阳就是一座有着丰富的文化记忆和文学想像的城市。吴育曾自号"乐城居士",宋庠《和吴侍郎向号乐城居士今复职守陕临岐自哂二绝》其一:"竹圃云斋谢病还,更将禅号拟香山。诏恩叙旧君何让,从古英贤不得闲。"④可知"乐城居士"是有意追踪"白乐天"之号"香山居士"。此

① 宋庠:《次韵和吴侍郎喜令弟学士请告归省》,《全宋诗》第 4 册,第 2278 页。
② 宋庠:《次韵和资政吴育侍郎见赠》,《全宋诗》第 4 册,第 2241 页。
③ 宋庠:《和吴侍郎相从经岁忽有陕许之别见贶长句》,《全宋诗》第 4 册,第 2270 页。
④ 宋庠:《和吴侍郎向号乐城居士今复职守陕临岐自哂二绝》,《全宋诗》第 4 册,第 2283—2284 页。

外,二人曾游洛阳普明寺及履道坊,均为白氏故居,吴育存佚句"石存
裴令老臣心"①,宋庠作《和吴侍郎游普明禅院》曰:"履道遗坊敞净庐,
昔人曾此赋闲居。园经汉传挥金罢,石记商贤作砺余。绿玉千竿多
映水,苍帷双树竞凌虚。神交不必论年辈,一夕清吟万境如。"②其五
律《过普明禅院二首》题注云:"唐太子少傅白公旧宅。"这使吴、宋二
人的洛阳唱和具有了"闲吟"的特征与"吏隐"的旨趣,如《次韵和吴侍
郎睡足成咏》:"何处西台乐,高眠万虑沉。杯盘春席罢,风雨画堂深。
气胜龟调息,魂交蝶伴心。有人惊晓漏,颠倒整衣簪。"③投闲置散,知
足保和。《次韵和吴侍郎和冲卿寄来诗二首》其二:"暂息尘机不为
年,高风聊借九区传。周聃汉朔谁能测,且作清时吏隐仙。"④两人诗
酒往还:"最乐乘秋浩气全,洛台归兴满新篇。……欲知传诵人多少,
正似三都纸贵年。"⑤"岁稔兵厨富酒材,几槽新溜滴芳醅。……虽非
平乐十千斗,愿奉康成三百杯。"⑥"更逢酬唱俱清润,冰玉相辉戚苑
间。"⑦"青管裁篇属旧僚,赓歌奇意亦飘飘。"⑧结社题咏,共为山川之
游,朝市之隐,并预为"归休买田"之约:

> 公有长才动缙绅,朝廷不肯弃名臣。高怀空结山中社,远略
> 今清塞外尘。竹坞未荒溪叶密,菊丛虽旧径花新。南台素壁题
> 名处,莫惜麾镜一驻轮。⑨

第三句自注:"公在西都,自号乐城居士。"从诗风来看,吴、宋洛中唱

---

① 吴育佚句见《全宋诗》第 5 册,第 3362 页。
② 宋庠:《和吴侍郎游普明禅院》,《全宋诗》第 4 册,第 2282 页。
③ 宋庠:《次韵和吴侍郎睡足成咏》,《全宋诗》第 4 册,第 2191 页。
④ 宋庠:《次韵和吴侍郎和冲卿寄来诗二首》,《全宋诗》第 4 册,第 2290 页。
⑤ 宋庠:《和吴侍郎惠诗》,《全宋诗》第 4 册,第 2280 页。
⑥ 宋庠:《和吴侍郎谢予送酒》,《全宋诗》第 4 册,第 2281 页。
⑦ 宋庠:《次韵和太常韩博士寄献留吴侍郎之作》,《全宋诗》第 4 册,第 2250 页。
⑧ 宋庠:《和吴侍郎答汝州诸官唱酬之作》,《全宋诗》第 4 册,第 2250 页。
⑨ 宋庠:《和经略宣徽吴太尉将经洛阳旧隐之作》,《全宋诗》第 4 册,第 2280 页。

和也有趋近白诗的倾向,表现在形式上以次韵唱酬为主,语言偏于平易闲雅,与宋庠早期诗歌偏于昆体的组织丽密之风不同。不过,这种闲吟与"清唱"也曾被朝廷政敌所诬谤:"俊辅西还玉体痊,银台归兴且陶然。谈经宝序常迎日(自注:'讲筵在迎阳门西之西序。'),膝席清司最近天(自注:'资政殿在龙图、天章二阁之间,深严第一。')。君拂翠绶朝右贵,我惊华发鉴中鲜。洛都巴俚虽求旧,莫累阳春一种传。"末句自注:"仆尝因寄诗庞、高二公,为匪人告谤。今蒙垂谕云:洛中酬唱,人多传诵,无乃更累清唱耶!"①庞、高二公指庞籍、高若讷。这虽是朝廷复杂的政治矛盾的反映,但以诗歌言语为罪状,此风不自元丰中"乌台诗案"始然。

此外,冯元,天圣六年(1028)至明道二年(1033)为学士,宋祁载"(冯元)居三城(指河阳,冯元由翰林学士出守河阳),作诗百余章,推己指物,旷而不怨,有雅人余风"②,惜今仅存诗1首,③推宋祁语意,其诗风或亦近白体。

其次,昆体余脉甚盛。如石中立,景祐元年(1034)至四年(1037)为学士并迁承旨,在馆阁时即与杨亿、李宗谔、刘筠、陈越相厚善,《石太傅墓志铭》载:"天子好文学,而虢略杨亿以雄浑奥衍革五代之弊,公与中山刘筠、颍川陈越推而肆之,故天下靡然变风。"④其文如此,其诗宜当有渊源可寻,《西昆酬唱集》中杨亿、李宗谔、刘筠有《劝石集贤饮》七律一组,为馆阁饮饯之作,亿诗云:"日上三竿宿雾披,章台走马帽檐低。祗传祖席觞无算,肯顾尚书对有期。芸省缥经终寂寞,柳堤飞鞚好追随。灵均不醉真何益,千古离骚怨楚辞。"⑤但中立诗仅存一

① 宋庠:《次韵和吴侍郎洧贶雅篇》,《全宋诗》第4册,第2241页。
② 宋祁:《冯侍讲行状》,《全宋文》第25册,第81页。
③ 冯元:《送僧归护国寺》,见《全宋诗》第3册,第1483页。
④ 宋祁:《石太傅墓志铭》,《全宋文》第25册,第131页。
⑤ 杨亿:《劝石集贤饮》,《西昆酬唱集》卷下,第219—220页。

首，①难以考见其艺术面貌。

夏竦，天圣四年（1026）至五年（1027）在院。其诗典丽富艳，代表作为应制诗《奉和御制上元观灯》："鱼龙曼衍六街呈，金锁通宵启玉京。冉冉游尘生辇道，迟迟春箭入歌声。宝坊月皦龙灯淡，紫馆风微鹤焰平。宴罢南端天欲晓，回瞻河汉尚盈盈。"方回评："此夏英公竦诗，形整而味浅，存之以见承平之盛。以'端门'为'南端'亦新。"②《韵语阳秋》云："应制诗非他诗比，自是一家句法，大抵不出于典实富艳尔。夏英公《和上元观灯》诗云云……若作清癯平淡之语，终不近尔。"③

聂冠卿，庆历元年（1041）至二年（1042）为学士，杨亿爱其文章，尤工诗，所著《蕲春集》"词极清丽"④，《多丽》词才情富丽，为时所称：

> 想人生，美景良辰堪惜。问其间、赏心乐事，就中难是并得。况东城、凤台沙苑，泛晴波、浅照金碧。露洗华桐，烟霏丝柳，绿阴摇曳，荡春一色。画堂迥、玉簪琼佩，高会尽词客。清欢久、重然绛蜡，别就瑶席。　　有翩若轻鸿体态，暮为行雨标格。逞朱唇、缓歌妖丽，似听流莺乱花隔。慢舞萦回，娇鬟低亸，腰肢纤细无力。忍分散、彩云归后，何处更寻觅。休辞醉，明月好花，莫谩轻掷。⑤

亦趋于晚唐绮艳一路与西昆体格。

胡宿，皇祐五年（1053）至嘉祐六年（1061）学士。他与杨、刘均有

---

① 石中立：《送僧归护国寺》，《全宋诗》第 2 册，第 1301 页。

② 夏竦：《奉和御制上元观灯》，《瀛奎律髓汇评》卷十六，第 616—617 页。

③ 葛立方：《韵语阳秋》卷二，何文焕辑《历代诗话》本，第 498 页。

④ 《宋史》卷二九四《聂冠卿传》，第 9820 页。

⑤ 聂冠卿：《多丽》（李良定公席上赋），《全宋词》第 1 册，中华书局 1999 年版，第 13 页。

渊源,天圣二年进士,"公自为进士,知名于时。杨文公亿得其诗,题于秘阁,叹曰:'吾恨未识此人!'"①王士祯曾摘其诗"亦昆体之工丽者"二十八联,以为"风调与(文彦博、赵抃)二公可相伯仲","起结尤多得义山神理"②。如《早夏》:"井辖投多思不禁,密垂珠箔昼沉沉。睡惊燕语频移枕,病起蛛丝半在琴。雨径乱花埋宿艳,月轩修竹转凉阴。一春酒费知多少,探尽囊中换赋金。"③以丽辞写伤春闲愁,仍是典型的昆体作法。

叶清臣,庆历三年(1043)至五年(1045)、庆历七年(1047)至皇祐元年(1049)两入翰苑。天圣五年(1027)以对策擢高第,与郑戬同年相善,时称"元白",据贺铸《题叶翰林道卿手书唐人唱和集后》诗:"翰客文房万卷余,诜诜翻是蠹书鱼。载薰载曝徒为尔,秦筑长城错备胡。"④清臣所书唐人唱和集具体内容或系元白唱和诗,但郑戬师事杨亿,清臣与郑戬又均出刘筠门下,故与昆体也颇有渊源。

王珪,嘉祐元年(1056)至二年(1057)、嘉祐四年(1059)至神宗熙宁三年(1070)两为学士。其文闳侈瑰丽,自成一家,其诗则被称为"至宝丹"。《后山诗话》云:"王岐公诗喜用金玉珠璧,以为富贵,而其兄谓之至宝丹。"⑤

此外,宋庠除与吴育交游唱和外,其早期诗为刘筠所赏,又曾入夏竦幕,其诗学李义山,有"晚唐浓丽风格"⑥。

白体与昆体之外,其他如钱易,天圣三年(1025)至四年(1026)翰林学士。易字希白,时称"当世李白",据载:"太宗语苏易简曰:'朕恨不与李白同时。'易简曰:'有钱易者,李白才也。'太宗喜曰:'若然,当

---

① 欧阳修:《赠太子太傅胡公墓志铭》,洪本健:《欧阳修诗文集校笺》,上海古籍出版社2009年版,第911—912页。
② 王士祯:《香祖笔记》卷六,《文渊阁四库全书》第870册,第459页。
③ 胡宿:《早夏》,《全宋诗》第4册,第2101页。
④ 贺铸:《题叶翰林道卿手书唐人唱和集后》,《全宋诗》第19册,第12610页。
⑤ 陈师道:《后山诗话》,何文焕辑《历代诗话》本,第314页。
⑥《四库全书总目·宋元宪集提要》,第1310页。

用唐故事,召至禁林。'①他曾向王禹偁投卷,②杨亿赠钱易诗曰:"骚客休怀楚,词臣合荐雄。长庚谪仙骨,须入抃鳌宫。"③亦比其为谪仙李白。他早得文名,"俊逸过人,为文数千百言,顷刻而就"④,其性情与才情确有李白之风。但据《彦周诗话》载:"钱希白内翰作《拟唐诗》百篇,备诸家之体,自序曰:'今之所拟,不独其词,至于题目,岂欲抛离本集;或有事迹,斯亦见之本传。'"⑤如现存《拟张籍上裴晋公》《拟卢仝诗》即是其"拟唐"之作,前诗云:"午桥庄上千竿竹,绿野堂中白日春。富贵极来唯叹老,功名高后转轻身。严更未报皇城里,胜赏时游洛水滨。昨日庭趋三节度,举杯曾是执戈人。"拟张籍等人用圆熟流利的七律咏宰相裴度故事。后诗云:"门前飞杨花,屋后恶水鸣青蛙。案上两卷书,尧典与舜典,留与添丁作生涯。"⑥不避俗怪生涩。可见他尚未形成成熟的艺术风格。其次,从整个宋代对唐诗的接受史来看,被宋人尊称为"李翰林"的李白似乎也越来越处于边缘的地位,其最深层的原因,在于李白颇具"异端"色彩的思想性格与宋代崇尚理性的文化精神并不合拍,因此一味追随李白、生活在"谪仙"阴影下的诗人,一般来说,在宋代诗坛很难获得较高的地位,如苏易简、钱易及郭祥正皆是。

　　以上是诗歌创作的总体情况,就仁宗朝翰林学士的文章写作而言,重点可从两个层面分析。其一是所谓温雅纯厚的"治世之音"。如冯元,"在禁署,益远雅,务为温纯,而采加焉"⑦。二宋昆仲,"文章多馆阁之作,皆温雅瑰丽,沨沨沨治世之音","方驾燕许之轨,譬诸贾

---

① 《东都事略》卷四八《钱易传》,《文渊阁四库全书》第 382 册,第 306 页。
② 王禹偁《送江翊黄序》:"仆直翰林时,进士钱易数以文相售。"《全宋文》第 7 册,第 437 页。
③ 杨亿:《钱易赴蕲春》,《全宋诗》第 3 册,第 1374 页。
④ 《东都事略》卷四八《钱易传》,《文渊阁四库全书》第 382 册,第 306 页。
⑤ 许顗:《彦周诗话》,何文焕辑《历代诗话》本,第 390—391 页。
⑥ 钱易:《拟张籍上裴晋公》《拟卢仝诗》,《全宋诗》第 2 册,第 1188 页。
⑦ 宋祁:《冯侍讲元行状》,《全宋文》第 25 册,第 78 页。

董枚马";但兄弟同中有异:"庠有沉博之气,而祁多新警之思,其气象亦复小殊"①。王举正,宝元二年(1039)至庆历元年(1041),"文章雅厚如其为人"②。胡宿,皇祐五年(1053)至嘉祐六年(1061)在院,"当时文格未变,尚沿四六骈偶之习,而宿于是体尤工,所为朝廷大制作,典重赡丽,追踪六朝"③。王尧臣,康定元年(1040)至皇祐三年(1051)为翰林学士并承旨,典内外制十年,"文词温润,得王言体"④。吴育,"文词雅正"⑤。孙抃,庆历五年(1045)至皇祐五年(1053)、至和二年(1055)至嘉祐五年(1060)两入翰苑并为承旨,"属文简重,不务刻摘章句,于训辞尤为得体";奉诏撰《寇莱公旌忠碑》《丁文简公崇儒碑》,皆"叙事明白,气格浑厚,自成一家之体"⑥。张方平,庆历五年(1045)至六年(1046)正月、六年(1046)十一月至七年(1047)两入翰苑,后于治平、熙宁中继入翰苑,神宗曾称赞说:"卿文章典雅,焕然有三代之风,书之典诰,无以加焉,西汉所不及也。"⑦杨察,他反对为文放轶澶漫,"敏于属文,其为制诰,初若不用意,及稿成皆雅致有体,当世称之"⑧。总之,上述翰林学士制诰诸体的写作,总体风格符合温润、典雅、得体的基本规范,追求浑厚、简重、新警的气格,从而使制诏典册与"治世之音"、"朝廷气象"相称。

其二是复古思潮中的另类倾向。如夏竦,"朝廷大典策累以属之",文章词藻赡逸而风骨高秀,尚有燕许轨范,故他批评杨亿:"杨文公如锦绣屏风,但无骨耳"⑨。竦又"多识古文,学奇字"⑩;"其文征引

① 《四库全书总目·宋元宪集提要》,第1310页。
② 《宋史》卷二六六《王化基传》附《王举正传》,第9188页。
③ 《四库全书总目·文恭集提要》,第1310页。
④ 《东都事略》卷七十《王尧臣传》,《文渊阁四库全书》第382册,第453页。
⑤ 彭大翼:《山堂肆考》卷五九,《文渊阁四库全书》第975册,第178页。
⑥ 苏颂:《朝请大夫太子少傅致仕赠太子太保孙公行状》,《苏魏公文集》卷六三,第972—973页。
⑦ 苏轼:《张文定公墓志铭》,《苏轼文集》卷十四,第457页。
⑧ 《宋史》卷二九五《杨察传》,第9856页。
⑨ 范镇:《东斋记事》卷三,中华书局1980年版,第23页。
⑩ 《宋史》卷二八三《夏竦传》,第9576页。

奥博,传写者不得其解"①。宋庠、宋祁兄弟以布衣游夏竦幕,祁亦"通小学,故其文多奇字"②,好读《大诰》,与夏竦趣尚略同。陈尧佐,天圣六年(1028)至七年(1029)在院,"属辞尚古,不牵世用"③。丁度,景祐三年(1036)至庆历五年(1045)为学士及承旨,他"强力学问,好读《尚书》,尝拟为《书命》十余篇"④,"举进士时,以知制诰为贽卷"⑤,其所行卷或即为《尚书》体。胥偃,景祐四年(1037)至宝元二年(1039)为学士,少力学,柳开曾赏其文,当亦有复古倾向。李淑,景祐四年(1037)至宝元元年(1038)、庆历三年(1043)两入翰苑,"文章尤尚奇涩"⑥,"其他文多裁取古语,务为奇险,时人不许也"⑦。从上述翰林学士的任职时间看,在天圣、庆历复古思潮中确实存在一股不小的支流,矫枉过正,在"尚古"的道路上走得更远而不免偏颇,苏轼所曾指出的"士方以游词崄语为高"⑧、"求深者或至于迂,务奇者怪僻而不可读"⑨的风气从这部分翰林学士的文章中即可得到印证。由此看来,庆历太学体怪诞奇险文风的流行并不是孤立的现象,汴京最新的文学动态在国子监与学士院之间具有快捷的传递渠道。

亦有少数在翰林而言辞纰缪者,如彭乘,庆历七年(1047)至皇祐元年(1049)在院,"晚岁历典赞命,而文辞少工"⑩,"为翰林学士,诰命尤为可笑"⑪。钱明逸,庆历七年(1047)至皇祐元年(1049)、治平初两为学士,钱易之子,策制科及第,任翰林学士,父子皆入翰林,为时所

---

① 《四库全书总目·文庄集提要》,第 1309 页。
② 晁公武:《郡斋读书志》卷十九《宋景文集》,上海古籍出版社 1990 年版,第 982 页。
③ 晁公武:《郡斋读书志》卷十九《愚丘集》,第 968—969 页。
④ 《宋史》卷二九二《丁度传》,第 9761 页。
⑤ 范镇:《东斋记事》卷三,第 23 页。
⑥ 魏泰:《东轩笔录》卷三,第 31 页。
⑦ 《宋史》卷二九一《李淑传》,第 9741 页。
⑧ 苏轼:《张文定公墓志铭》,《苏轼文集》卷十四,第 447 页。
⑨ 苏轼:《谢欧阳内翰书》,《苏轼文集》卷四九,第 1423—1424 页。
⑩ 《宋史》卷二九八《彭乘传》,第 9900 页。
⑪ 不著撰人:《锦绣万花谷前集》卷十一,《文渊阁四库全书》第 924 册,第 140 页。

荣,但"御史言其文词不足以备职禁林"①,治平中,御史蒋之奇劾其
"文辞纰缪"。连神宗也感觉奇怪:"上它日谓吴奎曰:'钱明逸不解作
文字,何因中大科?'"②当时吴奎解释为幸运。其人品格亦曾为谏官
弹奏。

　　总而言之,仁宗朝诗坛在"白体"与"昆体"的交互影响下,仍未彻
底摆脱步趋唐人的风气,正处于寻找新的文学典范,以期自立与突破
的转轨时期。翰苑词臣的写作呈现多元化的趋向,却大多缺乏艺术创
造性。在众多略显杂乱的声音中,人脉绵延的西昆后进、复古潮流中
的奇涩文风、异军突起的"新变派"尤为值得关注,翰林学士晏殊、宋
祁、欧阳修可看作仁宗朝鼎足而三的"学者宗师",文风嬗变的主导者。

六　晏殊与西昆演进:一时
名士多出其门

　　晏殊(991—1055)作为真宗、仁宗两朝名臣,仁宗朝首位翰林学
士,他一生的一半时间(32 年)恰好是在仁宗朝度过的,以他的地位
和影响,正好成为祥符、天禧至天圣、明道间文坛的衔接线。

　　晏殊前期的文学道路与杨亿颇为相似,7 岁时即以神童被引荐
进入秘阁读书,曾得到杨亿的赞赏:"垂髫婉娈便能文,骥子兰筋迥不
群。南国生刍人比玉,梁园修竹赋凌云。"③在真宗朝"登馆阁,掌书
命,以文章为天下所宗"④,天禧四年(1020)年 30 岁即入翰苑为学士。
晏殊尤以汲引后进、乐进贤材著称,《宋史》论曰:"殊喜荐拔人物,乐
善不倦,方之诸人,殊其最优乎?"⑤《石林燕语》卷九载:"晏元献公喜

① 《东都事略》卷四八《钱明逸传》,《文渊阁四库全书》第 382 册,第 307 页。
② 《长编》卷二〇九"治平四年三月丙寅",第 5081 页。
③ 杨亿:《晏殊奉礼归宁》,《全宋诗》第 3 册,第 1388 页。
④ 欧阳修:《晏公神道碑铭》,《欧阳修全集》卷二二,第 351 页。
⑤ 《宋史》卷三一一《晏殊、庞籍、王随、章得象传论》,第 10206 页。

推引士类,前世诸公为第一。"①欧阳修说:"晏元献公以文章名誉,少年居富贵,性豪俊,所至延宾客,一时名士多出其门。"②又说:"公为人刚简,遇人必以诚,虽处富贵如寒士,尊酒相对,欢如也。得一善,称之如己出,当世知名之士如范仲淹、孔道辅等,皆出其门,及为相,益务进贤材。当公居相府时,范仲淹、韩琦、富弼皆进用,至于台阁,多一时之贤。"③富弼、杨察为其婿。晏殊知天圣八年贡举,擢欧阳修为第一,张先、石介、刁约、王拱辰等皆同科及第。欧阳修与晏殊关系尤为密切,"相公始掌贡举,修以进士而被选抡;及当钧衡,又以谏官而蒙奖擢。出门馆不为不旧,受恩知不谓不深",并尊称其为"朝廷元老,学者宗师"④。此外如二宋昆仲,《东轩笔录》卷十载:"昔晏元献当国,子京为翰林学士,晏爱宋之才,雅欲旦夕相见,遂税一第于旁近,延居之,其亲密如此。"⑤晏殊有《和宋子京召还学士院》二首云:"网索轩窗邃,銮坡羽卫重。鹢舟还下濑,星驷出飞龙。赋待三英集,诗须五吏供。会看边燧息,横睹紫泥封。""暮召三山峻,晨趋一节回。乍维青雀舫,还直右银台。陟降丹涂密,论思武帐开。欲谈当世务,元藉轶群才。"⑥总之,天圣至庆历间,政坛、文坛众多贤俊,或出其门下,或与其交游,由此确立了晏殊文章宗主的地位。

晏殊在景德、祥符昆体盛行的文学环境里开始其创作,在刘筠、钱惟演相继于天圣中去世之后,依然传续着西昆余脉,成为杨亿之后一段时期内影响最大的诗坛盟主。他曾纂《类要》六十五卷,"分门辑经史子集事实,以备修文之用"⑦;"文章赡丽,应用不穷,尤工诗,闲雅

① 叶梦得:《石林燕语》卷九,第 132 页。
② 欧阳修:《归田录》卷一,第 15 页。
③ 欧阳修:《晏公神道碑铭》,《欧阳修修全集》卷二二,第 353 页。
④ 欧阳修:《与晏相公书》,《欧阳修全集》卷九六,第 1456 页。
⑤ 魏泰:《东轩笔录》卷十,第 111 页。
⑥ 晏殊:《和宋子京召还学士院》,《全宋诗》第 3 册,第 1942 页。
⑦ 晁公武:《郡斋读书志》卷十四《类要》,第 663 页。

有情思，晚岁笃学不倦"①。这正体现了昆体作家以才学为诗、为文博赡的惯常做法。真宗曾评价说："(杨)亿词学无比，后学多所法则，如刘筠、宋绶、晏殊而下，比比相继，文章有正(贞)元、元和风格，自亿始也。"②在颂美圣德盛世方面，他也与杨亿一脉相承。葛晓音先生指出，"西昆体和杨刘时文却雍容华贵，典雅丰赡，是适应太平时世需要的雅颂之音"，晏殊和宋庠、宋祁兄弟是仁宗朝的"杨刘"，"是专以诗文粉饰太平的'瑞世之表'"③。不过，"殊当北宋盛时，日与诸名士文酒唱和"④，与杨亿相比，晏殊更带有"太平宰相"的闲雅风度，故"为文温纯应用，尤长于诗，抒情寓物，辞多旷达"⑤。

晏殊对仁宗朝诗坛的主要贡献是发展、改造了昆体诗风。他在《进两制三馆牡丹诗歌表》中表示："洪惟圣运之会昌，可以继重华之辉耀，然于众制，未复前修。思讽谕者，隐其诚而靡宣；局声律者，艳其言而罕实。不足以上神睿览，下达民情，效明良喜起之音，续雅颂清徽之范。"⑥并不赞成诗旨过于隐晦或片面追求声律和艳词丽藻。晏殊号称作诗近万首，从其现存数量不多的诗歌来看，诗风已趋于清新淡雅，他的诗不用金玉锦绣等"富贵语"却能写出雍容华贵"气象"。《归田录》卷二载晏殊论诗语："晏元献公喜评诗，尝曰：'老觉腰金重，慵便枕玉凉'，未是富贵语。不如'笙歌归院落，灯火下楼台'，此善言富贵者也。人皆以为知言。"⑦"老觉"二句为寇准诗佚句，"笙歌"二句为白居易《宴散》诗，周必大《二老堂诗话》"白乐天诗"条云："白乐天集第十五卷《宴散》诗云：'小宴追凉散，平桥步月回。笙歌归院落，灯

① 《宋史》卷三一一《晏殊传》，第 10197 页。
② 《东都事略》卷四七《杨亿传》，《文渊阁四库全书》第 382 册，第 297 页。
③ 葛晓音：《北宋诗文革新的曲折历程》，《中国社会科学》1989 年第 2 期。
④ 《四库全书总目·晏元献遗文提要》，第 1308 页。
⑤ 晁公武：《郡斋读书志》卷十九《临川集》，第 976 页。
⑥ 晏殊：《进两制三馆牡丹诗歌表》，《全宋文》第 19 册，第 206 页。
⑦ 欧阳修：《归田录》卷二，第 21 页。

火下楼台。残暑蝉催尽，新秋雁载来。将何迎睡兴，临睡举残杯。'此诗殊未睹富贵气象，第二联偶经晏元献公拈出，乃迥然不同。"①吴处厚《青箱杂记》卷五评晏殊诗："晏元献公虽起田里，而文章富贵，出于天然。尝览李庆孙《富贵曲》云：'轴装曲谱金书字，树记花名玉篆牌。'公曰：'此乃乞儿相，未尝谙富贵者。'故公每吟咏富贵，不言金玉锦绣，而唯说其气象，若'楼台侧畔杨花过，帘幕中间燕子飞'、'梨花院落溶溶月，柳絮池塘淡淡风'之类是也。故公自以此句语人曰：'穷儿家有这景致也无？'"②"楼台"两句为佚句，"梨花"两句出自晏殊著名的《寓意》诗，冯班评曰："自然富贵，妙在无金玉气。""昆体多用富贵语，此却自然不寒俭，胜杨、刘也。"③据说宋庠尤其欣赏其"楼台冷落收灯夜，门巷萧条扫雪天"、"梨花院落溶溶月，柳絮池塘淡淡风"两联。④ 上述三联最为人称道的诗句均偶对工整而流转自然，婉丽平易，一洗富艳藻饰之气，而"楼台冷落收灯夜"一句尤能看出化用白诗"灯火下楼台"的痕迹。晏殊似乎特别喜爱用明月、杨柳、燕子等意象点缀"楼台"、"院落"等空间景物，巧妙地烘托出清贵气氛，体现了"抒情寓物，辞多旷达"的特点。其子晏几道《鹧鸪天》词之"舞低杨柳楼心月，歌尽桃花扇底风"两句，亦颇有乃父之风。

晏殊从白居易诗中拈出一联作为范例，阐释其艺术理想，在创作中以清新淡然的笔触，矫正"昆体"雕琢过甚的习气，在怎样表现承平气象和富贵尊荣这一艺术课题上，巧妙地融合了"白体"与"昆体"的艺术特质。较之李昉，多了些人生哲理意蕴；较之杨亿，少了些书卷典实气息，从而独标一格。在其旗下，聚集了一批被称为"西昆余绪"的诗人，如宋庠、宋祁、文彦博、赵抃、胡宿、王珪、王琪诸人。翁方纲

---

① 周必大：《二老堂诗话》，何文焕辑《历代诗话》本，第 659 页。白居易《宴散》诗见《白居易集笺校》卷二五，第 1774 页。
② 吴处厚：《青箱杂记》，《文渊阁四库全书》第 1036 册，第 629 页。
③ 《瀛奎律髓汇评》卷五引，第 227—228 页。
④ 何溪汶：《竹庄诗话》卷十八，吴文治主编：《宋诗话全编》第 10 册，第 10217 页。

《石洲诗话》卷三集中论上述西昆后期诗人曰：

> 按元献有《临川集》《紫微集》，今所传元献诗，或未得其全耳。然亦去杨、刘未远。
>
> 宋莒公(庠)兄弟，并出晏元献之门，其诗格亦复相类，皆去杨、刘诸公不远。
>
> 胡武平(宿)、王君玉(琪)皆堪与晏、宋方驾。大约宋初诸公，多自晚唐出耳。
>
> 宋元宪(庠)、景文(祁)、王君玉并游晏元献之门，其诗格皆不免杨、刘之遗。虽以文潞公(彦博)、赵清献(抃)，亦未尝不与诸人同调。此在东都，虽非极盛之选，然实亦为欧、苏基地，未可以后有大匠，尽行抹却也。
>
> 王岐公(珪)，君玉从弟也。其诗亦不减君玉。大抵真宗、仁宗朝诸巨公，诗多精雅整丽。盖自宋初杨、刘以降，其源渐至宏肆，遂不得不放出欧、苏矣。①

可以不夸张地说，仁宗朝前期，三馆学士、两制词臣乃至两府重臣，其文学道路莫不与昆体有或深或浅的渊源。除上节所述诸学士外，如文彦博、赵抃被王士禛认为是宋初最工昆体者，二人均为两府重臣。文彦博(1006—1097)集中有 38 首"乡贡进士日投贽"的习作，均为五七言律诗，多咏物、读史、书怀之作，如《无题》《咏柳》《公子》《春日偶作》等，仍为西昆体格。王士禛《池北偶谈》称："文潞公承杨、刘之后，诗学西昆，其妙处不减温、李。"②其所列举的作品即有早期投卷之作，如《寓怀》："高楼闲背夕阳登，渺渺长怀不自胜。锦瑟有时闻北渚，钿车何

---

① 翁方纲：《石洲诗话》卷三，人民文学出版社 1981 年版，第 81—86 页。
② 王士禛：《池北偶谈》卷十四，中华书局 1982 年版，第 324 页。

日到西陵。地寒萱草犹难种,天远瑶华岂易凭。多谢苏门清啸客,了无尘事染壶冰。"①伤怀念远,寓托心迹,锦瑟北渚,钿车西陵,玉壶冰心,叠用典故,但尚非香词艳骨。赵抃(1008—1084)号称"铁面御史",王士禛也将其诗与文彦博相提并论:"文潞公身都将相,功名盖世,而其诗婉丽浓妩,绝似西昆……赵清献诗亦有似潞公者,殊不类其为人。如《暖风》云:'薄袂歌云散,轻盘舞袖低。帘疏荡楼阁,尘暗逐轮蹄。絮乱垂杨道,香流种药畦。春窗恼春思,一枕杜鹃啼。'……数诗掩卷诵之,岂复知'铁面'所为耶?"②按,文彦博为天圣五年进士,赵抃为景祐元年进士,其应举均在青年时期,自然无法摆脱其时科场风习。

自杨、刘至晏、宋一脉,大致构成真、仁之际"昆体"诗风嬗递的艺术脉络,除去像王珪诗歌装饰性极强的"至宝丹"样式外,"精雅整丽"的昆体风格从晏殊开始已发生演变,如胡宿既有《早夏》那样昆体"工丽"之作,同时"五七言律诗波澜壮阔,声律铿匐,亦可仿佛盛唐遗响"③,其《飞将》诗:"曾从嫖姚立战功,胡雏犹畏紫髯翁。雕戈夜统千卢卫,缇骑秋败五柞宫。后殿拜恩金印重,北堂开宴玉壶空。从来敌国威名大,麾下多称黑稍公。"方回评:"壮丽。"④总之,经过众多诗人的推扩,昆体诗由典丽博赡、精雅整丽而"渐至宏肆",成为孕育大家的"基地"。除宋祁外,下文所论欧阳修与晏殊渊源更深,小令词二人尚并称"晏欧",而欧诗更能摆脱昆体习气,进而超越晏殊,追求新变,开创宋诗发展新格局。吴小如先生指出:"在北宋,不少有成就的诗人自西昆入而不从西昆出,由于善于变化而卓尔成家,前有欧阳修,后有黄庭坚,可为代表人物。"⑤昆体诗歌"放出欧、苏"的诗史意义即在于此。

---

① 文彦博:《寓怀》,《全宋诗》第6册,第3479页。
② 王士禛:《带经堂诗话》卷九,人民文学出版社1963年版,第212—213页。
③ 《四库全书总目·文恭集提要》,第1310页。
④ 《瀛奎律髓汇评》卷三十,第1335页。
⑤ 吴小如:《"西昆体"平议》,《文学评论》1990年第5期。

七　宋祁与《新唐书》：
从"昆体"到"涩体"

宋祁(998—1061)为天圣二年进士，此年进士154人，状元为其兄宋庠，祁因兄之故而屈居第十。宋庠宝元初为翰林学士，宋祁则于庆历三年(1043)至五年(1045)、庆历八年(1048)、嘉祐五年(1060)至六年(1061)三入翰苑并于嘉祐中为学士承旨，前后跨跃近20年。范镇出宋祁门下，他在《宋景文公祁神道碑》中指出："天圣初，宋兴六十余年，寖明寖昌，而赋诗取士，特卑弱不振。"[1]二宋即于天圣中名动场屋，崛起于文坛，兄弟俱以文章擅名天下，号"大小宋"，一时"天下学者以宋氏兄弟为师法"；"宋兴，弟兄以文学一时显者，未有如公家"[2]。在天圣至嘉祐文坛，二宋尤其宋祁具有独特的影响，一方面，他传承了昆体衣钵；另一方面，他的文风由"昆体"的奥博转入艰涩奇险。

二宋与昆体渊源甚深。宋庠曾删录《杨文公谈苑》，宋庠庆历七年(1047)所作《谈苑序》记载：

　　故翰林杨文公大年，在真宗朝掌内外制，有重名，为天下学者所服。文辞之外，其博物殚见又绝人甚远。故常时与其游者，辄获异闻奇说，门生故人，往往削牍藏弆，以为谈助。江夏黄鉴唐卿者，文公之里人，有俊才，为公奖重，幼在外舍，逮于成立，故唐卿所纂比诸公为多。余虽耳剽有年，而求本未获。前年春，始得其稿于宗人秘书郎敏求，秘书郎，宣献公(宋绶)之令嗣，宣献与杨为中表昆弟，文采风尚，皆一代之宗师。绪立所传，可谓审而无愧。然按本录，但杂抄旁记，交错无次序，好事者相与名曰

① 范镇：《宋景文公祁神道碑》，《全宋文》第40册，第293页。
② 王珪：《宋元宪公庠神道碑》，《华阳集》卷三六，第464、467页。

《谈薮》。余因为掇去重复,分为二十目,勒成一十二卷。昔隋有杨松玠纪南北朝事,已著此号,行于世,今袭之,将为后生所惑,辄改题曰《杨公谈苑》,其间有云公言某事云云者,皆黄志也。①

一部笔记,经杨亿门人黄鉴纂辑,中表昆弟宋绶、宋敏求父子的传授,后学宋庠的整比命名,使得作为"天下学者所服"与"文采风尚一代宗师"的"翰林杨文公"的文学事业得以传续。宋祁对杨亿文学评价也颇高(见下文)。宋庠早年诗源出昆体,具有"晚唐浓丽之格",宋祁亦然。二宋均为刘筠天圣二年知贡举时进士,其诗句曾被刘筠编入句图,宋庠《缇巾集记》载:"余与子京初试吏,罢归,中山刘公子仪见索近诗,因各献一编。他日,刘公取当世文士古律诗作句图置斋中,人不过一两联,惟余兄弟所作独占三十余联,自是刘公深加训奖。"②二宋早年游夏竦幕府时曾赋《咏落花》诗,各有名句云:"汉皋佩冷临江失,金谷楼危到地香"(宋庠);"将飞更作回风舞,已落犹成半面妆"(宋祁),深得夏竦赏遇。方回评宋祁《落花》诗:"夏英公竦守安州,兄弟以布衣游学,席上赋此二诗,英公以为有台辅器……其诗学李义山、杨文公,亿集为《西昆酬唱集》,故谓之昆体云。李义山落花诗:'落时犹自舞,扫后更余香。'亦妙,乃此诗(指宋祁诗)三四之祖。"③不独其诗为然,宋祁小词也不乏义山《无题》诗的艳雅韵藻,如那首传唱禁中咏宫女的《鹧鸪天》:

> 画毂雕鞍狭路逢,一声肠断绣帘中。身无彩凤双飞翼,心有灵犀一点通。　　金作屋,玉为笼,车如流水马游龙。刘郎已恨蓬山远,更隔蓬山几万重。④

① 宋庠:《谈苑序》,《全宋文》第 20 册,第 420 页。
② 宋庠:《缇巾集记》,《全宋文》第 20 册,第 430 页。
③ 《瀛奎律髓汇评》卷二七,第 1186 页。
④ 宋祁:《鹧鸪天》(画毂雕鞍),《全宋词》第 1 册,第 148 页。

组织玉溪生与李后主成句,以昆体诗法为词,诗意词境天然吻合,细加品读,还是《落花》诗对玉溪生诗的化用更有神韵。

宋氏昆仲又颇受晏殊赏识,《西清诗话》载:"二宋俱为晏元献殊门下士,兄弟虽甚贵显,为文必手抄寄公,恳求雕润。尝见景文寄公书曰:'莒公兄赴镇圃田,同游西池,作诗"长杨猎罢寒熊吼,太一波闲瑞鹄飞"。语意警绝。因作一联云:"白雪久残梁复道,黄头闲守汉楼船。"'仍注'空'字于'闲'之傍,批云:'二字未定,更望指示。'晏公书其尾曰:'空优于闲,且见虽有船不御之意,又字好语健。'盖前辈务求务实,纯至如此。"①经过晏殊指点,这二联诗确实较其早年《落花》诗的"浓丽"精雅显得"字好语健",语意悠远。其次,宋祁喜游宴,程杰认为,宋祁的这种生活作风与其诗风之间存在某种对应关系:"与晏殊一样,'二宋'尤其是宋祁其生活作风也倾向于侈靡享乐。因此,创作中也包含了浓重的娱情色彩。"②《东轩笔录》卷十五载:"宋子京博学能文章,天资酝藉,好游宴,以矜持自喜。晚年知成都府,带《唐书》于本任刊修,每宴罢,盥漱毕,开寝门,垂帘燃二椽烛,媵婢夹侍,和墨伸纸,远近观者皆知尚书修《唐书》矣,望之如神仙焉。多内宠,后庭曳罗绮者甚众,尝宴于锦江,偶微寒,命取半臂,诸婢各送一枚,凡十余枚皆至,子京视之茫然,恐有厚薄之嫌,竟不敢服,忍冷而归。"③其贵显奢华之习气与晏殊最为相类。宋代社会里的文化精英、文人墨客们其实都不乏诗酒风流的生活情调,但也不乏对这种灯红酒绿的风流奢华生活方式保持警醒者,比如宋祁就不如乃兄宋庠的"清约庄重",宋庠"孤风雅操过祁远矣"④。欧阳修也能在晏殊酒会上作《晏太尉西园贺雪歌》微言婉讽,惹得晏殊不高兴。⑤ 在某种程度上,个人品

① 蔡絛:《西清诗话》卷上,吴文治主编:《宋诗话全编》第3册,第2490页。
② 程杰:《北宋诗文革新研究》,内蒙古教育出版社2000年版,第45页。
③ 魏泰:《东轩笔录》卷十五,第171页。
④ 《宋史》卷二八四《宋庠传》,第9599页。
⑤ 参见魏泰:《东轩笔录》卷十一,第126—127页。

格决定着文学成就能够达到的高度。

宋祁的学者身份和学术造诣则造就了他以学为诗、绩学为文以及崇古尚奇的美学理想，使其诗文在变革昆体中呈现出独特的面貌。他曾说："天分自有所禀，不可强也，要得数百卷书在胸中，则不为人所轻诮矣。"①王士禛云："宋景文近体，无一字无来历，而对仗精确，非读万卷者不能。"②以其成名作《落花》诗为例：

> 坠素翻红各自伤，青楼烟雨忍相忘。将飞更作回风舞，已落犹成半面妆。沧海客归珠迸泪，章台人去骨遗香。可能无意传双蝶，尽委芳心与蜜房。③

次联袭用李义山《落花》诗"落时犹自舞，扫后更余香"，而以女子拟其飘落回旋之形态，并赋予一种执著之精神，同样以流水对形式(两诗皆用"更"字、"犹"字)将诗意曲折传出，更饶风神。颈联以落花余香寓人生聚散离合情怀，亦有李义山《锦瑟》诗痕迹。虽是少作，但用典贴切，偶对工丽，在昆体中也应属上乘。但诚如四库馆臣所说：二宋此类诗"特晚唐浓丽之格，实不尽其所长"，"集中名章隽句，络绎纷披，固不止是数联也"④。至于其"对仗精确"与用事之妙，如《秋夜》诗"人间底事最堪恨，络纬啼时无妇惊"，陆游以为"其妙于用事如此"⑤。其例实多，不枚举。

如果说为诗尚须几分灵感与天分的话，那么宋祁为文就更重学问，求异求奇的倾向也更鲜明。宋祁爱好"佶屈聱牙"的《尚书》"大诰"体，"景文未第时，为学于永阳僧舍，或问曰：'君好读何书?'答曰：

---

① 曹安：《澜言长语》，《文渊阁四库全书》第 867 页，第 58 页。
② 王士禛：《带经堂诗话》卷一，第 43 页。
③ 宋祁：《落花》其二，《全宋诗》第 4 册，第 2441 页。
④ 《四库全书总目·宋元宪集提要》，第 1310 页。
⑤ 陆游：《老学庵笔记》卷七，第 92 页。

'余最好《大诰》。'故景文为文谨严,至修《唐书》,其言艰,其思苦,盖亦有所自欤?"①《新唐书》是宋祁自庆历四年(1044)至嘉祐五年(1060)历经17年主持完成的史学名著,范镇、宋敏求、王畴、吕夏卿、欧阳修、刘羲叟、梅尧臣等7人陆续参与此书编纂,时间最长者,"祁与范镇在局一十七年,王畴一十五年,宋敏求、吕夏卿并各十年"②,主要作者也是署名者则是欧、宋二人。在学养的层面上,宋祁与欧阳修都是一流的大学问家,也都致力于文章的创新,宋祁主张:"文章必自名一家,然后可以传不朽。若体规画圆,准方作矩,终为人之臣仆。"③然而宋祁文风过于追求简古而不免流于奇涩,甚至为其合作者欧阳修所诟病。《直斋书录解题》卷四比较新、旧《唐书》云:"今案《旧史》成于五代文气卑陋之时,纪次无法,详略失中,论赞多用俪语,固不足传世。而《新书》不出一手,亦未得为全善。《本纪》用《春秋》例,削去诏令,虽太略犹不失简古。至《列传》用字多奇涩,殆类'虬户铣溪体',识者病之。欧公尝卧听《藩镇传序》曰:'使笔力皆如此,亦未易及也。'然其序全用杜牧《罪言》,实无宋公一语。然则欧公殆不满于宋,名衔之著,固恶夫争名,抑亦以自表异耶!"④宋人张淏《云谷杂记》引宋祁《摘碎》(应为《摘粹》)论史传与骈偶之关系云:"论者多咎《新唐书》不载诏令,殊不知前辈自有意见。宋景文公《摘碎》云:'文有属对平侧用事者,供公家一时宣读施行,似快便,然不可施于史传。予修唐史,未尝得唐人一诏一令可载于传者,惟舍对偶之文,近高古者乃可著于篇,大抵史近古,对偶非宜。今以对偶之文入史册,如以粉黛饰壮士,笙匏佐鼓声,非所施云。"⑤其著《唐书》确有反骈求古的倾向。《郡斋读

---

① 马端临:《文献通考》卷二三四《经籍六一·宋景文集》,第 1867 页。

② 《东都事略》卷六五《宋祁传》,《文渊阁四库全书》第 382 册,第 419 页。

③ 胡仔:《苕溪渔隐丛话》前集卷四九引宋祁《笔记》,第 333 页。

④ 陈振孙:《直斋书录解题》卷四,上海古籍出版社 1987 年版,第 103 页。

⑤ 张淏:《云谷杂记》卷二,《文渊阁四库全书》第 850 册,第 871—872 页。按:《摘碎》应为《摘粹》之误,《宋史》卷二〇二《艺文志》著录宋祁《摘粹》一卷,第 5076 页。《清波杂志》卷十引其文亦作《摘粹》,刘永翔:《清波杂志校注》,中华书局 1994 年版,第 428 页。

书志》则指出学术渊源与宋、欧文风之间的联系,该书卷五云:"《新唐书》二百二十五卷……欧阳修撰纪、志,宋祁撰列传,《旧书》约一百九十万,《新书》约一百七十四万,而其中增表,故书成上于朝,自言曰'其事则增于前,其文则省于旧'也,而议者颇谓永叔学《春秋》,每务褒贬;子京通小学,唯刻意文章,采杂说既多,往往抵牾,有失实之叹焉。"①卷十九云:"(景文)以文章擅名一时,终不至大用,众颇惜之……通小学,故其文多奇字。苏子瞻尝谓其'渊源皆有考,奇崄或难句',世以为知言。"②又《古今事文类聚别集》卷五载:"宋景文公修《唐史》,好以艰深之辞文浅易之说,欧公思有以讽之。一日,大书其壁曰:'宵寐匪贞,札闼洪休。'宋见之曰:'非夜梦不祥,题门大吉耶?何必求异如此?'欧公曰:'《李靖传》云:震雷无暇掩聪,亦是类也。'宋公惭而退。今所谓'震霆不及掩耳'系再改。"③蔡絛《铁围山丛谈》卷三:"王性之铚,博洽士也,尝语吾:宋景文公作《唐书》,尚才语,遂多易前人之言,非不佳也,至若《张汉阳(柬之)传》,《前史》载武后问狄仁杰:'朕欲得一好汉。'顾是语虽不文,宁不见当时吐辞有英气耶?景文则易之曰:'安得一奇士用之!'此固雅驯矣,然失其所谓英气者。吾不能答。"④不仅《新唐书》如此,《曲洧旧闻》卷九云:"宋景文公《刀笔集》,虽平文而务为奇险,至或作三字韵语,近世盖未之见。"⑤不一而足。

按"虬户铣溪体"即"涩体"。俞德邻《佩韦斋集》卷十九云:"宋景文作《新唐书》,人以'札闼'诮之。'札闼'者,世俗厌梦之语,谓书门

---

① 晁公武:《郡斋读书志》卷五《新唐书》,第 193 页。
② 晁公武:《郡斋读书志》卷十九《宋景文集》,第 982 页。按:苏轼《密州宋国博以诗见纪在郡杂咏次韵答之》:"吾观二宋文,字字照缣素。渊源皆有考,奇崄或难句。"《苏轼诗集合注》卷十六,上海古籍出版社 2001 年版,第 820—821 页。
③ 祝穆:《古今事文类聚别集》卷五,《文渊阁四库全书》第 927 册,第 588 页。按今《新唐书》卷九三《李靖传》作"震霆不及塞耳"(中华书局 1975 年版,第 3812 页)。
④ 蔡絛:《铁围山丛谈》卷三,中华书局 1983 年版,第 57 页。按《旧唐书》卷八九《狄仁杰传》:"则天尝问仁杰曰:朕要一好汉任使,有乎?"(中华书局 1975 年版,第 2894 页)《新唐书》卷一二〇《张柬之传》作:"安得一奇士用之?"(第 4323 页)按:王若虚《滹南集》卷二二至二四"新唐书辨"所举宋祁改字之例甚多。
⑤ 朱弁:《曲洧旧闻》卷九,中华书局 2002 年版,第 215 页。

也,讥其好奇耳。唐徐彦伯为文率易新语,如以凤阁为鹓阁,龙门为虬户,金谷为铣溪,玉山为琼岳,刍狗为卉犬,竹马为筱骖,月兔为阴魄,风牛为飙犉,后进争效之,谓之'涩体',则其'札闼'甚矣。"①推考宋祁奇涩艰深文风形成的来龙去脉,大致有四:一是崇尚学问,读书万卷,绩学为文的文学观。精通小学、史学的学术根柢为其储备了尚奇炫博的资本。二是对《尚书》尤其是"大诰体"的偏好,使其在追求谨严简古的同时往往流入言艰思苦。三是对杨亿等昆体作家文风的接受。宋祁在为石中立所作墓志与行状中评价说:"天子(真宗)好文学,而虢略杨亿以雄浑奥衍革五代之弊,公(石中立)与中山刘筠、颍川陈越推而肆之,故天下靡然变风。"②"亿工文章,采缛闳肆,汇类古今,气象魁然,如贞元、元和,以此倡天下而为之师。公(石中立)与刘、陈数公,推毂趣和之,既乃大变。景德、祥符间号令彬彬,谓之尔雅,而五代之气尽矣。"③杨、刘等人雄浑奥衍、采缛闳肆、汇类古今的文风对其以学为文的文章观应有直接影响。四是仁宗朝翰林学士中不乏同好,如前文所述,陈尧佐、丁度、李淑、夏竦等人学术文章都表现出了崇古尚奇的倾向,尤其与夏竦、丁度的旨趣最为接近。前者多识古文,学奇字,百家及二氏之书皆能通贯,故为文征引奥博,以至传写者不得其解,后者亦好读《尚书》,雅好谟诰,曾拟为《书命》。且庆历三年至五年间,宋祁与丁度同在翰苑,丁度时为学士承旨,为宋祁前辈。宋祁《初宿东阁追忆文简丁公作》诗追怀说:

　　辞阁玉堂东,依然昔所从(原注:"予庆历初入翰林,公雅为承旨,独与予更直,凡岁余,予以避亲罢。")。旧池空叹凤(原注:"公雅岁余进历二府。"),残友不成龙。制稿流尘积,砖花驳藓

① 俞德邻:《佩韦斋集》卷十九,《文渊阁四库全书》第1189册,第152页。
② 宋祁:《石太傅墓志铭》,《全宋文》第25册,第131页。
③ 宋祁:《石少师行状》,《全宋文》第25册,第70页。

重。过车三步约,何日酹茔松?①

可知其在翰苑中过从之密,相知之深,再入翰苑时,"制稿"犹在,令人想见二人当直时一起展卷讨论文章的情形。唐庚《书宋尚书集后》则认为其久在掖垣翰苑不得大用而又深于字学,于是形成其文"特多特奇"的特点:"仁庙初,号人物全盛时,而尚书与其兄郑公(宋庠)以文章擅天下,其后郑公作宰相,以事业显于时,而尚书独不至大用,徘徊掖垣十数年间,故其文特多特奇。兄弟于字学至深,故其文多奇字,读者往往不识。"②

由于宋祁久在翰苑并于嘉祐五年擢为学士承旨,在士林中享有很高的声望与地位,尤其是《新唐书》的修成,进一步扩大了其文风的影响。正如余靖所称:"懿文高世,学者宗师,而自雍容朝闱,领袖儒馆,奉常乐志,东观史编,执简撰述,厥勤茂焉。"③张方平亦作诗高度评价其平生文章功业:"平昔雍容两禁游,共陪帷幄奉咨谋。功名不到麒麟阁,词赋空传鹦鹉洲。事业三朝虚物望,声华一代擅风流。清时只作文章老,谁识深怀蕴九畴。"④不过后人对宋祁文风的评价褒贬不一。宋人已指出其因刻意文章而务艰深、尚才语、用奇字、求雅驯而导致奇险艰涩的特点。显而易见,上述评价是以欧阳修的文学观为批评准尺的,这也意味着,宋祁的"涩体"文风是偏离欧阳修所倡导的简明晓畅文风方向的,而与庆历间的"太学新体"处在平行无碍的轨道上。对于宋祁《新唐书》文章的评价,自其问世以来,就贬抑居多,批评者继踵。比如,元符中读到宋祁文集的唐庚,既认为宋祁平生文章"特多特奇",而又谨慎地提醒:"晚学遽读《新唐书》,辄能坏人文格。"⑤

---

① 宋祁:《初宿东阁追忆文简丁公作》,《全宋诗》第 4 册,第 2370 页。
② 唐庚:《书宋尚书集后》,《全宋文》第 139 册,第 343 页。
③ 余靖:《翰林学士礼部郎中宋祁可吏部郎中制》,《全宋文》第 26 册,第 190 页。
④ 张方平:《闻翰林承旨宋子京尚书捐馆》,《全宋诗》第 6 册,第 3847 页。
⑤ 胡仔:《苕溪渔隐丛话》前集卷二六引唐庚《唐子西语录》,第 181 页。

王若虚则言辞激烈地批评道："扬雄之经,宋祁之史,江西诸子之诗,皆斯文之蠹也。"①四库馆臣则认为,应将《新唐书》的艰涩诘屈与宋祁一般诗文之博奥典雅区别开来："晁公武《读书志》谓祁诗文多奇字,证以苏轼诗'渊源皆有考,奇险或难句'之语,以今观之,殆以祁撰《唐书》雕琢劖削,务为艰涩,故有是言。实则所著诗文博奥典雅,具有唐以前格律,残膏剩馥,沾丐靡穷,未可尽以诘屈斥也。"②又指出欧阳修与二宋皆"追复唐贤之旧"以矫五代之弊,但取径与体制不同："穆修、柳开以至尹洙、欧阳修,则沿洄韩柳之波,庠兄弟则方驾燕许之轨,譬诸贾董枚马,体制各殊,而同为汉京之极盛,固不必论甘而忌辛,是丹而非素矣。"③这应是很公允的评价。

　　按:四库馆臣评夏竦亦称"其文章则词藻赡逸,风骨高秀,尚有燕许轨范"④。就文章范畴而言,"燕许之轨"与"韩柳之波"大致相当于中唐"元白"与"韩柳"的分野,前者指的是词臣应用之文,后者指的是文儒复古之文。夏竦与二宋皆以朝廷典册擅场,既有景德、祥符以来杨、刘制诏的博奥典雅,却又片面地表现出了奇涩古奥的倾向,因此并未成为北宋文风变革的主流。不过另一方面也应看到,宋祁"善议论",尤善论政论兵,"非特文章有见于世,其守边议兵,虽古名将不能过也"⑤。范镇认为:"公性明果,所至以严肃称,其言事謇謇,无所回避,而于论兵若素习然。"⑥如宝元中所上《上三冗三费疏》⑦,即颇能切中"承平如此已自雕困"的时弊,未尝不可视作庆历新政的前奏,深谋远虑,文气亦极为充畅,的确未可一概以"艰涩诘屈"而贬斥之。比较而言,欧阳修同样作为任职时间较长的翰苑词臣,却明确表示对

① 王若虚:《文辨》卷四,王水照编《历代文话》本,复旦大学出版社 2007 年版,第 1153 页。
② 《四库全书总目·宋景文集提要》,第 1310 页。
③ 《四库全书总目·宋元宪集提要》,第 1310 页。
④ 《四库全书总目·文庄集提要》,第 1309 页。
⑤ 《东都事略》卷六五《宋祁传》,《文渊阁四库全书》第 382 册,第 419 页。
⑥ 范镇:《宋景文公祁神道碑》,《全宋文》第 40 册,第 295 页。
⑦ 宋祁:《上冗三费疏》,《全宋文》第 23 册,第 224 页。

四六文写作非其所好,甚至以翰林制诏为"可羞"。他在庆历三年
(1043)任知制诰时,即以复古为职志:"及俯而受命,伏读训辞,则有
'必能复古'之言,然后益知所责之重。"①他的文学理想与韩愈、柳开、
穆修、尹洙之辈相承而又能纠其偏颇,从而完成北宋文学复古革新事
业,也给宋代四六文带来了新的面貌。欧、宋二公文学皆从西昆入,
但晏殊之后,宋祁并没有加入欧阳修的文学圈子和政治阵营,两人的
自立与分化构成庆历至嘉祐互为映衬的文学景象。

八 欧阳修:"翰林文章伯"与 嘉祐翰苑唱和

欧阳修(1007—1072)的文学活动贯穿整个仁宗朝,成为引领仁
宗朝文学风尚的文坛盟主。

欧阳修出于晏殊门下,游于洛阳钱惟演幕府,天圣年间,在两位
昆体前辈的影响下,开始了他的文学道路。景祐、庆历之际,他与梅
尧臣、苏舜钦酬唱往来,义在师友之间,颇与韩孟早期关系相似(梅尧
臣亦以李杜比拟二人关系)。庆历年间他在政治上与范仲淹同声相
应,文学上也以复兴古文相号召。至和二年(1055)晏殊卒,欧阳修则
于至和元年(1054)至二年六月(1055)、至和二年七月至嘉祐五年
(1060)两入翰苑,以翰林学士身份成为新一代文坛盟主,②其入翰苑
时已48岁,"客气"渐平,政治热情衰减,"壮心销尽忆闲处,生计易足
才蔬畦"③。《寄韩子华(绛)并序》云:"余与韩子华、长文(吴充)、禹玉

---

① 欧阳修:《谢知制诰表》,《欧阳修全集》卷九十,第1319页。
② 从欧阳修创作的阶段性看,确如洪本健先生所指出的,欧阳修主盟文坛在庆历而非嘉祐
  (见《欧阳修入主文坛在庆历而非嘉祐》,《华东师范大学学报》1999年第5期)。本文的关
  注点是把嘉祐作为仁宗朝文学演进的一个重要节点,考察欧阳修在翰苑期间的文学活动
  及其意义。
③ 欧阳修:《寄圣俞》,《欧阳修诗文集校笺》,第136页。

(王珪)同直玉堂,尝约五十八致仕,子华书于柱上。"①故嘉祐诗中多抒写买田清颍之思:"收取玉堂挥翰手,却寻南亩把锄犁。"②其时《五代史》已经完成初稿,欧阳修继续他的学术研究如《集古录》的写作,③至和元年八月诏欧阳修修《唐书》。此时的欧阳修已在文坛确立了他的崇高地位,被称为"金鳌文章宗"④、"翰林文章伯"⑤和"翰林主人"⑥,成为主盟诗坛的"诗豪",庆历中的政治同盟杜衍《聚星堂咏雪赠欧公》诗称:"宜乎众目诗之豪,便合登坛推作帅。"⑦在汲引扶持后进方面,欧公也颇有其前辈钱惟演、晏殊之风,《曲洧旧闻》卷三载:"欧公下士,近世无比。作河北转运使,过滑州,访刘羲叟于陋巷中,羲叟时为布衣,未有知者。公任翰林学士,尝有空头门状数十纸随身,或见士大夫称道人物,必问其所居,书填门状,先往见之,果如所言,则便以延誉,未尝以位貌骄人也。"⑧苏轼称许他说:"欧阳公好士,为天下第一。士有一言中于道,不远千里而求之,甚于士之求公,以故尽致天下豪俊,自庸众人以显于世者固多矣。"⑨这使欧门下拥有了苏氏父子及王安石、曾巩等一大批文学才俊,亦如苏轼所说:"自欧阳子出,天下争自濯磨……长育成就,至嘉祐末,号称多士,欧阳子之功为多。"⑩可见欧阳修的声望与影响力,嘉祐时无出其右。

　　嘉祐年间天下太平,翰苑亦显清静悠闲,"朝廷无事文书省"⑪;

---

① 欧阳修:《寄韩子华(绛)并序》,《欧阳修诗文集校笺》,第1518页。
② 欧阳修:《出郊见男家蚕麦已成慨然有感》,《欧阳修诗文集校笺》,第265页。
③ 欧阳修《与蔡君谟求书集古录序书》:"尝集录前世金石之遗文……盖自庆历乙酉(1045)逮嘉祐壬寅(1062),十有八年而得千卷。"《欧阳修诗文集校笺》,第1847页。
④ 梅尧臣:《永叔内翰遗李太博家新生鸭脚》,朱东润:《梅尧臣集编年校注》卷二七,上海古籍出版社2006年版,第959页。
⑤ 韩维:《和永叔小饮怀同州江十学士》,《全宋诗》第8册,第5155页。
⑥ 江休复:《送祖龙学赴陕府酌饮赠别次欧阳永叔韵》,《全宋诗》第5册,第3440页;吴奎:《和欧阳永叔送龙学赴陕府酌饮赠别》,《全宋诗》第7册,第4447页。
⑦ 杜衍:《聚星堂咏雪赠欧公》,《全宋诗》第3册,第1600页。
⑧ 朱弁:《曲洧旧闻》卷三,第119页。
⑨ 苏轼:《钱塘勤上人诗集叙》,《苏轼文集》卷十,第321页。
⑩ 苏轼:《六一居士集叙》,《苏轼文集》卷十,第316页。
⑪ 韩维:《和子华兄同永叔饮三班官舍兼约明日饮永叔家》,《全宋诗》第8册,第5207页。

"朝廷务清静,铃索少文书"①。职事和工作环境的变化,使词臣学士多了些追陪游乐的从容闲暇:"官曹职事喜闲暇,台阁唱和相追陪。"②"玉堂官闲无事业,亲旧幸可从其私。"③欧阳修也得以"翰林平日接群公"④,先后与其共事的翰林学士有赵槩、杨伟、曾公亮、吕溱、王洙、胡宿、孙抃、王珪、韩绛、吴奎、范镇、贾黯、蔡襄等 13 人。其时以欧阳修为中心,翰苑同僚以及刘敞、江休复、梅尧臣、韩维、祖无择、王安石等一大批两制词臣、三馆学士及朝堂文臣参与唱和酬赠,唱和的场所则包括礼部锁院、玉堂宿值、书局会饮、送行祖钱、假日休沐等,创作中心更多地转移到诗酒雅集,形成诗坛唱和高潮。以下举例言之。

(一)锁院召试。最为著名的即嘉祐二年(1057)的礼部锁院唱和,参与者共 6 人,欧阳修以翰林学士知贡举,翰林学士王珪、龙图阁直学士梅挚、知制诰韩绛、集贤殿修撰范镇权同知贡举,辟梅尧臣为试官。此次锁院长达五十天,故有余暇相与唱和,"庶几所谓群居燕处访谈之文,亦所以宣其底滞而忘其倦怠也"⑤,作品包括 173 篇"古律长短歌诗杂言",结集为《礼部唱和诗》。⑥欧阳修是以得意的口吻记述此次"空前"的诗坛盛事的:"前此为南省试官者,多窘束条制,不少放怀。余六人者,欢然相得,群居终日,长篇险韵,众制交作,笔吏疲于写录,僮史奔走往来,间以滑稽嘲谑,形于风刺,更相酬酢,往往烘堂绝倒,自谓一时盛事,前此未之有也。"⑦王珪与欧公有座主门生之谊,《蔡宽夫诗话》云:"座主门生同列,固儒者盛事,而玉堂尤天下

① 欧阳修:《和武平学士岁晚禁直书怀五言二十韵》,《欧阳修诗文集校笺》,第 409 页。
② 欧阳修:《和刘原父澄心纸》,《欧阳修诗文集校笺》,第 154 页。
③ 欧阳修:《答圣俞》,《欧阳修诗文集校笺》,第 164 页。
④ 欧阳修:《夜宿中书东阁》,《欧阳修诗文集校笺》,第 419 页。
⑤ 欧阳修:《礼部唱和诗序》,《欧阳修诗文集校笺》,第 1107 页。
⑥ 按:《礼部唱和集》今已失传,仅存八九十首,主要为欧阳修(约 32 首)、梅尧臣(约 36 首)、王珪(约 18 首)的作品。参见王水照:《嘉祐二年贡举事件的文学史意义》,《王水照自选集》,上海教育出版社 2000 年版,第 226 页。
⑦ 欧阳修:《归田录》卷二,第 32 页。

文学之极选,国朝以来,惟此二人,前此所未有也。"故王珪赋诗谦称:"十五年前门下客,最荣今日预东堂。"①其《和永叔思白兔戏答公仪忆鹤杂言》云:"玉堂词人本仙材,光芒偶落银河蟆。谪向埃尘五十春,所趣无一不潇洒。"②可见欧公风采与魅力。嘉祐二年的锁院唱和具有重要的示范意义,《礼部唱和集》也产生了广泛影响。如孔平仲曾向友人借阅此集:"金紫相摩上玉堂,南宫诗战镇相将。毫端写出青春色,窗下吟销白昼长。辞艳迸开昆嶂火,文章翻出铁林枪。愁中欲得神仙句,更藉夫君不闭藏。"③除礼部考试外,常见的还有馆职召试及制举,通常也由翰林学士院主持。王珪《被诏考制科呈胡武平内翰三首》:"奉诏金门草圣题,平明趋过殿西墀。宫床赐笔宣名早,赭案焚香上策时。朝论只应收俊杰,皇心非不监安危。玉堂词客承恩久,几度曾来醉御卮。"(其一,注:"禁中屡颁醇醴,衔饮几醉。")"东观图书经屡读,旧溪桃李见新芳。三千文字皆奇册,饱死侏儒讵足量。"(其二)"忝班清禁接严徐,诏待延英访对初。"(其三)④这几首诗反映了制科选材的形式、意义及主试词臣的清贵意识与读书、轮对的文化政治生活。

(二)钱饮送别。如嘉祐四年(1059),祖无择出守陕郡,欧阳修于修书局置酒钱行,并作《小饮坐中赠别祖择之赴陕府》,其《与祖龙学》记载:"书局之会,幸出偶尔,遂成鄙句,兼邀坐客同赋,虽老拙非工,而诸君盛作,亦聊记一时之事。"其诗云:

　　明日君当千里行,今朝始共一樽酒。岂惟明日难重持,试思此会何尝有?京师九衢十二门,车马煌煌事奔走。花开谁得屡相过,盏到莫辞频举手。欢情落寞酒量减,置我不须论老朽。奈

① 蔡居厚:《蔡宽夫诗话》,关文治主编:《宋诗话全编》第1册,第633页。
② 王珪:《和永叔思白兔戏答公仪忆鹤杂言》,《华阳集》卷一,第3页。
③ 孔平仲:《呈介之求礼部唱和　阅》,《全宋诗》第16册,第10931页。
④ 王珪:《被诏考制科呈胡武平内翰三首》,《华阳集》卷三,第25页。

何公等气方豪,云梦正当吞八九。择之声名重当世,少也多奇晚
方偶。西州政事蔼风谣,右掖文章焕星斗。待君归日我何为?
手把锄犁汝阴叟。①

与会者祖无择及吴奎、刘敞、范镇、江休复、梅尧臣均作和诗。无择诗
云:"前日西行别翰林,为我开尊饮之酒。高冠满座皆贤豪,谈笑喧呼
时各有。自惭流落疏游陪,十载江湖成浪走。主人名重闻四夷,典册
高文推大手。发挥六艺无遗精,考黜百家如拉朽。"②梅诗云:"古人相
送赠以言,今人相送举以酒。酒行殷勤意岂疏,酒能踌躇悲更有。行
当何之来者谁? 陕府兵吏争迎走。壶浆往往过函关,翰林惜别方携
手。自言老夫遇知难,愿得公诗为不朽。公因索笔作长谣,落落寓言
诚十九。我惭竹管厕宫悬,纵合律度应非偶。太守西行已不贫,忽获
明珠盈大斗。归立螭头未是迟,暂向棠阴问遗叟。"③吴奎《和欧阳永
叔送龙学赴陕府酬饮赠别》云:"陕郡太守来告别,翰林主人为置酒。
急唤寻常诗酒伴,要夸此会为难有。席间骋辩何快哉,恰似纵丸临坂
走。诙谐往往笑绝倒,同异时时嗔掉手。"④江休复《送祖龙学赴陕府
酬饮赠别次欧阳永叔韵》前半云:"西掖门外驻征轩,修书院中倾别
酒。诸公磊落方具来,顾我衰迟亦何有。祖侯衔使才北归,亟请甘棠
复西走。函关候吏齐引领,翰林主人惜分手。高谈抵掌华屋头,赋咏
题诗乐难朽。"⑤刘敞诗开篇云:"骊驹在门且勿喧,主人留客姑进
酒。"⑥诸人诗多尊欧阳修为"翰林主人",并从别者祖无择、主人欧公
与其他送别者三方唱叹,承欧公原唱韵调发挥之,体现了"群居燕处

---

① 欧阳修:《小饮坐中赠别祖择之赴陕府》,《欧阳修诗文集校笺》,第 224—225 页。
② 祖无择:《次韵和》,《全宋诗》第 7 册,第 4431 页。
③ 梅尧臣:《和永叔赠别祖择之赴陕府》,《梅尧臣集编年校注》卷二九,第 1098 页。
④ 吴奎:《和欧阳永叔送龙学赴陕府酬饮赠别》,《全宋诗》第 7 册,第 4447 页。
⑤ 江休复:《送祖龙学赴陕府酬饮赠别次欧阳永叔韵》,《全宋诗》第 5 册,第 3440 页。
⑥ 刘敞:《依韵和永叔即席送择之出守陕府》,《全宋诗》第 9 册,第 5762 页。

言谈"(《礼部唱和诗序》)的诗学意义。无择出守陕府,司马光及梅尧臣、刘敞也都另有诗相赠,但以欧阳修召集的此次书局饮饯的小型诗会最为气氛热烈,风格豪健。

(三)翰苑内值。欧阳修治平元年(1064)所作《跋学士院御诗》曾谈到轮值制度的薄弱:"近时当直者多不宿,宿者暮入晨出,玉堂终日阒然,吏人共守空院而已,职隳事废已久,自朝廷近臣皆不知故事,流俗不足怪也。"①他所指的"近时"是仁宗朝前期一般情况,如至和元年八月十六日有诏曰:"学士院自今当宿学士以故请告者,令以次递宿。"原因是"前一夕,命刘沆为宰相而召当宿学士杨伟草麻,不至,乃更自外召赵槩草之,故有是诏"②。至嘉祐时期,学士内直唱和非常活跃,表明宿值制度起码在欧阳修上任(至和元年八月)以后是正常施行的。只是朝廷无事,文书相对简省,翰苑就更显清优,如无圣上召对,独直时又难免冷清。如欧阳修《子华(韩绛)学士傺直未满遽出馆伴病夫遂当轮宿辄成拙句奉呈》:"万钉宝带烂腰镮,锡宴新陪一笑欢。金马并游年最少,玉堂初直夜犹寒。"③《内直奉寄圣俞博士》:"独直偏知宫漏永,稍寒尤觉玉堂清。"④《久在病告近方赴直偶成拙诗二首》:"夜静楼台落银汉,人闲铃索少文书。"⑤《雪后玉堂夜直》:"尘暗图书愁独直,人闲铃索久无声。銮坡地峻谁能到,莫惜宫壶酒屡倾。"⑥王珪《依韵和王原叔(洙)内翰禁直有怀》:"暮钥严温省,宵铃静浴堂。"⑦于是诗歌和答便成了他们排遣孤独、互致音问的最好方式。嘉祐元年,王珪新入翰苑,范镇为中书舍人兼史馆修撰,入《唐书》局,

---

① 欧阳修:《跋学士院御诗》,《欧阳修诗文集校笺》,第1939—1940页。
② 《宋会要辑稿》职官六之四九,第2521页。
③ 欧阳修:《子华学士傺直未满遽出馆伴病夫遂当轮宿辄成拙句奉呈》,《欧阳修诗文集校笺》,第377页。
④ 欧阳修:《内直奉寄圣俞博士》,《欧阳修诗文集校笺》,第396页。
⑤ 欧阳修:《久在病告近方赴直偶成拙诗二首》其一,《欧阳修诗文集校笺》,第1480页。
⑥ 欧阳修:《雪后玉堂夜直》,《欧阳修诗文集校笺》,第1497页。
⑦ 王珪:《依韵和王原叔内翰禁直有怀》,《华阳集》卷二,第12页。

欧阳修作《答王内翰(珪)范舍人(镇)》："相从一笑欢无厌,屡获新篇喜可涯。自昔居前诮稊稗,幸容相倚愧兼葭。白麻诏令追三代,青史文章自一家。我亦谏垣新忝命,君恩未报发先华。"①四年,胡宿作《岁晚禁直呈承旨侍郎同院五学士》,②今存欧阳修《和武平学士岁晚禁直书怀五言二十韵》："向学今为盛,优贤古莫如。靓深严禁署,闲宴乐群居。赐马联金络,清尘侍玉舆。讨论三代盛,献纳万机余。号令存宽大,文章复古初。笑谈挥翰墨,俄顷列琼琚。……歌诗唐李杜,言语汉严徐。"③又梅尧臣《七夕永叔内翰遗郑州新酒言值内直不暇相邀》诗:"俗意愿添巧,古心思变淳。予穷少陵老,公似谪仙人。独对金鸾月,宫词付小臣。"④从中均可见嘉祐文坛文章复古、诗学李杜的文学思潮,以及翰苑内外词臣学士文酒相欢、从容翰墨的时代气氛。

(四) 馆阁修书。仁宗朝重要的修书活动之一是《新唐书》的写作,为协助宋祁完成《唐书》,嘉祐初设《唐书》局,欧阳修、范镇、王畴、吕夏卿、刘羲叟、梅尧臣、宋敏求、梅尧臣等先后参与修纂。修书时日既长,书局冷清,工作艰辛,烦劳之余,尤需身心的调剂。梅尧臣《唐书局后丛莽中得芸香一本》:"借问此何地? 删修多巨公。天喜书将成,不欲有蠹虫。是产兹弱本,蒨尔发荒丛。黄花三四穗,结实植无穷。岂料凤阁人,偏怜葵叶红。(注:嘲景彝[王畴]独爱葵花美。)"⑤欧阳修则作《和圣俞唐书局后丛莽中得芸香一本之作用其韵》称赞说:"大雅彼君子,偶来从学宫。文章高一世,论议伏群公。多识由博学,新篇匪雕虫。唱酬烂众作,光辉发幽丛。"⑥梅尧臣又有

---

① 欧阳修:《答王内翰范舍人》,《欧阳修诗文集校笺》,第382—383 页。
② 胡宿:《岁晚禁直呈承旨侍郎同院五学士》,《全宋诗》第 4 册,第 2110 页。
③ 欧阳修:《和武平学士岁晚禁直书怀五言二十韵》,《欧阳修诗文集校笺》,第 409 页。
④ 梅尧臣:《七夕永叔内翰遗郑州新酒言值内直不暇相邀》,《梅尧臣集编年校注》卷二七,第 962 页。
⑤ 梅尧臣:《唐书局后丛莽中得芸香一本》,《梅尧臣集编年校注》卷二九,第 1094 页。
⑥ 欧阳修:《和圣俞唐书局后丛莽中得芸香一本之作用其韵》,《欧阳修诗文集校笺》,第 210—211 页。

《刘仲更(羲叟)于唐书局中种郁李》："冷局少风景,买花栽作春。"①据
欧阳修《集古录·赛阳山文》记载："余在翰林,以孟飨致斋《唐书》局
中,六人者相与饮奕,欢然终日而去,盖一时之盛集也。"②又欧阳修作
《吴学士(充)石屏歌》,③梅尧臣有《和吴冲卿学士石屏》诗,原注云:
"时在唐书局,与欧阳永叔、王原叔、范景仁会食,得所示诗。"④此外,
刘敞《中使传宣二月一日史院赐筵某亦预召作七言呈禹玉(王珪)、
直孺(贾黯)、景仁(范镇)三内翰》诗云:"虞书纪典上稽唐,鲁史传经
近属商。刻玉春山瞻气象,积星东壁聚钩芒。朝思膏饫欢情洽,天
令中和昼刻长。虽引客卿讥子墨,翰林还许望清光。"⑤刘敞为知制
诰,但学问渊博,为文敏捷,尝一日草九制,一挥而就,与嘉祐翰苑中
人唱酬亦颇多。

　　总之,朝堂上下,翰苑内外,他们频频雅集游从,或访旧相过(梅
尧臣《永叔内翰见过》《韩子华内翰见过》⑥);或诗笺相忆(梅尧臣
《依韵和吴长文舍人对雪忆永叔内翰》:"紫禁低云拂绮栊,西垣人忆
玉堂翁。"⑦又有《永叔内翰见索谢公游嵩书感叹希深师鲁子聪几道
皆为异物独公与余二人在因作五言以叙之》⑧追叙与欧公洛阳旧
游);或诗酒相邀(韩维《和子华兄同永叔饮三班官舍兼约明日饮永
叔家》:"视草名臣润色才,玉墀晨退共徘徊。朝廷无事文书省,台阁
相欢笑语开。少厌赓酬停落笔,旋寻歌舞约衔杯。广文主簿官闲
冷,不是诗情岂合来。"⑨)。在他们的笔下,玉兔白鹤,鸡头鸭脚,花

---

① 梅尧臣:《刘仲更于唐书局中种郁李》,《梅尧臣集编年校注》卷三十,第1141页。
② 欧阳修:《赛阳山文》,《欧阳修全集》卷一四二,第2290页。
③ 欧阳修:《吴学士石屏歌》,《欧阳修诗文集校笺》,第166页。
④ 梅尧臣:《和吴冲卿学士石屏》,《梅尧臣集编年校注》卷二六,第883页。
⑤ 刘敞:《中使传宣二月一日史院赐筵……》,《全宋诗》第9册,第5878页。
⑥ 梅尧臣:《永叔内翰见过》《韩子华内翰见过》,《梅尧臣集编年校注》卷二八,第1022页。
⑦ 梅尧臣:《依韵和吴长文舍人对雪忆永叔内翰》,《梅尧臣集编年校注》卷二七,第990页。
⑧ 梅尧臣:《永叔内翰见索谢公游嵩书……》,《梅尧臣集编年校注》卷二八,第1018—
　　1019页。
⑨ 韩维:《和子华兄同永叔饮三班官舍兼约明日饮永叔家》,《全宋诗》第8册,第5207页。

草果蔬,图画文玩,几于无事不咏,遇物发兴,有唱必酬,文谊往还,在轻松诙谐的气氛中,分享书史之乐,探讨文章道德。如欧阳修《与子华、原父小饮坐中寄同州江十学士休复》诗:"幸蒙二三友,相与文字间。"①"二三友"中有刘敞,其《和永叔寒夜会饮寄江十》诗云:"主人文章伯,谈道辄忘倦。每至绝倒处,恨不使君见。鸟迹上古书,龙头冢中器。其人骨已朽,感此相与醉。"原注云:"永叔出所收古文碑碣及龙头铜枪示客,以张饮兴也。"②有韩维《和永叔小饮怀同州江十学士》:"翰林文章伯,好古名一世,家无金璧储,所宝书与器……兴来辄长歌,欢至遂沉醉。颜饥足箪瓢,韩饮尚文字。"③欧阳修《答圣俞》:"况出新诗数十首,珠玑大小光陆离。他人欲一不可有,君家筐箧满莫持。才大名高乃富贵,岂比金紫饱愚痴。贵贱同为一丘土,圣贤独如星日垂。道德内乐不假物,犹须朋友并良时。"④《和刘原父澄心纸》:"有时得饱好言语,似听高唱倾金罍。"⑤梅尧臣《和永叔内翰》:"犹喜共量天下士,亦胜东野亦胜韩。"⑥以文字为饮,以才学为富贵,表现了宋人对精神文化的崇尚与追求。如果说,景祐、庆历中以馆职与台谏官身份进入文坛的欧阳修,与范仲淹等新政人士激扬正义,鼓舞士气,重新塑造了宋代文学的政治品格,那么,以"翰林主人"欧阳修为中心的嘉祐词臣唱和,则进一步显示了宋诗才学化、议论化、日常性、游戏性、谐谑性等"学人之诗"的品质。而嘉祐四年(1059)的"明妃曲"唱和则是体现宋诗风貌最成功的案例之一。此点暂留下文讨论。

---

① 欧阳修:《与子华、原父小饮坐中寄同州江十学士休复》,《欧阳修诗文集校笺》,第151—152页。
② 刘敞:《和永叔寒夜会饮寄江十》,《全宋诗》第9册,第5715页。
③ 韩维:《和永叔小饮怀同州江十学士》,《全宋诗》第8册,第5155页。
④ 欧阳修:《答圣俞》,《欧阳修诗文集校笺》,第163—164页。
⑤ 欧阳修:《和刘原父澄心纸》,《欧阳修诗文集校笺》,第154页。
⑥ 梅尧臣:《和永叔内翰》,《梅尧臣集编年笺注》卷二七,第926页。

九　尊韩、崇李、学杜：从学唐到变唐

景祐至嘉祐文学的演进与转型进程，也是文学经典的重建过程。除了宋初以来诗人所师法的白居易、李商隐等诗人外，更多的唐代诗人随着文献传播的扩大渐次进入宋人的视野。如蔡宽夫《诗话》载："景祐、庆历后，天下知尚古文。于是李太白、韦苏州诸人，始杂见于世。"①嘉祐元年，王洙之子王钦臣撰《韦苏州集序》。②刘敞《澄心堂读许浑以下诸诗》云："许浑诗后三百年，长啸空堂览旧篇。"③许浑系唐文宗、武宗、宣宗时诗人，因此刘敞所读唐诗应包含晚唐五代诗人。屡辞馆职的王安石亦从宋敏求处借阅唐人诗集，"博观而约取"④，编为《唐百家诗选》⑤。然而正如宋祁所指出的那样："大抵近世之诗，多师祖前人，不丐奇博于少陵，萧散于摩诘，则肖貌乐天，祖长江（贾岛）而摹许昌（薛能）也。故陈言旧辞，未读而先厌。"⑥面对前辈名家，"乱花渐欲迷人眼"，诗人们一时寻找不到突破的路径，不免陷入无从抉择的困惑。

欧阳修处于北宋文学转型的关键阶段，他在《和武平学士岁晚禁直书怀五言二十韵》描述了嘉祐时期文坛复古学唐的文学气氛："向学今为盛，优贤古莫如……讨论三代盛，献纳万机余。号令存宽大，文章复古初……歌诗唐李杜，言语汉严徐。"⑦他具有自觉的结盟意识、经典观念和自立气度，又能利用自己崇高的文学声望和地位，引

---

① 蔡居厚：《蔡宽大诗话》，关文治主编：《宋诗话全编》第 1 册，第 622 页。
② 王钦臣：《韦苏州集序》，《全宋文》第 72 册，第 314 页。
③ 刘敞：《澄心堂读许浑以下诸诗》，《全宋诗》第 9 册，第 5864 页
④ 叶梦得：《石林诗话》卷中，何文焕辑《历代诗话》本，第 419 页。
⑤ 参见王安石：《唐百家诗选序》，《王荆公文集笺注》卷四七，巴蜀书社 2005 年版，第 1627 页；朱弁：《风月堂诗话》卷下，吴文治主编：《宋诗话全编》第 3 册，第 1951—2952 页；余嘉锡：《四库提要辨证》卷二四，中华书局 1982 年版，第 1567 页。
⑥ 宋祁：《南阳集原序》，《全宋文》第 24 册，第 321 页。
⑦ 欧阳修：《和武平学士岁晚禁直书怀五言二十韵》，《欧阳修诗文集校笺》，第 409 页。

领一代文学寻求变革。他对宋初诗坛三体均有评骘,又与同辈尹
洙、穆修等人推尊韩愈古文,进而师法韩愈与李、杜诗风。在嘉祐诗
坛的一系列酬唱中,欧阳修的文学思想与创作实践,推动了北宋文
坛尊韩、宗杜文学思潮的高涨,也促进了宋诗进一步确立成熟的"宋
调"特色。

欧阳修对白体与晚唐体都有所不满,对于前者,他的评价是"其
语得于容易",这与他引梅圣俞论诗之语"诗句义理虽通,语涉浅俗而
可笑者,亦其病也",其审美趋向是相通的。他对晚唐诗人的整体评
价和个别点评均不佳,认为"唐之晚年,诗人无复李杜豪放之格",唯
尚雕琢苦吟如周朴。对孟郊、贾岛"喜为穷苦之句"也并不欣赏,戏
云:"下看区区郊与岛,萤飞露湿吟秋草。"①又谓郑谷诗"其格不甚高,
以其易晓,人家多以教小儿",亦视为卑俗之流。对宋初"晚唐体"诗
人如九僧之流"区区于风云草木"、诗思枯窘颇有微词。而由于其与
昆体前辈钱惟演、晏殊的文学与政治渊源,故对昆体诗及其创始者
杨、刘都给予颇高的评价:"盖其雄文博学,笔力有余,故无施而不
可";对其不足亦有回护之辞:"先生老辈患其多用故事,至于语僻难
晓,殊不知自是学者之弊。"②

尊崇韩愈,是宋代文学复古的第一股潮流。自宋初至仁宗朝,以
北方文士及新政人士为主,形成一个持续地崇尚韩文的阵营,前者为
柳开、王禹偁、石介、祖无择等人,后者即范、欧等人。欧阳修尊韩,始
于天圣前后。③ 据其《记旧本韩文后》自叙,其接触韩文正当景德昆体
极盛而韩文"沉没弃废"之时,其与尹洙之辈校定韩文并写作古文,已

---

① 欧阳修:《太白戏圣俞》,《欧阳修诗文集校笺》,第148—149页。
② 此段所引欧阳修论诗语,除标明篇名外,均见《六一诗话》,何文焕辑《历代诗话》本,第
264—270页。
③ 参见洪本健:《欧阳修天圣学韩:北宋"文学自觉"的重要标志》,《华东师范大学学报》
2009年第3期;李贵:《天圣尊韩与宋调的初步成型》,《文学遗产》2007年第6期。

在天圣八年(1030)进士及第之后。① 此后的 30 余间,学韩之风渐盛。其中显著的事例有:皇祐三年(1051),祖无择作《唐韩文公庙记》云:"公之器业可谓宏深魁伟,施于行事,细大夷险无所不宜。其文章博辨卓诡,与商盘、周诰相上下。惜也,孔子没,无圣人者为之章显,以信后世,而见绌于史臣之笔,其亦不幸也欤!"②扭转了五代史臣所作《旧唐书》对韩愈的不公正评价。其《马上读韩吏部集》云:"儒推文畅行,诗许孟郊鸣。尽日耽遗味,浑如挹大羹。"③皇祐四年(1052),范仲淹手书韩愈《伯夷颂》,文彦博、富弼、苏舜元、晏殊、杜衍均作出回应,杜衍诗题曰《远蒙运使度支以资政范公所寄黄素小字韩文公〈伯夷颂〉,许昌文公、淮西富公题诗于后,才翁(舜元)复缀雅什兼寄长安晏公,公亦有作;衍久兹休退,人事仅废,不意雅故未遗,悉以副本为贶,俾愚继之,对此怔忪,既感且愧,率成拙句奉呈,敢言亦骥之乘,聊为续貂之比耳》,用 103 字以纪其事,诗云:"希文健笔钞韩文,文为首阳山下人。……当世宗工复题咏,尤宜率土尽书绅。"④上述诸人,与欧阳修多为亦师亦友的道义之交和文学同盟,他们共同推进了韩愈古文的经典化,也确立了以韩、欧为主脉的唐宋古文文统。

尽管王禹偁早就提出"韩柳文章李杜诗",但杜甫在宋初诗坛的境遇并不比韩愈好,他一度被目为"村夫子"、"村学究"。苏舜钦说杜诗"盖不为近世所尚,坠逸过半"⑤。王安石于皇祐四年作《老杜诗后集序》曰:"予考古之诗,尤爱杜甫氏作者,其辞所从出,一莫知穷极,而病未能学也。世所传已多,计尚有遗落,思得其完而观之。"⑥刘敞

① 欧阳修:《记旧本韩文后》,《欧阳修诗文集校笺》,第 1927—1928 页。
② 祖无择:《唐韩文公庙记》,《全宋文》第 43 册,第 325—326 页。
③ 祖无择:《马上读韩吏部集》,《全宋诗》第 7 册,第 4419 页。
④ 杜衍:《远蒙运使度支以资政范公所寄黄素小字韩文公〈伯夷颂〉……》,《全宋诗》第 3 册,第 1598 页。
⑤ 苏舜钦:《题杜子美别集后》,《全宋文》第 41 册,第 72 页。
⑥ 王安石:《老杜诗后集序》,《王荆公文集笺注》卷四十,第 1619 页。

记录了他借阅、补辑杜甫诗歌《外集》的过程,《编杜子美外集》诗云:
"少陵诗笔捷悬河,乱后流传简策讹。乐自戴公全废坏,书从鲁壁幸
增多。斯文未丧微而显,吾道犹存啸也歌。病肺悲愁情自失,苦吟时
复望江沱。"①《寄王十二》序云:"先借《杜甫外集》,会疾未及录。近从
吴生借本,增多于王所收,因悉抄写,分为五卷,又为作序,故报之。"
诗云:"昔借君家杜甫集,无端卧疾不曾编。近从雪上吴员外,复得遗
文数百篇。夫子删诗吾岂敢,古人同疾意相怜。新书不惜传将去,怅
望秦城北斗边。"②可知此集经过了 3 人的编辑、传抄。"王十二"或即
指嘉祐初为翰林学士的王洙。③ 嘉祐四年,王珪从兄王琪在苏州刻印
杜甫诗集,并为《杜工部集后记》云:"近世学者,争言杜诗,爱之深者,
至剽掠句语,迫所用险字而模画之,沛然自以绝洪流而穷深源矣。又
人人购其亡逸,多或百余篇,小数十句,藏去矜大,复自以为有得。翰
林王君原叔(洙)尤嗜其诗,家素蓄先唐旧集,及采秘府名公之室,天
下士人所有得者,悉编次之,事具于记,于是杜诗无遗矣……原叔虽
自编次,余病其卷帙之多而未甚布,暇日与苏州进士何君瑑、丁君修
得原叔家藏及古今诸集,聚于郡斋而参考之,三月而后已。"④杜诗的
文本得以更完整地进入传播、接受的渠道。读杜、评杜逐渐成为诗坛
风气,杜诗的价值得到发掘,并逐步确立为新的文学经典。值得注意
的是,宋祁也是仁宗朝"开学杜风气的人物之一"⑤,他曾手书杜甫诗
一卷,⑥并有数首拟、读杜诗,尤其是他所主笔的《新唐书·杜甫传》对
杜诗艺术成就及"诗史"精神的阐发,在杜诗接受史上,具有极为重要
的理论意义。

---

① 刘敞:《编杜子美外集》,《全宋诗》第 9 册,第 5867 页。
② 刘敞:《寄王十二》,《全宋诗》第 9 册,第 5874 页。
③ 邓子勉《宋人行第录》"王十二"条未见此人(中华书局 2001 年版,第 25 页)。
④ 王琪:《杜工部集后记》,《全宋文》第 48 册,第 192 页。
⑤ 张鸣:《宋诗选》,人民文学出版社 2004 年版,第 66 页。
⑥ 周紫芝:《竹坡诗话》,何文焕辑《历代诗话》本,第 349 页。

但文坛领袖欧阳修偏爱李白而不喜杜诗的态度却引起人们的争议,《中山诗话》载:"欧公亦不甚喜杜诗,谓韩吏部绝伦。吏部于唐世文章,未尝屈下,独称道李杜不已。欧贵韩而不悦子美,所不可晓。然于李白而甚赏爱,将由李白超趠飞扬为感动也。"①但这段话容易引起一些误解。第一,欧阳修对杜诗是"不甚喜"而非"不喜",更非不读,《六一诗话》便记载了当时文方盛,"杨刘唱和,《西昆集》行"之际,"唐贤诸诗集几废而不行",知制诰陈从易"偶得杜集旧本,文多脱误",《送蔡都尉诗》"身轻一鸟"其下脱一字,陈从易等人各用一字补之,提出"疾"、"落"、"下"等字,莫衷一是,其后得一善本,乃作"过"字,"陈公叹服,以为虽一字,诸君亦不能到也"。② 由对杜诗用字和文本的讨论,即可表明欧阳修对杜诗的关注。第二,欧阳修对杜诗的认识是有发展的。其早期先后从钱惟演、晏殊游,自然也接受了昆体诗人审美趋向的影响,《中山诗话》就是把"杨大年不喜杜工部诗"与"欧公亦不甚喜杜诗"相提并论的。但与此形成鲜明对照的是欧阳修对杜诗的推崇。他多次将"李杜"并称或并论,他在《六一诗话》中批评晚唐诗歌"无复李杜豪放之格";《感二子》诗称扬"昔时李杜争横行,麒麟凤凰世所惊"③;在前引和胡宿诗中叙述了嘉祐中"歌诗唐李杜"的文学氛围。《石林诗话》卷中记欧阳修语曰:"吾《庐山高》,今人莫能为,惟李太白能之。《明妃曲》后篇,太白不能为,惟杜子美能之;至于前篇,则子美亦不能为,惟我能之也。"④可见,他已将李杜视为唐诗的典范,而且流露出有意追踪李白甚至与李、杜比肩争胜的自信,较之前朝白体与昆体作家对唐人的步趋和依傍,欧阳修对经典作家更多一种挑战和竞技意识。

① 刘攽:《中山诗话》,何文焕辑《历代诗话》本,第 288 页。
② 欧阳修:《六一诗话》,何文焕辑《历代诗话》本,第 266 页。
③ 欧阳修:《感二子》,《欧阳修诗文集校笺》,第 246 页。
④ 叶梦得:《石林诗话》卷中,何文焕辑《历代诗话》本,第 424 页。

　　欧阳修在其诗歌创作中曾先后提出"古硬"、"险怪"、"平淡"的审美理想,但确如有学者指出的,其审美追求与创作效果之间往往呈现出某种矛盾。① 如果从开风气者必要的探索和实验角度看,"雄富"似是欧阳修更为成熟的诗歌审美理想,应给予充分重视。"雄"是雄健豪放,"富"是富赡博学。欧阳修推崇李杜诗歌的"豪放之格",并以李杜比拟苏舜钦、梅尧臣二人曰:"二子精思极搜抉,天地鬼神无遁情。及其放笔骋豪俊,笔下万物生光荣。古人谓此觑天巧,命知疑为天公憎。昔时李杜争横行,麒麟凤凰世所惊。……英雄白骨化粪土,富贵何止浮云轻。唯有文章烂日月,气凌山岳常峥嵘。"②称赞苏舜钦说:"其于诗最豪,奔放何纵横。"③他评价韩愈为"退之笔力,无施不可"的"雄文大手",杨亿同样"雄文博学,笔力有余,故无施而不可"④。由此可以了解欧阳修的诗学趣味,是内容上才学博赡,风格上豪放俊迈,表达上放笔挥洒,呈现为"雄豪宏富"的艺术境界,这是他从韩愈、李、杜以及杨亿、苏舜钦等人诗歌中有倾向性地感悟到的艺术个性。庆历以来矫励风节、救时行道的高昂士风,加上欧阳修作为学者型作家的深厚学养,使"雄富"的文学理想成为他自觉的追求和选择。虽然中年以后,欧阳修在政治上意气稍衰,但其诗歌写作仍坚持豪壮之格,而逐渐放弃了险怪之风,在吸收了杨、刘昆体的"雄文博学"、苏舜钦的"奔放纵横"、韩愈的"雄文大手"与李、杜诗歌的"豪放诗格"后,为北宋诗格注入了新的时代元素。比之杨亿所变诗格的雄深奥衍、典雅赡丽,欧公所创诗格既承继唐人(李、杜、韩),又在潜意识里超越唐人("唐诸子号诗人者僻固而狭陋"),实现了对晚唐以来浅易卑俗、枯窘寒苦诗格的反拨,这应是欧阳修对仁宗朝诗坛的最大贡献。值

---

① 参见吕肖奂:《欧阳修诗歌审美追求与创作效果的矛盾》,《社会科学研究》2005 年第 2 期;《欧阳修对奇险风格的矛盾态度》,《西南民族大学学报》2005 年第 11 期。
② 欧阳修:《感二子》,《欧阳修诗文集校笺》,第 246 页。
③ 欧阳修:《答苏子美离京见寄》,《欧阳修诗文集校笺》,第 1339 页。
④ 欧阳修:《六一诗话》,何文焕辑《历代诗话》本,第 270—272 页。

得注意的是,宋人曾以欧阳修推崇韩愈却不甚喜杜甫为不可理解,其实正如韩愈在《调张籍》等诗中推重李、杜的雄奇高古诗风一样,韩、欧阅读视野中的李、杜诗风,在艺术趣味上可谓消息暗通。① 韩愈古文与李白诗歌几乎同时在景祐、庆历这个节点上进入经典化的进程,欧阳修应是这一传播路径的桥梁。苏轼论欧阳修文学渊源曰:"论大道似韩愈,论事似陆贽,记事似司马迁,诗赋似李白。"②《宋史》载:"识者以为知言。"③从实际接受情况来看,欧阳修本人确实受韩愈、李白的影响更大,或者说其诗风在韩、李之间。而杜诗的精神与价值,经其后学进一步发掘,方逐渐取代李白以及韩愈,而进入宋代诗坛中心。

　　再回到前文所述欧阳修颇感自信的两个文本:《庐山高》与《明妃曲》。值得注意的是令欧阳修自负的原因,他是将这两个文本以李白、杜甫的前文本作为参照的,与经典文本形成承袭、模仿、超越的"互文"性语境。其《庐山高赠同年刘中允归南康》从其命题与风格看,显然都是以李白《蜀道难》为范本而心摹手追,《太白戏圣俞》(诗题一作《读李白集效其体》)即云:"太白之精下人间,李白高歌《蜀道难》。蜀道之难难于上青天,李白落笔生云烟。"④对李白的仿效展示了欧诗雄放俊逸的风格。第二个文本产生于嘉祐四年的《明妃曲》唱和,参与者共6人,即王安石、欧阳修、梅尧臣、曾巩、刘敞、司马光,这是宋诗发展史上的一次最重要的唱和活动。欧阳修虽非唱和的发起者,但作为"翰林文章伯",对王安石给予最大的支持,他一和再和,始则曰:"玉颜流落死天涯,琵琶却传来汉家。汉宫争按新声谱,遗恨已深声更苦。"⑤再则曰:"绝色天下无,一失难再得。虽能杀画工,于事

---

① 对李、杜雄豪诗风并提的还有杜牧《冬至日寄小侄阿宜诗》:"李杜泛浩浩,韩柳摩苍苍。近者四君子,与古争强梁。"《雪晴访赵嘏街西所居》:"命世风骚将,谁登李杜坛? 少陵鲸海动,翰苑鹤天寒。"《樊川诗集注》卷一、卷二,上海古籍出版社1978年版,第58、184页。
② 苏轼:《六一居士集叙》,《苏轼文集》卷十,第316页。
③ 《宋史》卷三一九《欧阳修传》,第10381页。
④ 欧阳修:《太白戏圣俞》,《欧阳修诗文集校笺》,第148—149页。
⑤ 欧阳修:《明妃曲和王介甫作》,《欧阳修诗文集校笺》,第231页。

竟何益。耳目所及尚如此,万里安能制夷狄！汉计诚已拙,女色难自夸。"①若干年后的治平、熙宁年间,他还作《明妃小引》:"汉宫诸女严妆罢,共送明妃沟水头。沟上水声来不断,花随水去不回流。上马即知无返日,不须出塞始堪愁。"②对这一题材表现出了浓厚的兴趣和思考的热情。欧阳修对自己这一组诗的得意处,是以为杜甫尚不能为,遑论李白,其实是将李白排除在外的。考杜甫咏及昭君之作,主要有三篇,其一为《负薪行》:"若道巫山女粗丑,何得此有昭君村?"③其二为《大历三年春白帝城放船出瞿唐峡久居夔府将适江陵漂泊有诗凡四十韵》:"神女峰娟妙,昭君宅有无。曲留明怨惜,梦尽失欢娱。"④其三为《咏怀古迹》五首之一:

> 群山万壑赴荆门,生长明妃尚有村。一去紫台连朔漠,独留青冢向黄昏。画图省识春风面,环珮空归夜月魂。千载琵琶作胡语,分明怨恨曲中论。⑤

三篇中唯此篇为独立咏昭君的咏史怀古之作,它构成欧阳修几首明妃诗的互文本,欧阳修自认为"胜于"杜诗之处,自应是杜诗的"薄弱"之处,如果"合理"地猜测一下,杜甫此诗有一定的议论成分,但仍出之以唱叹,诗人自己的"识见"并不突出。于是王昭君这一六朝以来咏史诗中的热门题材,就给嘉祐诗坛诸才子提供了充分展示才学和议论的绝佳机会,他们各出心裁,以意相胜,尤以王安石的首倡引起的反响最大,欧公显然亦不甘人后。日本学者内山精也曾著长文考

---

① 欧阳修:《再和明妃曲》,《欧阳修诗文集校笺》,第 234 页。
② 欧阳修:《明妃小引》,《欧阳修诗文集校笺》,第 255 页。作年据洪本健说。
③ 杜甫:《负薪行》,《杜诗详注》卷十五,中华书局 1979 年版,第 1284—1285 页。
④ 杜甫:《大历三年春白帝城放船出瞿唐峡久居夔府将适江陵漂泊有诗凡四十韵》,《杜诗详注》卷二一,第 1866—1867 页。
⑤ 杜甫:《咏怀古迹》其三,《杜诗详注》卷十七,第 1502 页。

察此次唱和的意义和产生的思想文化背景,指出:参与《明妃曲》唱酬的六位诗人,都在儒学的领域身为学者,读书万卷,引领着批判怀疑的时代学术风潮,"他们对于具体的文学表达,也不喜欢一味墨守的做法,而更爱好新奇的言说";"从某种意义上也可以说,王安石《明妃曲》的翻案句,正是当时的文学乃至言论环境的产物"①。除了当代作家同场竞技外,欧阳修又主动地"邀请"他所敬仰的前辈高手杜甫加入到竞争行列里,较量的结果是欧公对自己的儿子得意地宣称他的《明妃曲》前后篇分别超越了太白与子美,"惟我能之也!"这是一种何等自信、自立的气度! 新、老两代诗人(梅尧臣 58 岁,欧阳修 53 岁,司马光 41 岁,刘敞 41 岁,曾巩 41 岁,王安石 39 岁)的《明妃曲》唱和以一种议论化、才学化的美学趣味,共同完成了一个宋诗转型的成功范例,至此,宋诗已自觉摆脱了对唐人一味依傍步趋而开始呈现出自己的面貌。

综览仁宗朝 42 年间翰苑词臣的文学活动,显然首推欧阳修对北宋文学的开创之功成果空前,影响深远。杨杰《幽谷吟上欧阳内翰》诗赞扬说:"先生之心此其象,往行前言深蕴蓄。议论吐为仁义辞,文章散作生灵福……公之声名公之心,日益远大日益深。"②晁说之《顾弥邵以其尊内翰所有〈欧阳公集〉遗佚季澈赋诗篇末见及辄次韵作》也极尽赞誉:"昭陵(仁宗)人物一朝盛,晚有醉翁为拟伦。譬如群凤粲羽翰,来下千里仪九成。凤归乐绝天寥寥,人间坠简空垂精。可但光华开日月,要识忠愤耸幽神。"③其于北宋文坛更重要的意义,是对文学人才的培养和扶持,正是"欧阳内翰"在文学上发现了王安石与

---

① [日]内山精也:《王安石〈明妃曲〉考——围绕北宋中期士大夫的意识形态》,《传媒与真相》,上海古籍出版社 2005 年版,第 131 页。
② 杨杰:《幽谷吟上欧阳内翰》,《全宋诗》第 12 册,第 7846—7847 页。
③ 晁说之:《顾弥邵以其尊内翰所有〈欧阳公集〉遗佚季澈赋诗篇末见及辄次韵作》,《全宋诗》第 12 册,第 13683 页。

苏轼,并有意以"斯文"相托付,二人先后主盟熙宁、元祐文坛,在政治、学术及文学上各树一帜。正如林光朝在《策问》中所指出的:"国家开造之初,文章未备,作者往往仍其故习,及欧阳子以古学为倡,而文章始一变矣。熙宁、元丰之后,学者皆祖于王氏,又其后苏氏出焉。今之学者不出于二家,其是非得失,互有所分也。"①胡应麟说:"宋世人才之盛,亡出庆历、熙宁间,大都尽入欧、苏、王三氏门下。"②令人瞩目的是,王安石以批评欧阳修的姿态拉开了熙、丰间的文学序幕,苏轼则在与王安石的抗争中,将欧公开创的文学事业进一步光大之。欧、苏、王亦师亦友亦敌,斯文传承有绪,而各擅一时之胜矣。

---

① 林光朝:《策问》二五,《全宋文》第 210 册,第 63—64 页。
② 胡应麟:《诗薮》杂编卷五,第 311 页。

第五章
宋英宗、宋神宗朝翰林学士与文学承变述论——以王安石为中心

宋英宗嘉祐八年(1063)四月即皇帝位,在位 4 年,任用翰林学士共 9 人。神宗治平四年(1067)正月即位,在位 18 年,任用学士及直学士院共 35 人。因英宗在位时间极短,及其与神宗朝政治与文化的延续性,故将英宗、神宗两朝作为一个阶段加以论述,神宗朝无疑是本章考察的重心。

孙觌说:"本朝鸿儒硕学,比比出于庆历、嘉祐间,而莫盛于熙宁、元丰之际。王荆公自谓知经明道,与曾南丰曾子固、二王(深父、逢原)四人者,发六艺之蕴于千载绝学之后,而自比于孟轲、扬雄,凡前世之列于儒林者,皆不足道也。"①熙宁、元丰人才之盛,确实堪比庆历、嘉祐,不论是否从党派的眼光去看,王安石都是熙、丰之际政坛与文坛最具影响力的中心人物。即使就本文讨论的主体翰林学士而言,王安石不仅文章节操都堪称"真翰林学士",并自入翰苑起即开始推行熙宁新政,进而对翰苑制度之变革,对翰苑词臣之任用,尤其是翰林学士的政治职能,都给予直接有力的干预和推动,且贯穿于其政治活动之始终。同时一个突出的现象是,与前此欧阳修以翰林学士主盟嘉祐文坛、后此苏轼同样以翰林学士主盟元祐文坛不同的是,王

---

① 孙觌:《读临川集》,《全宋文》第 160 册,第 328 页。

安石在翰苑时间极短,且始终无意以文坛领袖自居,熙、丰文坛的整体走向,也依违于政治于文学之间,呈现不同的面貌。

一 熙、丰翰苑现状:学士阙人与词臣无文

宋英宗朝翰林学士9人中,有7人为仁宗朝学士,即钱明逸、王珪、蔡襄、贾黯、张方平、范镇、冯京;新任学士仅2人,即王畴、沈遘,2人任职时间均不足1年;学士承旨1人,即张方平。宋神宗朝翰林学士实为29人,其中前朝学士4人,即张方平、王珪、范镇、冯京;另有直学士院6人,即王益柔、陈襄、钱藻、安焘、蔡确、舒亶;学士承旨4人,即张方平、王珪、吕公著、韩维。

神宗朝学士人员组成的最大特点是直学士院员数为历朝最多。除上述6人外,曾布、邓润甫、章惇、许将、孙洙等5人也都系由直学士院擢为正员。

其次是学士人员变动较为频繁。任职时间最长者6年,即杨绘、元绛、邓润甫3人;其次为5年,韩维、曾布2人;任职仅1年(实际多不足1年)者竟达14人。而任职5年以上者除元绛为连续任期外,其他均系再入或三入翰林。这表明翰林学士的任用极不正常,也就难以保证较高的工作效率。由于政事变动,朝廷各种文书丛脞填委,学士院的写作任务相当繁重。但实际情况却是,学士院常处于阙员的情况,熙宁后期及元丰时期尤为突出。其中原因,一是学士遴选制度严格,不轻易授人;更重要的是政治的需要,尤其在王安石及其新党执政期间,对翰林学士也要求其能在思想上保持一致,以保证变法措施的顺利实施。为此,不得不排斥反对新法者。

为了解决学士员额不足的状况,保证翰苑工作的正常运行,朝廷往往以权直或兼直填补空缺,作为权宜之计。如熙宁四年(1071),杨

绘落翰林学士、御史中丞,为翰林侍读学士。"上曰:如何措置?安石曰:此在陛下。上曰:令绘出,翰林又少人。降一官令归院如何?安石曰:欲令出,即差官直院可也。于是诏绘落翰林学士、御史中丞,为翰林侍读学士。"①杨绘曾知谏院,神宗称其"抗迹孤远,立朝寡援,不畏强御,知无不为"。其落翰林学士与御史中丞职位的原因,是因为此前杨绘对安石排斥异己的做法及其以"新学"取士的弊端提出尖锐的异议:首先,他提出:"老成之人,不可不惜。当今旧臣多引疾求去:范镇年六十有三、吕海五十有八、欧阳修六十有五而致仕;富弼六十有八而引疾;司马光、王陶皆五十而求散地,陛下可不思其故乎?"②又说:"两制多阙员,堂陛相承,不可少。"③其次,他指出:"方今以经术取士,独不用《春秋》,宜令学者以《三传》解经。"④并陈述免役法之弊,故为安石所恶。为此,安石宁可差遣直院临时代理学士之职,也不愿让杨绘重新归院。从下边的附表可知,熙宁四年七月杨绘落职后,学士院仅韩维、元绛 2 位正员及王益柔、陈襄两位直院,且韩维在告,无人宿直。史载:"诏知制诰王益柔、陈襄兼直学士院,候除学士罢直。时学士韩维在告,阙官宿直,故有是诏。"⑤此年十月,王益柔因草《高丽国答诏》非工而罢兼直学士院,复以知制诰曾布兼直学士院,而陈襄直学士院时,"安石益忌之,摘其书诏小失,出知陈州"⑥。

　　造成学士院时常严重缺员的原因,除了王安石执政时对人员安排的控制和干预外,熙宁中科举罢诗赋也直接造成翰林写作人才难以选拔,以及某些在职词臣写作水平的平庸低下。宋代两制词臣多

① 《长编》卷二二五"熙宁四年七月丁酉",第 5488 页。
② 《宋史》卷三二二《杨绘传》,第 10449 页。
③ 《长编》卷二二四"熙宁四年六月甲子",第 5449—5450 页。
④ 《宋史》卷三二二《杨绘传》,第 10449 页。
⑤ 《长编》卷二二五"熙宁四年七月壬寅",第 5490 页。
⑥ 《宋史》卷三二一《陈襄传》,第 10420 页。

为文学高选,一般由进士、馆职中文行优秀卓异者召试录用。治平三年(1066),参知政事欧阳修就曾对英宗指出馆阁"取才路狭"的现状,[①]但神宗即位后,随着馆职召试与进士科罢诗赋而试论、策,文学人才断档,词臣尤其是权直院的文学修养低下的现象更为突出。熙宁五年(1072)九月,御史张商英上疏,针对"近日典掌诰命多不得其人"[②]的局面,指出:

> 盖自近世,文馆寂寥。向者所谓有文者,欧阳修已老,刘敞已死,王珪、王安石已登两府。后来所谓有文者,皆五房检正、三舍直讲、崇文检书,间有十许人。今日之所谓词臣者,曰陈绎、曰王益柔、曰许将是已。臣尝评之,陈绎之文,如款段老骥,筋力虽劳而不成步骤;王益柔之文,如村女织机杼,虽成幅而不成锦绣;许将之文,如稚子吹埙,终日喧呼而不合律吕。此三人者,皆陛下所用出词令、行诏诰、以告四方而扬于外庭者也。今其文如此,恐不足以发帝猷,炳王度。[③]

其实先前神宗就已多次对王安石表示:直舍人院陈绎"制辞不工[④]";"直舍人院文字如许将,殊不佳"。王安石则反问神宗:"(许)将非但文字不过人,判铨亦多生疏不晓事,为选人传笑。臣怪陛下拔令直舍人院,不知何意?"神宗的理由是被许将嘉祐八年的状元头衔所误导。[⑤] 事实上,许将当年举进士第一,欧阳修读其赋,还夸赞说:"君辞气似沂公(王曾),未可量也。"[⑥]其后授馆职,知谏院,直舍人院等清要

---

① 程俱:《麟台故事校证》卷三"选任",第131页。
② 《长编》卷二三八"熙宁五年九月丁未",第5789页。
③ 吴曾:《能改斋漫录》卷十二,上海古籍出版社1979年版,第354页。
④ 《长编》卷二二〇"熙宁四年二月辛酉",第5341页。
⑤ 《长编》卷二三八"熙宁五年九月丁未",第5789—5790页。
⑥ 《宋史》卷三四三《许将传》,第10907页。

职位,皆为神宗特命,进知制诰,亦系特敕不试而命之。状元尚且如此,遑论他人! 但张商英所批评的其他两人也并非不学无术之辈。如陈绎,英宗曾称许其文学,苏颂记载:"公文格清峻,无尘言累语,尤长于论事。"①或许诏诰写作非其所长。王益柔为王曙之子,曾预苏舜钦进奏院案,因作《醉歌》而遭贬黜,他也有文才,为文日数千言,尹洙见之曰:"赡而不流,制而不窘,语淳而厉,气壮而长,未可量也。"但据说"时方以诗赋取士,益柔去不为。范仲淹存试馆职,以其不善词赋,乞试以策论,特听之"②。不善诗赋,也就不具备较高的文学才能,因此其草诏不工也就不奇怪了。而许将在元丰元年(1078)至二年(1079)及元祐三年(1088)至四年(1089)仍两为学士,这应能反映其时翰苑词臣整体水平确实堪忧。

非次拔擢,从取才的角度说无可厚非。张方平就曾说:"祖宗之世,有自州县之职拔处词禁,有自两禁黜为管库者,盖惟才是用,岂为人择官?"③但出于制度的原因而造成人才的匮乏,以至不得不降格以求,不次迁授,便是熙宁、元丰时期词臣任用的真实状况。

表一 宋英宗朝翰林学士简表

姓名	籍贯	在院时期	拜承旨时间	任职时间
钱明逸 (1015—1071)	钱塘	庆历七年至皇祐元年(1047—1049)、治平初		1 年
王珪 (1019—1085)	成都华阳	嘉祐元年至二年(1056—1057)、嘉祐四年至神宗熙宁三年(1059—1070)		3 年

① 苏颂:《陈公墓志铭》,《苏魏公文集》卷六十,第 914 页。
② 《宋史》卷二八六《王益柔传》,第 9636 页。
③ 《长编》卷二〇三"治平元年十二月丙午",第 4927 页。

（续表）

姓名	籍贯	在院时期	拜承旨时间	任职时间
蔡　襄 (1012—1067)	兴化仙游	嘉祐五年至八年(1060—1063)		1 年
贾　黯 (1022—1065)	邓州穰	嘉祐五年(1060)二月至九月、嘉祐五年十一月至治平二年(1060—1065)		2 年
张方平 (1007—1091)	应天宋城	治平二年(1065)至四年(1067)	治平二年	2 年
范　镇 (1009—1088)	成都华阳	嘉祐五年至治平元年(1060—1064)、治平二年至三年(1065—1066)		3 年
冯　京 (1021—1094)	鄂州江夏	嘉祐七年至治平三年(1062—1066)		3 年
王　畴 (1007—1065)	曹州济阴	治平元年(1064)		1 年
沈　遘 (1025—1067)	钱塘	治平三年(1066)		1 年

表二　宋神宗朝翰林学士简表

姓名	籍贯	在院时期	承旨或直院	任职时间
张方平 (1007—1091)	应天宋城	治平二年至四年(1065—1067)	治平二年	3 年
王　珪 (1019—1085)	成都华阳	嘉祐元年至二年(1056—1057)、嘉祐四年至神宗熙宁三年(1059—1070)	治平四年	4 年
司马光 (1019—1086)	陕州夏县	治平四年(1067)三月至四月，九月复拜至熙宁三年(1070)		1 年

（续表）

姓名	籍贯	在院时期	承旨或直院	任职时间
吕公著 (1018—1089)	寿州	治平四年至熙宁二年(1067—1069)	元丰元年①	3 年
王　陶 (1020—1080)	京兆万年	治平四年(1067)		1 年
王安石 (1021—1086)	抚州临川	治平四年至熙宁二年(1067—1069)		3 年
郑　獬 (1022—1072)	安州安陆	治平四年至熙宁二年(1067—1069)		3 年
范　镇 (1009—1088)	成都华阳	熙宁元年至三年(1068—1070)		3 年
冯　京 (1021—1094)	鄂州江夏	熙宁元年(1068)		1 年
滕元发 (1020—1090)	东阳	熙宁二年(1069)		1 年
韩　维 (1017—1098)	开封雍丘	熙宁二年至五年(1069—1072)，熙宁七年(1074)	熙宁七年	5 年
吕惠卿 (1032—1111)	泉州晋江	熙宁七年(1074)二月至四月		1 年
吴　充 (1021—1080)	建州浦城	熙宁元年至三年(1068—1070)		1 年
杨　绘 (1027—1088)	绵竹	熙宁三年至四年(1070—1071)、熙宁七年至十年(1074—1077)		6 年
元　绛 (1009—1084)	钱塘	熙宁三年至八年(1070—1075)		6 年

---

① 按《琬琰集》下卷十《吕正献公公著传》载:"元丰元年除翰林学士承旨,悬辞,改端明殿学士知审官西院。"

（续表）

姓名	籍贯	在院时期	承旨或直院	任职时间
王益柔 (1015—1086)	河南	熙宁四年(1071)	直学士院	1年
陈 襄 (1017—1080)	侯官古灵	熙宁四年(1071)	直学士院	1年
曾 布 (1036—1107)	南丰	熙宁五年至七年(1072—1074)、元丰七年至八年(1084—1085)		5年
陈 绎 (1021—1088)	开封	熙宁五年至六年(1072—1073)、熙宁八年至九年(1075—1076)		4年
沈 括 (1031—1095)	钱塘	熙宁八年至十年(1075—1077)		3年
邓 绾 (1028—1086)	成都双流	熙宁八年(1075)		1年
邓润甫 (1027—1094)	建昌	熙宁十年至元丰元年(1077—1078)、元丰五年至元祐二年(1082—1087)		6年
章 惇 (1035—1105)	建州浦城	熙宁十年至元丰三年(1077—1080)		4年
钱 藻 (1022—1082)	钱塘	元丰元年(1078)	直学士院	1年
许 将 (1037—1111)	福州闽县	元丰元年至二年(1078—1079)		2年
蒲宗孟 (1028—1093)	阆州新井	元丰元年至二年(1078—1079)		2年
安 焘 (1031—1105)	开封	元丰元年至二年(1078—1079)	直学士院	2年
蔡 确 (1037—1093)	泉州晋江	元丰二年(1079)	直学士院	1年

（续表）

姓名	籍贯	在院时期	承旨或直院	任职时间
蔡延庆 (1029—1090)	莱州	元丰二年(1079)		1 年
孙　洙 (1031—1080)	广陵	元丰二年至三年(1079—1080)		1 年
李　定 (1028—1087)	扬州	元丰三年(1080)		1 年
张　璪 (1040—1093)	滁州 全椒	元丰三年至四年(1080—1081)		2 年
李清臣 (1032—1102)	魏	元丰三年至五年(1080—1082)		3 年
王安礼 (1035—1096)	抚州 临川	元丰四年(1081)		
舒　亶 (1041—1103)	明州 慈溪	元丰五年(1082)	直学士院	1 年

注：王珪仅记其在神宗朝年限。

二　"堂陛相承"：从台谏到翰苑、经筵

"堂陛"本用以比喻君臣关系，《汉书·贾谊传》："人主之尊譬如堂，群臣如陛，众庶如地。"[1]经国匡君、圣君贤相是士大夫理想的君臣关系和政治模式。前引熙宁四年杨绘言：

> 两制多阙员，堂陛相承，不可少。

---

[1] 《汉书》卷四八《贾谊传》，中华书局 1962 年版，第 2254 页。

当时"众皆以绘言为然。王安石曰:'诚如此,然要须基能承础,础能承梁,梁能承栋,乃成室。以粪壤为基,烂石为础,朽木为柱与梁,则室坏矣。'上笑"①。王安石此言本意是排斥杨绘,但其所用比喻倒是很通俗地解释了"堂陛"的含义。如果再用宋人喜欢使用的身体作比喻的话,那么这种关系就是股肱耳目了,司马光说:"陛下内有两府、两制、台谏,外有提、转、牧、守,皆腹心耳目股肱之臣也。"②杨绘所说"堂陛相承",专指两制而言,从制度上说,翰苑学士"职清地近",专掌王言,是最接近皇帝的"天子私人"。而在神宗朝,从熙宁元年(1068)四月王安石以翰林学士"越次入对"开始,翰林学士参政的机会愈发多了起来,在某种意义上,政治角色超越了文化角色。

熙宁五年五月,王安石因新法遇阻请求外任时,神宗极力挽留说:"自古君臣如卿与朕相知极少,岂与近世君臣相类? 如冯京、文彦博自习近世大臣事体,或以'均劳逸'为言,卿岂宜如此? 朕顽鄙,初未有知,自卿在翰林,始得闻道德之说,心稍开悟,卿,朕师臣也,断不许卿出外,且休著文字徒使四方闻。"③此年六月,安石复求去职,神宗再次表示:"朕自知制诰知卿,属以天下事。""朕与卿相知,近世以来所未有,所以为君臣者,形而已。"④言辞非常诚恳。古人所谓君臣相遇之契莫如"师臣",安石此时尚非具有师保之位的朝廷重臣,神宗称其为"师臣",即"师臣者帝,宾臣者霸"之意⑤,表明从安石为翰林学士时神宗就与其建立起高度的政治默契,视其为"帝王师"。陆佃对此给予高度评价:"盖自三代而后,君相相知,义兼师友,言听计从,了无形迹,未有若兹之盛也。"⑥这种超越君臣形迹的关系确实非

① 《长编》卷二二四"熙宁四年六月甲子",第5449—5450页。
② 司马光:《王中正第二札子》,《司马温公集编年笺注》卷三七,第504页。
③ 《长编》卷二三三"熙宁五年五月甲午",第5661页。
④ 《长编》卷二三四"熙宁五年六月辛未",第5684—5685页。
⑤ 《资治通鉴》卷四二"汉纪光武帝建武七年五月戊戌",中华书局1997年版,第359页。
⑥ 陆佃:《神宗皇帝实录叙论》,《全宋文》第101册,第205页。

同寻常。

从仁宗朝开始受到重视的台谏与经筵官制度在神宗朝进一步强化，从而更有效地保证了君臣政治的"堂陛相承"。神宗朝翰林学士大都曾在前朝或当朝担任台谏官与经筵官，经筵官多为学士兼职。台谏官控制舆论工具，经筵官讲读进对。经筵官也有"师臣"之称，但相对而言，经筵官的文化身份更重，相当于皇帝的道德与知识导师，讲论经史文艺外，涵养帝德，助成"圣学"，同时也兼有政治顾问之责。如陈襄，"在经筵时，神宗顾之甚厚，尝访人材之可用者。襄以司马光、韩维、吕公著、苏颂、范纯仁、苏轼至于郑侠三十三人对"①。韩维于英宗朝迁起居注，侍迩英阁，曾上疏指出：

> 迩英阁者，陛下燕闲之所也。侍于侧者，皆献纳论思之臣，陈于前者，非圣人之经，则历代之史也。御燕闲则可以留漏刻之永，对侍臣则可以极咨访之博，论经史则可以穷仁义之道，成败之原。②

王安石执政，也看重经筵官的特殊地位，一方面是便于伺察政敌的言论动向，《长编》载："王安石常欲置其党一二人于经筵，以防察奏对者。"另一方面，则便于借进讲或留身独对之机，论思献纳，影响皇帝的决策。如其子王雱的任用，"安石执政，所用多少年，雱亦欲预选，乃与父谋曰：'执政子虽不可预事，而经筵可处。'……除太子中允、崇政殿说书，祖宗数留与语，受诏撰《诗》《书》义，擢天章阁待制兼侍讲"③。

至于台谏官，其政治品格或忠直，或狠戾，或奸佞，仍是神宗朝新

---

① 《宋史》卷三二一《陈襄传》，第 10421 页。
② 《东都事略》卷五八《韩维传》，《文渊阁四库全书》第 382 册，第 363 页。
③ 《宋史》卷三二七《王安石传》附《王雱传》，第 10551 页。

旧党争的主要角色,其在熙、丰政治史上制造的最著名"案例",则莫过于新党台谏官及翰林学士与直学士院李定、张璪、舒亶辈制造的"乌台诗案"对苏轼的残酷迫害。

三　新党学士群体与熙、丰政治生态

由于王安石的政治作风过于强硬专断,刚愎执拗,执政以后,为顺利推行新法的实施,大力排斥异己,"于是吕公著、韩维,安石藉以立声誉者也;欧阳修、文彦博,荐己者也;富弼、韩琦,用为侍从者也;司马光、范镇,交友之善者也;悉排斥不遗力"①。其初入政坛时的座主、僚友、知交,均因不能附合其政治立场而被纷纷贬黜或引退。相反,出于政治需要,王安石在台谏、经筵、两制设法援引其子弟、门生、支持者作为同盟,其中不乏趋进邀功之辈,曲意逢迎,反复无常,全无名节,但因朝廷急于用人而获得越次提拔,导致干进阿谀之风盛行,"熙宁行新法,轻进少年争趋竞进,老成知务者逡巡引退"②;"罢黜中外老成人几尽,多用门下儇慧少年"③。元祐中赵卨上疏指出:

> 治平以前,大臣不敢援置亲党于要涂,子弟多处管库,甚者不使应科举,与寒士争进。自王安石柄国,持内举不避亲之说,始以子雱列侍从,由是循习为常。资望浅者,或居事权繁重之地;无出身者,或预文字清切之职,今宜杜绝其源。④

翰林学士等侍从官的选拔任用,已经无法严格执行宋初三朝以来所

① 《宋史》卷三二七《王安石传》,第 10547 页。
② 《宋史》三二一《钱公辅、孙洙、丰稷等论传》,第 10426 页。
③ 《宋史》卷三二七《王安石传》,第 10551 页。
④ 《宋史》卷三一六《赵卨传》,第 10325 页。

确立的文行统一、道德文章相兼的制度,本以文学词命为职的清要职位,也逐渐失去了政治上的独立性与在士林中享有的崇高的学术、文学声誉。

新党学士中吕惠卿、章惇、曾布、蔡确四人均为嘉祐进士,又由翰林学士进入政府,并同入《宋史·奸臣传》。

吕惠卿,嘉祐二年进士,因与王安石论经义,意多合,遂定交,不次进擢,成为王安石的得力助手,王安石称赞他"学先王之道而能用者,独惠卿而已";"事无大小必谋之,凡所建请章奏皆其笔"。司马光曾提醒神宗说:"惠卿诚文学辨慧,然用心不正,愿陛下徐察之。"并告诫王安石,指惠卿为"谄谀之士"①。吕惠卿与王雱同修《三经新义》,知谏院,熙宁七年(1074)二月,王安石力排异议,任吕惠卿为翰林学士,据《长编》载:"知制诰吕惠卿为翰林学士。曾布既权三司使,惠卿差遣如故。王安石白上:'惠卿居常岂有后布,其大才岂不可为学士?今学士有阙,乃阙而不补,臣所未喻。陛下处人才,宜各当其分。'上曰:'任用惠卿何以异布?但不为学士尔。'居数日,遂有是命。"②但在翰林仅二月,此年四月即被安石荐为参知政事,成为政坛上的新星、王安石的得力助手,时号吕惠卿为"护法善神"。但他对王安石始逢迎之,后排挤之,"凡可以害王氏者无不为"。元祐初右司谏苏辙条奏其奸状,御史中丞刘挚列数其五罪以为大恶,中书舍人苏轼草其贬谪制词,"备载其罪于训词,天下传讼(诵)称快焉"。王安石退居金陵时常写"福建子"三字,深恨自己之知人不明,甚至章惇、曾布、蔡京当政时也"咸畏恶其人,不敢引入朝"③,的确堪称大奸大恶。

章惇,嘉祐四年进士,"豪俊,博学善文"。安石爱其才,用为编修三司条例,除秘书丞、集贤校理,检正中书户房公事,熙宁十年(1077)

① 《宋史》卷四七一《奸臣传》,第 13706 页。
② 《长编》卷二五○"熙宁七年二月癸未",第 6095 页。
③ 《宋史》卷四七一《奸臣传》,第 13705—13709 页。

至元丰三年(1080)为学士,"乌台诗案"时,曾为苏轼说过公道话(详下)。作为新党人物,章惇的政治劣迹在哲宗朝表现得更为充分。他在元祐中屡遭言官弹劾,绍圣中首倡"绍述",专以"绍述"为国是,凡元祐所革一切复之,残酷报复旧党,与苏轼反目,请发司马光、吕公著冢,斫其棺,为哲宗不许,甚至诋宣仁后为"老奸擅国"。"惇性忮毒,忍于为恶。元祐用事臣僚再窜谪至岭海,诬谤宣仁,追贬王珪,议杀刘挚,皆惇力也。"①史称其"敏识加人数等,穷凶稔恶"②。

曾布,与其兄曾巩及吕惠卿同于嘉祐二年进士及第,熙宁二年,以韩维、王安石荐举,上书言为政之本有二,其要有八,"大率皆安石指也"。神宗召见,甚合意,"凡三日,五受敕告",迅速擢升。"与吕惠卿共创青苗、保甲、农田之法,一时故臣及朝士多争之。"③熙宁五年(1072)至七年(1074)为翰林学士兼三司使,因市易法与安石产生分歧,遂落职。元丰七年(1084)至八年(1085)再入翰苑,绍圣中复为翰林学士承旨。他是王安石推行新法最得力的干将,安石曾说:"法之初行,异论纷纷,始终以为可行者,吕惠卿、曾布也。始终以为不可行者,司马光也,余人则一出焉,一入焉尔。"④绍圣初助章惇倡为"绍述"。

蔡确,与章惇同为嘉祐四年进士,元丰二年(1079)直学士院。他有智数,善观人主意,与时上下,颇受王安石信任,邓绾荐为监察御史里行,进为知制诰、知谏院兼判司农寺,凡常平法、免役法皆成其手。元丰初为御史中丞,太学生虞蕃讼学官案,事下御史台,蔡确深探其狱,"连引朝士,自翰林学士许将以下皆逮捕械系,令狱卒与同寝处,饮食溷溷共为一室,设大盆于前,凡羹饭饼蔌举投其中,以杓混搅,分饲之如犬豕。久系不问,幸而得问,无一事不承",其手段卑劣至极。

① 《章丞相惇传》,《名臣碑传琬琰集》下卷十八,《文渊阁四库全书》第450册,第801页。
② 《宋史》卷四七一《奸臣传》一,第13710页。
③ 《宋史》卷四七一《奸臣传》一,第13714页。
④ 《东都事略》卷九五《曾布传》,《文渊阁四库全书》第382册,第621页。

他任台官，以弹击为己任，为狱严刻少恩，"深文周纳以排陷缙绅，一挂吏议，无有获平反者。人论其为知制诰、为御史中丞、为参知政事，皆以起狱夺人之位而代之。士大夫交口咄骂，而确自以为得计也"。元丰五年(1082)拜相，为相后"屡兴罗织之狱，缙绅士大夫重足而立矣"①。元丰末与章惇、黄履、邢恕结为死党，元祐中被言官论为"奸人之杰"②，死于英州贬所。

新党中"穷凶稔恶"者还有李定、舒亶、张璪，三人在元丰初为台谏官，又在元丰中先后直学士院(李定、舒亶)、任翰林学士(李定、张璪)。

李定，少受学于王安石，登进士第。熙宁三年，因极言青苗法便民，被神宗特旨越级擢为监察御史里行，遭到时任中书舍人、知制诰的宋敏求、苏颂、李大临三人相继封还词头，往复七八次，拒不起草任命诏书，苏颂甚至在神宗面前公开表示异议，这一事件产生极大影响，苏颂等因此被称为"熙宁三舍人"。三舍人反对李定的理由，主要是越级提拔，有违法制；其次是李定不服母丧，有辱士行。③ 结果三舍人均因此落职，李定御史之命也因此搁置。三舍人封还词头事件充分显示了宋代词臣独立耿介的政治品格，但李定的操守品行并没有妨碍他的仕途。元丰初，李定同知谏院、进知制诰、为御史中丞，既执掌词命，又控制舆论，并于元丰二年一手制造了"乌台诗案"。"因论轼自熙宁以来，作为文章，怨谤君父，交通戚里。逮赴台狱穷治。当会赦，论不已，窜之黄州。方定自鞫轼狱，势不可回"。元丰三年，李定授翰林学士，不久坐罢。其政治生涯中，"徒以附王安石骤得美官，又陷苏轼于罪，是以公论恶之，而不孝之名遂著"④。

---

① 《宋史》卷四七一《奸臣传》，第13698—13700页。
② 《蔡忠怀公确传》，《名臣碑传琬琰集》下卷十八，《文渊阁四库全书》第450册，第799页。
③ 参见夏诗荷：《苏颂与"三舍人议案"评析》，《东北师大学报》2003年第2期。
④ 《宋史》卷三二九《李定传》，第10601—10602页。

舒亶,治平二年(1065)进士,曾究治郑侠、冯京、王安国狱。熙宁八年为权监察御史里行、集贤校理,元丰中同李定弹劾苏轼作为歌诗讥讪时事,力主将司马光、张方平、范镇、陈襄、刘挚等一并诛之,连神宗都觉得过分。元丰五年直学士院,逾月为御史中丞,"举劾多私,气焰熏灼,见者侧目,独惮王安礼……亶比岁起狱,好以疑似排抵士大夫",在翰林受厨钱而下狱,"虽坐微罪废斥,然远近称快"①。具有反讽意味的是,元丰四年三月,以舒亶知制诰兼判国子监,诏以其所试制诰文戒励士大夫崇尚名节,榜示朝堂,竟成为士风的楷模。② 惜其当日所试制诰文不存,无从考察其人格分裂之面貌。

张璪,嘉祐二年进士,张洎之孙。元丰二年知制诰,知谏院,三年,除翰林学士。韦骧所撰《张公行状》(有阙文)载,张璪为凤翔府户曹参军,"今尚书苏公轼时签书府幕,尝与公为考辞,而曰:'缓于利而急于义,得其外而介其中。'则少时风节已可见矣";又称其"行谊端洁,文学渊粹"③,而未载其恶迹。但据《宋史》本传载:郑侠事起,张璪媚附吕惠卿,劾冯京与侠交通,深其辞,致京等于罪。苏轼下台狱,璪与李定究治,谋傅致轼于死罪。④ 其品行之邪险比乃祖太宗朝翰林学士张洎尚有过之。

除了上述四位《奸臣传》传主——吕惠卿、章惇、曾布、蔡确,及"乌台诗案"三位主将——李定、舒亶、张璪外,其他附合王安石的新党学士尚有以下数位。

元绛,熙宁三年(1070)至八年(1075)在院,兼翰林侍读学士。他是神宗朝翰苑大手笔,但据史载:"绛所至有威名,而无特操,少仪矩。仕已显,犹谓迟晚。在翰林,诌事王安石及其子弟,时论鄙之。"⑤

---

① 《宋史》卷三二九《舒亶传》,第 10604 页。
② 《长编》卷三一一"元丰四年三月戊申",第 7554 页。
③ 韦骧:《张公行状》,《全宋文》第 82 册,第 58—63 页。
④ 《宋史》卷三二八《张璪传》,第 10568—10570 页。
⑤ 《宋史》卷三四三《元绛传》,第 10905 页。

邓绾，熙宁八年在院，其人极其佞谀，安石荐于神宗，驿召对，见安石欣然如素交。乡人在汴京者笑骂其无耻，他的名言是："笑骂从汝，好官须我为之。"安石去位后，媚附吕惠卿，安石复相，又发惠卿与章惇事，故神宗斥其"绾操心颇僻，赋性奸回，论事荐人，不循分守"。其子邓洵仁、洵武，俱以奸邪称，史称："邓氏自绾以来，世济其奸。"①

邓润甫，熙宁十年（1077）至元丰元年（1078）、元丰五年（1082）至元祐二年（1087）、元祐五年至六年（1090—1091）三入翰林，两为承旨，"一时制作，独倚润甫焉"②。梁焘元祐中曾奏论："温伯操履回邪，初依王安石，以掾属为之肘腋，后结吕惠卿，以谏官为之鹰犬，迎合惠卿报怨之意，力挤安石亲党，畏安石复用之势，还攻惠卿过恶。吴充秉政而方用事，故自媚于充而苟合；蔡确擅权而贪天功，故阴济其恶而忘君。盖其性柔佞不力，贪竞无耻，但知附托，巧于进取，忍欺二圣之聪明，甘为强臣之役使。出入朋党，自怀反复，责之臣节，无忠信可观。"③润甫后亦为元祐朝名词臣，此文暂不多论。

蒲宗孟，元丰元年（1078）至二年（1079）为翰林学士兼侍读，拜尚书右丞，神宗曾有"无人才"之叹，宗孟率尔对曰："人才半为司马光邪说所坏。"帝不语，直视久之，曰："蒲宗孟乃不取司马光邪！未论别事，只辞枢密一节，朕自即位以来，唯见此一人；他人，则虽迫之使去，亦不肯矣。"熙宁中司马光屡辞枢密副使，名重天下，故遭神宗驳斥后，宗孟惭惧，至无以为容。一年后，御史论其荒于酒色及缮治府舍过制，罢知汝州，徙亳、杭、郓三州。《宋史》对他的评价是："助成手实之法，以'坏人才'谰司马光者，宗孟也。"④说明他在新法实施中所起

①《宋史》卷三二九《邓绾传》，第 10559 页。
②《宋史》卷三四三《邓润甫传》，第 10912 页。
③《长编》卷四三三"元祐四年九月己丑"，第 10443—10444 页。
④《宋史》卷三二八《蒲宗孟传》，第 10571、10574 页。

过的作用。《郡斋读书志》载:"为人酷暴奢侈,苏子瞻尝规之云:一曰慈,二曰俭。世以为中其膏肓之疾。"①苏轼的话委婉地指出了同为蜀人的蒲宗孟性格上的严重缺陷。

当然,以上翰林学士与新党的关系并非始终如一,壁垒分明,不乏见风使舵、出入反复者。对此,应具体分析。

四　新党学士与台谏的"杰作":
"乌台诗案"

在王安石罢相以后的元丰年间,新党在神宗支持下,对旧党的打压反而愈演愈烈,已经超出政治论争的范围,演变为意气之争和政治迫害,如郑侠之狱,而为祸最烈者,莫过于"乌台诗案"锻炼而成的文字狱,一代诗人苏轼竟以政治犯的身份成为熙、丰政坛的"焦点"。熙宁以来,苏轼屡屡上疏指陈新法之弊,并因此被排挤出朝廷,从熙宁四年(1071)至元丰二年(1079),长达9年时间里长期补外,脱离了汴京这一政治与文化中心,但仍然以诗获罪,以文字授新党以口实,酿成一代大狱。这一文字狱的始作俑者其实还有一个重要人物,即以"博学洽闻"和敏于政事著称,且有"禁中颇牧"之目的沈括。括为嘉祐八年进士,熙宁八年(1075)至十年(1077)为翰林学士。熙宁六年,苏轼时仍为杭州通判,沈括察访两浙农田、水利、差役等事,据《长编》卷三〇一"元丰二年十二月庚申"条注引王铚《元祐补录》载:"《沈括集》云:括素与苏轼同在馆阁,轼论事与时异,补外,括察访两浙,陛辞,神宗语括曰:'苏轼通判杭州,卿其善遇之。'括至杭,与轼论旧,求手录近诗一通,归则签帖以进云:'词皆讪怼。'轼闻之,复寄诗。刘恕戏曰:'不忧进了也?'其后李定、舒亶论轼诗置狱,实本于括云。元祐

---

① 晁公武:《郡斋读书志》卷十九《蒲左丞集》,第1004—1005页。

中轼知杭州,括闲废在润,往来迎谒恭甚,轼益薄其为人。"①时王安石仍在相位,但安石与神宗都并未追究苏轼,苏轼显然也没有引起警惕。苏轼后来之"供状"具见朋九万《东坡乌台诗案》以及《苕溪渔隐丛话》《紫芝诗话》等所载。此据《通鉴长编纪事本末》对诗案的概述,以了解李定、舒亶、张璪等人对苏轼极尽丑诋和人身攻击,对其诗歌曲意笺释的卑劣手段:

> 元丰二年七月己巳,御史中丞李定言:"知湖州苏轼,初无学术,滥得时名,偶中异科,遂叨儒馆。有可废之罪四。"御史舒亶言:"轼近上谢表,颇有讥切时事之言,流俗翕然争相传诵,忠义之士,无不愤惋。盖陛下发钱本以业贫民,则曰:'赢得儿童语音好,一年强半在城中。'陛下明法以课试群吏,则曰:'读书万卷不读律,致君尧舜知无术。'陛下兴水利,则曰:'东海若知明主意,应教斥卤变桑田。'陛下谨盐禁,则曰:'岂是闻韶解忘味,尔来三月食无盐。'其他触物即事,应口所言,无一不以讪谤为主,小则镂板,大则刻石,传播中外,自以为能。"并上轼印行诗三卷。御史何正臣亦言:"轼愚弄朝廷,妄自尊大。"诏知谏院张璪、御史中丞李定推治以闻。……初,御史台既以轼具狱上法寺,当徒二年,会赦当原,于是中丞李定言:"轼起于草野垢贱之余,朝廷待以郎官、馆职,不为不厚,而乃怨未显用,张意纵言,讥讽时政。自熙宁以来,陛下所造法度悉以为非。古之议令者,独有死而无赦,况轼所著文字讪上惑众,岂徒议令之比?乞特行废绝,以释天下之惑。"②

而其时御史台刑讯鞫治之情状,则由苏轼好友苏颂所见证,其《元丰

---

① 《长编》卷三〇一"元丰二年十二月庚申",第7336页。
② 杨仲良:《皇宋通鉴长编纪事本末》卷八二,第1111—1113页。

己未三院东阁作十四首》诗其五写道："却怜比户吴兴守,诟辱通宵不
忍闻。"自注:"时苏子瞻自湖守追赴台,劾尝为歌诗,有非所宜言,颇
闻镌诘之语。"①自元丰二年八月十八日至十一月二十七日结案,凡一
百余日。受此案连累遭贬或罚铜的计 20 余人。李定之辈必欲置苏
轼于死地而后快,其手段卑劣,用心狠毒,令人发指!

苏轼在台狱中最后的"供述"是:"登科后来入馆,多年未甚进擢,
兼朝廷用人多是少年,所见与轼不同,以此撰作诗赋文字讥讽,意图
众人传看,以轼所言为当。轼与张方平、王诜、李清臣、黄庭坚、司马
光、范镇、孙觉、李常、曾巩、周邠、苏辙、王巩、刘挚、陈襄、钱藻、颜复、
盛侨、王汾、钱世雄、吴琯、王安上、杜子方、戚秉道、陈珪相识,其人等
与轼意相同,即是与朝廷新法时事不合,及多是朝廷不甚进用之人,
轼所以将讥讽文字寄与。"②这显然是穷凶极恶的台吏所希望得到的
"认罪书"。但苏轼在哲宗朝所作的《乞郡札子》中则回忆说:

> 昔先帝召臣上殿,访问古今,敕臣今后遇事即言。其后臣屡
> 论事,未蒙施行,乃作为诗文,寓物托讽,庶几流传上达,感悟圣
> 意,而李定、舒亶、何正臣三人,因此言臣诽谤,臣遂得罪。然犹
> 有近似者,以讽谏为诽谤也。③

由此可见,苏轼并不讳言其熙、丰时期的诗文确实涉及时政,但他遵
循的"寓物托讽"即"主文而谲谏"的诗教传统,除了政见不同,这和王
安石熙宁时期的政治诗、白居易元和时期的讽谕诗在诗学精神上是
一致的,而在表现艺术上却要委婉得多,其中虽难免有些愤激牢骚之

① 苏颂:《元丰己未三院东阁作十四首》,《苏魏公文集》卷十,第128页。
② 朋九万:《乌台诗案》,《丛书集成》初编本。
③ 苏轼:《乞郡札子》,《苏轼文集》卷二九,第829页。

语，如"君不见阮嗣宗，臧否不挂口。莫夸舌在牙齿牢，是中惟可饮醇酒"①、"若对青山谈世事，当须举白便浮君"②、"岁恶诗人无好语"③等等，但其用意也不过是以诗为讽谏，"愿得天子知"（白居易），却被加以"诽谤"的罪名，欲加之罪，深文周纳，百般钩箝。"乌台诗案"堪称宋诗之厄难，李定、舒亶实为千年文字狱之始作俑者，儒家诗教之罪人。以言语得罪，对于号称以儒治国、优容文臣的宋朝廷也是莫大的讽刺，而肆意践踏文学精神的人却能成为学士人选，对于历来以清近贵重和文学高选著称的翰林学士院同样是莫大的讽刺。

在"乌台诗案"中，旧党中人固然为苏轼仗义执言，奔走营救，如张方平、范镇；即使新党中人也不乏同情者，如时任翰林学士的章惇、宰相吴充及退居金陵的王安石。《石林诗话》载："元丰间，苏子瞻系大理狱。神宗本无意深罪子瞻，时相进呈，忽言苏轼于陛下有不臣意。神宗改容曰：'轼固有罪，然于朕不应至是，卿何以知之？'时相因举轼《桧诗》'根到九泉无曲处，岁寒惟有蛰龙知'之句，对曰：'陛下飞龙在天，轼以为不知己，而求之地下之蛰龙，非不臣而何？'神宗云：'诗人之词，安可如此论，彼自咏桧，何预朕事！'时相语塞。子厚（章惇）亦从旁解之，遂薄其罪。子厚尝以语余，且以丑言诋时相曰：'人之害物，无所忌惮，有如是也！'"④据《苕溪渔隐丛话》引王定国《闻见近录》所载此事，"时相"即为王珪，神宗与章、王对话略有不同："苏子瞻在黄州，上数欲用之。……章子厚曰：'龙者非独人君，人臣皆可以言龙也。'上曰：'自古称龙者多矣，如荀氏八龙，孔明卧龙，岂人君也？'及退，子厚诘之曰：'相公乃覆人家族邪？'禹玉曰：'此舒亶言尔。'子厚曰：'亶之唾，亦可食乎！'"⑤或许是出于早年交游的情谊，章

---

① 苏轼：《送刘攽倅海陵》，《苏轼诗集合注》卷六，第225—226页。
② 苏轼：《赠孙莘老七绝》，《苏轼诗集合注》卷八，第384页。
③ 苏轼：《次韵刘贡父李公择见寄二首》，《苏轼诗集合注》卷十三，第624—625页。
④ 叶梦得：《石林诗话》，何文焕辑《历代诗话》本，第410页。
⑤ 胡仔：《苕溪渔隐丛话》前集卷四六，第312页。

惇虽为新党,但在关乎苏轼政治生命的大是大非面前,并未落井下石,尚能为好友辩解,说公道话,斥责王珪之卑劣,确实难能可贵。又据周紫芝《太仓稊米集》卷四九"读诗谳"条载:"余顷年尝见章丞相论事表云:'轼十九擢进士第,二十三应直言极谏科,擢为第一。仁宗皇帝得轼,以为一代之宝,今反置在囹圄,臣恐后世以谓陛下听谗言而恶讦直也。'丞相王文公曰:'岂有盛世而杀才士者乎?'当时谳议以公一言而决。呜呼,谁谓两公乃有是言哉!盖义理人心所同,初岂有异,特论事有不合焉。"①章惇与王安石作为苏轼的政敌,此时却都保持了应有的政治良心,保护了苏轼免于被杀。时吴充与王珪并相,"吴充见上曰:'魏武帝何如人?'上曰:'何足道?'充曰:'陛下以尧舜为法,薄魏武固宜,魏武猜忌如此而能容祢衡,陛下法尧舜而不容苏轼何也?'上曰:'朕无他意,止令对狱核是非尔,行释之矣。'"②也勇于为诗人主持公道。而三朝学士、时为副相的王珪之所为就令人齿冷了。御史唐垌曾对神宗说王珪"曲事安石,无异厮仆",其奴性品格从其对苏轼诗歌的恶意曲解可见一斑。另一位翰林学士、王安石之弟王安礼时为直舍人院、同修起居注,在此事上也向神宗进言,《宋史》本传载:"苏轼下御史狱,势危甚,无敢救者。安礼从容言:'自古大度之主,不以言语罪人……今一旦致于理,恐后世谓陛下不能容才。'帝曰:'朕固不深谴也,行为卿贳之。卿第去,勿漏言,轼方贾怨于众,恐言者缘以害卿也。'李定、张璪皆摘使勿救,安礼不答,轼以故得轻比。"

当熙宁九年王安石被再度罢相退居金陵以后,逐渐回归到一位诗人的身份,其诗风亦逐渐脱离了熙宁时期的政治色彩,而创造出诗律精严、诗意涵蓄的"荆公体"时,汴京新党中人如李定、舒亶之辈却采取卑劣残酷的手段,将文学作为迫害政敌的工具,严重地戕害了纯

---

① 见《宋诗话全编·周紫芝诗话》辑录所引,第2841—2842页。
② 彭百川:《太平治迹统类》卷二五"苏轼立朝大概",《文渊阁四库全书》第408册,第628—629页。

净的文学精神,摧残了正直的士人心灵,经范仲淹与欧阳修努力构建起来的"矫厉尚风节"、"救时行道"的一代士风大受挫折,也毒化了自由活泼的文学生态。在这样的政治气氛下,转喉触讳,正如苏颂因苏轼下狱而发的感慨:"莫为歌诗能数眯,圣朝终会颂华勋。"①作诗竟成为诗人的梦魇! 在这种恶劣庸俗的政治气氛中,太宗朝以来馆阁翰苑所形成的文学传统,也在元丰年间顿显冷清沉寂。

五　不同的声音:"嘉祐四友"与
熙宁学士的进退分合

　　熙、丰时期不同政治力量间的角力与学术思想的交锋,主要围绕新法和新学展开,由此划分为新党与旧党两大阵营。在王安石及其新党把持熙、丰政坛、文坛话语权的情势下,旧党翰林学士多被贬退,但政坛也并非一片喑哑。苏轼虽未进入翰苑,他对新法的批评却一直没有中断。值得注意的是,首批进入熙宁翰苑的翰林学士张方平及司马光、吕公著、范镇、王安石等人在翰苑政坛的进退。

　　张方平于治平二年(1065)至四年(1067)再入翰苑为学士承旨,司马光治平四年至熙宁三年(1070)为学士。范镇为嘉祐五年(1060)至治平元年(1064)、治平二年至三年(1066)、熙宁元年(1068)至三年(1070)三朝学士,在神宗朝 3 年。吕公著治平四年至熙宁二年(1069)为学士,元丰元年曾除翰林学士承旨,恳辞未受。王安石则于治平四年至熙宁二年为学士,实际上熙宁元年四月始入京任职,熙宁二年二月即为参知政事。与安石同在翰苑的同僚除司马光、范镇、吕公著外,还有承旨王珪(治平四年至熙宁三年)、郑獬(治平四年至熙

---

① 苏颂:《己未九月予赴鞫御史,闻子瞻先已被系,予昼居三院东阁而子瞻在知杂南庑,才隔一垣,不得通音息,因作诗四篇以为异日相遇一噱之资耳》,《苏魏公文集》卷十,第130页。按《庄子·天运》:"游居寝卧其下,彼不得梦,必将数眯焉。"

宁二年)、冯京(熙宁元年),共 7 人,员数尚属正常配置。从年龄上看,范镇最长,已年届 60,其他大多也年过 50,基本都属"老成之人",因此成为神宗朝第一批翰林学士。据说神宗曾向时任御史中丞的王陶(治平四年为学士)询问时政:"会以司马公光、吕公公著为翰林学士,上问:'此举如何?'对:'二人者,臣常论荐之矣,用人如此,天下何患不治乎?'"①这批翰林学士可以说集中了嘉祐以来最优秀的政坛人物,包括王安石这样被朝廷大臣普遍看好的政治上前途无量的新秀。而且他们许多人有良好的交游关系,最著名的就是号称"嘉祐四友"的司马光与王安石、吕公著、韩维四人。徐度《却扫编》载:"王荆公、司马温公、吕申公、黄门韩公维,仁宗朝同在从班,特相友善,暇日多会于僧坊,往往谈燕终日,他人罕得而预,时目为嘉祐四友。"②司马光与王安石其实相知甚深,两人同为群牧判官,同修起居注,同为翰林学士,有意思的是,司马光与王安石均是五辞而受修注官,司马光在辞状中即引王安石为例,他说以前朝廷一有任命,自己便黾勉从事,"及睹王安石前者辞差修起居注,章七八上,然后朝廷许之。臣乃追自悔恨,向者非朝廷不许,由臣请之不坚故也……如臣空疏,何足称道?比之安石,相去远甚……乃与之同被选擢,比肩交进,岂不玷朝廷之举,为士大夫所羞哉?"③在文学上,司马光曾参与嘉祐四年由王安石首唱的《明妃曲》唱和,王安石还曾邀司马光和其《巫山高》诗。④ 事实上,即使在政治上分裂之后,司马光对王安石的道义文章始终都非常推许,对其变法中举措失误与用人不当也深为惋惜。司马光与范镇、吕公著则为兄弟之谊、莫逆之交。范镇与司马光相得

① 范镇:《王尚书陶墓志铭》,《全宋文》第 40 册,第 316 页。
② 徐度:《却扫编》卷中,《文渊阁四库全书》第 863 册,第 773 页。
③ 司马光:《辞修起居注第四状》《司马温公集编年笺注》(三)卷十七,第 46 页。
④ 司马光:《介甫作〈巫山高〉命光属和勉率成篇真不知量》,《司马温公集编年笺注》卷四,第 220 页;王安石:《葛蕴作巫山高爱其飘逸因亦作两篇》,《王荆公诗笺注》卷九,上海古籍出版社 2010 年版,第 230—232 页。

甚欢,出处交游40余年如一日,议论如出一口,二人相约:"生而互为之传,后死者当作铭。"①巧合的是,韩维在熙宁二年(1069)至五年(1072)入翰苑为学士,与王安石诸人基本前后交替,并于熙宁七年(1074)为学士承旨。这样,"嘉祐四友"均成为熙宁学士与元丰至元祐朝廷重臣。然而,一场空前的政治改革风暴,使他们在熙宁中走向了决裂。

　　熙宁二年三月,王安石以翰林学士越次入对,任为参知政事,开始全面推行新法,昔日的相知、好友纷纷站到了自己的对立面,构成强大的反对力量,而司马光则被王安石视为"为异论者立赤帜"的人。②事实确实如此,司马光利用翰林学士兼侍读、谏职等身份,连续发出不同的声音。他承认王安石为贤者而非奸邪,但"性不晓事",刚愎执拗是其所短。他斥责王安石所荐举的吕惠卿"�巧非佳士"、"用心不正"③。熙宁三年(1070),司马光连上《与介甫》三书,全面批评新法和王安石之专断刚愎,言辞切直,王安石则对司马光所列"侵官、生事、征利、拒谏以致天下怨谤"等罪名给以针锋相对的回应。④光又上《奏弹王安石表》,奏称"参知政事王安石,不合妄生奸诈,荧惑圣聪","首倡邪术,欲生乱阶,违法易常,轻革朝典,学非言伪,王制所诛,非曰良臣,是为民贼。而又牵合衰世,文饰奸言,徒有啬夫之辨谈,拒塞争臣之议论";声称"臣之与安石,犹冰炭之不可共器,寒暑之不可同时"⑤。两人的矛盾迅速升级,已不可调和,光遂力求去职,终于熙宁三年罢翰林学士,以端明殿学士出知永兴军。安石于此年加同平章事,光则于熙宁四年四月罢归洛阳,自是绝口不论时事,闲居洛阳15

① 范镇:《司马文正公墓志铭》,《全宋文》第40册,第317—318页。
② 徐乾学:《资治通鉴后编》卷七八"熙宁三年二月甲戌",《文渊阁四库全书》第343册,第456页。
③《宋史》卷四七一《奸臣传一》,第13706页。
④ 王安石:《答司马谏议书》,《王荆公文集笺注》卷三六,第1233—1234页。
⑤ 司马光:《奏弹王安石表》,《司马温公集编年笺注》附录卷二,第92—93页。

年,远离汴京政治中心。同一时期,其他翰林学士及反对新法的朝臣也相继出外,熙宁二年五月,郑獬因不肯用按问新法,为王安石所恶,出为侍读学士、知杭州;①吕公著因论青苗法出知颖州。② 熙宁三年,范镇遭贬,"王介甫参知政事,置三司条例司,景仁(范镇)上疏极言其不可。介甫大怒,自草制书,极口丑诋,使以本官户部侍郎致仕"③。其他如御史中丞吕诲罢知邓州,张方平除南都留台,富弼西京养疾,刘恕归南康,"三舍人"被罢,苏轼通判杭州。

熙宁初期司马光、吕公著、范镇等翰林学士的相继贬退及其与王安石的分裂,标志着旧党在翰苑、经筵话语权的逐步丧失。下面的两个场景反映了退居学士的生活状态和心态:

> 初,欧阳文忠公与赵少师槩同在中书,尝约还政后再相会。及告老,赵自南京访文忠公于颖上,文忠公所居之西堂曰会老,仍赋诗以志一时盛事。时翰林吕学士公著方牧颖,职兼侍读及龙图,特置酒于堂,宴二公,文忠公亲作口号,有"金马玉堂三学士,清风明月两闲人"之句,天下传之。④
>
> 正献公(吕公著)守河阳,范蜀公(范镇)、司马温公往访,公具燕设口号,有云:"玉堂金马,三朝侍从之臣;清洛洪河,千古图书之奥。"⑤

第一则所记是嘉祐中学士欧阳修、赵槩与熙宁初学士吕公著两代学士的雅集,欧阳修于熙宁四年以太子少师致仕,居颖上,公著则罢翰林学士出知颖州,其实公著此时何尝不是被逐出政治中心的"闲人"?

---

① 《宋史》卷三二一《郑獬传》,第1049页。
② 《宋史》卷三三六《吕公著传》,第10773—10774页。
③ 司马光:《范景仁传》,《司马温公集编年笺注》卷六七,第216页。
④ 王辟之:《渑水燕谈录》卷四,中华书局1981年版,第48页。
⑤ 吕本中:《紫微诗话》,"正献"作"正宪",何文焕辑《历代诗话》本,第370页。

第二则是熙宁中三学士的燕集,时公著移知河阳,其燕设致语赞扬了司马光的"侍从"经历与博学根柢。两次燕集时间与地点都很相近,他们都不约而同地强调自己"玉堂金马"的侍从身份,其中既有对这一职位的高度认同,也暗含着此刻投闲置散的自嘲。此外,司马光曾这样描述范镇在洛阳的萧散生活状态:"景仁既退居,有园第在京师,专以读书赋诗自娱,客至无贵贱,皆野服见之,不复报谢。或时乘兴出游,则无远近皆往。周览江山,穷其胜赏,期年而后返。"①然而尤为重要的是,洛阳由此成为熙丰时期汴京之外俨然与朝廷分庭抗礼的又一政治文化重心,②司马光则无疑是西京洛阳由退休官员、隐士、学者组成的交游圈的精神领袖,"光居洛阳十五年,天下以为真宰相,田夫野老皆号为司马相公,妇人孺子亦知其为君实也"③。总之,一方面优游山水园林、诗酒雅集,一方面以道义自尊,以学术相高,静观时局,应是熙宁前期洛阳(及颍州、河阳)退居学士群的典型心态,而这样特殊的政治格局和文化景象,在元丰以后的贬谪文臣中已经很难重现了。

除了上述熙宁初学士外,熙、丰时期能自持操守、立朝刚正、秉持正义及对新法持异议者仍不乏人。如滕元发,熙宁二年学士,他深受神宗信任:"元发在神宗前论事,如家人父子,言无文饰,洞见肝鬲。神宗知其诚荩,事无巨细,人无亲疏,辄皆问之。元发随事解答,不少嫌隐。"④但与安石不合,"王安石尝与同考试,语言不相能,深恶元发"⑤,又虑其反对新法,故因事出知郓州,徙定州。吴充,熙宁三年在院,其子安持为安石婿,与安石连姻,"而心不善其所为,数为帝言政

---

① 司马光:《范景仁传》,《司马温公集编年笺注》卷六七,第216页。
② 参见葛兆光:《洛阳与汴梁:文化重心与政治重心的分离——关于11世纪80年代理学历史与思想的考察》,《历史研究》2000年第5期。
③ 《宋史》卷三三六《司马光传》,第10767页。
④ 《宋史》卷三三二《滕元发传》,第10675页。
⑤ 《御批通鉴辑览》卷七六"熙宁二年四月",《文渊阁四库全书》第338册,第171页。

事不便……欲有所变革,乞召还司马光、吕公著、韩维、苏颂,乃荐孙觉、李常、程颢等数十人"①。杨绘,熙宁三年(1070)至四年(1071)、熙宁七年(1074)至十年(1077)两为学士。曾为台谏官,处经筵,曾言:"谏官不得其言则去,经筵非姑息之地。"②为范祖禹所咨重。王益柔,熙宁四年直学士院,虽因为诏书不工而为安石所黜,但其人伉直尚气,喜论天下事,为杜衍、范仲淹所赏。陈襄,与王益柔同时直院,在经筵时,神宗顾之甚厚,进言司马光、韩维、吕公著、苏轼、郑侠等可用。曾言青苗法不便,为安石所忌,熙宁四年出知陈州,五年徙杭州,③时苏轼为通判,两人相得甚欢,屡屡雅集唱和。

韩维,嘉祐至元祐中四朝名臣,熙宁中两拜学士并为承旨。韩维在"嘉祐四友"中比较特殊,神宗因其为藩邸旧臣而知之尤深,屡欲大用,会王安石用事,变更旧法,韩维本与王安石雅相厚善,但安石执政,维议国事始多异同,故被阻。如熙宁三年孔文仲试制科对策入等,以直言时事被王安石罢黜,维连上五章,进言:"陛下无以文仲为一贱士尔,黜之何损?臣恐贤俊由此解体,忠良结舌,阿谀苟合之人将窥隙而进,则为祸有不胜言者矣。"④由是而贬外。元祐元年,为门下侍郎,"司马光与维平生交,俱以耆德进用,至临事,未尝一语附合务为苟同,人服其平"⑤。时议欲废《三经义》,韩维以为安石经义宜与先儒之说并行,不当废。绍圣中入元祐党籍。韩维在政治上独立不倚,不愧"嘉祐以来为名臣"的称誉。他出身于著名的桐木韩氏家族,韩氏三兄弟皆官居高位,《宋史》本传比较说:"(韩)亿有子位公府,而行各有适。绛适于同,维适于正,缜适于严。呜呼,维其贤哉!"⑥

---

① 《宋史》卷三一二《吴充传》,第10239—10240页。
② 《宋史》卷三二二《杨绘传》,第10450页。
③ 《宋史》卷三二一《陈襄传》,第10421页。
④ 《东都事略》卷五八《韩维传》,《文渊阁四库全书》第382册,第364页。
⑤ 《韩侍郎维传》(实录),《名臣碑传琬琰集》下卷十七,《文渊阁四库全书》第450册,第796页。
⑥ 《宋史》卷三一五《韩维传》,第10313页。

需要指出的是,除了在新法问题上的鲜明对立外,熙、丰翰林学士在政治与学术及文学等问题上,并不截然以党派判定异同。这里有必要补充两场论争。一是治平二年由两制以上参与的濮议之争。在这场长达 18 个月的辩论中,以王珪为首的两制与以吕诲、司马光为首的台谏官取得了一致,"初议崇奉濮安懿王典礼,翰林学士王珪等相顾不敢先发,天章阁待制司马光独奋笔立议"[1],此派主张以濮王为皇伯,而以韩琦、欧阳修为首的宰执则力主濮王为皇考,结果后者占了上风,吕诲、吕大防、范纯仁被贬出外。濮议既是礼法之争,也是权力的角力,虽也有"小人"、"君子"之辩,但并不带党争色彩。其二是司马光与范镇长达 20 余年的乐律之争。马、范两人交游 40 年,相知甚深,但在乐律问题上却往返论辩,各执己见。范镇《东斋记事》载:"司马君实内翰光于余,莫逆交也,唯议乐为不相合……往在馆阁时,决于同舍,同舍莫能决,遂弃棋以决之,君实不胜,乃定。其后二十年,君实为西京留台,予往候之,不持他书,唯持所撰《乐语》八篇示之。争论者数夕,莫能决,又投壶以决之,予不胜,君实欢曰:'大乐还魂矣。'凡半月,卒不得要领而归。岂所见然耶? 将戏谑耶? 抑遂其所执不欲改之耶? 俱不可得而知也。是必戏谑矣。"[2]这场争论始于皇祐二年(1050),熙宁三年,二人均罢翰林学士,范镇卜居许昌,司马光退居洛阳,两人仍时相过从,诗书往还,继续着礼乐问题的争论,但依然龃龉难决。

熙宁时期政治上渐趋分化的"嘉祐四友",在科举制度的变革问题上却有着高度的一致。熙宁二年,时任参知政事的王安石进《乞改科条制札子》:

伏以古之取士,皆本于学校,故道德一于上,而习俗成于下,

① 杨仲良:《皇宋通鉴长编纪事本末》卷五五"濮议"条,第 967 页。
② 范镇:《东斋记事》卷二,第 16—17 页。

其人材皆足以有为于世。……今欲人追复古制以革其弊,则患于无渐。宜先除去声病对偶之文,使学者得以专意经义,以俟朝廷兴建学校,然后讲求三代所以教育选举之法,施于天下,庶几可复古矣。①

四月诏:"四方执经艺者专于诵数,趋乡举者狃于文辞……今下郡国招徕隽贤,其教育之方,课试之格,令两制、两省、待制以上、御史、三司、三馆杂议以闻。"贡举制度的改革已经纳入变法的步骤,其时"议者多谓变法便"②。但当时的讨论还是引发了针锋相对的争议,大体可分两派,翰林学士除王珪外基本与王安石保持了一致。司马光的奏状认为:"臣窃惟取士之弊,自古以来,未有若近世之甚者也。何以言之? 自三代以前,其取士无不以德为本,而未尝专贵文辞也。"他批评了唐代以来以诗赋论策取士的不合理:"进士初但试策,及长安、神龙之际,加试诗赋。于是进士专尚属辞,不本经术,而明经止于诵书,不识义理,至于德行,则不复谁何矣。自是以来,儒雅之风,日益颓坏。""国家从来以诗、赋、论、策取人,不问德行,故士之求仕进者,日夜孜孜,专以习赋、诗、论、策为事,惟恐不能胜人……今若更以德行取人,则士之力于德行,亦犹是也。"由此造成士风的颓败,他建议实行保举之法,由朝臣荐举"学术节行"优秀者,择优召试,"进士试经义策三道,子史策三道,时务策三道,更不试赋、诗及论……对策及大义,但取义理优长,不取文辞华巧"③。吕公著认为取士的根本在学校,现行的教育制度与取士制度都需要变革,但"可以渐去而未可以遽废"。至于进士科,他指出:"按进士之科,始于隋而盛于唐。初犹专以策试,至唐中宗乃加以诗赋,后世遂不能易。取人以言,固未足见其实,至于诗

---

① 王安石:《乞改科条制札子》,《王荆公文集笺注》卷五,第 154 页。
② 《宋史·选举志》一,第 3616 页。
③ 司马光:《议学校贡举状》,《司马温公集编年笺注》(三)卷三九,第 552—558 页。

赋,又不足以观言。是以昔人以鸿都篇赋比之尚方技巧之作,此有识者皆知其无用于世也。臣以谓自后次科场进士,可罢诗赋而代以经,先试本经大义十道,然后试以论策。"①韩维的建议是"罢诗赋,更令于所习一大经中(原注:'令人通习某经。')问大义十道,但以文辞解释,不必全记注疏"②。而学士承旨王珪的建议甚为简单,仍主张"若乃贡举以诗赋策论取人,盖自祖宗以来,收揽天下豪俊,莫不用此,臣不敢轻议"③,毫无新意,恰如他在濮议之争时"相顾不敢先发"的表现一样。

当时对贡举改革持异议的代表是任直史馆的苏轼,他主张保持现状,"臣以谓今之学校,特可因循旧制",因为"贡举之法,行之百年,治乱盛衰,初不由此"。苏轼针对当时司马光诸人"或曰乡举德行而略文章,或曰专取策论而罢诗赋"的建议,认为诗赋策论之废存难以从有用无用的角度来判断,"自文章而言之,则策论为有用,诗赋为无益;自政事言之,则诗赋、策论均为无用矣。虽知其无用,然自祖宗以来莫之废者,以为设法取士,不过如此也"。他否认了考试内容对培养政事能力的功用,"自唐至今,以诗赋为名臣者,不可胜数,何负于天下,而必欲废之!"而经义策论,其为文易学,但"无声病对偶,故考之难精","其弊有甚于诗赋者矣"。因此现行的考试制度,已证明其行之有效,不必另行更张。④ 苏轼的奏状并非为诗赋辩护,而着眼于取人的角度,从逻辑上看并不比司马光等人的奏状缺少说服力,因此一度也打动了神宗,"帝喜曰:'吾固疑此,得轼议,释然矣。'"⑤但通常话语权并不掌握在少数派手里,更强势的翰苑学士与执政者的认识达成了高度一致。王安石对苏轼的奏状的回应直指要害:"若谓进士科诗赋亦多得人,自缘仕进别无他路,其间不容无贤;若谓科法已善,

---

① 吕公著:《答诏论学校贡举之法奏》,《全宋文》第50册,第281页。
② 韩维:《议贡举状》,《全宋文》第49册,第154页。
③ 王珪:《议贡举序庠序奏状》,《华阳集》卷七,《丛书集成》初编本,第73页。
④ 苏轼:《议学校贡举状》,《苏轼文集》卷二五,第723—726页。
⑤ 《宋史·选举志》一,第3617页。

则未也。今以少壮之士,正当讲求天下正理,乃闭门学作诗赋,及其入官,世事皆所未习,此科法败坏人材,致不如古。"①

翰苑词臣中的"嘉祐四友"(安石新由翰学升任副相)在科举问题上不约而同地站到了取消诗赋一派,他们的看法大同小异,其根本目的是建设良好的士风道德,倡导朴实的文风,培养政事型人才。这或许反映了"四友"身上所具有的某种共同的文化性格:四人都以恬退著称。事实上他们也是嘉祐以来朝野推重的士行楷模。另外,其个人生活和性格似都有些"不近人情"之处,如王安石"性不好华腴,自奉至俭,或衣垢不澣,面垢不洗"②;司马光"性不喜华靡,闻喜宴独不戴花","于物澹然无所好"③;"于财利纷华,如恶恶臭"④;吕公著"声利纷华,泊然无所好"⑤;韩维"好古嗜学,安于静退"⑥,因此,"四友"先德行而后文艺、重应用而轻华辞、崇尚论策经义而摒弃诗赋的文化取向,从某种意义上看,是基于他们安于恬退、不慕纷华而又不甘现状、锐意变革、进退从容的文化性格的必然选择。对于熙、丰变法时期科举罢诗赋以及轻视文华的文化决策,"嘉祐四友"因其在翰苑政坛中的显要地位以及学术德行的崇高声望,显然起到了重要的推动作用,而并非只是神宗与王安石的个人意志。

不过熙宁科举新制后来的发展确实越来越趋向于神宗与王安石的意志。熙宁四年,"更定科举法,从王安石议,罢诗赋及明经诸科,专以经义论策试士"。为了统一思想,为"一道德"提供理论依据,熙宁八年,"王安石以所训释《诗》《书》《周礼》三经上进。帝谓之曰:'今谈经者,人人殊,何以一道德? 卿所著经义,其颁行,使学者归一。'遂颁于学官,

---

① 《宋史纪事本末》卷九,第243—244页。
② 《宋史》卷三二七《王安石传》,第10551页。
③ 《宋史》卷三三六《司马光传》,第10757—10769页。
④ 《东都事略》卷八七《司马光传》下,《文渊阁四库全书》第382册,第566页。
⑤ 《宋史》卷三三六《吕公著传》,第10776页。
⑥ 《韩侍郎维传》(实录),《名臣碑传琬琰集》下卷十七,《文渊阁四库全书》第450册,第790页。

号曰'三经新义'。一时学者无不传习,有司纯用以取士。安石又为《字说》二十四卷,学者争传习之,自是先儒之传注悉废矣"①。荆公新学"多穿凿附会,其流入于佛、老",又"黜《春秋》之书,不使列于学官,至戏目为'断烂朝报'"②。至此,在所谓"一道德"的框架下,完成了贡举制度的全面变革,同时也导致了学风的专制和僵化。

因此,王安石新学随即遭到了司马光等人的抵制。司马光与范镇、吕公著均排斥佛教老庄,司马光"博学无所不通,音乐、律历、天文、书数,皆极其妙。晚节尤好礼,为冠婚丧祭法,适古今之宜。不喜释、老,曰:'其微言不能出吾书,其诞吾不信。'"③其熙宁二年上《论风俗》指出:

> 窃见近岁公卿大夫,好为高奇之论,喜诵老、庄之言,流及科场,亦相习尚。新进后生,口诵耳剽,翕然成风……今之举人,发口秉笔,先论性命,乃至流荡忘返,遂入老、庄。纵虚无之谈,骋荒唐之词,以此欺惑考官,猎取名第……伏望朝廷特下诏书,以此戒励内外,仍指挥礼部贡院,豫先晓示进士,将来程式,若有僻经妄说,言涉老、庄者,虽复文辞高妙,亦行黜落,庶几不至疑误后学,败乱风俗。④

顾栋高《司马温公年谱》认为:"所谓'好为高奇,喜诵老、庄'者,则荆公其人也。"⑤一代文坛宗师欧阳修于熙宁五年(1072)卒后,范镇、王安石、苏轼等人均撰文纪念。范镇《祭欧阳文忠公文》曰:"惟公平生,

---

① 《宋史纪事本末》卷九"学校科举之制"条,第242—245页。
② 《宋史》卷三二七《王安石传》,第10551页。
③ 苏轼:《司马温公行状》,《苏轼文集》卷十六,第491页。按苏轼传文为范镇采用,参见范镇:《司马文正公墓志铭》,《全宋文》第40册,第317—318页。
④ 司马光:《论风俗》,《司马温公集编年笺注》(四)卷四五,第122—123页。
⑤ 顾栋高:《司马温公年谱》,《司马温公集编年笺注》附录卷九,第307页。

谅直骨鲠。文章在世,炜炜炳炳。老释之辟,贲育之猛。拒塞邪说,尊崇元圣。天下四方,学子甫定。迩来此风,勃焉而盛。如醒复醉,如愈再病。"①范镇"其学本六经,口不道佛、老、申、韩之说"②,其排斥"老释邪说"的思想与欧公一脉相承,而"迩来此风"复炽,显然直指王安石。吕公著为夷简之子,与欧阳修为讲学之友,其性情与司马光相近,亦致力于抵制佛老异端和荆公新学,"帝从容与论治道,遂及释、老,公著问曰:'尧舜知此道乎?'"③而苏轼熙宁五年在通判杭州作监试官时,也作诗讥讽说:"缅怀嘉祐初,文格变已甚……尔来又一变,此学初谁谂? 权衡破旧法,刍豢笑凡饪。高言追卫乐,篆刻鄙曹沈。"④苏辙和诗云:"朝廷发新令,长短弃前韄。缘饰小学家,睥睨前王作。声形一分解,道义因附托。"⑤

至元祐中,重新执政的"四友"中的吕公著与韩维对科举新制的态度也发生了分化。元祐时期,公著与司马光同心辅政,光薨后独当国,试图对科举制度拨乱反正,纠正王氏新学一统天下的局面,"时科举罢词赋,专用王安石经义,且杂释氏之说,凡士子自一语上,非新义不得用,学者至不诵正经,唯窃安石之书以干进,精熟者转上第,故科举益弊。公著始令禁主司不得出题老、庄书,举子不得以申、韩、佛书为学,经义参用古今诸儒说,毋得专取王氏。复贤良方正科"⑥。韩维则以为安石经义宜与先儒之说并行,不当废。苏轼一直坚持他对王安石新学的批评立场,在熙宁二年的《议学校贡举状》中就已指出:王衍好老庄,王缙好佛,均导致天下风俗凌夷,"夫性命之说,自子贡不得闻,而今之学者,耻不言性命,此可信也哉! 今士大夫至以佛老

---

① 《全宋文》第 40 册,第 322—323 页。

② 《宋史》卷三三七《范镇传》,第 10790 页。

③ 《宋史》卷三三六《吕公著传》,第 10774 页。

④ 苏轼:《监试呈诸试官》,《苏轼诗集合注》卷八,第 341—344 页。

⑤ 苏辙:《和子瞻监试举人》,《栾城集》卷四,《苏辙集》,中华书局 1990 年版,第 78 页。

⑥ 《宋史》卷三三六《吕公著传》,第 10775—10776 页。

为圣人,鬻书于市者,非庄老之书不售也,读其文,浩然无当而不可穷,观其貌,超然无著而不可挹"①。洗涤荆公新学之弊,仍将是苏轼在元祐中进入翰苑后的重要课题。

六　治平、熙宁间翰苑馆阁的文学气氛

由于文学的政治化、边缘化,政治家和文学家身份的分裂,熙丰时期以王安石为中心的汴京诗坛并没有成为诗歌创作和传播中心。②对于王安石的政治与文学身份,宋人有一个流行的看法,王安石的才华更适于作为一个文章家,一个翰林学士,而不是一位宰相。韩琦即说:"安石为翰林学士则有余,处辅弼之地则不可。"朱熹认为,王安石"以文章节行高一世,而尤以道德经济为己任"③。若以欧阳修所看重的政事与文章相兼的标准看,④王安石无疑是最成功的典型之一。而为他惋惜的人不约而同地承认了一个事实:王安石是一个出色的翰林学士、一流的诗人和文章家。同时包含了另外一层意思:假如不是因为他在政治上步入"歧途",那么他的文学成就将更为卓著和伟大。刘将孙将荆公比为宋代之杜甫,但惋惜道:"独其不得如子美之称于唐者,相业累之耳。呜呼!使公老翰林学士,跫然一代词宗,亦何必执政耶?"⑤其实,以今人的角度看,不论在政治还是文学领域,王安石都是令人景仰的大家,是熙、丰时期首屈一指的文坛领袖和勇于改革的政治家。

稍微回顾一下王安石在嘉祐时期的唱和活动,有助于了解其文

---

① 苏轼:《议学校贡举状》,《苏轼文集》卷二五,第725页。
② 参见马东瑶:《文化视野中的熙丰诗坛》,第49页。
③ 《宋史》卷三二七《王安石传》,第10553页。
④ 《宋史》卷三一九《欧阳修传》:"学者求见,所与言,未尝及文章,惟谈吏事。谓:'文章止于润身,政事可以及物。'"(第10381页)
⑤ 刘将孙:《王荆文公诗笺注·序》,第1页。

学思想与诗歌风格的演变轨迹。他曾于嘉祐四年发起了影响颇大的明妃曲唱和,嘉祐诗坛与其唱和较多的包括欧阳修、梅尧臣、范镇、韩维、吴充、刘攽、曾巩等人,已展示出他作为一个年轻诗人所具有的浓厚的文学热情和出色才华。有意思的是他对当年几位诗友的评价:"韩侯(维)冰玉人。"①"清明有冲卿(吴充),奥美如晦叔(吕公著)。"②"冯侯(京)天马壮不羁,韩侯(维)白鹭下清池。刘侯(攽)羽翰秋欲击,吴侯(充)葩萼春争披。沈侯(遘)玉雪照人洁,潇洒已见江湖姿。唯予貌丑骇公等,自镜亦正如蒙供。忘形论交喜有得,杯酒邂逅今良时。心亲不复异新旧,便脱巾屦相谐嬉。"③上述各诗对诸人的形容清华高逸,颇具诗人气质,可以想见其时诗人游随雅集时之兴味。安石所咏韩、吴、吕、冯、沈 5 人,熙宁中均成为翰林学士,刘攽后亦任中书舍人。但后来这一唱和群体却或分或合,他所最服膺的人如刘攽、吕公著因对新法的批评而被黜,冯京亦因郑侠案遭李定、舒亶等陷害。

王安石早期的文学观念与诗风形成于嘉祐至熙宁初,其核心思想是以实用为本,重经术轻文华。"某尝患近世之文,辞弗顾于理,理弗顾于事,以襞积故实为有学,以雕绘语句为精新,譬之撷奇花之英,积而玩之,虽光华馨采,鲜缛可爱,求其根柢济用,则蔑如也。"④以"理"与"道"为标尺,则不仅欧阳修文为不近理,为欧阳修所肯定的杨、刘昆体更等而下之,"杨、刘以其文词染当世,学者迷其端原,靡靡然穷日力以摹之,粉墨青朱,颠错丛庞,无文章黼黻之序"⑤。其次是着意改革隋唐以来诗赋取士的科举制度。这一思想酝酿已久,如《读进士试卷》:"文章始隋唐,进取归一律。安知鸿都事,竟用程人物。

---

① 王安石:《韩持国从富并州辟》,《王荆文公诗笺注》卷十,第 247 页。
② 王安石:《寄吴冲卿》,《王荆文公诗笺注》卷十,第 250 页。
③ 王安石:《和贡父燕集之作》,《王荆文公诗笺注》卷十,第 257 页。
④ 王安石:《上邵学士书》,《王荆公文集笺注》卷三八,第 1327 页。
⑤ 王安石:《张刑部诗序》,《王荆公文集笺注》卷四七,第 1631 页。

变今嗟未能,于己空自咄。流波亦已漫,高论常见屈。故令傲倪士,往往弃埋郁。皋陶叙九德,固有知人术。圣世欲尔为,徐观异人出。"①《详定试卷》其二:"童子常夸作赋工,暮年羞悔有扬雄。当时赐帛倡优等,今日论才将相中。细甚客卿因笔墨,卑于尔雅注鱼虫。汉家故事真当改,新咏知君胜弱翁。"②在他由翰苑逐步进入政治权力中心以后,很快便实施了以经义策论代替诗赋的贡举新制,在写作上,则创作大量反映变法的时政诗,以意气自许,不复涵蓄,诗坛风气为之一变。

更为重要的是,因熙宁变法而产生的新旧党争,也导致文学群体的分化。以司马光和苏轼为代表的反变法派在政治风波中纷纷退居迁谪而离开京师后,嘉祐以来所形成的热烈高涨的文学气氛至此渐趋冷落,熙、丰时期诗坛中心呈京城与地方独立分散形态。总体上看,汴京诗坛在特定的政治气氛下,确实缺少了生气和活力,但这并不意味着熙、丰诗坛便是一片荒漠和死寂景象,即便就作为汴京文化学术中心的翰苑馆阁而言,也保持着一些正常的文学活动。③ 另外,一些辗转于郡邑与汴京之间的翰林学士,在与友人的唱和寄赠中,也时时交织着玉堂之思,如元绛曾知荆州,后作《怀荆南旧游》诗云:"去年曾醉海棠丛,闻说新枝发旧红。昨夜梦回花下饮,不知身在玉堂中。"④这也提供了从侧面观照熙、丰翰苑诗坛的零散材料。

治平、熙宁之际,馆阁、翰苑仍保持了太宗朝尤其是嘉祐以来讨

---

① 王安石:《读进士试卷》,《王荆文公诗笺注》卷一五,第 372 页。
② 王安石:《详定试卷》其二,《王荆文公诗笺注》卷二九,第 711 页。
③ 笔者在 10 余年前的旧文《北宋馆职、词臣选任及文华与吏材之对立》(《文学评论》2002 年第 4 期)中,曾提出熙丰时期由于王安石罢馆职及科举罢诗赋等原因,造成文学发展的萧条景象,成为北宋诗歌发展史上的断层。但如果将视野扩大至整个熙丰诗坛,这一论断并不全面。比如上引马东瑶《文化视野中的熙丰诗坛》就重点研究了熙丰时期活跃于汴京、洛阳及黄州以王安石、司马光、苏轼为首的三个重要诗人群。该书将特定的诗史时段与诗人群的组合交游、文学地理及制度文化交互贯穿,立体化地呈现了熙丰诗坛的图景。不过,本书关注的重心仍是活动于汴京的翰林学士文人群体。
④ 《全宋诗》第 7 册,第 4376 页。

论文史、诗酒雅集的传统,反映了其时较为浓厚的文学气氛。《东轩笔录》记载了两条生动的材料,其一是沈括、吕惠卿、王存、李常四人对韩愈诗歌评价的分歧:

> 沈括存中、吕惠卿吉甫、王存正仲、李常公择,治平中,同在馆下谈诗,存中曰:"韩退之诗,乃押韵之文耳,虽健美富赡,而终不近古。"吉甫曰:"诗正当如是,我谓诗人以来,未有如退之也。"正仲是存中,公择是吉甫,四人者交相诘难,久而不决。公择忽正色而谓正仲曰:"君子群而不党,君何党存中也?"正仲勃然曰:"我所见如是尔,顾岂党耶?以我偶同存中,遂谓之党,然则君非吉甫之党乎?"一坐皆大笑。

魏泰对此也表达了自己与王安石的看法:"余每评诗亦多与存中合,顷年尝与王荆公评诗,余谓凡为诗,当使挹之而源不穷,咀之而味愈长,至如欧阳永叔之诗,才力敏迈,句亦健美,但恨其少余味耳。荆公曰:'不然,如"行人仰头飞鸟惊"之句,亦可谓有味矣。'然余至今思之,不见此句之佳,亦竟莫原荆公之意。信乎所言之殊,不可强同也。"①双方相持不下的观点,正是庆历以来诗坛学韩引起的关于诗歌特性的争论的延续,它与宋诗艺术的演进进程正相辅翼。

另一则是发生在王安国、王安石、吕惠卿之间对晏殊词的评价引起的争论:

> 王安国性亮直,嫉恶太甚。王荆公初为参知政事,闲日因阅读晏元献公小词而笑曰:"为宰相而作小词,可乎?"平甫曰:"彼亦偶然自喜而为尔,顾其事业岂止如是耶?"时吕惠卿为馆职,亦

---

① 魏泰:《东轩笔录》卷十二,第141页。

在坐,遽曰:"为政必先放郑声,况自为之乎?"平甫正色曰:"放郑声不若远佞人也!"吕大以为议已,自是尤与平甫相失也。①

王安石"为宰相而作小词"的笑言并不代表他真正的词学观和熙宁时期重政治功能的文学观,王安国《花蕊夫人诗序》可以与此段材料相印证:

> 熙宁五年,臣安国奉诏定蜀民所献书,上可入三馆者,得花蕊夫人诗,乃出于花蕊手,而词甚奇,与王建宫词无异。建(之辞)自唐至今,诵者不绝口,而此独遗弃不见收,甚为可惜也。臣谨缮写入三馆而归,口诵数篇于丞相安石,明日,与中书语及之,而王珪、冯京愿传其本,因盛行于时。②

时王安石、王珪、冯京均已由翰林学士迁为参知政事,安国则为崇文院校书,与上则所记论晏殊词时间相近。据文莹《湘山野录》所载,花蕊夫人词起初为负责整理三馆献书者"斥去之"不取,于是复令令史李希颜整理,令史郭祥缮写,而后有赖三位宰执的欣赏而得以保存流传下来。③

总的来说,这两场讨论看起来似乎有些激烈,但主要是表达不同的文学见解,仍然保持着宋代馆阁特有的谐谑活泼气氛,对文学的评价尺度也是客观和宽容的。不过,在治平四年神宗即位以后,接受御史吴申的建议,馆阁召试取消诗赋而代以策论,这样的文学艺术气氛是越来越淡薄了。

---

① 魏泰:《东轩笔录》卷五,第52页。
② 王安国:《花蕊夫人诗序》,《全宋文》第73册,第44页。参见文莹:《续湘山野录》,第81—82页。
③ 文莹:《续湘山野录》,第81页。

七　治平至熙宁前期翰苑
馆阁的游从唱和

从现在文献资料看,熙、丰间翰苑唱和活动较多地集中于熙宁时期,又可分为两个节点,即治平至熙宁前期与熙宁后期。

活跃于治平至熙宁前期诗坛的翰林学士基本以"嘉祐四友"中的司马光、吕公著、王安石、韩维以及范镇等人为主。其实"四友"的文学交往是从嘉祐前后在馆阁翰苑中就开始了的,"四友"之间以及王安石、韩维与欧阳修、江休复、梅尧臣等都唱和颇多。但熙宁执政时期,王安石在翰苑时间既短,之后又因变法而与先前众多前辈僚友分道扬镳,因此唱和渐少。《题中书壁》诗作于任参知政事的次年即熙宁三年:

> 夜开金钥诏词臣,对御抽毫草帝纶。须信朝家重儒术,一时同榜用三人。

是记庆历二年同榜三进士同膺朝廷重命的恩荣。据李壁注:熙宁三年,王安石与韩绛同拜相,王岐公为翰林学士,被召草麻。[①] 按安石已于熙宁二年拜参政,三年王珪与韩绛同拜参知政事,诗是中书省题壁诗,末句似应指此。王珪作为学士承旨,三朝学士,久历词职,其与诸人唱和尤多,熙宁三年王珪知贡举,司马光子司马康与王珪、范镇、宋敏求之子同时登科,诸人于琼林苑闻喜宴上作诗相贺,范镇诗已佚,今存光诗《和景仁琼林席上偶成》:

> 念昔琼林赐宴归,彩衣绿绶正相宜。将雏虽复慰心喜,负米

---

① 王安石:《题中书壁》,《王荆文公诗笺注》卷四四,第 1161 页。

翻成触目悲。殿角花犹红胜火,樽前发自白如丝。桂林衰朽何须恨,幸有新枝续旧枝。①

自注云:"时康与禹玉、景仁、次道之子同时登科,在席。"虽然父子同登科第,一同出席天子的琼林盛宴,足为家族荣耀,但这点欣慰并没有冲淡生活的衰惫之感。而同时王珪的和诗《依韵和景仁闻喜席上作兼呈司马君实内翰》:

> 奉诏华林事最荣,门前几度放门生。三朝遇主惟文翰,十榜传家有姓名。(自注:"自太平兴国以来,四世凡十榜登科。")碧海蟠桃和露重,丹山雏凤入云清。诗书教子终须立,箧里黄金一顾轻。②

通篇渲染了翰林学士作为举子座主的清贵尊荣,表现了宋人普遍的以诗书传家博取功名的文化观念。

司马光与范镇及"三舍人"气类相投,在熙宁中唱和亦多。司马光《早朝书事》与范镇《奉和君实早朝书事》均写早朝及翰苑当直事,光诗感叹自己"素餐无小补,俯仰愧金鳌"③,其时司马光与王安石的矛盾已不可调和,诗语中不无牢骚。镇诗则写因司马光请假而自己连续当直:"近来君在告,连直几番鳌。"④熙宁三年春夏间,范镇与司马光及"三舍人"等为"东园"之游,司马光《景仁召饮东园呈陈彦升(荐)宋次道(敏求)李才元(大临)苏子容(颂)》诗写道:

> 去冬辱嘉招,寒风方飏屃。今秋侍高宴,晴日正澄丽。虽

----

① 司马光:《和景仁琼林席上偶成》,《司马温公集编年笺注》(二)卷十一,第 294 页。
② 王珪:《依韵和景仁闻喜席上作兼呈司马君实内翰》,《华阳集》卷四,第 39 页。
③ 司马光:《早朝书事》,《司马温公集编年笺注》(二)卷十一,第 295 页。
④ 范镇:《奉和君实早朝书事》,《全宋诗》第 6 册,第 4260 页。

> 无花蕴繁,且有丘樊思。虽无山泉乐,暂违尘土气。仆休散城
> 邑,马纵脱羁缰。欢呼笑言适,散诞冠带弃。殊胜禁掖严,进止
> 有常地。①

熙宁二年,司马光曾荐陈升、苏轼等4人为谏官;三年,"三舍人"封还李定任命词头,司马光对他们的做法表示了支持,他上疏说:"朝廷知大临等既累次封还词头,今复草之,则为反覆,必难奉诏,因欲以违命之罪罪之,使今后凡朝廷所行政令群下无敢立异者。若果如此,则百执事之人,自非偷合苟容者,皆不得立于朝矣。"②正所谓人以类聚,从这首游宴诗中,则可看出两制词臣在暂时脱离与外界隔绝的"禁掖"森严生活和京华的"尘土气"之后,难得的散诞纵狂的丘樊之思、山泉之乐。现存苏颂和诗:"銮禁限沉深,鳌头雄颙员。主人出休沐,秋色正明丽。偶为东园游,便有中林意。纵言得造适,览物增意气。风清濯烦襟,日永忘归缰。朝野本无间,簪组何用弃。未必幽栖人,识兹真乐地。"③"主人"正是对司马内翰的尊称,"朝野本无间,簪组何用弃",诠释了白居易所奉行的"中隐"思想,回应了司马光诗"进止有常地"之意。如何在政治风波中优游进退,消解仕与隐的矛盾,确实是宋人诗中思考较多的问题。

熙宁年间最大的一次饯饮送别活动应属熙宁三年钱藻出守婺州。据曾巩《馆阁送钱纯老知婺州诗序》载:"熙宁三年三月,尚书司封员外郎秘阁校理钱君纯老出为婺州,三馆秘阁同舍之士相与饮饯于城东佛舍之观音院,会者凡二十人,纯老亦重僚友之好,而欲慰处

---

① 司马光:《景仁召饮东园呈陈彦升(荐)宋次道(敏求)李才元(大临)苏子容(颂)》,《司马温公集编年笺注》(一)卷四,第226页。东园应为范镇之私园,"去年辱佳招"云云,指熙宁二年东园之游,司马光有《景仁招游东园马上口占》诗:"适野自可爱,况逢佳主人。"《司马温公集编年笺注》(二)卷十一,第274页。
② 司马光:《论李定札子》,《司马温公集编年笺注》(四)卷四三,第80页。
③ 苏颂:《次韵君实内翰同游范景仁东园》,《苏魏公文集》卷五,第47页。

者之思也,乃为诗二十言以示坐者,于是在席人各取其一言为韵,赋诗以送之。"①可知此次聚会地点也在佛寺,且人数众多,参加者皆为馆职,苏轼昆仲参与了此次唱和活动,轼诗云:

> 老手便剧郡,高怀厌承明。聊纡东阳绶,一濯沧浪缨。东阳佳山水,未到意已清。过家父老喜,出郭壶浆迎。子行得所愿,怆恨居者情。吾君方急贤,日盱坐迩英。黄金招乐毅,白璧赐虞卿。子不少自贬,陈义空峥嵘。古称为郡乐,渐恐烦敲搒。临分敢不尽,醉语醒还惊。②

钱藻出身于吴越钱氏文化世家,为钱勰从兄,其父钱明逸为仁宗朝庆历七年(1047)至皇祐元年(1049)及英宗治平初翰林学士,父子皆中贤良方正科,钱藻于元丰元年(1078)与孙洙同直学士院,迁枢密直学士、翰林侍读学士。事实上,从熙宁二年至四年,苏轼就不断地在送友人和同僚被贬出外,相继有《送曾子固倅越得燕字》《送任伋通判黄州兼寄其兄孜》《送刘攽倅海陵》《送吕希道知和州》《送文与可出守陵州》《送刘道原归觐南康》等诗作,③正如苏轼所感叹的:"年年送人作太守,坐受尘土堆胸肠。"④直到熙宁四年,苏轼自己亦离开京城,出为杭州通判,途中经过颍州,与苏辙同时拜访了时已致仕、退居颍上的恩师欧阳修,"多忧发早白,不见六一翁"⑤;"谓公方壮须似雪,谓公已老光浮颊。揭来湖上饮美酒,醉后剧谈犹激烈。……已将寿夭付天公,彼徒辛苦吾差乐。……不辞歌诗劝公饮,坐无桓伊能抚筝。"⑥既

---

① 曾巩:《馆阁送钱纯老知婺州诗序》,《曾巩集》卷十三,中华书局1984年版,第214页。
② 苏轼《送钱藻出守婺州得英字》为五古,见《苏轼诗集合注》卷六,第227—229页;苏辙《送钱婺州纯老》为七律,见《栾城集》卷三,《苏辙集》,第49页。
③ 上引诸诗见《苏轼诗集合注》卷六,第215—243页。
④ 苏轼:《送吕希道知和州》,《苏轼诗集合注》卷六,第230页。
⑤ 苏轼:《颍州初别子由二首》其二,《苏轼诗集合注》卷六,第252页。
⑥ 苏轼:《陪欧阳公燕西湖》,《苏轼诗集合注》卷六,第254—255页。

有感伤,又在精神上得到一定的慰藉。次年即熙宁五年,一代文学巨匠欧阳修即长逝于颍州,文学的代际交替实际上已由欧公门生后学的代表王安石与苏轼开始接续。从前引诗题看,送曾巩诗也是分韵赋诗,应与送钱藻祖饯场景类似,只是现在留存下来的饯饮诗会的记载,仅见送钱藻出守婺州的苏轼昆仲两首,无其他人诗作留存,这应当与其时馆职词臣等因反对新法而纷纷遭贬的政治背景以及日后发生的"乌台诗案"的究治有关。

八 饮饯诗会的"銮坡主席"与
回翔州郡的"翰林东道主"

神宗朝翰苑唱和的第二个节点是熙宁后期,即熙宁七年以后。此间翰苑任命中发生一件有意思的事情,即姓名中"糸"字旁的五位学士韩维、元绛、杨绘、陈绎、邓绾相继入院。《容斋四笔》卷十四载:"元厚之绛少时曾梦人告之曰:'异日当为翰林学士,须兄弟数人同在禁林。'厚之自思素无兄弟,疑为不然。及熙宁中除学士,同时相先后入院者,韩维持国、陈绎和叔、邓绾文约、杨绘元素,名皆从糸,始悟兄弟之说。"①这其实只是个有趣的巧合。据本章附表二,5 人交集的时间应在熙宁八年前后。5 人中除邓绾外,都能诗,韩维存诗最多,计 14 卷,元绛诗今人辑为 1 卷,杨绘、陈绎存诗都极少,但搜求汇集与他们唱和的诗人作品,仍可大体看出他们在熙宁、元丰中的文学活动。另外值得注意的是,韩维、杨绘、陈绎三人都是两入翰苑,元绛则自称"九重侍从三明主,四纪乾坤一老臣"②,在翰苑时间也长达 6 年,这就为他们较多的唱和活动提供了条件。如与当时两制词臣多有唱和的强至(1022—1076)《九日陪两制诸公燕赵氏园亭》诗:

---

① 洪迈:《容斋四笔》卷十四,上海古籍出版社 1995 年版,第 777 页。
② 元绛:佚句,《全宋诗》第 7 册,第 4383 页。

筋力追欢胜去年，不应吹帽愧华颠。壮心未折秋风里，笑口
频开晚照边。学士带欺黄菊烂，侍臣绶夺紫萸鲜。自怜蹭蹬诸
公后，一醉犹能赋此筵。[①]

说"胜去年"，可以想见此种聚会并不少见。

五位"糸"字旁翰林学士，韩维的政治与文学活动已见上节"嘉祐
四友"所论，这里着重考察元绛、杨绘、陈绎在熙丰诗坛之唱和活动。

元绛，天圣二年(1024)进士，熙宁三年至八年(1070—1075)在
院。他以文学擅名，苏颂所著《神道碑》载："公之在翰林也，予方在翰
林，每训辞之下及应用手笔，碑表、诗歌多得览观，其体制深重，章句
清裁，传在人口，皆出新意。由是知公之文无所不长也。"[②]强至《依韵
奉和王平甫(安国)学士寄元内翰诗》：

蓬莱仙阙地深沉，视草雠书此盍簪。禁漏传声来阁外，宫云
曳影过廊阴。能诗摩诘淹儒馆，未相微之在翰林。马跃秋风出
阊阖，片时相失遂成吟。[③]

分别以王维与元稹比拟王安国与元绛，对王安国的久滞文馆与元绛
的未获大用深致不平。不幸的是，王安国卒于熙宁七年，而熙宁八
年，元绛获迁参知政事，强至再致祝贺："洗马池边喜气俱，二公同日
上云衢。北门学士参台鼎，内阁才臣贰斗枢。晓殿春风迎拜舞，晚街
雾日照传呼。回头应笑蹉跎客，养拙长甘伴圉夫。"[④]"未相微之"终参
枢要，而强至时仍为群牧判官，故尾联以"圉夫"自嘲。

---

① 元绛：《九日陪两制诸公燕赵氏园亭》，《全宋诗》第 10 册，第 7035 页。
② 苏颂《太子少保元章简公神道碑》，《全宋文》第 62 册，第 27—33 页。
③ 强至：《依韵奉和王平甫学士寄元内翰诗》，《全宋诗》第 10 册，第 6991 页。
④ 强至：《腊月二十三日群牧使元内翰曾龙图同日拜枢参之命是日立春》，《全宋诗》第 10
册，第 7034 页。

杨绘,熙宁三年(1070)至四年(1071)、熙宁七年(1074)至十年(1077)两入翰苑,均兼翰林侍读学士,本传又载:杨绘以议新法不便、大臣被贬斥、以经术取士等而与王安石不合,其今存诗仅 10 首,但同时与其唱和者颇多。熙宁四年,苏颂守杭州,两制送行,颂作《某忝命守余杭,杨元素内翰泊两禁诸公出祖佛寺,席上探韵赋诗以宠其行,某亦分得留字(时李承之待制帅延安)》诗云:

> 内阁临边贵,銮坡主席优。赋诗嘉赵孟,载酒饯韩侯。何幸江城守,容陪禁序游。烟霄惭久隔,声气荷相求。笑语随春煦,欢酣永日留。百分传酿斝,五熟荐包羞。西望千兵盛,东归两桨浮。感时嗟老病,去国动离忧。遂别青云友,重为沧海州。应怜旧簪履,犹着故巾褠。衮字荣褒宠,琼琚乏报投。惟将夸远俗,歌咏入吴讴。[1]

这种为出守官员祖饯赋诗的场景自太宗朝以来已不鲜见,并逐渐形成一个传统,即由馆阁及两制词臣参与,由座中最有声望的翰林学士(或中书舍人)为"主席",分韵赋诗,诗人借送别雅集唱和,成为诗坛的小型聚会,这反映了宋人自觉的结盟意识和翰林学士的盟主地位。如嘉祐四年,祖无择出守陕郡,欧阳修于修书局置酒饯行,作《小饮坐中赠别祖择之赴陕府》,祖无择及与会者吴奎、刘敞、范镇、江休复、梅尧臣均作和诗,欧阳修即被称为"翰林主人"。

杨绘作为主持送别苏颂诗会的"銮坡主席",其在当时诗坛的地位从以下几首诗作还可以增加一些了解。杨绘与苏轼在元丰年间有诗唱和,其《诗寄东坡》是现在唯一一首寄酬之作:

---

[1] 苏颂:《某忝命守余杭,杨元素内翰泊两禁诸公出祖佛寺……》,《苏魏公文集》卷九,第108 页。

> 仙舟游漾雪溪风，三奏琵琶一舰红。闻望喜传新政异，梦魂犹忆旧欢同。二南籍里知谁在，六客堂中已半空。细问人间为宰相，争如愿在水晶宫。①

诗系记熙宁七年杨绘出知杭州时与苏轼、张先、陈舜俞、刘述、李常六人的松江之游。② 苏轼《次韵答元素》序云："余旧有赠元素词云：'天涯同是伤流落。'元素以为今日之先兆，且悲当时六客之存亡。六客，盖张子野、刘孝叔、陈令举、李公择、元素与余也。"其和诗云：

> 不愁春尽絮随风，但喜丹砂入颊红。流落天涯先有谶，摩挲金狄会同。蘧蘧未必都非梦，了了方知不落空。莫把存亡悲六客，已将地狱等天宫。③

值得注意的是，当时数首寄赠"杨内翰"的诗对其从政、交游及文章、学术等描述与评价。刘攽《寄杨元素内翰》诗："四世清名悉上公，看君羽翮势陵空。戏成炉鼎夸方士，妙夺蓍龟执鬼中。家有秦声居自乐，书非尚白智无穷。华光讲罢承明直，墨客无烦赋射熊。"④从家世名望、到炼丹卜筮⑤、声伎书画、经筵翰苑，简要地勾勒了杨绘的私人生活、个人性情与公众形象。强至有两首长诗对杨绘作了更具体的描写，《还府推杨学士〈无为编〉》作于杨绘为开封府推官时：

---

① 杨绘：《诗寄东坡》，《全宋诗》第 11 册，第 7386—7387 页。
② 吴聿《观林诗话》载："东坡在湖州，甲寅年（熙宁七年）与杨元素、张子野（先）、陈令举（舜俞）由苕雪泛舟至吴兴，东坡家尚出琵琶，并沈冲宅犀玉，共三面胡琴。又州妓一姓周，一姓邵，呼为二南。了野赋《六客辞》。后子野、令举、孝叔（刘述）化去，惟东坡与元素、公择（李常）在尔，元素因作诗寄坡云。"丁福保辑《历代诗话续编》本，中华书局 1983 年版，第 126 页。
③ 苏轼：《次韵答元素并引》，《苏轼诗集合注》卷二一，第 1083—1084 页。
④ 刘攽：《寄杨元素内翰》，《全宋诗》第 11 册，第 7229 页。
⑤ 何薳《春渚纪闻》卷十："丹灶之事……东坡先生、杨元素内相皆密受真诀，知而不为者。"中华书局 1983 年版，第 145 页。

蜀山秀色参天起,子云文章摩玉垒。关右衣冠从古名,伯起光华擅杨氏。从来气象几寂寥,今日西州闻学士。吁雄述作拟圣人,蹭蹬三朝官不徙。震虽有时无雄文,而又晚龄才得仕。岂知学士丁妙年,一日青云趋万里。高才大笔驱古今,奄有震雄兼二美。布衣平昔抱经纶,浩荡著书穷日暮。幽居独占无为山,因以名编仍号子。(自注:"学士既以'无为'名编,复自号无为子。")凿开元气争化工,剔出微情泣山鬼。先儒浮妄遭芟锄,直与六经相表里。青衫冗掾错致身,四十摩肩杂胥史。日趋官府旧学荒,已分清流将绝齿。前时辄辱授此编,如以咸韶震聋耳。夜侵灯烛昼废餐,若涉江河徐见涘。……①

《送记注杨学士被诏赴阙》应作于其熙宁七年由知杭州再入翰苑时(强至为杭州钱塘人,卒于熙宁九年):

学士声先压并游,词源浩荡浸昆丘。九重紫殿三题就,万里青云数刻收。天子临轩名第二,春官奏卷等俱优。翰林试笔寻挥写,册府讹文倏校雠。京邑纷华非所好,乡邦偃宴得其求。始看别酒倾同舍,早听歌谣载两州。严诏飞来批凤尾,近班归去立螭头。一年父老漫留寇,四世公台将至彪。即日金銮开步武,往时驷马减风流。蹉跎旧掾瞻行色,渐老从军只自羞。②

两首诗都写到了杨绘的家世渊源:东汉杨震字伯起,号称"关西孔子",杨震、杨秉、杨赐、杨彪祖孙四代皆出任太尉或司徒,《后汉书》卷五四《杨震传》载:"自震至彪,四世太尉,德业相继,与袁氏俱为东京

---

① 强至:《还府推杨学士〈无为编〉》,《全宋诗》第 10 册,第 6922—6923 页。
② 强至:《送记注杨学士被诏赴阙》,《全宋诗》第 10 册,第 7050 页。

名族。"①故世人称"四世三公",刘攽诗的"四世清名悉上公"亦此义。也都写到了他的科举成名,与《宋史》本传"少而奇警,读书五行俱下,名闻西州,进士上第"的记载吻合。本传又载:"为范祖禹所咨重。为文立就。"②杨绘又能以其文词学术入朝为馆职、为台谏、为经筵、为翰学,因而兼有扬雄之学术文章造诣与杨震之德业事功——"奄有震雄兼二美",既有机会施展他的经纶才华,也发扬光大了其家族文化传统。即使出任州郡,也能如寇准一样受黎民拥戴。强至当时颇有诗名,曾巩称他为进士出类拔萃,其文词大传于世,尤工于诗,句出惊人,最为韩琦所知,在魏公幕府多年,熙宁中迁群牧判官,③博学能文,却长期为幕府僚佐,"青衫冗掾",沉沦于府吏胥史,导致学术荒废,自己的文化身份甚至已被"清流"所遗忘,因此在两首诗中都深致慨叹。相比之下,杨绘在政治上无疑是成功的。

苏门弟子与杨绘的文学交往可以举以下3首。张耒曾在淮上随杨绘游,作《寒夜拥炉有怀淮上》:

忽忆去年淮上舟,有客致酒颇豪逸。三更堂下霜折木,坐上美人鸣宝瑟。人生有情亦可怜,明眸皓齿如眼前。主人金章作尘土,烟飞星散江南天。④

从晁补之《次韵文潜忆杨翰林元素家淮上夜饮作》可知张耒诗中所写即是杨绘:

老人得坐安若山,畏寒缩颈衣裘间。不如公子拥樽酒,诗材

① 《后汉书》卷五四《杨震传》,中华书局1966年版,第1790页。
② 《宋史》卷二二二《杨绘传》,第10448—10450页。
③ 曾巩:《强几圣文集序》,《曾巩集》卷十二,第202—203页。
④ 张耒:《寒夜拥炉有怀淮上》,《张耒集》卷十五,中华书局1990年版,第258—259页。

春乱词涛翻。想见杨家美人出，玉面朱唇映琴瑟。冰船著炬光
照淮，雪乱风筵饮方逸。只今愁坐私自怜，寒书冻砚尘满前。人
生何者非昨梦，还如归去散花天。老人已复形槁木，真幻那知然
不然。蚓鸣小鼎藜羹熟，闭眼圆蒲不是禅。①

张、晁两首七言古诗对刘攽诗中所提及的"家有秦声居自乐"一面，
作了更生动具体的细节描写。陈师道的《次韵杨内翰赠诸进士》诗：
"一官归老岂嘉宾，喜见群材入选抡。学变古今人得意，化行梁楚俗
还醇。士蒙余勇天同力，诗度清秋物再新。勉作功名收善颂，径从
平地据通津。"②据师道《跋杨李二公诗》载："元祐二年，始以诸科解
额合进士为二十七人，而考官定者才二十二人。昔熙宁中，罢黜诸科
以进学者，于是士兴于乡者过倍，其教化之效如此。出纳之吝，虽有
司事，而非诏意。秋九月，大会群士，二公为诗以相劳之，邦人以为
宠。又方请于上以复之，而皆见于诗，盖其志也，可谓贤矣。"③按，元
祐初，杨绘由知徐州改知杭州，元祐二年，陈师道则因苏轼荐，起为徐
州教授，而杨绘卒于元祐三年，因此，就现存作品看，这应是与杨绘最
后的唱和之作了。总之，由以上诗作可知，杨绘以其文采风流而与其
时文士、苏轼及其门下都过从颇多，因此苏颂称其"銮坡主席优"并非
虚誉。

　　陈绎，熙宁五年(1072)至六年(1073)入院，熙宁八年(1075)至九
年(1076)再拜。陈绎是曾因制辞"如款段老骥，筋力虽劳而不成步
骤"被神宗与张商英批评过的翰林学士，《宋史》本传也多"行与貌
违"、"希合用事"、"闺门不肃"、"廉耻并丧"④等负面评价。不过苏颂

① 晁补之：《次韵文潜忆杨翰林元素家淮上夜饮作》，《全宋诗》第19册，第12825页。
② 陈师道：《次韵杨内翰赠诸进士》，《后山逸诗笺》卷下，《后山诗注补笺》，中华书局1995年
版，第541页。
③ 陈师道：《跋杨李二公诗》，《全宋诗》第123册，第331页。
④ 《宋史》卷三二九《陈绎传》，第10615页。

《陈公墓志铭》的记载截然相反,如说英宗曾面谕陈绎:"闻卿文学久矣,真可任也。"苏颂与陈绎"同游场屋,再擢科第,登儒馆、历近班、领台阁且五十余年",相知甚深,他说:"公为人矜严有礼,驭家人如官府。"评价其文章:"公文格清峻,无尘言累语,尤长于论事。"称颂陈绎是"文章纵横经世才"①,这些应当不是全无根据的溢美之词。苏颂又记载:陈绎屡遭迁谪,回翔州郡,而未尝芥蒂于心胸。早与贤士大夫游,名闻于时,但其与时辈唱和之作皆不存,《全宋诗》仅录存其诗 1 首,但借助现存当时诗人与陈绎唱和之作,仍然可以对陈绎的交游及地位有大概的了解。这些唱和之友的作品多作于陈绎贬谪之后,如熙宁九年,陈绎知滁州,得《庄生观鱼图》,邀请苏颂观赏并请其赋诗纪事,苏颂遂作长诗《陈和叔内翰得庄生观鱼图于濠梁出以相示且邀作诗以纪其事》:

> 公堂四合临中衢,翰林壁挂观鱼图。传之近自濠梁客,云是蒙邑先生居。先生昔仕楚园吏,傲世不蕲卿大夫。逍遥淮上任造适,高岸偶见群儵鱼。清波出游正容与,潭底傅沫煦以濡。悠然饵纶不可及,谁知此乐真天娱。惠施好辩发闳论,谓彼固异若与吾。至人冥观尽物理,岂以形质论精粗。……先当朝士题咏处,不见綦履空遗墟。画工智巧良可尚,景物纵异能传模。古今变态尽仿佛,旦暮烟云随舒卷。遂令都邑繁会地,坐见淮山千里余。泛观既已忘物我,企想岂直思玄虚。惟公雅尚每耽玩,持示同好良勤渠。自怜衰老喜求旧,况荷明照均友于。朝陪玉堂暂晤语,暮入荜门还宴如。欣然共乐濠上趣,相忘正在于江湖。②

---

① 苏颂:《太中大夫陈公墓志铭》,《苏魏公文集》卷六十,第 911—915 页。
② 苏颂:《陈和叔内翰得庄生观鱼图十濠梁出以相示且邀作诗以纪其事》,《苏魏公文集》卷四,第 36—37 页。

由《庄子观鱼图》申发庄子与惠子之辩,借以表现两人的艺术"雅尚",抒发不为物累、逍遥自适的处世哲学与"友于"之情。韦骧(1033—1105)通判滁州时,有两首和陈绎之作,《和陈和叔内翰忆梅花因手植数本又命画工作生枝于屏间(次韵)》也表现了陈绎的艺术趣味:"翰林清兴满江张,尤忆梅花趁腊芳。已写幽屏外桃李,更摅藻思压班扬。自期造化加先意,岂待婵娟借末光。幸预樽前此佳赏,还祈手植早飘香。"①《幽谷回口占呈和叔内翰》则写追陪太守游赏山水的雅兴:"五骑行歌五马前,乱云轻点乱峰巅。此时佳兴此中醉,一阕清诗一玉船。"②

元丰初,陈绎以太中大夫、龙图阁待制知江宁府,王安石在金陵,两人时常相约出游,安石有《绝句呈陈和叔二首》《和叔招不往》《同陈和叔游北山》等多首诗酬赠,如:

> 捐书去寄老山林,无复追缘往事心。忽值故人乘雪兴,玉堂前话得重寻。③
>
> 缲成白雪桑重绿,割尽黄云稻正青。它日玉堂挥翰手,芳时同此赋林坰。④

《同陈和叔游齐安院》诗李壁注:"和叔裕陵时再入翰林为学士,时守江宁,当元丰五年、六年、七年也。"陈绎熙宁中两入翰苑均值安石在相位期间,王安石的几首小诗抒写了自己退居生活中淡泊的林下心境,并回忆了当年汴京宰辅与词臣之间的交往和友谊。刘攽《寄陈和叔内翰》亦当作于此时:"六十衰迟只自宽,读书无味细书难。一麾已

---

① 韦骧:《和陈和叔内翰忆梅花因手植数本又命画工作生枝于屏间(次韵)》,《全宋诗》第13册,第8522页。
② 韦骧:《幽谷回口占呈和叔内翰》,《全宋诗》第13册,第8525页。
③ 王安石:《和叔雪中见过》,《王荆文公诗笺注》卷四二,第1103页。
④ 王安石:《同陈和叔游齐安院》,《王荆文公诗笺注》卷四二,第1110页。

愧腰银印,百选何由及治官。潮过石城如雪白,山从钟岭似虬蟠。元龙豪气逾坚壮,投辖能同客醉欢。"①

　　陈绎知江宁府逾年,坐事左迁中大夫、改知建昌军,吕南公(1047—1086)与其唱和颇多。南公为建昌南城人,熙宁中屡试不第,遂退而筑室灌园,不复以进取为意。② 两人的唱和即在陈绎贬居、南公退居之时,据南公诗所记:"丙寅元祐年,内相守楚夷。"③丙寅即元祐元年,另据《献陈和叔内翰》诗云:"留滞周南事可嗟,东风三度见梅花。"按,吕南公元祐元年获曾肇推荐,但未及授官而卒,故陈绎之守建昌应为元丰末至元祐初,前后达 3 年时间,两人的唱和作品达 10几首之多。僻居乡野的学者与诗人,对翰林太守的到来表示了极大的热诚,南公亲赴郡斋拜谒:

　　年华四十盱畔城,惯处涸竭忘流盈。……翰林先生天下名,风裁如鉴初无情。偶然误许筳与楹,重言既出众懦兴。譬彼卧蛰因雷醒,恩文抚接曲尽诚。更刿荐牍辨玖琼,匹夫有获万口称。此世不复投清冷,正恐疏阔如樊英。④

南公以东汉甘于隐逸的学者樊英自喻,坚守学术,淡忘浮华名利,但翰林学士的揄扬与鉴裁还是使他深获知音之感。《呈知府内翰即次原韵》犹如一系列唱和的序言:

　　某顿首。伏蒙知府内翰以某微时旧稿或似可观,特赐篇章,过形襃借,园庐有幸,缃帙增荣。夫大声所入,盖非俚耳之能,而

① 刘攽:《寄陈和叔内翰》,《全宋诗》第 11 册,第 7299 页。
② 《宋史》卷四四四《文苑传六》,第 13122 页。
③ 吕南公:《奉和内翰太中城南放鱼》,《全宋诗》第 18 册,第 11825 页。
④ 吕南公:《内翰太中以某伏谒郡斋特赐长句谨和拜酬》,《全宋诗》第 18 册,第 11845 页。

无言不酬,是亦先民之训。谨循严韵,特致斐吟,僭渎有愆,战越以俟。某再拜。

山人何事忽伸眉,新得陈王七步诗。题是船斋高咏后,开当寒谷带经时。仁风坐使群心动,健笔潜将暖律移。砚席久荒青案乏,报酬非称更惭迟。

忧来无处寄深思,也拟春秋也作诗。空役肺肠添故纸,有何勋烈补明时。身唯蓬荜行将老,志似嵩丘永不移。谁使翰林东道主,肯敷余论悯衰迟。①

"回翔州郡"的翰林主人此时以内翰、知府俨然成为"东道主",真正的主人——乡绅吕南公以"山人"自居,他们以道义相交,以文学相知,"无言不酬"的礼数被奉为古训。据《宋史·文苑传》载:吕南公"于书无所不读,于文不肯缀缉陈言";"元祐初,立十科荐士,中书舍人曾肇上疏,称其读书为文,不事俗学,安贫守道,志希古人,堪充师表科,一时廷臣亦多称之"②。前引《内翰太中以某伏谒郡斋特赐长句谨和拜酬》诗所谓"更剡荐牍辨玖琼",当指陈绎亦曾向朝廷举荐南公。可知其道德、学术确实甚孚时望,因此,来自京城的翰林学士给予的赏识,对于因不趋时好而科场失利的吕南公来说,是莫大的慰藉和支持。下面这首诗表现了吕南公对陈绎的由衷推重:"欲辞铃阁重徘徊,世路无人计实材。宾榻少因高士下,醴樽多向俗儒开。孤踪此日叨余论,直笔他年倚上台。召节不迟天陛远,辍耕朝夕为公来。"③其他诗或赏雪:"翰林太守方出郊,去指登高作荣观。"④或咏梅:"无心草木穷山里,还解遭逢侍从臣。"⑤"田地纵然非旧壤,冰霜犹可见孤标。

---

① 吕南公:《呈知府内翰即次原韵》,《全宋诗》第 18 册,第 12853 页。
② 《宋史》卷四四四《文苑传六》,第 13122 页。
③ 吕南公:《献翰林太守》,《全宋诗》第 18 册,第 11872 页。
④ 吕南公:《奉和内翰太中腊雪出郊长句》,《全宋诗》第 18 册,第 11842 页。
⑤ 吕南公:《奉和内翰太中建昌二见梅花》,《全宋诗》第 18 册,第 11863 页。

人间岁月何曾老,物外馨香猝未销。"①"留滞周南事可嗟,东风三度见梅花。岩廊未引经纶手,山国频听早晚衙。酒为忧民倾日月,诗从思退写烟霞。宾筹更有林中士,谁及船斋太守家。"②或园林漫步:"晓风吹雨北园开,追逐双旌踏翠苔。"③或郊游口占:"结束东州计,诗编问酒瓢。"④或闲观插秧:"睡过春深一月余,绿秧黄犊负村居。东风似恨归耕晚,故遣藜床日枕书。"⑤"翰林太守"与地方诗人以诗歌为纽带,传递了丰富的情感和信息。

从以上诸人与陈绎的寄赠酬唱诗可以大致了解到,制诰应用文章或许确非陈绎所长,但他对于诗画艺术造诣不浅,与诗坛英彦的游从也甚为广泛,自然也不乏"高咏"与"藻思"。唯一的遗憾是,一些本应是诗会主角的"銮坡主席"与"翰林东道主"——即翰林学士的作品的缺失,使我们无法更切近地观察当时丰富的"文学现场"。这种情况,在神宗朝以后诗坛,杨绘与陈绎并非个例。

九 "荒瘠斥卤"、"黄茅白苇"之外

南宋李正民《章季万送示其祖内制次元叔韵诗》云:

> 运际熙丰政日新,近臣摘藻拣天门。当年翰墨文章妙,晚岁经纶德业尊。纪事丰碑推大手,忧民温诏尽嘉言。大门接武登鳌禁,犹喜交游到子孙。⑥

---

① 吕南公:《伏睹教场后庭移梅树辄赋小诗呈献内翰太中》,《全宋诗》第18册,第11876页。
② 吕南公:《献陈和叔内翰》,《全宋诗》第18册,第11882页。
③ 吕南公:《晓陪内翰步至北园》,《全宋诗》第18册,第11856页。
④ 吕南公:《奉和内翰太中残春口占二首》,《全宋诗》第18册,第11850页。
⑤ 吕南公:《答内翰太中观插稻见寄》,《全宋诗》第18册,第11881页。
⑥ 李正民:《章季万送示其祖内制次元叔韵诗》,《全宋诗》第27册,第17470页。

章季万应系章惇后人,章惇族叔章得象为仁宗朝翰林学士及承旨十二年,故诗称"大门接武登鳌禁"。李正民对章惇"翰墨文章"与"经纶德业"的推尊,是在熙、丰新政的背景下依据充分的文献史料所作的解读。然而当我们今天将目光转向新党学士群体的文学活动时,却面临材料缺乏的困境。造成这种状况的原因之一,是熙、丰中神宗与王安石主持施行的一系列否定文华的政治文化措施,对文学的发展造成的负面影响;其二是"奸臣"、"新党"、"小人"的定谳,遮蔽了正常的批评视野,使得原来可能并不缺乏的文学文本因人而废,渐至湮没无闻。

从第一个原因看,王安石以实用为本的文学思想在实用性的官方文书写作中贯彻得更为彻底。熙宁中他与神宗之间有数次讨论,熙宁四年二月,神宗不满直舍人院陈绎制辞不工,安石因言:"制辞太繁,如磨勘转常参官之类,何须作诰称誉其美,非王言之体,兼令在官者以从事华辞费日力。"并且建议:"臣愚以为,但可撰定诰辞云:'朕录尔劳,序进厥位,往率职事,服朕命,钦哉!'他放此撰定,则甚省得词臣心力,却使专思虑于实事,亦于王言之体为当。"①要求制辞的撰写实事求是,这对改造应用文体华而不实的文风确有必要,而且取得了成效。神宗因此赞赏王安石说:"吏文有条序,皆由卿始。"②至熙宁五年七月,两人又有一次关于"文辞"的对话:"上问考辞何用? 安石曰:'唐以来,州县申牒中书及诸司奏事、判事,皆有词,国初犹然。'上曰:'此诚无谓。'安石曰:'天下无道,辞有枝叶,从事虚华乃至此。此诚衰世之俗也。'上以为然。"③熙宁九年五月,在神宗对范仲淹教人以唐人《动静交相养赋》为赋法以及王安石对唐太宗学庾信为文表示不满后,安石说:"陛下该极道术文章,然未尝以文辞奖人,诚知华

---

① 《长编》卷二二〇"熙宁四年二月辛酉",第5341—5342 页。
② 《长编》卷二六三"熙宁八年闰四月甲寅",第6450 页。
③ 《长编》卷二三五"熙宁五年七月丙午",第5720—5721 页。

辞无补于治故也。风俗虽未丕变,然事于华辞者亦已衰矣。此于治道风俗不为小补。"①明确地将"道术"与"文辞"、"风俗"与"华辞"对立起来,视文采为害道败俗之物,这形成神宗朝基本的文化政策和文学思想。

但否定"华辞"的负面影响恐怕是王安石与神宗始料未及的。如果说科举与馆阁召试罢诗赋带来的消极后果,是两制词臣写作水平的低下和取材路狭;那么王安石对制辞文字的改革,则直接造成了典诰之臣文辞苟简、千人一辞、千篇一律的现象,这从侧面反映了文坛一时"黄茅白苇"的衰落景象。熙宁十年,知制诰孙洙就针对前此王安石对部分公文写作格式的规定上疏批评:

> 熙宁四年中,建言者患制诰过为溢美,以谓磨勘迁官,非有绩效,不当专为训词。又谓典诰之臣皆有美官,殚废文辞,虑妨其他职事。遂著令磨勘皆为一定之辞,文臣待制武臣阁门使以上,方特命草制,其余悉用四句定辞。遂至群臣虽前后迁官各异,而同是一辞;典诰者虽列著名氏各殊,而共用一制;一门之内,除官者各数人,文武虽别,而并为一体。至于致仕、赠官、荐举、叙复、宗室赐名、宗妇封邑、斋文疏语之类,虽名体散殊,而格以一律,岁岁遵用。虽曰苟趋简易,然而规陋,非所以训百官,诏后世也。前世典章,本朝故事,未尝有此。陛下天纵神圣,言成典谟,博鉴古今,循责名实,每闻天语训敕臣下,手札宣示二府,皆言有法义,曲尽事情,天下传诵,史官纪述。而典诰之臣乃苟简如此,岂称明诏所以垂立一代制度之意哉!伏望皆令随事撰述,但不得过为溢美,以失事实。②

---

① 《长编》卷二七五"熙宁九年五月癸酉",第6732—6733页。
② 孙洙:《乞磨勘迁官诰词随事撰述奏》,《全宋文》第78册,第93页。《长编》卷二八三"熙宁十年六月丙申",第6926页。

　　荆公新学造成思想的僵化,正如苏轼《送人序》所言:"王氏之学正如脱椠,案其形模而出之,不待修饰而成器耳,求为桓璧彝器,其可乎?"①熙宁科举罢诗赋,则造成举子的文学素养的欠缺与知识结构的偏狭。《曲洧旧闻》卷三载:"科举自罢诗赋以后,士趋时好,专以三经义为捷径,非徒不观史,而于所习经外他经及诸子,无复有读之者。故于古今人物及时世治乱兴衰之迹,亦漫不省。元祐初,韩察院以论科举改更事,尝言臣于元丰初差对读举人试卷,其程文中或有云'古有董仲舒,不知何代人',当时传者莫不以为笑。此与定陵时省试举子于帘前上请云'尧舜是一事,是两事'绝相类,亦可怪也。"②不读经史,必然导致识见的低下和眼光的浅薄,也将使宋诗缺少作为学人之诗的理性品格,使宋文削弱史论、政论等议论文体的思想力度。

　　造成熙、丰文学叙事残缺的第二个原因较为复杂。客观地说,新党词臣中并非全为不学无术之辈,反而不乏文学之士,吕惠卿、章惇、曾布、蔡确四位《奸臣传》中人物以及"乌台诗案"中的主将之一张璪,便都是嘉祐文学革新思潮中崭露头角的文学新进。吕惠卿有《东平集》一百卷,已佚,《全宋诗》仅辑得其诗4首。司马光曾称惠卿"文学辨慧"③,孙觌《东平集序》称惠卿"辞丽义密,追古作者","根极理要,一本于经义"④。蔡确因善为乐语而得到韩绛荐举,并曾从吴处厚学赋,不过他后来也为诗所累,元祐中,恰为吴处厚所弹劾,成了"车盖亭诗案"的受害者。此外如张璪,《全宋诗》仅录存其诗2首。蒲宗孟,皇祐五年进士,神宗称其有史才,命同修两朝国史。元袁桷《书蒲传正左丞帖》称:"左丞蒲公,文学政事,熙宁、元丰之时号为名流。后

① 苏轼:《送人序》,《苏轼文集》卷十,第 325 页。
② 朱弁:《曲洧旧闻》卷三,第 116 页。
③ 《宋史》卷四七一《奸臣传》,第 13706 页。
④ 孙觌:《东平集序》,《全宋文》第 160 册,第 307 页。

出为亳州，未几以扬易杭，皆东南要郡，此手帖盖繇亳入觐时所作也。蜀繇孟氏以来无兵革斗争，文士迭出，至元丰时，为翰林学士者十余人，公其一也。宋世仁、英正史皆公纂修，今藏史院可考。"①其知杭时，陈师道有《和蒲左丞有美堂座上观雪二首》。② 苏辙《寄题蒲传正学士阆中藏书阁》诗云："朱栏碧瓦照山隈，竹简牙签次第开。读破文章随意得，学成富贵逼身来。诗书教子真田宅，金玉传家定粪灰。更把遗编观得失，君家旧物岂须猜。"③陈襄《题蒲传正舍人清风阁》所咏也是其阆中藏书阁，诗云："清白传芳奕世居，阆峰华阁峻凌虚。千金不买连城璧，万卷惟存旧宅书。鲁邑弦歌兴国俗，谢家兰玉满庭除。今朝已觉孙谋远，人在西垣直禁庐。"④两诗均叙述了蒲氏诗书传家的家族文化传统。据载，宗孟"戒子孙曰：'寒可无衣，饥可无食，读书不可一日失。'"⑤蒲宗孟性乐山水，《全宋诗》今存蒲宗孟诗 26 首，亦多为题咏山水之作，除咏家乡阆州外，又曾咏苏州虎丘。宗孟治平中曾任苏州推官，⑥元丰初为翰林学士兼侍读，除尚书左丞，出守汝、亳、杭、郓四州，其再游苏州，当在此时。苏州当地著名学者朱长文，号乐圃先生，隐居家乡著述讲学，"吴人化其贤，长吏至，莫不先造请，谋政所急。士大夫过者，以不到乐圃为耻"⑦。宗孟苏州诗今存《虎丘》及《游虎丘因书钱塘旧游》两首，⑧朱长文则作《次韵蒲左丞游虎丘二首》《次韵蒲左丞游虎丘十首》等十数首诗次韵相酬，如："玉堂紫阁冠英

---

① 袁桷：《书蒲传正左丞帖》，《清容居士集》卷五十，《文渊阁四库全书》第 1203 册，第 659 页。
② 陈师道：《和蒲左丞有美堂座上观雪二首》，《后山诗注补笺·后山逸诗笺》卷下，第 547—548 页。
③ 苏辙：《寄题蒲传正学士阆中藏书阁》，《栾城集》卷五，《苏辙集》，第 86—87 页。
④ 陈襄：《题蒲传正舍人清风阁》，《全宋诗》第 8 册，第 5095 页。
⑤ 彭大翼：《山堂肆考》卷九一，《文渊阁四库全书》第 975 册，第 698 页。
⑥ 《东都事略》卷八三《蒲宗孟传》，《文渊阁四库全书》第 382 册，第 538 页。《宋史》卷三二八《蒲宗孟传》谓其"第进士，调夔州观察推官"，恐误，第 10570 页。
⑦ 《宋史》卷四四四《文苑传六》，第 13127 页。
⑧ 蒲宗孟：《虎丘》《游虎丘因书钱塘旧游》，《全宋诗》第 11 册，第 7335 页。

游,身作三公未白头。须向凤凰池上浴,岂容萧散咏林丘。"①又据长文诗,此时宗孟尚以荐士为念:"高文大册耀天衢,新句锵金掷隐居。廊庙方将归辅弼,江湖犹复念耕渔。百城草木知威望,一代贤能人荐书。近日东南兴节士,既族吴子又褒徐。"自注:"公既荐吴祖求显于朝,又作高士坊、谷口堂,以追褒徐复。"②朝堂与州郡之间,仕宦进退,游从往还,显示了由文人地方官与地域性诗人构成的郡斋诗人群的活动特点。

李定与舒亶对苏轼诗案的锻炼钩箝,其实也反映了他们的文学修养并非一字不识之辈可比。李定就非常佩服苏轼的博学,《苕溪渔隐丛话》前集卷四二引王定国《甲申杂记》载:"李定资深鞫子瞻狱,虽同列不敢辄启问。一日,资深于崇政殿门忽谓诸人曰:'苏轼奇才也。'众莫敢对。已而曰:'虽三十年所作文字诗句,引证经传,随问即答,无一字差舛,诚天下之奇才也。'叹息不已。"③胡应麟也曾指出:"李定、舒亶,世知其为凶狡亡赖,而不知皆留意文学者。"④舒亶原有文集一百卷,今存诗二卷,文二卷。《瀛奎律髓》卷二十苏轼《岐亭道上见梅花戏赠季常》诗下附论曰:"元丰中李定、何正臣、舒亶弹劾之下狱,欲置之死,至于今,此三人姓名,士君子望而恶之。亶有《和石尉早梅二首》曰:'霜林尽处碧溪傍,小露檀心媚夕阳。天下三春无正色,人间一味有真香。相思谁向风前寄,更晚那辞雪后芳。朝夕催人头欲白,故园正在水云乡。'又:'依然想见故山傍,半倚垣阴半向阳。短笛楼头三弄夜,前村雪里一枝香。可能明月来同色,不待东风已自芳。幸免杜郎伤岁暮,莫辞吟对钓渔乡。'此两诗亦颇可观,但以少陵为杜郎则称誉不当。亶眼不识东坡,而谓其能识梅花耶? 兼亦格卑

---

① 朱长文:《次韵蒲左丞游虎丘十首》其一,《全宋诗》第 15 册,第 9806 页。
② 朱长文:《判府蒲左丞宠赠佳篇谨次韵》,《全宋诗》第 15 册,第 9804 页。
③ 胡仔:《苕溪渔隐丛话》前集卷四二,第 288 页。
④ 胡应麟:《诗薮》杂编卷五,第 315 页。

句巧,似乎凑合而成。惟东坡诗语意天然自出,高妙悬绝不同,其人品不堪与东坡作奴。"①但胡应麟则认为舒亶《梅花》二律"颇自成调"。见仁见智,姑不论舒亶诗艺术水平之高下,但以人品而论诗品,已存成见,难求公允。

值得注意的是,新党学士现存作品中,基本看不到新党领袖王安石执政时期所创作的那种锋芒毕露的政治诗,而大多为清深淡远的山水雅赏、悟道寄禅之作,如李定所存 4 首诗分别为《海棠》《和石扬休海棠》《垂虹亭》《琴溪》②,这似乎与其政治品格形成很大的反差。或许,在远离政治纷争的天然诗境里,暂时涤除了人们身上的污浊之气,一觞一咏,无贤不肖,莫不可畅叙幽怀,无论是对于政治的刻意回避,还是对于性情的自然流露,诗与人品、诗与政治之依违关系,殊难一概而论,也因此故,那些较有艺术价值的作品还是多少留存了下来。

元丰年间,以新党学士为主的一组围绕王维山水画的题画作品,令人颇感兴趣。《石林诗话》卷上记载:"《江干初雪图》真迹藏李邦直家,唐蜡本,世传为摩诘所作,末有元丰间王禹玉(珪)、蔡持正(确)、韩玉汝(缜)、章子厚(惇)、王和甫(安礼)、张邃明(璪)、安厚卿(焘)七人题诗。建中靖国元年,韩师朴(忠彦)相,邦直(李清臣)、厚卿同在二府,时前七人者所存唯厚卿而已,持正贬死岭外,禹玉追贬,子厚方贬,玉汝、和甫、邃明则死久矣,故师朴继题其后曰:'诸公当日聚岩廊,半谪南荒半已亡。惟有紫枢黄阁老,再开图画看潇湘。'是时邦直在门下,厚卿在西府,紫枢、黄阁谓二人也。厚卿复题云:'曾游沧海困惊澜,晚涉风波路更难。从此江湖无限兴,不如秖向画图看。'而邦直亦自题云:'此身何补一毫芒,三辱清时政事堂。病骨未为山下土,

---

① 《瀛奎律髓汇评》卷二十,第 797—798 页。苏轼《岐亭道上见梅花戏赠季常》诗云:"蕙死兰枯菊亦摧,返魂香入陇头梅。数枝残绿风吹尽,一点芳心雀啅开。野店初尝竹叶酒,江云欲落皂雕灰。行当更向钗头见,病起乌云正作堆。"
② 李定诗见《全宋诗》第 11 册,第 7541 页。

尚寻遗墨话存亡。'余家有此模本,并录诸公诗续之,每出慨然。自元丰至建中靖国几三十年,诸公之名宦亦已至矣,然始皆有愿为图中之游而不暇得,故禹玉云:'何日扁舟载风雪,却将蓑笠伴渔人。'玉汝云:'君恩未报身何有,且寄扁舟梦想中。'其后废谪流窜,有虽死不得免者,而江湖间此景无处不有,皆不得一偿,厚卿至为危辞,盖有激而云。岂此景无不可得,亦自不能践其言耳。"①这一组元丰 7 人题诗仅存 3 首完篇:

> 微生江海一闲身,偶上青云四十春。何日扁舟载风雪,却将蓑笠伴渔人。(王珪)②
> 江头微雪北风急,忆泊武昌舟尾时。潮来浪打船欲破,拥被醉眠人不知。(章惇)③
> 吴儿龟手网寒川,急雪鸣蓑浪拍船。青弋江头曾卧看,令人却忆十年前。(蔡确)④

7 人中安焘、王安礼、张璪原诗不存,韩缜存残句,即《石林诗话》所记"君恩未报身何有,且寄扁舟梦想中"两句。叶梦得补充记录了建中靖国时 3 位宰辅的继题 3 首,一是韩琦之子韩忠彦,一是此画的收藏者李清臣的自题,一是当年题诗的唯一幸存者安焘的复题。从元丰至建中靖国前后两次题诗者的身份看,除韩缜、韩忠彦外,基本都可划入新党;其次,除二韩外,又皆为神宗朝翰林学士,其中 6 人于元丰二年至五年任职翰苑(王珪已为相),题诗应在此前后。其后诸人则或贬或死,或仍在枢府。从现存 6 首完整的作品看,诗题与用韵均不

---

① 叶梦得:《石林诗话》卷上,何文焕辑《历代诗话》本,第 411—412 页。
② 王珪 :《题李右丞王维画雪景》,《华阳集》卷六,第 52 页。
③ 章惇:《题李邦直蒙江初雪图》,《全宋诗》第 13 册,第 9028 页。
④ 蔡确:《题王维江行初雪画》,《全宋诗》第 13 册,第 9076 页。

同,可知非诗会唱和之作,但与同题之作相类。前后相隔近 30 年的两组题画作品,形成互文的关系,对照观之很有意味。元丰时 4 人特别是王珪、韩缜的作品流露了愿作画中之游而不得的遗憾,而徽宗朝3 人尤其是李清臣与安焘的继作基本脱离了画境,主要抒写了宦海风波的艰险,充满历经迁谪后的生死危惧之感,使我们得以窥见新党学士文人群体在政治生活之外潜藏的扁舟江湖之兴,进而了解其复杂的精神世界,而收藏诗画的叶梦得的"慨然"之叹亦令人深思。

十　"西汉文风":制诏典册的文章变体与新范本

当我们讨论熙、丰朝翰林学士的文学素养与写作水平时,不能不注意到这样一个重要的事实,即 35 位翰苑词臣中,除了李定、舒亶外,均为仁宗朝进士或荫补入仕者,他们多是在欧阳修为文坛领袖的文学复古革新的环境中涌现出来的文学新进,一般来说,都受过良好的教育,颇多诗赋文章都极为出色的写作高手。他们相继进入英宗、神宗以及哲宗朝翰苑任职,自觉延续和发扬了庆历、嘉祐文风。同时值得注意的是,熙宁、元丰之际,在由政治、科举、职官、地域、家族等所构成的文化背景下,文坛极力崇尚"西汉文风",翰林学士的制诰诏令写作也从西汉文章中获得新资源,以贾谊、董仲舒为代表的政论、策论与"西汉诏令"被奉为圭臬,西汉风格遂代替了燕、许、元、白诸人的"唐体"。"西汉文风"在北宋中后期文坛的流衍,改变了宋初以来北方文士(柳开、王禹偁及穆修、尹洙等)所一直坚持的宗法韩柳的复古趋尚,为宋代古文运动谱系增添了重要的一笔。

(一) 旧范式:"常、杨、元、白不足多也"

制诏应用文作为"王言之体"的官方文件,在文体范式上,五代宋初以来一直标榜以张说、苏颋为代表的"燕许轨范"以及以元(稹)、白(居易)、常(衮)、杨(炎)、陆(贽)为标志的"贞元、元和风格"。太宗朝,王禹偁在词臣中率先倡导"篇章取李杜,讲贯本姬孔。古文阅韩柳,时策闻晁董"①的复古主张,但其制诰写作仍以元、白、陆贽等两制词臣为蓝本,标榜"元和、长庆风格"②。真宗朝,杨、刘昆体以其典雅博赡的风格和谨守"四字六字律令"的体式成为宋四六之轨范。仁宗朝,欧阳修"以文体为对属"③,始变唐体。陈振孙说:"本朝杨、刘诸名公犹未变唐体,至欧、苏始以博学富文为大篇长句,叙事达意无艰难牵强之态,而王荆公尤深厚尔雅,俪语之工昔所未有。"④这表明,北宋文坛3位成就最高的古文家欧、苏、王,同时也是最出色的翰林学士,他们成功地改造了四六制诰文,也可以说,后者正是前者(古文)带来的积极成果。

熙、丰之际,制诰文写作发生的最重要的变化是崇尚"西汉文风",西汉风格进一步代替了燕、许、元、白诸人的"唐体"。此风其实肇端于天圣以来的文章革新运动,欧阳修已屡屡透出此中消息。他指出,仁宗天圣七年(1027)正月礼部所下《戒浮华诏》,针对当时科场"浮华"、"谲怪"、"雕镌"之弊,提倡"雅正"、"温纯"、"以理实为要"的文风,取得积极的效果:"天圣中,天子下诏书敕学者去浮华,其后风俗大变。今时之士大夫所为,彬彬有两汉之风矣。"⑤他称赞谢绛、谢景平父子文章说:"三代已来,文章盛者称西汉,公于制诰尤得其体,世所谓常、杨、元、白不足多也。"⑥"东山子弟家风在,西汉文章笔力豪。"⑦无独

---

① 王禹偁:《寄题陕府南溪兼简孙何兄弟》,《全宋诗》第2册,第656页。
② 参见陈元锋:《北宋文坛对"元和、长庆风格"之接受及其意义》,《山东师范大学学报》2011年第5期。
③ 陈师道:《后山诗话》,何文焕辑《历代诗话》本,第310页。
④ 陈振孙:《直斋书录解题》卷一八《浮溪集》,第526页。
⑤ 欧阳修:《与荆南乐秀才书》,《欧阳修诗文集校笺》卷四七,第1174页。
⑥ 欧阳修:《尚书兵部员外郎知制诰谢公墓志铭》,《欧阳修诗文集校笺》卷二六,第716页。
⑦ 欧阳修:《谢景平挽词》,《欧阳修诗文集校笺》卷十四,第468页。

有偶,曾巩元丰五年(1082)任中书舍人时也曾比较汉唐制诏,认为汉代诰令"典正谨严,尚为近古",自此以后则"皆文字浅陋,无可观采。唐之文章尝盛矣,当时之士若常衮、杨炎、元稹之属,号能为训辞,今其文尚存,亦未有远过人者。然则号令文采,自汉而降,未有及古"①。欧、曾的论断不约而同地扭转了宋初人所盛称的"元和、长庆风格"的经典地位,从一个侧面反映了"西汉文风"对矫正文坛"浮华"时风、复古变革的意义和实绩。南宋王十朋在《策问》中评价说:"我国朝四叶文章最盛,议者皆归功于仁祖文德之治,与大宗伯欧阳公救弊之功,沉浸至今,文益粹美,远出于贞元、元和之上,而进乎成周之郁郁矣。"②北宋百年文学复古的历程,经天圣、庆历酝酿激荡而大盛于嘉祐,在这一进程中,欧阳修及其追随者既继承韩愈,又超越贞元、元和而直追西汉,而且,这一追汉越唐的文学进程并未因熙宁、元丰中政治风波的影响戛然而止,而是余风未已,波澜犹盛,"西汉文风"在熙、丰文坛造成了新的文学景象。

(二) 文化取向:"汉之文章与三代同风"

"西汉文风"在熙、丰文坛的进一步确立,首先缘自从上层统治集团在文化制度、文章写作等层面对"西汉"的高度崇尚与接受。

熙宁政坛与文坛领袖王安石以及神宗皇帝是此风的倡导者。王安石主张取消诗赋取士制度的思想即汲取了汉代的政治文化资源。他曾主张取士之道"宜如汉左雄所议,诸生试家法,文吏课笺奏"。据《后汉书》卷七四《胡广传》载:"左雄议改察举之制,限年四十以上儒者试经学,文吏试章奏。"又云:"尚书令左雄议郡举孝廉皆限年四十以上诸生试章句,文吏试笺奏。"王安石认为以今准古,今之进士即古

---

① 曾巩:《辞中书舍人状》,《曾巩集》,第494页。
② 王十朋:《策问》三,《全宋文》第209册,第45页。

之文吏,"策进士则但以章句声病,苟尚文辞,类皆小能者为之;策经学者徒以记问为能,不责大义,类皆蒙鄙者能之"①,因此,宜效仿左雄建议,重点测试章表笺奏等实用文体,这体现了他一以贯之的重经术与尚实用的政治学术思想。

神宗亦特别措意于西汉一代政治与文章,词臣制诏文体以西汉、三代为经典而非以唐文为规范,最权威性的话语即来自神宗皇帝。最典型的例子是司马光固辞翰林学士的任命,史载:"上面谕光曰:'古之君子或学而不文,或文而不学,惟董仲舒、扬雄兼之。卿有文学尚何辞?'光曰:'臣不能为四六。'上曰:'如两汉制诏可也。'光曰:'本朝事不可。'上曰:'卿能举进士高等,而不能为四六,何也?'"②司马光以"不能为四六"辞学士之职,显然是托词。自唐以来,制诰率以四六骈文为之,但神宗却允许变通,不过前提是"两汉制诏"。事实上,司马光文章确实被苏轼称赞为"文辞醇深,有西汉风"③;王安石也给予类似的评价,熙宁四年(1071),司马光为吕诲作墓志铭,"安石得之,挂壁间,谓其门下士曰:'君实之文,西汉之文也。'"④神宗还屡屡与词臣讨论"西汉之文",比如向张方平询问古今制诰:

> 上好文章,从容问及古今制诰优劣,公曰:"王言以简重为体,西汉制诰典雅深厚,辞约而意尽,故前史以为汉之文章与三代同风,以其与训诰近也。臣才学空疏,愧无以发明圣意,亦庶几取其尔雅而已。"⑤

张方平以"典雅深厚"、"辞约意尽"准确地概括了"西汉制诰"的特点。

① 王安石:《取材》,《王荆公文集笺注》卷三二,第 1109 页。
② 《长编》卷二○九"治平四年闰三月甲辰",第 5088 页。
③ 苏轼:《司马温公行状》,《苏轼文集》卷十六,第 475 页。
④ 苏轼:《司马温公年谱》引《言行录》,《司马温公集编年笺注》(六),第 340 页。
⑤ 王巩:《张方平行状》,《张方平集》序录,中州古籍出版社 1992 年版,第 804 页。

后来神宗亲赐方平手札说："卿文章典雅，焕然有三代之风，书之则典诰，无以加焉，西汉所不及也。"所谓"不及"，实是取法的基准与超越的目标。神宗又对李清臣说："前人文章，自汉以来，不复师经。唐一韩愈，名好古，亦不过学汉文章耳。"①这种唐不如汉的观点，南宋诗人周紫芝亦曾表达过："有唐文士几千人，文不逮汉诗则异。"②未知其是否与神宗有思想渊源。要之，神宗与当时宰执、学士取法西汉的文化取向非常一致。

嘉祐以来科举渐重策论，熙宁中进一步以策论与经义取代诗赋，制科亦专考策论，构成熙、丰文坛推崇"西汉文风"的另一重要文化背景。

与唐人推尊西汉文章不同的是，北宋文坛对西汉文风的典范选择，并非史家巨擘太史公司马迁及辞赋家司马相如、扬雄③，而是政论与策问名家贾谊与董仲舒，这正契合其时文体变革的需要，具体而言，即指科场中的策论文与翰苑中的制诏文；在语言风格上，则泛指与骈体四六相对、自由质朴的散体文。

由于科场应试的需求，贾谊政论、董仲舒对策成为文章典范。晁说之《元符三年应诏封事》指出：

> 国家之初，尚诗赋，而士各精于诗赋，如宋祁、杨真、范镇各擅体制，至于夷狄犹诵之。自嘉祐以来尚论策，而士各力于论策，乃得苏轼、曾巩辈，至今识者各仰之。④

对宋代"制科"与贤良进卷作过系列研究的朱刚指出，策论成为嘉祐以后北宋士大夫文学最核心的文体，甚至可以看作宋代士大夫

---

① 晁补之：《资政殿大学士李公行状》，《全宋文》第 127 册，第 64 页。
② 周紫芝：《曹度坚待制罢帅成都归江南以川中唐人六十家诗见遗作长句为谢》，《全宋诗》第 26 册，17408 页。
③ 参阅韩愈《进学解》、柳宗元《柳宗直西汉文类序》《答韦中立论师道书》等文。
④ 晁说之：《元符三年应诏封事》，《全宋文》第 129 册，第 387 页。

文学的典范,参加者制科考试者需提交"贤良进卷"即策论 50 篇、"秘阁六论"及"御试对策"①。这一做法延续了汉代的"贤良对策"制度,同时也使西汉文章成为宋人取法的路径。

地域与家族的文化取向则显示了当时"西汉文风"的影响所达到的广度。苏轼在元丰元年(1078)所作《眉州远景楼记》中记载蜀中学风与文风说:"始朝廷以声律取士,而天圣以前学者犹袭五代文弊,独吾州之士通经学古,以西汉文词为宗师。方是时,四方指以为迂阔,至于郡县胥史皆挟经载笔,应对进退,有足观者。"②只不过至熙、丰之间,蜀中的这一"迂阔"风气已渐成"时风"。最显著的是江西地区。《宋史》论及江西刘敞、刘攽、刘奉世及曾巩、曾肇之家学说:"宋之中叶,文学法理,咸精其能,若刘氏、曾氏之家学,盖有两汉之风焉。"③江西刘、曾诸人多与欧、苏同道,学风与文风取向相近。尤可注意的是,其一,上述文化地域与家族均出于南方,后世所"规定"的北宋六大古文家,蜀中与江西恰恰各占其半。这与北宋文化中心与影响力由北向南的转移趋向大致相同。其二,上述古文六家除苏洵外,均曾任中书舍人与翰林学士,且均进入治平至熙、丰文坛(苏洵卒于治平三年)。

由此看来,嘉祐、熙、丰以来,从翰苑科场到地域家族所呈现出的文化动向,都为"西汉文风"在文坛的孕育生长提供了适宜的气候和土壤。

(三) 文章"变体":"今之贾谊"与"苏轼之流"

元丰翰林学士孙洙、李清臣及元祐翰林学士苏氏昆仲均曾著贤良进卷而应制科试,是北宋文坛娴于策论的高手,也是典掌朝廷词命的大手笔,策论与制诰两种文体是他们取资西汉文章的最佳媒介,其散文写作也呈现出"西汉文风"的某些特征。

---

① 朱刚:《北宋贤良进卷考论》,《中华文史论丛》2009 年第 1 期。
② 苏轼:《眉州远景楼记》,《苏轼文集》卷十一,第 352 页。
③ 《宋史》卷三一九《欧阳修、刘敞、曾巩传论》,第 10396 页。

　　孙洙,元丰元年(1078)兼直学士院,元丰三年(1080)十一月入为翰林学士,逾月而感疾,次年五月卒。他于治平中因名公推荐而参加制科试,以策论文而获"今之贾谊"之称。李清臣《孙学士洙墓志铭》载:"诏以六科举士,包文肃公拯、欧阳文忠公修、吴孝肃公奎皆荐公可备亲策,所奏《论说》五十篇,善言祖宗事,指切治体,推往较今,分辨得失,抑扬条鬯,读之令人感动叹息,一时传写摹印,目曰《经纬集》。韩忠献公曰:'恸哭泣涕论天下事,此今之贾谊也。'"士大夫则誉其"于词臣为第一"[1]。惜其策论 50 篇今已不存,不过孙洙自己在《上张唐公书》中谈到其进策说:"皆当世之要务,国家之急欲所施设者也。心小而虑大,言近而体远,虽未足尽用,宜略有可行者。"并回应时人的反应说:"或曰:'子之奏牍,词义太劲挺抑抗,非所以求合于时也。'某应之曰:'固也。朝廷之开设科试,而招来天下之士者,而固欲得其言而措之于事也,岂徒使颂赞功德、浮称溢美哉?'"[2]由此可证李清臣所载不虚。《宋史》评价他的文章:"博闻强识,明练典故,道古今事甚有条理,出语皆成章,虽对亲狎者未尝发一鄙语,文词典丽,有西汉之风。"[3]其文存世不多,今存其熙宁十年(1077)任知制诰时所上《乞磨勘迁官诰词随事撰述奏》,系批评词臣写作磨勘迁官诰词千篇一律、苟简规陋、失实溢美的现象。[4] 制词仅存《邢氏进号贤妃制》一篇,中有"周南之咏《卷耳》,无险诐私谒之心;齐诗之美《鸡鸣》,有警戒相成之道"数句,谢伋《四六谈麈》载:"后王荆公退居金陵,屡用之。"但谢氏误为邓润甫之作。谢伋又举其《除太尉制》佚句:"秦官太尉,汉代三公。"评曰:"语典而重。"[5]其他如《明堂原》上下、《封禅原》

① 李清臣:《孙学士洙墓志铭》,《全宋文》第 79 册,第 59—60 页。
② 孙洙:《上张唐公书》,《全宋文》第 78 册,第 100 页。
③ 《宋史》卷三二一《孙洙传》,第 10423 页。
④ 孙洙:《乞磨勘迁官诰词随事撰述奏》,《全宋文》第 78 册,第 93 页;《长编》卷二八三"熙宁十年六月丙中",第 6926 页。
⑤ 谢伋:《四六谈麈》,王水照编《历代文话》本,第 35 页。

上下四篇当为进策之文。《严宗庙》《资格》两篇就国家宗庙祭祀之礼、铨选制度之得失等现实政治问题发表见解,《宋文鉴》卷一〇三均收入"策"类,明贺复徵《文章辨体汇选》卷一九六收入"进策"类,《资格》篇明冯琦所编《经济类编》卷三十"铨衡类"径题为《资格策》。此摘录《资格》篇前半段:

> 三代而下,选举之法何纷纷乎! 其法始得者,终必失也。故孝廉之始得也,人务本行也;其终失也,计口缪举也。辟署之始得也,人乐自修也;其终失也,流竞成俗也。限年之始得也,惇德养器也;其终失也,少成不贵也。九品之始得也,家举人兴也;其终失也,爱憎在吏也。清议之始得也,名实相尚也;其终失也,浮伪相沮也。铨选之始得也,权不外假也;其终失也,美恶同流也。故孝廉失之缪,辟举失之诡,限年失之同,九品失之伪,清议失之激,铨选失之杂。是六者之法,皆足以救一时,而不足以通百世也,故始终而各有得失焉。今始终一切皆失者,其国家资格之法乎! 臣请言其弊。今贤材之伏于下者,资格阂之也;职业之废于官者,资格牵之也;士之寡廉鲜耻者,争于资格也;民之困于虐政暴吏者,资格之人众也。万事之所以玩弊,百吏之所以废弛,法制之所以颓烂决溃而不之救者,皆资格之失也。[①]

开篇直述历代"选举之法"之得失,而重点在指陈当今"国家资格之法"之"失",并逐条分析"资格"之"弊",进而提出解决之道,与其50篇"推往较今,分辨得失"的进策文同一机杼,体制上以散带骈,以数组排比变换错综,铺陈排比,层层逼进,其排比句型,有双句,有单句,形成"词义劲挺抑抗"的节奏,体现了其策论文议论"抑扬条鬯"、"甚

---

① 孙洙:《资格》,《全宋文》第78册,第94页。

有条理”的逻辑力量和“文词典丽”的艺术特点，“今之贾谊”及“西汉之风”的评价恰当地反映了他在当代文坛的地位。

李清臣，元丰三年到五年(1080—1082)在院。据其门人晁补之《资政殿大学士李公行状》载，清臣为晋州和川令时，朝廷方崇制举，转运使何郯读其文稿后，以材识兼茂、明于体用科荐于欧阳修，“欧阳修见其文，大奇之曰：‘苏轼之流也。’”治平二年，试秘阁第一，考官韩维赞叹说：“李清臣有荀卿氏笔力。”①欧、韩所赞皆为其应制举时所作策论文，“苏轼之流”与“荀卿笔力”都是相当高的评价。朱刚则指出他的策论文与贾谊的联系，认为从其进卷铺张宏丽、酣畅饱满等特点，“可以非常直觉地感受到贾谊的气息”②。李清臣著述丰富，辞非一体。他任国史编修官，撰《河渠》《律历》《选举》诸志，“文核事详，人以为不减八《书》、十《志》”③。元丰二年(1079)他为知制诰时奉旨撰《新建大理寺记》和《重修都城记》，都得到神宗激赏。他认为“王者立政以诏天下，必辞尚体要，则《书》为近”。因此所撰《大理寺记》“词灏噩奇甚”，如所载神宗训辞：

> 噫嘻！予于治岂不有序哉？唯唐虞敷五教，乃训典刑，罔贼不辜，罔失不经。五教未驯，五法丞下，是曰暴民，治用弗格。今民既若，得安事兹，朕其明刑。④

“唯唐虞敷五教”至“治用弗格”三十四字当为清臣著文时所加，神宗称许为“文章逼近经诰”。记文通篇文辞古奥，实际上即“尚书体”。神宗也曾嘉许张方平“文章典雅，焕然有三代之风，《书》之则典诰无

---

① 晁补之：《资政殿大学士李公行状》，《全宋文》第127册，第60—68页。
② 朱刚：《论李清臣贤良进卷》，《第二届宋代文学国际学术研讨会论文集》，江苏教育出版社2003年版，第695页。
③ 《宋史》卷三二八《李清臣传》作：“文直志详，人以为不减史、汉。”(第10564页)
④ 李清臣：《新建大理寺记》，《全宋文》第78册，第328页。

以加焉,西汉所不及也",可见神宗与清臣对《尚书》之癖好甚于一般西汉文章。及至其撰《重修都城记》,"又变其体以进,辞尤宏放",风格复为之一变。文章引经据典,以古喻今,以类相从,针对百姓官员中的异议,说明兴造都城在政治、文化上的重要意义和合法性,中间对京城汴梁之地理与历朝帝王之盛迹有一大段铺陈颂赞:

> 惟我汴京气象宏伟,平广四达,而阜岗缭转,隐磷地中,若龙盘虎伏,睨而四据。浊河限其北,清洛贯其内,气得中和,土号沃衍。麻菽果谷百物之饶,可以毕给往来之众,霏烟屯云,映带门阙,望之者知其为天子之宅。故太祖皇帝以之拓统开祚,拯五代之乱,推尊祖考,昭配上帝。太宗皇帝以之经文纬武,芟黄僭叛,平刑慎罚,绥靖区宇。真宗皇帝以之兴礼乐、文太平,东封泰山,西幸雎壤,膺祥受瑞,耕籍赐酺。仁宗皇帝以之公恕俭勤,覆盖涵育,郊天祀地,四十二年,大享明堂,裕祭七庙。英宗皇帝以之承祧继体,事神保民,睿明奋昭,仁孝感格。皇帝陛下以之考道据德,制法作宪,平成天地,億宁神人。①

以散笔叙述、议论,以赋笔形容、描写,笔力尤为雄健"宏放",神宗阅后,赞其"与《大理记》文顿异,自成一家",又感叹说:"词臣难得,孙洙没后止此一人。"②李清臣以制举而迁擢,以文章获誉当代,他取法三代两汉,出入经史,著为文章,策论典诰,议论叙事,或古奥,或宏放,典丽宏富,堪称最具三代两汉之风的文章大家,惜其在后代文学史中名位不显。

李清臣与孙洙二人在熙、丰词臣中最为神宗信任和倚重,眷顾异

---

① 李清臣:《重修都城记》,《全宋文》第 78 册,第 332 页。
② 晁补之:《资政殿大学士李公行状》,《全宋文》第 127 册,第 60—68 页。

常。二人同时为当代名公赏识荐举,因参加制举考试而成名。据考证,孙、李二人曾与苏轼昆仲同时参加嘉祐六年(1061)制科试,只因宰相韩琦提醒说:"二苏在此,而诸人亦敢与之较试,何也?"①从而导致大多数人退出,孙洙、李清臣大概也因避二苏风头而选择了放弃,而后参加了治平二年的制科考试,但二人写作策论与苏轼同时,三人也因此以文学相知,唱和颇多。苏轼于嘉祐六年应制科试入三等,其《台头寺雨中送李邦直(清臣)赴史馆分韵得忆字、人字兼寄孙巨源(洙)二首》之二云:"珥笔西归近紫宸,太平典册不缘麟。付君此事宁论晋,载我当时旧过秦。门外想无千斛米,墓中知有百年人。看君两眼明如镜,休把春秋坐素臣。"②此诗作于熙宁十年,时清臣为国史院编修官,诗中"载我当时旧过秦"句,《苕溪渔隐丛话》前集卷三载"乌台诗案"时苏轼供述:"某于仁宗朝曾进论二十五首,皆论往古得失。贾谊,汉文帝时人,追论秦之过失作《过秦论》,《史记》载之,某安以贾谊自比,意欲李清臣于国史中载所进论。"苏轼希望《贾谊论》能被李清臣收入当代史册,非常看重其考论古今得失的价值。其元祐元年、二年两次为学士院馆职召试所拟策论试题,内容也均是以汉喻宋。苏轼早年即曾浸淫于蜀中"通经学古,以西汉文词为宗师"文化风习中,他尤好贾谊及陆贽之书,因其"论古今治乱不为空言"③,这对其文章写作有很大影响。他以贾谊自诩,并仿贾谊之文而作进论,其为策论,往往纵横雄俊,自出机杼。苏轼最推崇唐代词臣陆贽及其奏议文,他说:"文人之盛莫如近世,然私所敬慕者,独陆宣公一人。"④认为陆贽"辩如贾谊,而术不疏",推许"贽之论,开卷了然"⑤,并评价欧阳

① 李廌:《师友谈记》,中华书局 2002 年版,第 22 页。
② 苏轼:《台头寺雨中送李邦直赴史馆分韵得忆字、人字兼寄孙巨源二首》之二,《苏轼诗集合注》卷十五,第 737 页。
③ 苏辙:《亡兄子瞻端明墓志铭》,《栾城后集》卷二二,《苏辙集》,第 1126 页。
④ 苏轼:《答虔倅俞括》,《苏轼文集》卷五九,第 1794 页。
⑤ 苏轼:《乞校正陆贽奏议上进札子》,《苏轼文集》卷三六,第 1012—1013 页。

修文章"论事似陆贽"①。其翰苑应用文章,能以古文、策论笔法为四六,赋予四六文"雄深秀伟"②的风格。东坡元祐中为中书舍人、翰林学士时,所草四六制诏及表启章奏名篇甚多,比如《吕惠卿责授建宁军节度副使本州安置不得签书公事制》:

> 元凶在位,民不奠居;司寇失刑,士有异论。稍正滔天之罪,永为垂世之规。具官吕惠卿,以斗筲之才,挟穿窬之智。诏事宰辅,同升庙堂。乐祸而贪功,好兵而喜杀。以聚敛为仁义,以法律为诗书。首建青苗,次行助役。均输之政,自同商贾;手实之祸,下及鸡豚。苟可蠹国以害民,率皆攘臂而称首。先皇帝求贤若不及,从善如转圜。始以帝尧之心,姑试伯鲧;终然孔子之圣,不信宰予。发其宿奸,谪之辅郡;尚疑改过,稍畀重权。复陈罔上之言,继有砀山之贬。反覆教戒,恶心不悛;躁轻矫诬,德音犹在。始与知己,共为欺君。喜则摩足以相欢,怒则反目以相噬。连起大狱,发其私书。党与交攻,几半天下。奸赃狼藉,横彼江东。至其复用之年,始倡西戎之隙。妄出新意,变乱旧章。力引狂生之谋,驯至永乐之祸。兴言及此,流涕何追。迨予践祚之初,首发安边之诏。假我号令,成汝诈谋。不图涣汗之文,止为款贼之具。迷国不道,从古罕闻。尚宽两观之诛,薄示三危之窜。国有常典,朕不敢私。③

史称,苏轼"备载其罪于训词,天下传讼(诵)称快焉"④。此制以四六句为主干组织成文,但多处连用四字句,一气而下,形成全文亦骈亦

---

① 苏轼:《六一居士集叙》,《苏轼文集》卷十,第316页。
② 李邴:《王初寮先生文集序》,《全宋文》第175册,第57页。
③ 苏轼:《吕惠卿责授建宁军节度副使本州安置不得签书公事》,《苏轼文集》卷三九,第1100页。
④ 《宋史》卷四七一《奸臣传》,第13708页。

散的节奏,且基本不用典实古语,敷陈大义,明快直切,有陆贽奏议的明白晓畅之风,而无俳偶剪裁痕迹。又元祐三年四月四日锁院,一夕草三制,以《除吕公著守司空同平章军国事制》最为著称,开篇"既得天下之大老,彼将安归;以至国人皆曰贤,夫然后用"四句,分别出《孟子·离娄上》:"伯夷、太公二老者,天下之大老也,而归之,是天下之父归之也。天下之父归之,其子焉往?"《孟子·梁惠王下》:"国人皆曰贤,然后察之。见贤下来,然后用之。"化用经典语而如已出,堪称宋四六讲求以经语对经语的典范,而四六骈句行以散文之气,又体现了"以博学富文为长篇大句"的特点。叶梦得评此数句"气象雄杰,格律超然"①,楼昉《崇古文诀》卷二五则以"俊迈"评之,概括了苏轼四六制诰文独特的艺术个性。如果说,苏轼"以四六叙述,委曲精尽,不减古文",是对四六骈俪的"变体";那么,其雄深豪奇之风,则是对四六文温润尔雅传统的"变格"②。

　　从北宋文学演进的过程看,上述三位翰林学士孙洙、李清臣、苏轼的制策、制诰等文对西汉的汲取,均体现了对庆历、嘉祐文风的承中之变。事实上,熙、丰以后,以"西汉文风"而获文坛赞誉的词臣已屡见不鲜。如钱勰,绍圣中为学士,"内外制辞,脍炙人口,所为文章雄深雅健,得西汉体"③。苏轼亦称他:"大笔推君西汉手。"④章惇党干将林希,"绍圣初在外制,行元祐诸公谪词,是非去取固时相风旨,然而命词似西汉诏令,有王言体。于苏子瞻一词尤不草草,苏见之曰:'林大亦能作文章邪?'"⑤名节有亏,尚未掩其才名。蔡京,绍圣至

---

① 见高步瀛《唐宋文举要》乙编卷四注引叶梦得《避暑录话》,上海古籍出版社1982年版,第1632页。
② 欧阳修《试笔》"苏氏四六"条:"往时作四六者,多用古人语及广引故事,以炫博学,而不思述事不畅。近时文章变体,如苏氏父子以四六叙述,委曲精尽,不减古文。自学者变格为文,迨今三十年,始得斯人。"《欧阳修全集》卷一三〇,第1983页。
③ 李纲:《钱公墓志铭》,《全宋文》第170册,第270—276页。
④ 苏轼:《次韵钱穆父》,《苏轼诗集合注》卷二六,第1337页。
⑤ 王楙:《野客丛书》附录《野老纪闻》,中华书局1987年版,第354页。

崇宁中屡为学士及承旨,也颇擅制诰表章,汪藻称誉为:"字画诸王品,文章两汉风。"①韩驹宣和中权直学士院,"内外制多用西汉语,故温润有体"②。再如高密人侯蒙,徽宗朝"举进士,为文简古,有西汉风"③。总之,北宋中后期,在翰苑及其周围,已形成一股以"西汉"为标尺的创作和批评的浓厚气氛,从"西汉语"到"西汉体"、"西汉风",反映出了宋文风格的深刻变化。

(四) 新范本:《西汉诏令》及其他

一种传统观念和习惯性的说法是,西汉之文上承三代,或称为三代之遗,故常以"三代两汉"或"先秦两汉"连称。所谓"三代"之文主要是《尚书》之"诰谟体",韩愈在《进学解》中以"周诰殷盘,诘屈聱牙"概括之。宋人尤推崇其浑灏之美,韩驹甚至将其分为三个等次:"周之噩噩,不如商之灏灏,而商之灏灏,不如虞之浑浑。"而周"其文章独先溃烂,无复浑灏之气"④。不过这种极端的复古理论并非科学的史观。因为"三代"之文虽被视为最高经典,但文学史的实践证明,一味模仿《尚书》的浑噩高古,极易流于艰涩奇险,走上弯路。因此,除了作为一种文学理想,《尚书》实难作为通行有效的模仿范本。例如,宋祁好《大诰》,其为文言艰思苦,过于追求简古而不免奇涩。李清臣《新建大理寺记》的"灏噩奇甚"之格亦仅见此篇。可见,追求"三代"的目标并非不可企及,而是过犹不及。西汉是经学、史学、政论的发达和成熟时期,也是诏令奏议文的实际草创时期。西汉去古不远,西汉诏令"文章尔雅,训词深厚"⑤、"温醇简尽"(程俱)的风格特点,也与宋文追求"平淡典要"、畅达自然的艺术方向同一轨辙。东汉则去古

① 汪藻:《上蔡太师生辰二首》其二,《全宋诗》第 25 册,第 16546 页。
② 章定:《名贤氏族言行类稿》卷十五引曾慥语,《文渊阁四库全书》第 933 册,第 217 页。
③ 《东都事略》卷一○三《侯蒙传》,《文渊阁四库全书》第 383 册,第 669 页。
④ 韩驹:《论文不可废疏》,《全宋文》第 161 册,第 369 页。
⑤ 《汉书》卷八八《儒林传》,第 3594 页。

渐远,已开后代骈俪倾向,张镃《仕学规范》具体论述曰:"《汉高纪》诏令雄健,《孝文纪》诏令温润,去先秦古书不远,后世不能及。至《孝武纪》诏令始事文采,文亦寖衰矣。"①因此从一定的意义上可以说,达到或接近了西汉的水准,也就等于完成了复三代两汉之古的目标。

在嘉祐以至熙宁、元丰科举取士觭重策论的制度沿革背景下,西汉贾谊、董仲舒成为西汉文章的代表,苏辙为欧阳修所撰《神道碑》即说:"贾谊、董仲舒相继而起,则西汉之文后世莫能仿佛。"②他们的政论、对策由此成为北宋举子们研读揣摹的范本。当精于策论的作者有机会进入中书舍人院与翰林学士院担任词臣时,策论文文备骈散的体制和以义理、议论见长的笔法,便容易浸染于制诰诏令、奏议表章等应用文的风格。两制词臣的兴趣不再只专注于中唐、五代以来流行于学士院的白居易"白朴"③与《陆宣公奏议》及《唐大诏令》④之类读本,转而从三代两汉之文中开拓资源,于是,西汉策论、诏令写作均被奉为圭臬。这一进程从仁宗朝延续到了熙、丰时期,流风波及徽宗朝,大观年间林虑编成《西汉诏令》十二卷,程俱、蒋瑎同时为此书作序,皆盛推西汉诏令之成就。林虑把左氏、司马氏的记事之文与西汉诏令区别看待,认为"左氏、太史公才虽名世,号为广记备言,多爱实录而已";而"西汉接三代末流,训词深厚,文章尔雅,犹有浑浑灏灏噩噩之余风,下视晋、魏、周、齐、陈、隋,号令文采,卑陋甚矣"⑤。主张"学者之于文章,必师唐虞、三代,然如西汉训辞,宜在所采,以为润色之助"⑥。程俱持类似观点,认为"中古以还,叙事之文唯左丘明《春秋传》、太史

---

① 张镃:《仕学规范·作文》卷四,王水照编《历代文话》本,第325页。
② 苏辙:《欧阳文忠公神道碑》,《栾城后集》卷二三,《苏辙集》,第1136页。
③ 参见元稹《酬乐天余思不尽加为六韵之作》诗及自注。
④ 《唐大诏令集》由宋绶景祐中编纂,宋敏求于熙宁三年整理而成。见宋敏求:《唐大诏令集序》,《全宋文》第51册,第285页。
⑤ 林虑:《西汉诏令序》,《全宋文》第129册,第165页。
⑥ 林虑:《西汉诏令跋》,《全宋文》第129册,第166页。

公《记》、班固《汉书》最为近古"①,而诏令则以西汉成就犹高:

> 自五十八篇(按指《尚书》)而后,起衰周至五代之末,又千数百载间,其为诏令温醇简尽,而犹时有三代之遗法者,唯西汉为然。其进退美恶,不以溢言没其实,其申饬训戒皆至诚明白,节缓而思深。至丛脞大坏之余,其施置虽已不合古道、当人心,然犹陈义恳到,雍容而不迫。此其一代之文流风未泯,顾犹不可及,又况文实兼盛哉!②

蒋瑎《西汉诏令序》推崇西汉"训诰命令之文"的"温厚壮丽",并进一步强调说:"先人有言,学者知读西汉书,其为辞章,必有可观。"③《西汉诏令》的问世表明,熙、丰至大观的40多年中,随着"西汉文风"的持续高涨,"西汉诏令"已成为文人提高"辞章"水准的一个不可缺少的阅读范本。

随着宋人对汉代诏令的阅读视野不断扩大,以及文章学的日益兴盛,一个多世纪后的南宋宁宗嘉定年间,楼昉编成《东汉诏令》,与《西汉诏令》并行,续成一代典章。楼昉自述说:"昉幼嗜西汉书,每得一诏,辄讽味不忍释。噫,一何其沉浸酞郁,雍雍含咀,入人之深也!"④大致与楼昉同时(嘉定十六年),洪咨夔汇编《两汉诏令》,他也宣称:"汉上接三代统绪,其文犹有尔雅之遗"⑤;"自典谟、训诰、誓命之书不作,两汉之制最为近古"⑥。

值得注意的是,三部汉代诏令的编者及评论者的家学、职官等背

---

① 程俱:《班左海蒙序》,《全宋文》第155册,第265页。
② 程俱:《西汉诏令序》,《全宋文》第155册,第260页。
③ 蒋瑎:《西汉诏令序》,《全宋文》第133册,第207页。
④ 楼昉:《东汉诏令序》,《全宋文》第297册,第193页。
⑤ 洪咨夔:《两汉诏令序》,《全宋文》第307册,第122页。
⑥ 洪咨夔:《两汉诏令总论》,《全宋文》第307册,第135页。

景。林虑为林旦之了，林希之侄，程俱与叶梦得有座主门生之谊，蒋璪则为蒋之奇之子，除林旦外，林希、叶梦得、蒋之奇及洪咨夔分别为哲宗、徽宗、高宗、理宗朝翰林学士，且均以善为制词著称。蒋之奇曾举贤良方正科，并试六论中选，只在御试对策时落选，徽宗时为翰林学士，曾布与徽宗都认为之奇文字"时有好语，非蔡京可比"①。林希被时人称赞"命词似西汉诏令，有王言体"②。叶梦得"为诗文笔力雄厚，犹有苏门遗风"③，"不失元祐诸贤矩矱"④。很显然，翰林学士与文坛诸子或师友议论，或家学授受，对文坛以西汉文辞为宗尚的风气起到了重要的指画和示范作用。《西汉诏令》《东汉诏令》《两汉诏令》的相继锓梓，则以诏令训词为载体，借文献传播的渠道，推动着"西汉文风"在南北宋文坛的嬗递传习，流风不息。

十一　亦师亦敌亦友：王安石与欧、苏的交替

王安石作为北宋文坛"六家"之一，北宋诗坛"四大诗人"之一，"嘉祐四友"之一，始终处于神宗朝文坛中心，但文学上的游从与政治上的决裂，使他与嘉祐至熙丰之际重量级的文坛人物大多保持着一种亦师亦友亦敌的奇特复杂关系，他与欧、苏的关系尤其引人注意。

欧阳修之后，苏、王相继，3人都曾以翰林学士的角色分别主盟嘉祐、熙宁、元祐文坛。胡应麟说："宋世人才之盛，亡出庆历、熙宁间，大都尽入欧、苏、王三氏门下。"⑤但王安石的情形与欧、苏并不同，一是在翰苑时间短，二是没有主盟文坛的自觉意识。苏轼本有机会

①《长编》卷五一四"元符二年八月乙未"，第12230页。
② 王楙：《野客丛书》附录《野老纪闻》，第354页。
③ 王士禛：《带经堂诗话》卷九，第206页。
④ 翁方纲：《石洲诗话》卷四，第125页。
⑤ 胡应麟：《诗薮》杂编卷五，第311页。

在治平中进入翰苑,但却命运多舛,注定要经历更多磨难。治平三年,英宗本有意召苏轼入翰林,韩琦作为朝中"老成人",虽然欣赏苏轼的"远大之器",但不同意"骤用"苏轼,而建议朝廷继续培养,①于是苏轼失去了或许有可能与范镇、司马光乃至王安石在翰苑共事的机会。有趣的是,韩琦曾认为"安石为翰林学士则有余,处辅弼之地则不可"②。哲宗朝,曾任直学士院的孙升也将苏轼任翰林学士一事与王安石相比,认为苏轼可胜任学士之职,"今苏轼文章学问,中外所服,然德业器识,有所不足。为翰林学士已极其任矣,若使辅佐经纶,愿以安石为戒",不过,此话一出,"世讥其失言"③。后来王、苏两人在政治上的对立已是人尽皆知的事实,而作为北宋同出于欧门的两位诗文大家,苏轼与王安石元丰七年的金陵之会就具有了特别的意味。《西清诗话》卷上载:

> 元丰中,王文公在金陵,东坡自黄北迁,日与公游,尽论古昔文字。公叹息谓人曰:"不知更几百年,方有如此人物。"东坡渡江至仪征,《和游蒋山诗》寄金陵守王胜之益柔,公亟取读,至"峰多巧障日,江远欲浮天",乃抚几曰:"老夫平生作诗无此二句。"又在蒋山时,以近制示东坡,东坡云:"若'积李兮缟夜,崇桃兮炫昼',自屈宋没世,旷千余年,无复《离骚》句法,乃今见之。"荆公曰:"非子瞻见谀,自负亦如此,然未尝为俗子道也。"当是时,想见俗子扫轨矣。④

张舜民在哀悼王安石当时处境时说:"去来夫子本无情,奇字新经志

---

① 《长编》卷二〇七"治平三年二月乙酉",第5039页。
② 《宋史》卷三二七《王安石传》,第10553页。
③ 《宋史》卷三四七《孙升传》,第11010页。
④ 蔡絛:《西清诗话》,吴文治主编:《宋诗话全编》第3册,第2490—2491页。

不成。今日江湖从学者,人人讳道是门生。"①当"俗子扫轨"之际,东坡与荆公两人不计前嫌、毫无芥蒂地互相推重,尽显一代文化伟人的坦荡胸怀。元祐元年,一代名相王安石(1021—1086)卒,一代文豪苏轼(1036—1101)进入翰苑。两人均享年 66 岁,而年龄相差 15 岁;两人因政治而分裂,却以文学深相知交,并以生命自然代谢的形式完成了一代文学的交替。其时,苏轼作《西太一见王荆公旧诗偶次其韵二首》,王注:"王荆公诗云:'柳叶鸣蜩绿暗,荷花落日红酣。三十六陂春水,白头相见江南。''二十年前此地,父兄持我东西。今日重来白首,欲寻旧迹都迷。'先生见此两绝,注目久之曰:'此老野狐精也。'遂和之。后鲁直亦和四首。"②《竹庄诗话》所载略详:"苏子瞻作翰林日,因休沐,邀门下士西至太乙宫,见王荆公旧题六言云云,子瞻讽咏再三,谓鲁直曰:'座间惟鲁直笔力可及此尔。'对曰:'庭坚极力为之,但无荆公之自在耳。'"③苏门文士对荆公的由衷钦敬与追怀,一洗党争的阴霾,使元祐初年的文学天空犹如光风霁月般晴朗。

胡应麟从文学角度列举王安石"所交"者,计有刘贡父、王申父、俞清老、秀老、杨公济、袁世弼、王仲至、宋次道、方子通,其"门士"有郭功父、王逢原、蔡天启、贺方回、龙太初、刘巨济。此外,"叶致远二弟一子,俱才隽知名,妻吴国及妹、诸女,悉能诗,古未有也"④。当荆公晚年门庭冷落之时,仍在其周围游从唱和者,更显出文学的纯粹性。值得注意的是李廌《题郭功甫诗卷》诗:

盛朝能诗可屈指,少师仆射苏与梅。少师新为地下客,苏梅骨化成尘灰。金陵仆射今已老,班班丝雪侵颐腮。当今儒生迁此

---

① 张舜民《哀王荆公》其三,《全宋诗》第 14 册,第 9693 页。
② 苏轼:《西太一见王荆公旧诗偶次其韵二首》,《苏轼诗集合注》卷二七,第 1373—1374 页。
③ 何溪汶:《竹庄诗话》卷十,吴文治主编:《宋诗话全编》第 10 册,第 10141 页。
④ 胡应麟:《诗薮》杂编卷五,第 312 页。

道,如使杞柳为桮棬。好古爱诗惟有君,独使笔力惊风雷。……
方今明时废声律,将使湮沦如烬煨。非君鼓吹力主持,是道不世
将倾颓。①

李廌为"苏门六君子"之一,郭祥正(功甫)则为王安石门人,此诗作于
熙宁五年,时欧阳修新逝,安石已至暮年(52 岁),苏轼则在杭州,正值
壮年(37 岁)。且不论郭祥正诗成就如何,有意思的是,李廌将欧阳修
(少师)与王安石(仆射)相提并论,视为"盛朝能诗"的前辈,而并未将
"方今明时废声律"的现状归罪于退居金陵的王安石,却将"鼓吹主
持"诗道使其免于沦废的重大责任归功于"好古爱诗"的安石门人郭
功甫。这种态度显然与苏轼、黄庭坚对王安石诗艺的推服有着某种
联系。确实,对于王安石在政治与文学上的功过得失,都应当慎重审
视和评价,而整个熙、丰诗坛的艺术畛域与诗人分野,也难以用"党
争"的标签截然划分壁垒。

---

① 李廌:《题郭功甫诗卷》,《全宋诗》第 20 册,第 13596—13597 页。

第六章
宋哲宗朝翰林学士述论——以苏轼为中心

元丰八年(1085)三月,宋哲宗(1077—1100)即位,在位 16 年,任用学士(含直院)共 22 位,他们是:邓润甫,孙升,苏轼,吕大防,苏颂,苏辙,黄履,孔武仲,许将,林希,范百禄,范祖禹,赵彦若,顾临,钱勰,徐铎,梁焘,蒋之奇,曾布,蔡卞,蔡京,薛昂。其中,学士承旨 5 人,即邓润甫、苏颂、苏轼、曾布、蔡京。哲宗朝可以划分为两个明确的时间段,其中至元祐共 9 年,学士 14 人;绍圣、元符共 8 年,学士仅 8 人,两个阶段的学士任命划界分明,没有交叉任职者。高太后垂帘、哲宗亲政,成为新旧党交替的分水岭,使哲宗朝翰林学士的任命染上鲜明的政治性色彩。再次,从哲宗朝翰林学士科举及第时间看,除 3 人于仁宗朝荫补外,仁宗朝 15 人,治平中 1 人,熙宁中 3 人,这种比例也反映在元祐与绍圣学士的文学水平的高低上。前者多表现出政事、学术与文学兼备的特点,后者则常常不称文字之职。哲宗朝学士中还有一个有趣的现象,即两对昆仲:苏轼、苏辙与蔡京、蔡卞;一对叔侄:范百禄、范祖禹,同掌词翰,词林称美,士林倾慕。

元祐元年(1086)四月,退休的宰相、荆国公王安石薨;九月,复出主政的宰相司马光薨。此年政坛、文坛都引人瞩目的另一件大事是苏轼的任命:正月,轼除中书舍人;十月,除翰林学士,十一月除侍读,正式入院供职。人事的更替代谢,似乎预示着一个时代的新旧交替,但熙、丰以来形成的新旧党争并没有因两位领袖人物的去世而终止,王安石的影响并未减弱,后熙宁时代的党争愈演愈烈。《宋史·哲宗本纪》总结说:"哲宗以冲幼践阼,宣仁同政。初年召用马(司马光)、吕(公著)诸贤,罢青苗,复常平,登俊良,辟言路,天下人心,翕然向治。而元祐之政,庶几仁宗。奈何熙、丰奸桧去未尽,已而谋蘗复用,卒假绍述之言,务反前政,报复善良,驯致党籍祸兴,君子尽斥,而宋政益弊矣。吁,可惜哉!"①苏轼,则成为元祐、绍圣党争的中心人物,在翰林学士苏轼及其周围,聚集了一批当时政坛、文坛最优秀的词臣馆职诗人,他们共同创造了元祐文学的辉煌成就。伴随着苏轼再度踏上被放逐的生命旅程,文学也再次遭遇厄运。总之,这是北宋文化史上一个创造与毁灭、繁荣与萧条同存的时代。

宋哲宗朝翰林学士简表

姓名	籍贯	在院时期	科举	承旨或直院	任职时间
邓润甫 (1027—1094)	建昌	元丰五年至元祐二年(1082—1087)、元祐五年至六年(1090—1091)	嘉祐二年	元丰八年	
苏轼 (1036—1101)	眉州眉山	元祐元年至四年(1086—1089)、元祐六年(1091)	嘉祐二年	元祐六年	
吕大防 (1027—1097)	京兆蓝田	元丰八年至元祐元年(1085—1086)	皇祐九年		
范祖禹 (1041—1098)	成都华阳	元祐七年(1092)	嘉祐八年		

①《宋史·哲宗本纪》二,第345页。

（续表）

姓名	籍贯	在院时期	科举	承旨或直院	任职时间
范百禄 (1030—1094)	成都 华阳	元祐五年至元祐七年 (1090—1092)	皇祐初		
黄　履 (1034—1101)	邵武	元祐元年(1086)	嘉祐二年		
孔武仲 (1042—1098)	临江 新喻	元祐元年(1086)	嘉祐八年	直学 士院	
许　将 (1037—1111)	福州 闽	元祐三年至四年 (1088—1089)	嘉祐八年		
苏　辙 (1039—1112)	眉州 眉山	元祐四年至五年 (1089—1090)	嘉祐二年		
苏　颂 (1020—1101)	泉州 同安	元祐四年至五年 (1089—1090)	庆历二年	元祐 四年	
赵彦若 (生卒年不详)	青州 临淄	元祐六年(1091)	荫补		
孙　升 (1038—1099)	高邮	元祐六年至元祐七年 (1091—1092)	治平二年		
梁　焘 (1034—1097)	郓州 须城	元祐六年至七年 (1091—1092)	嘉祐六年 (?)		
顾　临 (1028—1099)	会稽	元祐七年至八年 (1092—1093)	皇祐中举 说书科		
曾　布 (1036—1107)	南丰	绍圣元年(1094)	嘉祐二年	绍圣 元年	
钱　勰 (1034—1097)	钱塘	绍圣元年至二年 (1094—1095)	荫补		
蔡　卞 (1058—1117)	兴化 仙游	绍圣元年至四年 (1094—1097)	熙宁三年		

（续表）

姓名	籍贯	在院时期	科举	承旨或直院	任职时间
蔡京 (1047—1126)	兴化仙游	绍圣二年至元符三年三月（1095—1100）、元符三年四月至建中靖国元年（1100—1101）、崇宁元年(1102)三月至五月	熙宁三年	累为承旨	
蒋之奇 (1031—1104)	常州宜兴	绍圣四年至元符二年（1097—1099）、元符三年(1100)	嘉祐二年		
林希 (1035—1101)	福州	绍圣四年(1097)	嘉祐二年		
徐铎 (?—1105)	兴化莆田	绍圣四年(1097)	熙宁九年	直学士院	
薛昂 (?—1134)	杭州		元丰八年		

一　元祐翰苑为天下选

元祐初,熙宁中被贬旧臣纷纷起用。南宋魏了翁曾高度赞扬元祐时期用人为天下之选:"元祐宰执、侍从、台谏、经筵、翰苑皆极天下选,今当以此为法。"[①]具体而言:"哲宗践祚,崇庆垂帘,振而新之,则大小胥奋。于是司马光、文彦博、吕公著在相位,吕大防、韩维、刘挚、范纯仁在政府,鲜于侁、苏辙、孙觉、梁焘、范祖禹、朱光庭、傅尧俞、吕陶为台谏,苏轼在翰苑,范百禄、曾肇、刘攽、苏辙在词掖,而经筵讲读

① 魏了翁:《再辞免除权工部侍郎奏状》,《全宋文》第309册,第174页。

官则傅尧俞、韩维、范祖禹、赵彦若，崇政殿说书则程颐，召而不至则范镇也，史官则陆佃、曾肇、朱光庭、黄庭坚，自余此类不可殚纪。然而所谓元祐诸贤之盛，则非借才于异代也，有作新观感之实德，有丁宁恻隐之真意，故数月之间，精彩颇异乃尔。虽然，此特元祐初年也，七八年间大抵若此，其间调亭既入，虽若稍不逮初，然正论卒胜，世号宣仁为女主中尧舜，宁不信然？"①此处所论得贤之盛，从宰执到台谏、经筵、翰苑，其中大部分都兼任上述数种要职，也包括担任前朝及当朝两制词臣。可以说，旧党执政的元祐时期，是继嘉祐、熙、丰之后，又一次文化精英聚集的时期，魏了翁赞为"精彩颇异"，不仅政治如此，文化亦达到宋代繁荣高峰。不过，魏氏说元祐人才之盛并非"借才异代"还不够确切，事实上，上述人物中，仍以仁宗朝庆历、皇祐、嘉祐以来所取进士为多，以元祐朝翰林学士而论，除孙升外，其他科举及第者均在仁宗朝，这也是仁宗朝馆阁涵育造就人才之功。就其仕历而言，他们又大都经历了神宗朝的政治变革。故江公望曾指出："元祐人才，皆出于熙宁、元丰培养之余。"②可以这样说，哲宗朝翰林学士群体，由皇祐、嘉祐涵育之，熙宁、元丰历练之，元祐成就之。这里首先简要介绍三位元祐资深学士"翰长"，即学士承旨邓润甫、苏颂、苏轼。

（一）元祐翰苑人物之一：学士承旨邓润甫

邓润甫(温伯)于熙宁九年(1076)直学士院，熙宁十年(1077)至元丰元年(1078)、元丰五年(1082)至元祐二年(1087)、元祐五年(1090)至六年(1091)屡在翰苑，是哲宗即位时唯一的旧朝学士。他在熙宁中曾同邓绾、张琥治郑侠狱，深致其文。绍圣中亦有意绍述，

---

① 魏了翁：《论除授之间公听并观如元祐用人》，《全宋文》第 309 册，第 100 页。
② 《宋史》卷三四六《江公望传》，第 10986 页。

但章惇议重谪吕大防、刘挚，润甫不以为然，曰："俟见上当力争。"不久暴卒。邓润甫在熙宁、元祐之际政坛与王安石、吕惠卿、蔡确等之间的关系颇为复杂，言者屡屡弹劾其出入朋党，反复不定。元祐四年，左谏议大夫、权给事中梁焘论邓温伯曰：

> 温伯操履回邪，初依王安石，以掾属为之肘腋；后结吕惠卿，以谏官为之鹰犬。迎合惠卿报怨之意，力挤安石亲党；畏安石复用之势，还攻惠卿过恶。吴充秉政而方用事，故自媚于充而苟合；蔡确擅权而贪天功，故阴济其恶而忘君。盖其性柔佞不力，贪竞无耻，但知附托，巧于进取，忍欺二圣之聪明，甘为强臣之役使。出入朋党，自怀反复，责之臣节，无忠信可观。乃以宅权衡之地，窃为陛下惜之。①

元祐五年其再授学士承旨时，中书舍人王岩叟封还词头，继续严厉抨击说："温伯赋性俭柔，巧于傅会，元丰之末已在翰苑，交结蔡确，求固宠禄。及陛下践祚之始，褒嘉大臣，是时，王珪实位上相，温伯草珪麻制，则曰：预定议于禁涂。及为确词，则曰：尤嘉定议之功。轻重之间，包蓄奸意，阴受邪说，以攘王珪之美；徼幸异日，操心不忠，莫大于此。及确之败，罪状方露，适在忧制，未正典刑。昨者外除，尝有天官之命，门下封驳，就改亳州，搢绅之间，已有疑论。今方累月，遽复禁林，非惟邪正之混淆，实恐赏罚之差忒。伏乞收还除命，别择贤才，庶远奸人，以隆圣德。"继而命次舍人郑雍撰词，给事中郑穆再封还告命，御史中丞梁焘等相继论列，均不听。② 谏官、给事中与中书舍人交相弹劾，颇与元丰中李定任命的情况类似。但时任御史中丞的

① 《长编》卷四三三"元祐四年九月己丑"，第 10443—10444 页。
② 《长编》卷四三九"元祐五年三月己卯"，第 10577—10578 页。

苏辙态度则较公允平和："臣窃见近者执政进拟邓温伯为翰林学士承旨除命,一下而中书舍人不肯撰词,给事中封还诏书,御史全台、两省谏议,皆力言其不可,议论汹汹,经月不定。"又说:"臣尝论温伯之为人,粗有文艺,无他大恶,但性本柔弱,委曲从人。"①由此看来,邓润甫在北宋政坛上的确是个争议很大的人物。

　　作为嘉祐二年进士,邓润甫与同年及第的苏轼昆仲关系较为密切,元祐六年二月,苏轼复入翰苑任学士承旨,正与润甫交替。其时邓润甫因文字不当而遭言官弹劾,"温伯撰《兴龙节祝寿词》,用负扆宸、凭玉几等事字,殿中侍御史岑象求劾温伯非所当用以祝寿",遂命为端明殿学士、礼部尚书。② 其实邓润甫很有文学才华。他善制诏,据说元丰末,他"召复翰林学士,兼掌皇子阁笺记,一时制作,独倚润甫焉"。元祐初曾独自当直,"哲宗立,惟润甫在院,一夕草制二十有二,进承旨"③。如《除吕公著右仆射制》:

　　　　国莫难于置相,君莫重于知人。尧舜之隆,盖以畴咨而熙载;商周之盛,至以梦卜而求贤。天降割于我家,予未堪于多难。思用耆德,交秉政钧,其敷宠章,以诏群辟。金紫光禄大夫、门下侍郎、上柱国、东平郡开国公吕公著,行应仪表,学通本原,忠义得于天资,功名自其世美。被遇先帝,尝入赞于枢廷;暨予冲人,遂同寅于政路。傅经义以谋国体,推上泽以纾民心,叙收隽贤,补苴法度,方重不倚,雅有大臣之风;调娱适中,遂通当世之务。是用升之右揆,委以繁机,申衍爱田,陪敦真赋。尔则代天而理物,予则羞考以惟君。于戏! 丞相之位,未尝无其人;儒者之效,久不白于世。孟轲言无有者数百岁,扬雄称自得者二三臣,盖迪

远业者其功难,循近迹者其力易。勉行所学,以底丕平!①

楼昉编《崇古文诀》评曰:"缜密温润,有制诰体,元祐词臣,东坡之外,便当还他,清望之深,全在结尾数语。"②邓润甫是程俱外祖,李觏门人,觏卒,润甫上其所著书。李觏文章"尤长于经制",朱熹评论说:"李泰伯文字不软帖,气象大段好,实得之经中,虽浅,然皆自大处起议论,若老苏父子得之史中《战国策》,故皆自小处起议论。"③这对润甫文章应有直接影响。

苏轼与邓润甫因先后同游武昌西山,并于元祐初同直翰苑的因缘际会,而促成了多人参与武昌西山唱和诗,成为诗坛佳话。详见后文所论。

(二) 元祐翰苑人物之二:学士承旨苏颂

苏颂元祐四年(1089)迁翰林学士承旨。按《两朝国史志》载:"学士院:翰林学士承旨、翰林学士、翰林侍读侍讲学士。承旨不常置,以院中久次者一人充。"又载:"承旨唐置,以学士第一人充,今不常置。"④正常情况下,学士皆有定员,学士承旨一人,为"院长",又称"翰长"。承旨虽不常设,时或虚悬,但通常为"学士第一人",其地位自然崇重。然而苏颂系由翰林侍读学士直接迁学士承旨,是"非次之优迁"⑤,这在宋代是唯一的特例,足见其声望。苏颂为庆历二年进士,历仕仁、英、神、哲四朝。在仁宗朝即深得新政人士杜衍、欧阳修等人欣赏,任南京留守推官时,留守欧阳修委以政事,说:"子容处事精审,一经阅览,则修不复省矣。"时杜衍居睢阳,一见深器之,"自小官以至

① 邓润甫:《除吕公著右仆射制》,《全宋文》第72册,第279页。
② 楼昉:《崇古文诀》,王水照编《历代文话》本,第505页。
③ 吴之振:《宋诗钞·盱江集钞序》,中华书局1986年版,第1353页。
④ 《宋会要辑稿》职官六之四六,第2519页。
⑤ 苏颂:《谢翰林学士承旨》二,《苏魏公文集》卷四〇,第598页。

侍从、宰相所以施设出处,悉以语颂,曰:'以子相知,且知子异日必为此官,老夫非以自矜也。'"皇祐四年,翰林学士赵槩等荐举,召试学士院,入最优等,授馆阁校勘。嘉祐中,迁集贤校理,编定书籍,滞于馆下九年,官冷俸薄,而处之晏如。富弼称其为"古君子",与韩琦为相时,同上表赞其"廉退"①。英宗即位,召修起居注,擢知制诰、知通进银台司。熙宁中,与宋敏求、李大临不草李定制,并落知制诰,天下称为"三舍人"。"前后历典四选,铨综有条,士无留滞"②。可见,苏颂虽未曾先入翰苑为学士,但其仕履、品格都完全具备了学士资格。元祐四年十一月御史中丞梁焘、左谏议大夫刘安世就曾共奏:"翰林学士承旨苏颂学问该博,练达典故,神宗朝任知制诰,以不草奸人李定为御史词,落职归班,遂有重名。"③有意思的是,苏颂外祖即是仁宗朝龙图阁直学士、天圣中任命的知制诰陈从易,从易为泉州晋江人,他诗学"白体","当时文方盛之际,独以醇儒古学见称,其诗多类白乐天"④;好古文,而与杨亿矛盾甚深。⑤据《魏公谭训》卷三载:"祖父喜王元之诗,以为平易而淳深,有古风。"⑥苏颂的这种诗歌趋尚当受其外祖影响。又卷四载:"(祖父)喜晏元献、欧文忠小词,以为有骚雅之风而不古不俗,尤爱声韵谐偶,然未尝自作一篇。"⑦晏、欧亦系苏颂前辈,但苏颂爱而不作,也从一个侧面反映了他的文学取向。苏颂又与二宋游,"为文章,驯雅有体,尤为宋元献公(庠)兄弟所称。"⑧宋祁称为其文"典重而清新",宋庠则称其"意义清新"⑨。可见,自嘉祐至熙、丰、元祐,他都是文坛颇受关注的活跃人物。

① 《宋史》卷三四〇《苏颂传》,第 10859—10860 页。
② 曾肇:《赠司空苏公墓志铭》,《全宋文》第 110 册,第 123 页。
③ 《长编》卷四三五"元祐四年十一月壬午",第 10486 页。
④ 欧阳修:《六一诗话》,何文焕辑《历代诗话》本,第 266 页。
⑤ 田况:《儒林公议》,《文渊阁四库全书》第 1036 册,第 277 页。
⑥ 苏象先:《魏公谭训》卷三,《苏魏公文集》附录,第 1133 页。
⑦ 苏象先:《魏公谭训》卷四,《苏魏公文集》附录,第 1141 页。
⑧ 曾肇:《赠司空苏公墓志铭》,《全宋文》第 110 册,第 124 页。
⑨ 苏象先:《魏公谭训》卷四,《苏魏公文集》附录,第 1141 页。

(三) 元祐翰苑人物之三: 学士承旨苏轼

熙宁三年时,王安石就曾指出司马光与苏轼的密切关系:"光虽好为异论,然其才岂能害政,但如光者,异论之人倚以为重,今擢在高位,则是为异论之人立赤帜也。光朝夕所与切磋琢磨者,乃刘攽、刘恕、苏轼、苏辙之徒而已。"①两人的这种关系在元祐更化之初得到了进一步强化,正如后来章惇所说:"元祐初,司马光作相,用苏轼掌制,所以能鼓动四方。"②

苏轼嘉祐中已得欧阳修激赏,更深得仁、英、神三帝赏识。仁宗初读轼、辙制策,退而喜曰:"朕今日为子孙得两宰相矣。"治平中英宗自藩邸闻其名,欲以唐故事越次召入翰林知制诰。神宗尤爱其文,宫中读之,膳进忘食,称为天下"奇才"。但熙宁中因与王安石政见相忤,又作诗讽刺新法而罹诗祸,遭贬谪。元祐初为高太后信任而重获起用,史载:"轼尝锁宿禁中,召入对便殿。宣仁后曰:'先帝(神宗)每诵卿文章,必叹曰:'奇才,奇才!'但未及进用卿耳。'轼不觉哭失声,宣仁后与哲宗亦泣,左右皆感涕。已而命坐赐茶,彻御前金莲烛送归院。"这一君臣知遇的场景确实令人动容。但元祐四年,因不为当政者所容而再知杭州。六年,召为吏部尚书,未至,以弟苏辙除右丞,改翰林承旨。在翰林数月,复以谗请外,以龙图阁学士出知颍州。七年,迁礼部兼端明殿、翰林侍读两学士,为礼部尚书。八年,哲宗亲政。轼请补外,以两学士出知定州。时国是将变,轼不得入辞,从而结束了他在元祐中以翰苑、经筵为主的政治生涯。"自为举子至出入侍从,必以爱君为本,忠规谠论,挺挺大节,群臣无出其右"③,可谓公论。

① 黄以周等:《续资治通鉴长编拾补》卷七"熙宁三年二月庚申",中华书局 2004 年版,第317 页。
② 《宋史》卷三四三《林希传》,第 10913 页。
③ 《宋史》卷三三八《苏轼传》,第 10801—10807 页。

苏辙与兄轼同登进士科,又同策制举。元祐元年,为右司谏,代轼为翰林学士,寻权吏部尚书。苏氏兄弟虽属旧党,但政治上又比较独立,"元祐秉政,力斥章、蔡,不主调停,及议回河、雇役,与文彦博、司马光异同,西边之谋,又与吕大防、刘挚不合。君子不党,于辙见之"①。

自元祐起用至绍圣远贬,既是苏轼政治生命的辉煌时期,但他又始终深处新旧党争的漩涡。元祐元年(1086)至八年(1093),三度为学士、学士承旨、侍读学士,官至礼部尚书,又四任知州,翰林学士则是其担任的最重要的职务和文化身份,他也因此成为宋代翰林学士的典范。同时,元祐时期也是苏轼文学创作的重要转变阶段,以苏门学士为主体的诗人群体在馆阁翰苑的唱和活动达到高潮,"元祐体"进一步确定了其作为宋诗风貌的典型范式。

二　经筵"留身":翰林学士为讲读官

哲宗幼年即位,宣仁太后听政,皇帝的读书教育问题尤为急务,新任侍御史刘挚上疏建言:"昔者周成王幼冲践祚,师保之臣,周公、太公其人也。仁宗皇帝盛年嗣服,用李维、晏殊为侍读,孙奭、冯元为侍讲,听断之暇,召使入侍。陛下春秋鼎盛,在所资养。愿选忠信孝悌、惇茂老成之人,以充劝讲进读之任,便殿燕坐,时赐延对,执经诵说,以广睿智,仰副善继求治之志。"②

哲宗朝翰林学士不论旧党新党,大都曾先后担任经筵与台谏之职。魏了翁所提到的元祐经筵讲读官有傅尧俞、韩维、范祖禹、赵彦若,崇政殿说书为程颐,范镇则召而不至。其实元祐经筵官尚不止上

①《宋史》卷三三九《苏辙传》,第10837页。
②《宋史》卷二四〇《刘挚传》,第10853页。

述几位,尤其以翰林学士兼任为多。翰林学士在经筵除为哲宗皇帝讲读经史、间或讨论文艺外,获得了更多的"留身"独对或转对的机会。

吕大防是元丰八年(1085)哲宗即位后任命的首位翰林学士,元祐元年,即拜尚书右丞,进中书侍郎,封汲郡公。三年,超拜尚书左仆射兼门下侍郎。大防并未居经筵,但却留意圣学,在相位,"大防见哲宗年益壮,日以进学为急,请敕讲读官取仁宗迩英御书解释上之,置之坐右。又摭乾兴以来四十一事足以为劝戒者,分上下篇,标曰《仁祖圣学》,使人主有欣慕不足之意"。"哲宗御迩英阁,召宰执、讲读官读《宝训》……大防因推广祖宗家法以进曰:'祖宗家法甚多,自三代以后唯本朝百二十年中外无事。盖由祖宗所立家法最善。'"[1]并将"祖宗家法"概括为事亲、事长、待外戚、尚俭、勤身、尚礼、宽仁等7条,甚为哲宗赞同。[2] 大防文章亦为时所称,"其在翰林,书命典丽,议者谓在元绛之上云"[3]。

值得注意的经筵讲读官首先是以精于"讲说"著称的熙宁中翰林学士及承旨吕公著。公著"自少讲学,即以治心养性为本"。他在讲读官中尤以善讲学著称,"于讲说尤精,语约而理尽。司马光曰:'每闻晦叔讲,便觉己语为烦。'其为名流所敬如此"。元祐初以侍读学士还朝,拜为门下侍郎,与司马光同心辅政,仍重视圣学,"帝宴近臣于资善堂,出所书唐人诗分赐。公著乃集所讲书要语明白、切于治道者凡百篇进之,以备游意翰墨,为圣学之助"[4],似有意提醒皇帝措意于治道而非文艺。

苏颂元祐二年迁吏部尚书兼侍读,奏言:"国朝典章,沿袭唐旧,

① 《宋史》卷三四〇《吕大防传》,第 10848 页。按《长编》卷四五六"元祐六年三月庚申"条载:"(哲宗)御迩英阁,宰相吕大防奏曰:'仁宗所书三十六事,禁中有否?'上曰:'有。'大防请令图写置坐隅,以备观览。从之。"(第 10917 页)

② 参见吕大防:《进祖宗家法札子》,《全宋文》第 72 册,第 201—202 页。

③ 晁公武:《郡斋读书志》卷十九下《吕汲公文录》,第 1010 页。

④ 《宋史》卷三三六《吕公著传》,第 10776—10777 页。

乞诏史官采新、旧《唐书》中君臣所行,日进数事,以备圣览。""遂诏经筵官遇非讲读日,进汉唐故事二条。公每有所进,可为规戒、有补时事者,必述己意,反复言之"①,进讲"汉唐故事"也成为经筵讲读主要内容。而苏颂本人也博学多识且善于讲读,"为侍读,多所启迪"②。元祐五年正月,年已71岁的苏颂请求致仕,范祖禹上奏称:"臣窃谓颂博闻强识,白首好学,至于详练国朝典故,尤非诸臣所及。"且其精力不减少壮之人,请求留于经筵③。

范百禄、范祖禹叔侄于元祐中相继进入翰苑与经筵。范百禄为范镇从子,范祖禹则为范镇从孙,百禄之侄,吕公著婿,并先于百禄为学士。范镇为仁、英、神三朝学士,百禄、祖禹叔侄二人在政治、学术与文学上深受其影响,自镇至祖禹,祖孙三世居翰林,士论荣慕。祖禹少受学于百禄,叔侄二人在元祐翰苑、经筵中发挥了积极的政治作用,"父子先后读讲,或同进对,献纳左右"④。范祖禹所与交游皆一时闻人,早为范镇所器重,说:"此儿,天下士也。"由范镇抚育成人。王安石当政,尤所爱重,但却不谒安石。他从司马光编修《资治通鉴》,在洛15年,不事进取,成为熙宁洛中文人群与旧党官员群体的一员。哲宗即位,除著作佐郎、修《神宗实录》检讨,迁著作郎兼侍读,成为年幼皇帝的讲师。又拜右谏议大夫,首上疏论人主正心修身之要。"闻禁中觅乳媪,祖禹以帝年十四,非近女色之时,上疏劝进德爱身,又乞宣仁后保护上躬,言甚切至。"元祐四年拜翰林学士,以叔百禄在中书,改侍讲学士,百禄去,复为学士。宣仁太后崩,政坛动荡,祖禹奏上谏草,苏轼附名同奏,称为"经世之文"。范祖禹尤以史学和经幄讲读著名,"在迩英守经据正,献纳尤多。尝讲《尚书》至'内作色荒,外

① 邹浩:《故观文殿大学士苏公行状》,《全宋文》第132册,第11页。
② 曾肇:《苏公墓志铭》,《全宋文》第110册,第123页。
③ 《长编》卷四三七"元祐五年正月乙酉",第10528页。
④ 范祖禹:《资政殿学士范公墓志铭》,《全宋文》第99册,第43页。

作禽荒'六语,拱手再诵,却立云:'愿陛下留听。'帝首肯再三,乃退。每讲诵前夕,必正衣冠,俨如在上侧,命子弟侍,先按讲其说。开列古义,参之时事,言简而当,无一长语,义理明白,粲然成文",故被苏轼称为"讲官第一"。"长于劝讲,平生论谏,不啻数十万言。其开陈治道,区别邪正,辨事宜,平易明白,洞见底蕴,虽贾谊、陆贽不是过云。"其所著《帝学》八卷成为宋代经筵教材的经典,其所著《唐鉴》"深明唐三百年治乱,学者尊之,目为'唐鉴公'"①。总之,对于北宋史学与理学,范祖禹都有重要贡献。

元祐七年四月,经筵官缺,时为礼部侍郎兼侍讲的范祖禹上疏荐举多名讲读官,其中有王存,"端方厚重,素有人望";苏轼,"文章为天下第一,其名亚于司马光,但忌嫉者多,此在陛下主张而用之耳";赵彦若,"博学多闻,详练故事";郑雍"自居言职,风望愈高",认为"此四人者实允众论"。此外还有孔武仲,"学问该洽,讲说明白";吕希哲,公著之子,"经术履行,识者皆谓可备劝讲";吕大临,大防之弟,"修身好学,行如古人";吴师仁,"以行谊称于士大夫",等等。程颐于元祐初以处士除通直郎充崇政殿说书,但岁余即以人言而罢,范祖禹特别另奏一疏,认为"颐之经术行谊天下共知"②,足以辅导圣学,有补圣明,而不应轻信诬罔之谤。由此可见,博学、经术、文章、操行等等是经筵讲读官选拔的基本条件。程颐作为理学家,其辅导年幼的天子,虽过于矫情迂腐,但他所说的"天下重任,惟宰相与经筵:天下治乱系宰相,君德成就责经筵"③,确是值得重视的精辟的治政名言。

范百禄元祐五年(1090)至元祐七年(1092)后于祖禹为学士兼侍读,期间曾短期权知开封府。据范祖禹所撰《资政殿学士范公墓志铭》载:百禄亦为范镇所奇,曾叹为"廊庙器也!"治平中,制策入

① 《宋史》卷三三七《范镇传》附《范祖禹传》,第 10794—10800 页。
② 《长编》卷四七二"元祐七年四月己卯",第 11276—11278 页。
③ 《长编》卷三七三"元祐元年三月辛巳",第 9031 页。

三等,策文为英宗亲览嘉叹,"国朝制策三等,惟吴育、苏轼及公,凡三人焉"。熙宁中同知谏院,在言路,"所言多天下大计"。元丰八年(1085)召试,迁中书舍人。元祐元年,迁吏部侍郎,因其论事往往"独抗权强,绌众论"而久不获迁。元祐五年,兼侍读,进翰林学士。在迩英阁讲读毕留对,为帝言分别邪正之条目凡二十余条。"公每进读,凡所以启迪人主,皆仁义之意,与夫前古治乱安危之迹。其说以修身正心、任贤容谏、慎赏罚、重守长、劝农桑、安边恤民为要,皆见于章疏,至于造膝面启,必反覆陈之。"知元祐六年贡举,奏罢参详官,除龙图阁学士,权知开封府。复召入翰林兼侍读。"转对,援祖宗故事:幸国子监谒文宣王,召儒臣讲说。请上视学,从之。"七年,拜中书侍郎。范百禄"在言职,历侍从,位廊庙,所言所行,必穷尽义理","好学,终身不释卷,经术尤长于《诗》。文章精醇典丽,有古人气格"①。他受学于范镇,"故其议论操修,粹然一出于正"②。其经筵讲说,不仅重视帝王涵养心性,推究义理,更关注历代政治之治乱安危,重民生,吏治等现实社会问题,这与其在台谏多言天下大计体现了同样的政治责任感。

范氏一门,先后就职于翰苑、经筵、政府,其道德、文章、经义,均体现了"范氏之家法"③,在宋代文化家族中堪称典范。

苏轼两入翰苑皆兼为侍读学士。其"迩英进读"所讲汉唐史共8条,收入文集。又有"讲筵进记"一篇,题为《书韩维读〈三朝宝训〉》,云:"臣今月十五时侍迩英阁,窃见资政殿学士韩维因读《三朝宝训》,至真宗皇帝好生恶杀,因论皇帝陛下在宫中不忍践履虫蚁,其言深切,可以推明圣德,益增福寿。臣忝备位右史(起居舍人),谨书其事于册。又录一本上进,意望陛下采览,无忘此心,以广好生之德,臣不

---

① 范祖禹:《资政殿学士范公墓志铭》,《全宋文》第99册,第34—44页。
② 《宋史》卷三三七《范镇传》附《范百禄传》,第10800页。
③ 《东都事略》卷七七《范祖禹传》,《文渊阁四库全书》第382册,第503页。

任大愿。"①又如元祐三年五月一日《转对条上三事状》:"侍读苏轼状奏:准御史台牒,五月一日文德殿视朝,臣次当转对,虽愚无知,备位禁林,怀有所见,不敢不尽,谨条上三事如左。"②所言为其时冗官、任子等时弊。同时作《次韵子由五月一日同转对》诗,记其与时任户部侍郎的苏辙同对事。苏辙有诗《去年冬辙以起居郎入侍迩英讲不逾时迁中书舍人,虽忝冒愈深而瞻望清光与日俱远,追记当时所见作四绝句呈同省诸公》,其四云:"讲罢渊然似不胜,诗书默已契天心。高宗问答终垂世,未信诸儒测浅深。"③进读经史、经筵留身、翰苑夜对、转对轮对、补充条奏等相关制度,保证了君臣交流渠道的通畅,同时也促进了文学与政治的互动,如歌咏纪事以及史论政论(尤其侧重汉唐)的写作。

王岩叟元祐中任监察御史及中书舍人等要职,亦尝侍迩英。曾因侍讲时与哲宗交谈说:"陛下退朝无事,不知何以消日?"哲宗曰:"看文字。"对曰:"陛下以读书为乐,天下幸甚。圣贤之学,非造次可成,须在积累。积累之要,在专与勤。屏绝它好,始可谓之专。久而不倦,始可谓之勤。愿陛下特留圣意。"④元祐六年三月,王岩叟与哲宗再次讨论读书:

> 王岩叟从容劝上读书曰:"古人多早读经,午间读史及诸子,或唐人有讽谏底诗篇。"上云:"如何得入道深?"对曰:"读书要入道深,自有诀。须将先圣之言一一着心承当,便如先圣专为陛下说此事,则承当得有力,读书方济事。其善者受之以为法,其不善者受之以为戒。如此,则便如终日与先圣先贤说话,圣德日新

---

① 苏轼:《书韩维读〈三朝宝训〉》,《苏轼文集》卷七,第199页。
② 苏轼:《转对条上三事状》,《苏轼文集》卷二九,第819页。
③ 苏辙:《去年冬辙以起居郎入侍迩英讲不逾时迁中书舍人……》,《栾城集》卷十五,《苏辙集》,第292页。
④ 《宋史》卷三四二《王岩叟传》,第10894页。

矣。"上论射,进曰:"此读书之余,聊以适性则可,然非帝王之所学也,不宜专留神以妨圣学。就射之中,亦有修身、治天下之道……陛下若取射之义以临天下,凡于事皆平心正己,审而后发,则发而无不当矣。"①

从读书内容到步骤、方法,借题发挥,可谓循循善诱。

元祐学士及经筵官确实极一时之选,他们尽心辅助年轻皇帝养成帝德与施政能力。进入绍圣年间,曾布、章惇等新党人物亦重视经筵之职。绍圣元年(1094),翰林阙学士,章惇三荐林希,不被哲宗采纳,哲宗点名用钱勰说:"钱某岂不堪为翰林学士耶?"即日除翰林学士,兼侍读经筵,"进见,多诏留身,因得款陈天下事,哲宗益眷倚之"②。但钱勰并非新党人物。曾布绍圣元年为学士承旨兼侍读,他也非常重视经筵官人选,元符元年(1098)九月,哲宗建议除赵挺之为侍讲,众人愕然,但得到曾布、黄履的赞同,曾布认为:"经筵乃在侍从,最为亲近要切之地,所擢必得人望……经筵之选尤不可轻。"③执政以后的哲宗立即改弦更张,新党翰苑词臣及经筵官给予其重要影响。不过令曾布感到尴尬的是,元符中"经筵多非其人",素质堪忧。下文将予详论。

三　文字狱与党争风波中的苏轼

元祐中谏官与学士梁焘曾言:"御史者,天子之法官也。"④宋朝廷强化台谏制度,却也被各政党利用为排击异己的舆论工具,自熙、丰

---

① 《长编》卷四五六"元祐六年三月癸亥",第10919页。
② 李纲:《钱公墓志铭》,《全宋文》第172册,第274页。
③ 《长编》卷五〇二"元符元年九月己酉"条,第11950页。
④ 《宋史》卷三四二《梁焘传》,第10889页。

新旧党争起,政见分歧与学术之争愈来愈演变为意气之争,而且更趋复杂化,加剧了党争的恶性循环。台谏无例外地充当了急先锋,首当其冲者,又是一代文豪苏轼。

苏轼,作为宋代最杰出的诗人和作家,最具有独立政治品格的熙丰、元祐大臣之一,连司马光都称自己"敢言不如苏轼、孔文仲"①,苏轼自己则宣称:"独立不惧者,惟司马君实与叔兄弟(指轼与辙昆仲)耳。"②孔文仲元祐三年以中书舍人同知贡举,疾甚而卒,士大夫哭之皆失声。苏轼拊其枢曰:"世方嘉软熟而恶峥嵘,求劲直如吾经父者,今无有矣。"③文仲熙宁三年应贤良方正科考试时即遭王安石贬黜,世风"软熟",攻讦者屡屡,而如苏轼、文仲之品格"峥嵘"、"劲直"者却渐被摧残殆尽。自熙宁至绍圣,苏轼即屡屡成为文字狱的受害者、以"言语"得罪的谪臣,一生历经外任、放逐的命运。元祐时期,当他经过了乌台诗案的摧折,重新获得政治生命时,惊魂稍定,余悸犹存,却重新陷入新一轮文字狱的迫害。可悲的是,这一次他要同时应对来自新旧两党的政敌。熙、丰时期的旧党集团并非一个稳固的政治联盟和学术共同体,元祐元年,旧党的旗帜人物司马光病逝,旧党内部遂分裂为朔党、洛党与蜀党,前者追随司马光,以刘挚为领袖,梁焘、王岩叟、刘安世等为羽翼;洛党则以曾处讲筵的程颐为领袖,其门人为朱光庭、贾易等;苏轼在翰林,与吕陶被视为蜀党,"洛蜀党争"成为元祐政坛主旋律。

苏轼在元祐朝翰苑经筵所遭遇的文字攻击,首先是元祐元年为学士院所拟馆职试题案。此年所用试题为策论,苏轼与学士承旨邓润甫同时锁院命题,而点用苏轼所作。④ 试题提出的主要问题是:

---

① 司马光:《论王安石疏》,《司马温公集编年笺注》(六)附录卷二,第131页。
② 苏轼:《与千之侄》二,《苏轼文集》卷六十,第1840页。
③ 《宋史》卷三四四《孔文仲传》,第10932页。
④ 周必大《玉堂杂记》卷下载:"旧制,试前一日,学士宿院,故元祐中苏文忠公与邓文惠公各进策题,禁中点用文忠所作。"《文渊阁四库全书》第595册,第571页。

今朝廷欲师仁祖之忠厚,而患百官有司不举其职,或至于媮;欲法神考之励精,而恐监司守令不识其意,流入于刻。夫使忠厚而不媮,励精而不刻,亦必有道矣。昔汉文宽大长者,不闻有怠废不举之病;宣帝总核名实,不闻有督察过甚之失。①

但这道被御笔点用的策题却成了苏轼被洛党台谏官弹击的罪状。元祐初,苏轼曾与朱光庭有两首唱和诗,称赞其"直声如在履声中","谏苑君方续承业"②。但朱光庭显然不可能与具有浪漫诗人习性的苏门中人走得很近,至元祐元年十二月,光庭率先向苏轼发难,指责其讽议先朝:"臣以为仁宗之深仁厚德,如天之为大,汉文不足以过也;神考之雄才大略,如神之不测,宣帝不足以过也。后之为人臣者,惟当盛扬其先烈,不当更置之议论也。今来学士院考试不识大体,以仁祖难名之盛德、神考有为之善志,反以媮刻为言论,独称汉宣之全美,况谓仁祖、神考不足以师法,不忠莫大焉。"曲解附会,恶意中伤。苏轼辩称说:"臣之所谓媮与刻者,专指今之百官有司及监司、守令不能奉行,恐致此病,于二帝何与焉?"但朱光庭危言耸听的背后却隐藏着真实的动机,即"轼尝骂司马光及程颐",不过是因为苏轼曾将程颐嘲讽为"枉死市叔孙通"的戏谑之语。对此,殿中侍御史吕陶说得很清楚:"苏轼所撰策题,盖设此问,以观其答,非谓仁宗不如汉文、神考不如汉宣帝也。朱光庭指以为非,亦太甚矣……今士大夫皆曰:'程颐与朱光庭有亲,而苏轼尝戏薄程颐,所以光庭为程颐报怨,而屡攻苏轼。'审如所闻,则光庭固已失之,轼亦未为得也。且轼荐王巩为不知人,戏程颐为不慎言,举此二者而罪之则当也,若指其策问为讥议二圣,而欲深中之,以报亲友之私怨,诚亦过矣。"③吕陶作为蜀党中人,

① 苏轼:《试馆职策问三首》之一,《苏轼文集》卷七,第210页。
② 苏轼:《次韵朱光庭初夏》,《苏轼诗集合注》卷一七,第1370页。
③ 《长编》卷三九三"元祐元年十二月壬寅",第9564—9569页。

较之洛党中人的器局狭小,说得要公道得多。但即使高太后对洛党
谏官们不加理睬,傅尧俞、王岩叟等依旧论奏不已。客观地说,苏轼
的馆职策题提出的问题确实很尖锐,他自己曾坦陈:

> 臣所撰策问,似实亦有罪……伏睹二圣临御以来,圣政日新,
> 一出忠厚,大率多行仁宗故事,天下翕然衔戴恩德,固无可议者。
> 臣私忧过计,常恐百官有司矫枉过直,或至于媮,而使祖宗励精核
> 实之政渐至隳坏,深虑数年之后,驭吏之法渐宽,理财之政渐疏,
> 备边之计渐弛,则意外之忧,有不可胜言者……臣窃忧之,故辄
> 用此意,撰上件策问,实以讥讽今之朝廷及宰相、台谏之流,欲陛
> 下览之,有以感动圣意,庶几兼行二帝忠厚励精之政也。①

策题表达了苏轼"校量利害、参用所长"②的政治态度以及对元祐"更
化"矫枉过正的忧虑。可惜的是,洛党中的台谏们除了挟私报复,并
没有心思关心这一命题的政治意义,对策题的弹劾完全变成了歪曲
事实的人身攻击。

元祐二年十二月,新党监察御史杨康国、赵挺之等人再次向苏轼
发难。赵挺之攻击苏轼"专力引纳轻薄虚诞有如市井俳优之人以在
门下,取其浮浅之甚者力加论荐"③,如王巩、黄庭坚。此年的馆职召
试仍由苏轼命题,策题提出:

> 问:古之君子,见礼而知俗,闻乐而知政,于以论兴亡之先
> 后。考古以证今,盖学士大夫之职,而人主与群臣之所欲闻也,
> 请借汉而论之。西汉十二世,而有道之君六,虽成、哀失德,祸不

---

① 《长编》卷三九四"元祐二年正月庚午",第 9594—9595 页。
② 苏轼:《辩试馆职策问札子》二,《苏轼文集》卷二七,第 792 页。
③ 《长编》卷四〇七"元祐二年十一月丙午",第 9915 页。

及民，宜其立国之势，强固不拔，而王莽以斗筲穿窬之才，谈笑而取之。东汉自安、顺以降，日趋于衰乱，而桓、灵之虐，甚于三季，其势宜易动，而董、吕、二袁皆以绝人之姿，欲取而不敢，曹操功盖天下，其才百倍王莽，尽其智力，终身莫能得。夫治乱相绝，而安危之效相反如此，愿考其政，察其俗，悉陈其所以然者。①

这一借汉喻今的策问题再次被杨康国、赵挺之、王觌等台谏官们揪住不放，理由之一是引喻失当，不当以王莽、曹操篡汉之难易迟速为问，有损国体。二是学术驳杂不纯，"不通先王性命道德之意，专慕战国纵横捭阖之术"；其根源则是"长于辞华而暗于义理"、"轻浮躁竞"所致。② 尽管苏轼仍然得到高太后的回护和信任，但台谏攻之愈急，"二年之中，四遭口语，发策草麻，皆谓之诽谤"，这使苏轼深感难逃"巧构曲成"、"众口所铄"③，遂连章请求外任，于元祐四年再知杭州。其间于元祐六年短暂回京，除吏部尚书，改翰林学士承旨兼侍读，苏辙除尚书右丞。不久，赵君锡、贾易再次以苏轼元丰八年旧诗构陷其诋讪神宗的罪名。御史中丞赵君锡在元祐四年苏轼请补外时还曾虚伪地赞扬"轼之文追攀六经，蹈藉班、马，自成一家之言，国朝以来，惟杨亿、欧阳修数人而已"，并请求挽留苏轼"复留禁林，仍侍经幄，以成就太平之基"④，却在苏轼回朝后率先诬构："苏轼于先帝上仙之初，作诗喜幸，乞正典刑。"⑤正可见谏官所论君锡风节不立、雷同低昂、取舍反复的倾邪柔佞品格。⑥ 侍御史贾易更是不遗余力地在文字上颠倒黑白，先指其"暨先帝厌代，轼则作诗自庆，曰：'山寺归来闻好语，野花啼鸟

① 苏轼：《试馆职策问三首》之二，《苏轼文集》卷七，第 211 页。
② 《长编》卷四〇七"元祐二年十二月壬寅、丙午"，第 9914—9915 页；卷四八"元祐三年正月丁卯"，第 9922—9923 页。
③ 苏轼：《辩试馆职策问札子》一，《苏轼文集》卷二七，第 789 页。
④ 《长编》卷四二五"元祐四年四月癸卯"，第 10266 页。
⑤ 《长编》卷四六三"元祐六年八月己丑"，第 11066 页。
⑥ 弹劾赵君锡之言官为姚勔，见《长编》卷四六三"元祐六年八月己丑"，第 11067 页。

亦欣然。此身已觉都无事,今岁仍逢大有年。'书于扬州上方僧寺,自后播于四方",认为"是可谓痛心疾首而莫之堪忍者也"。然后旧话重提:"后于策题,又形讥毁。"而且又增加一条材料:"(轼)又作《吕大防左仆射麻制》,尤更悖慢,其辞曰:'民亦劳之,庶臻康靖之期。'识者闻之,为轼股慄。"以为苏轼将熙、丰治世之政比为周厉王之乱政。又诬陷其在杭州为政暴横欺蔽,甚至连其兴修水利之事也"皆为虚妄无实"①。

苏轼不堪台谏官无休止的攻击,遂于归朝后不久先后出知颍州、扬州。元祐七年回朝,进端明殿学士、翰林侍读学士、礼部尚书,元祐八年出知定州。绍圣"绍述"议起,苏轼再遭来自新党的政治打击,这次新党利用的是其制诰文字。绍圣元年闰四月,监察御史刘拯言:"轼敢以私忿形于制诰中,厚诬丑诋。"并牵累其门人秦观:"秦观浮薄小人,影附于轼,请正轼之罪,褫观职任,以示天下后世。"②自此,苏轼结束了其元祐中任职翰苑期间动荡不定的政治生活,再度走上漫长艰苦的贬谪路途,而新党对元祐党人的迫害亦愈演愈烈。

文字狱的始作俑者,是熙、丰朝王安石的鹰犬爪牙李定、舒亶、张璪;至元祐朝,效其尤者,竟是旧党、新党占据言路的台谏们的轮番排击,尤其是司马光的追随者与程颐的门徒,其手段竟与乌台诗案如出一辙,甚至有过之而无及。正如元祐八年五月,御史黄庆基弹劾苏轼以文字诽谤先朝,苏轼自辩时所说:"自熙宁、元丰间,为李定、舒亶辈所谗,及元祐以来,朱光庭、赵挺之、贾易之流,皆以诽谤之罪诬臣。前后相传,专用此术……今者又闻台官黄庆基复祖述李定、朱光庭、贾易等旧说,亦以此诬臣。"③这像是命运弄人,也是苏轼"赋性刚拙、

---

① 《长编》卷四六三"元祐六年八月己丑",第11055—11057页。
② 黄以周等:《长编拾补》卷十"绍圣元年闰四月乙酉",第413页。
③ 苏轼:《辨黄庆基弹劾札子》,《苏轼文集》卷三六,第1014页。

议论不随"①、独立不倚的政治性格所决定的。正因此故,元祐四年,当旧党台谏们用同样的手法打击新党,制造了另一起文字狱——蔡确"车盖亭诗案"时,作为亲历文字狱的受害者,苏轼对此案的态度非常慎重,认为"此事所系国体至重",而并未因"恶其为人"而有过激之辞。② 然而文字狱的阴影一直笼罩着绍圣以后直至徽宗朝诗坛,其恶果是如江公望建中靖国元年(1101)任左司谏时所说:

> 哲庙固孝于神考矣,持继述之论牢不可破。辅政非其人,以媚于己为同,忠于君为异。一语不合时政,必目为流俗;一谈不相侔时事,必指为横议。借威柄以快私隙,必以乱君臣父子之名分以感动人主。故元祐之臣,为之一空……元祐人才,皆出于熙宁、元丰培养之余,遭绍圣窜逐之后,凋疏落漠,存者无几。③

元祐人才,在党争的恶意缠斗和"台谏气焰"中摧残凋零。

四　新党翰林学士与绍圣"绍述"

哲宗亲政,改元绍圣,政局急转,绍圣元年(1094),曾布三入翰苑为学士承旨,二年,钱勰被加以"附会元祐"的罪名罢翰苑之职,学士院由此完成了旧党与新党学士的交替,一些熙、丰至元祐中曾得势或失势的以及绍圣中新晋的新党人物与学士,在"绍述"的旗号下重新聚集,向旧党展开更为猛烈的反扑,新党翰林学士自然也成为清算旧党的代言者。但因个人的利益和心术不同,新党也并没有在政治上

① 苏轼:《乞罢学士除闲慢差遣札子》,《苏轼文集》卷二八,第816页。
② 苏轼:《论行遣蔡确札子》,《苏轼文集》卷二九,第837页。
③ 江公望:《乞为政取人无熙丰元祐之间奏》,《全宋文》第121册,第311—312页。按《宋史》卷三四六《江公望传》载江公望此奏,略有不同,如"一语不合时政"为"一语不合时学",第10986页。

结成一个紧密的同盟。

首先向旧党发难的是元丰中翰林学士、苏轼的旧友李清臣与章惇，二人在绍圣中重新获得起用，均与苏轼决裂反目。

李清臣与苏轼相知甚深，二人文章均获欧阳修称赏，尤为嘉祐中制策文高手，元丰"乌台诗案"中也有与苏轼、苏辙往复唱和诗数篇受到牵连。但令人遗憾的是，元祐以后二人因政见分歧而交恶。巧合的是，首倡绍圣"绍述"的序幕也是由制策出身的李清臣以一篇进士策题揭开的。《宋史》本传载：绍圣元年三月，廷试进士，由清臣发策，策题为：

> 朕之临御几十载矣，复词赋之选而士不知能，劝常平之官而农不加富。可雇可募之说杂而役法病，或东或北之论异而河患滋。赐土以柔远也，而羌夷之侵未弭；弛利以便民也，而商贾之路不通。至于吏员猥多，兵备刓缺，饥馑荐至，寇盗尚蕃，此其何故也？夫可则因，否则革，惟当之为贵，圣人亦何必焉。子大夫其悉陈之毋隐。①

这一以皇帝名义发布的命题全面否定元祐"更化"之误，倾向性昭然若揭，"主意皆绌元祐之政，策士悟其指，于是绍述之论大兴，国是遂变"②。首先对此策题提出质疑的是太中大夫、门下侍郎苏辙，他指出策题"历诋近岁行事，有欲复熙宁、元丰故事之意"③，但被李清臣加以罪名，最终触怒了哲宗，被黜知汝州，元祐大臣苏轼、吕大防、刘挚、梁焘等亦相继遭贬，新法迅速全面恢复。

李清臣对于扭转政局产生极大的影响，《宋史》评价他说："清臣

---

① 李清臣：《试进士策文》，《全宋文》第 78 册，第 295 页。
② 《宋史》卷三二八《李清臣传》，第 10564 页。
③ 苏辙：《论御试策题札子二首》一，《栾城后集》卷十六，《苏辙集》，第 1066 页。

怙才躁进,阴觊柄用,首发绍述之说,以隙国是,群奸洞之,冲决莫障,重为荐绅之祸焉。"①吴泳说:"李清臣倡为绍述之号,而国家之正论变矣。"②他最大的弱点是"趋时嗜权利"③,急于谋取相位而不惜排挤昔日好友苏辙等旧党大臣,动机不纯,行为并不磊落。不过,他与章惇争权而并未结成死党,反而在章惇欲贬逐元祐大臣文彦博、吕公著等30余人于岭外时,"与一二同列争上前,以谓:'更先王法度,不为无过,然彦博、公著等皆累朝旧老,若从惇言必骇物听,非圣世所宜。'"④后来在徽宗朝,他也揭露章惇"忮忍杀伐"⑤、残害大臣之事,可见他的攻击对象主要是章惇,对于旧党并没有采取过于卑劣的手段。

与李清臣主要从舆论上为新党之"绍述"造势不同,章惇则引蔡卞、林希、黄履、来之邵、张商英、周秩、上官均等人居于翰苑与台谏要地,组成更紧密的新党同盟,在章惇的授意下,利用一切舆论工具,以穷凶极恶、无所不用其极的手段,对旧党施以残酷的政治迫害。

章惇,熙宁十年至元丰三年(1077—1080)为翰林学士,绍圣中为相,成为旧党阵营的核心,"专以绍述为国是,凡元祐所革一切复之",甚至诬高太后为"老奸擅国"。与蔡卞大肆罗织,残酷报复旧党,他与苏轼同年,绍圣执政后与苏轼反目,编类元祐诸臣章疏,起同文馆狱,甚至请对司马光、吕公著发冢斫棺。对于他的"穷凶稔恶",连哲宗都颇感后悔说:"章惇坏我名节。"⑥据《名臣碑传琬琰集》所收《实录》章惇传对他的评价:"惇性忮毒,忍于为恶。元祐用事臣僚再窜谪至岭海,诬谤宣仁,追贬王珪,议杀刘挚,皆惇力也。"⑦

黄履,邵武人,是章惇党的台谏官。熙宁时闽中患苦盐法,履却

---

① 《宋史》卷三二八《李清臣传》,第 10574 页。
② 吴泳:《孝宗与洪遵论吕蒙正所言君子小人之失》,《全宋文》第 316 册,第 327 页。
③ 陈振孙:《直斋书录解题》卷十七《淇水集》,第 508 页。
④ 晁补之:《资政殿大学士李公行状》,《全宋文》第 127 册,第 66 页。
⑤ 《东都事略》卷九六《李清臣传》,《文渊阁四库全书》第 382 册,第 625 页。
⑥ 《宋史》卷四七一《奸臣传》一,第 13714 页。
⑦ 《章丞相惇传》,《名臣碑传琬琰集》下卷十八,《文渊阁四库全书》第 450 册,第 801 页。

陈法甚便,为乡论鄙之。元祐元年为翰林学士,即与蔡确、章惇、邢恕相交结,"每确、惇有所嫌恶,则使恕道风旨与履,履却排击之"。绍圣中为御史中丞,屡上奏疏,"极论吕大防、刘挚、梁焘垂帘时事,乞正典刑,又言司马光变更先朝已行之法为罪"①。

　　林希,是章惇最为倚赖的翰林学士。他与蒋之奇均为嘉祐二年进士,应是绍圣中文才最好的学士人选,惜二人名节有亏。蒋之奇本来"孜孜以人物为己任,在闽荐处士陈烈,在淮南荐孝子徐积,每行部至,必造之";他本人也曾为欧阳修所厚遇,后却诬陷修,故为清议所薄,元祐初御史韩川、孙升,谏官朱光庭等皆曾斥言其为小人。② 林希尤为无行,元祐初擢中书舍人,即遭言官弹击,"言者疏其行谊浮伪,士论羞薄,不足以玷从列"。绍圣初翰林缺学士,章惇向哲宗推荐林希,哲宗却任命了钱勰,显然并不信任他。但章惇仍竭力援引,留用为中书舍人。史载:"会哲宗亲政,章惇用事,尝曰:'元祐初,司马光作相,用苏轼掌制,所以能鼓动四方,安得斯人而用之。'或曰:'希可。'惇欲使希典书命,逞毒于元祐诸臣,且许以为执政。希亦以久不得志,将甘心焉,遂留行,复为中书舍人。"二人一拍即合,林希成为绍圣中典掌书命以笔杀人的得力干将,"时方推明绍述,尽黜元祐群臣,希皆密与其议。自司马光、吕公著、大防、刘挚、苏轼、辙等数十人之制,皆希为之,词极其丑诋,至以'老奸擅国'之语阴斥宣仁,读者无不愤叹。一日,希草制罢,掷笔于地曰:'坏了名节矣。'"林希至绍圣四年(1097)迁学士,复叛章惇而附曾布,因罪被逐,徽宗朝,"朝廷以其词命丑正之罪"而再黜之。③

　　曾布,神宗熙宁、元丰中两入翰苑,是新法坚定的推动者,王安石曾说:"法之初行,异论纷纷,始终以为可行者,吕惠卿、曾布也。"

① 《宋史》卷三二八《黄履传》,第10574页。
② 《宋史》卷三四三《蒋之奇传》,第10915—10917页。
③ 《宋史》卷三四三《林希传》,第10913—10914页。

哲宗亲政,曾布入为学士承旨兼侍读。建议恢复先帝政事,改元以顺天意,遂改元绍圣。旋即擢拜同知枢密院事,进知院事。他既助章惇屡兴大狱,又与章惇不相能,于是暗中培植党羽,"时章惇为相,斥逐元祐臣僚,士心不附,布诡情辟致名士如陈瓘、张庭坚,悉罗致之"①。徽宗朝拜相,建中靖国后,渐进绍述之说,因与蔡京不合,而得罪遭贬。

兴化莆田人徐铎,熙宁进士,绍圣末以给事中直学士院。他所做的主要工作是协助蹇序辰编辑元祐诸臣章奏文书,搜罗材料以构陷罪名。蹇序辰时任中书舍人,"建议编类元祐诸臣章牍事状,诏铎同主之。凡一时施行文书,捃拾附著,纤悉不遗"②;"流毒元祐名臣,忠义之士,为之一空"③。徽宗朝,御史中丞丰稷追论徐铎编类事状,率视章惇好恶为轻重,存殁名臣,横罹窜斥,其罪不在序辰之下。序辰亦有文,但"善傅会,深文刻核"④。徽宗朝,序辰亦因编辑材料傅致语言指为谤讪而遭弹劾,罢归田里,但在崇宁中复被蔡京任为翰林学士及承旨。

兴化仙游人蔡卞、蔡京兄弟同登熙宁三年进士第,卞绍圣元年至四年为学士。他为王安石婿,并从安石学,元丰中曾为中书舍人兼侍讲,"卞居心倾邪,一意以妇公王氏所行为至当"。绍圣元年,复为中书舍人,上疏请重行刊定《神宗实录》,兼国史修撰,"取安石《日录》,芟落事实,文饰奸伪,尽改所修实录、正史",而吕大防、范祖禹、赵彦若、黄庭坚皆因曾预修《神宗实录》获罪。绍圣四年,拜尚书左丞,"专托绍述之说,上欺天子,下胁同列。凡中伤善类,皆密疏建白,然后请帝亲札付外行之"。他与章惇同列,但邪险奸恶过之,史载:"章惇虽

① 《东都事略》卷九五《曾布传》,《文渊阁四库全书》第 382 册,第 622 页。
② 《宋史》卷三二九《徐铎传》,第 10606 页。
③ 《宋史》卷三二九《蹇序辰、徐铎等传论》,第 10607 页。
④ 《宋史》卷三二九《蹇序辰传》,第 10606 页。

巨奸,然犹在其术中。惇轻率不思,而卞深阻寡言,论议之际,惇毅然主持,卞或嚜不启齿。一时论者以为惇迹易明,卞心难见。"晚年与其兄蔡京不和。①

蔡卞之兄蔡京于绍圣二年(1095)至元符三年(1100)三月、元符三年(1100)四月至建中靖国元年(1101)及徽宗崇宁元年(1102)累为学士及承旨,长期把持翰苑之政,盘踞要职,成为新党后期的核心人物,他与蔡卞同为中书舍人,"兄弟同掌书命,朝廷荣之"。元祐、绍圣之际,反掌于司马光与章惇之间,识者已见其奸。蔡卞拜右丞,以京为翰林学士兼侍读、修国史,遂起大狱,刘挚、梁焘贬死,其子孙遭禁锢,王岩叟、范祖禹、刘安世遭远窜。京觊觎执政,而被曾布所阻。至徽宗朝,蔡京集团对旧党迫害登峰造极。此将另文详论。

总之,绍圣中新党执政与学士关系亦颇复杂,虽然他们都打着"绍述"的旗号,却各有算计。章惇此时心灵已完全扭曲,苏轼早年与其游终南山时预言"子异日能杀人"的玩笑不幸而言中,他对付旧党的手段极为残忍卑劣,用心极为险恶,甘心投靠于其周围的人亦多,如黄履、林希、蹇序辰、徐铎之流。蔡氏兄弟之大奸大恶不逊章惇而心术阴险过之。李清臣、曾布对章惇、蔡京,始终心存戒备和忌惮,并伺机排挤之,阻滞之,他们固然也有对权力的贪欲,但对待旧党,并非如他人之积憾报复不遗余力。许将元祐三年再为翰林学士,绍圣拜尚书左丞、中书侍郎,他在当时明确反对章惇等人贬谪元祐诸臣、奏发司马光墓的残酷卑劣行为,以为"发人之墓,非盛德事"。"方党祸作,或举汉唐诛戮故事,帝复问将,对曰:'二代固有之,但祖宗以来未之有,本朝治道所以远过汉唐者,以未尝辄戮大臣也。'"②哲宗多采纳其意见,这在一定程度上限制了对元祐党人更残

---

① 《宋史》卷四七二《奸臣传》二,第 13728—13730 页。
② 《宋史》卷三四三《许将传》,第 10910 页。

酷的迫害行径。

<h2 style="text-align:center">五　绍圣、元符翰苑缺人与
词臣无文、词令不振</h2>

　　熙宁中进士科与馆职召试以经义策论代替诗赋,并取消制科,严重影响了文学写作人才的培养质量,其负面影响在哲宗朝末年逐步显现出来。当苏轼、苏颂以及曾布等嘉祐中选拔造就的文学才俊因各种原因先后退出翰苑,而且馆职召试制度再遭废罢,于是绍圣、元符中马上面临词臣素质低下、人才匮乏、难以为继的局面。曾布屡屡与哲宗谈及这一现状,忧虑深切,在绍圣新党词臣与执政者中,他几乎是唯一认真关注当时词臣及馆职文化素质与写作能力的官员。当章惇及其党羽们一心忙于编辑元祐党人章疏以倾陷旧党时,曾布能对新党中担任文史之职的官员提出尖锐批评,对文词与写作问题保持高度的重视,确实显得难能可贵。

　　曾布也有资格作这样的批评,这不仅是因为他在神、哲两朝屡入翰苑,并于绍圣元年担任过短期的学士承旨,更在于他身上江西著名文学家族的文学基因,以及嘉祐二年与其兄曾巩同榜进士及第的文学道路。曾巩、曾布、曾肇兄弟分别担任过神、哲、徽三朝中书舍人与翰林学士之职,而曾布在翰苑最久。王铚《四六话》卷下云:"曾丞相子宣三直玉堂,作笺表有气,而备朝廷体……盖虽老而文字不衰,亦久在朝居文字职,习性然也。"[①]曾氏的文学家风与久在翰苑的职业"习性",使曾布在绍圣、元符翰苑拥有绝对的权威性。

　　元符二年(1099)八月,哲宗与时任知枢密院的曾布关于其时词臣选任有一番对话:

---

① 王铚:《四六话》卷下,王水照编《历代文话》本,第17页。

　　上谓曾布曰："中书舍人阙，殊未有可除者。"布曰："以次补则起居郎、舍人皆当迁。"上曰："周常近方除，孙杰如何人？"布曰："职事亦颇振举，但未知文采如何耳。"上曰："论贾种民事亦皆当。"……布又曰："词臣尤难得人，如前日龙喜宴朝廷庆事，乐词无一堪者，不足以称扬朝廷庆喜之意。"上曰："殊无可道，文字极少，只数句尔。"布曰："只如皇子庆诞降一德音，乃与四方同庆，诏语亦殊不足称副盛事。"上大笑，极以为然。因言："蒋之奇如何？"布曰："之奇文字虽繁，然却有可道，亦时有好语，非蔡京可比。"上曰："蔡京诚不可比之奇。"布曰："何以逃圣鉴！"因言："文学之士虽为难得，然以天下之大，文物鼎盛之时，岂可谓无人，但以执政好恶，人材隔塞者多。如陈瓘辈文采作舍人有余，然执政不肯用。陛下向排众论，擢叶涛、沈铢等，莫不称职，今如涛辈未见其人。"上曰："郎官中有能文者否？"布曰："三省所称但如叶棣辈尔。"上曰："邓棐如何？"布曰："臣不识之，亦不知文采如何。只如昨舍人阙，三省用刘拯权，及制词出，取笑中外。"上又问："刘逵如何？"布曰："亦不知逵有文采否？然如逵人物亦恐可进擢。陛下以中外阙官为念，诚今日急务……"上再三然之。①

这段谈话中曾布四次使用"文采"一词，这是对词臣的基本要求，现实状况却是天下之大，难寻称职的"文学之士"，乐词、诏语、制词均无可称道者，甚至为朝堂内外所取笑，可见文学素养之低下。曾布将责任归结为执政的阻抑，这主要指章惇而言，绍圣时翰林学士仅曾布、钱勰、蔡卞、蔡京、林希、蒋之奇及直学士院徐铎数人，而章惇最信任的就是林希。当然，除了政治的原因外，如上所述，取士制度的不健全是最根本的原因。

————————

① 《长编》卷五一四"元符二年八月乙未"，第12229—12230页。

　　不妨从以下几位学士与科举的关系做个比较。值得注意的是，林希、蒋之奇均为嘉祐二年进士，孙升为治平二年进士，蔡京、刘拯为熙宁三年进士，薛昂为元丰八年进士。尽管仁宗朝进士集团在政治上早已分化，但仍可看出熙宁罢诗赋的影响，熙宁几乎可以成为鉴别学士文学水平的一个分水岭。

　　比如孙升，他虽为元祐中学士，但被指为"文辞疏谬，非代言之才"①。又如哲宗与曾布在比较蔡京与蒋之奇时，均认为蔡京文字不如之奇。林希则是写作高手，"命词似西汉诏令，有王言体"②。

　　关于曾布谈到的被"取笑中外"的刘拯倒有点意思。《长编》载：元符二年三月，朝散郎试太常少卿刘拯奏："臣窃惟本朝承五季之乱，应天革命，以集大统，圣圣继治，自古未有，盛德大业，播之声诗，宜得高文大笔，揄扬润色，与《清庙》之颂，并传于无穷。今大乐局前后词臣所撰乐章，有辞采浅陋，有援引谬误，辞与事异而通用，有礼文所无而嗟咏之者。曷足以崇明德，传之无穷哉……乞别选降付有司施行。"诏令学士院取索看详，其合删改者，修定以闻。③ 刘拯重视"声诗"礼乐的功能，批评其时词臣所撰乐章辞采浅陋谬误，显示其具有一定的文艺造诣，但当以他权中书舍人时，所草制词仍令朝堂内外取笑，可见本身水平亦差强人意。

　　薛昂绍圣中为学士，既寡学术，又无文学，却任大司成，忝为学官，"士子有用《史记》《西汉》语，辄黜之；在哲宗时，常请罢史学，哲宗斥为俗佞"；他是王安石门徒，却不能做诗，为人取笑。④

　　不仅翰苑如此，元符中经筵、馆阁人选也颇为尴尬。《长编》载：元符元年九月，曾布回答哲宗询问说："臣恐向所谓宰执荐引之人皆

①《长编》卷四七四"元祐七年六月戊辰"，第11307页。
②　王銍：《野客丛书》附录《野老纪闻》，第354页。
③《长编》卷五〇七"元符二年三月乙丑"，第12084页。
④《宋史》卷三五二《薛昂传》，第11122页。

未足用。适见三省言吴伯举乃至告税,若置之经筵,岂不取笑中外。"
又说:"臣愚直,每不避喋喋,盖圣问所及,不敢不尽。臣以谓清选要
地,莫如经筵、史院。今经筵多非其人,而史院尤甚,无一人称职者。
凡士大夫为祖考作一铭志碑文,犹须择天下有名德之士为之,以信后
世。先帝圣学高明,慨然大有为于天下,丰功盛烈,宜得名世之士为
之撰述,以发扬先帝志意事业,以传信不朽。今乃以此辈为之,何以
信天下后世? 愿更留圣意。"①在三馆中地位最重的史院竟"无一人称
职",连为神宗皇帝修撰史传的人才都难以找到,可见其荒唐。这种
状况使哲宗也为之默然。

上述情况在元符以后也即哲宗朝后期至徽宗朝前期最为严重,
人才的盛衰随着政局与制度的变化起伏,如影随形地显现出来。

六 诗赋废罢与取士之法的因革

科举取士及馆阁召试制度从神宗朝到哲宗、徽宗朝历经反复,争
议不休,莫衷一是。哲宗朝的争论,焦点是清算王安石"新学"对士子
的思想垄断,同时针对熙宁以来罢诗赋、制科而造成专门的写作人才
缺乏的状况,恢复诗赋取士,以救弊补偏。《四朝闻见录》载:"制科词
赋既罢,而士之所习者皆三经。所谓三经者,又非圣人之意,惟用安
石之说以增广之,各有套括,于是士不知故典,亦不能应制诰、骈俪
选。"②所谓"套括"即程式化。司马光执政后,"以安石私设《诗、书新
义》考试天下,欲改科举,别为新格"③,他在元祐元年三月所上《起请
科场札子》中坚持了其一贯的先德行而后文艺的思想,④重申:"凡取

---

① 《长编》卷五〇二"元符元年九月庚戌",第11953页。
② 叶绍翁:《四朝闻见录》甲集"制科词赋三经宏博"条,中华书局1989年版,第18页。
③ 《宋史》卷三三九《苏辙传》,第10824页。
④ 司马光在熙宁二年《议学校贡举状》中即提出:"自三代以前,其取士无不以德为本,而未
尝专贵文辞也。"《司马温公集编年笺注》(三)卷三九,第552页。

士之道,当以德行为先,文学为后。"但司马光所谓的"文学"并非纯粹的诗赋辞章之学,"就文学之中,又当以经术为先,辞采为后",因此他高度肯定熙宁科场改革:"神宗皇帝深鉴其失,于是悉罢赋诗及经学诸科,专以经义、论策试进士。此乃革历代之积弊,复先王之令典,百世不易之法也。"其失则在于:"但王安石不当以一家私学欲盖掩先儒,令天下学官讲解及科场程试,同己者取,异己者黜。"他建议合明经、进士为一科,立九经,并由朝官保举。司马光意识到取消诗赋可能造成"文章之士"缺乏的问题,于是提出了加试的补充方案,"即乞试本经合格日,投状乞试杂文,于试论次场引试",单独加试古律歌行、赋颂铭赞、四六表启等文体。①

对于司马光的主张,苏辙的态度比较折中,他于元祐元年四月上《言科场事状》,仍主张诗赋不可取代,"盖缘诗赋虽号小技,而比次声律,用功不浅,至于兼治他经,诵读讲解,尤不可轻易"。即使不能立即恢复,"但所对经义,兼取注疏及诸家议论。或出己见,不专用王氏之学"②。但他的建议"光皆不能从"③。苏颂《议贡举法》提出的核心思想是"先士行而后文艺",这一立场与王安石及司马光的态度接近。苏颂对"文艺"也即辞章诗赋的看法在其诗中也有表现:"方今绍唐虞,国论崇丘轲。举士用经术,革去辞章讹。"④他认为当今科举之弊"在于措置之未尽",主要是"考试关防太密",即"弥封誊录"制度,难以考察士之贤否。其次是"士子不事所业",即"举人不纳公卷",认为"举人先纳公卷,所以预见其学业趣向如何,亦有助于选择",与去弥封誊录之制用意一样。⑤但这样的建议完全抹煞了科举制度改革的进步意义,操作性不强。

① 司马光:《起请科场札子》,《司马温公集编年笺注》(四)卷五二,第273—277页。
② 苏辙:《言科场事状》,《栾城集》卷三八,《苏辙集》,第664页。
③ 《宋史》卷三三九《苏辙传》,第10824页。
④ 苏颂:《秀才石君与予同年了也携书见投重之以歌诗》,《苏魏公文集》卷三,第32页。
⑤ 苏颂:《议贡举状》,《苏魏公文集》卷十五,第213—215页。

苏轼早就对"荆公新学"好"使人同己",造成"文字之衰"、"弥望皆黄茅白苇"的局面表示不满,《邵氏闻见后录》载:"东坡倅钱塘日,《答刘道原书》云:'道原要刻印七史固善,方新学经解纷然,日夜摹刻不暇,何力及此? 近见京师经义题:"国异政,家殊俗。"国何以言异?家何以言殊? 又有"其善丧厥善",其、厥不同何也? 又说《易》观卦本是老鹳,诗大小雅本是老鸦,似此类甚众,大可痛骇。'时熙宁初,王氏之学务为穿凿至此。"①苏轼指出:神宗晚年对科举新制已有悔意,"近见章子厚言,先帝晚年甚患文字之陋,欲稍变取士法,特未暇耳。议者欲稍复诗赋,立《春秋》学官,甚美"②。在元祐元年所作《送程建用》诗中述及:"十年困新说,儿女争捕影。……今年闻起废,《鲁史》复光景。"③"新说"即王安石《三经新义》,《鲁史》则指《春秋》。陈师道赞扬苏轼:"一洗十年新学肠,(注:"新学,谓王介甫经学也。")老生塞口不敢尝。"④孔武仲亦曾论科举之弊,诋王氏新学,请恢复诗赋取士。又欲罢大义,而增加经、策,御试仍用三题。⑤ 可知,元祐初科举之议,对清算王安石新学之弊没有异议,而对恢复诗赋取士唯有苏轼、苏辙及孔武仲持积极态度,司马光、苏颂则依旧对词章浮华偏见甚深。

史载:元祐元年十一月,"三省奏立经义、词赋两科,下群臣议,从之"⑥。与此同时,熙宁中取消的馆阁召试制度亦得以短暂恢复。《石林燕语》卷五载:"元祐初,用治平故事,命大臣荐士试馆职,多一时名士。"⑦黄庭坚有和张耒诗曰:"先皇元丰末,极厌士浅闻。只今举秀才,天未丧斯文。"任渊注引《实录·吕公著传》:"时科举专用王安石经义,士无自得学,而朝廷文词之官,渐艰其选。神宗以《答高丽

<hr>

① 邵博:《邵氏闻见后录》卷二十,中华书局1983年版,第160页。
② 苏轼:《答张文潜县丞书》,《苏轼文集》卷四九,第1427页。
③ 苏轼:《送程建用》,《苏轼诗集合注》卷二七,第1379页。
④ 陈师道:《赠二苏公》,《后山诗注补笺》卷一,第25页。
⑤ 《宋史》卷三四四《孔武仲传》,第10933页。
⑥ 《长编》卷三九二"元祐元年十一月戊寅",第9533页。
⑦ 叶梦得:《石林燕语》卷五,第74页。

书》不称旨,盖尝以为言。"又引史载:"元祐元年四月,诏执政大臣各举文学、政事、行谊之臣可充馆阁之选者三人。于是毕仲游及晁补之、张耒等,皆召试学士院。"①山谷此诗作于元祐元年,所咏即此年召试馆职事。苏轼与邓润甫在学士院主持了元祐年间第一场馆职召试,时在馆中任职的孔武仲记载了这一盛事:

> 盛矣! 元祐之初也。圣贤相遭,上下顺治,刑省兵息,徭轻赋平,德泽浃乎宇内矣。天子曰:"噫! 惟祖宗之所维驭天下,传之无穷者,何尝不以隆儒学为先。故太祖亲崇文之馆,神考复书省之制,藏在策府,为后世观。顾予纂业之始,天下向风,宜有以宠嘉贤士大夫。"乃命大臣司马公已下七人,各举其所知以闻,皆召试玉堂,问以为治之大要。修校理之废,因校书、正字之旧,以序厥位。而四方之英才杂沓阙下矣。于时在是选者,咸知朝廷所以期之者,其意远非特调朱黄、是正文字也。……论思纳献之任,不可一日旷于朝,及人才乏少,乃求之于庶位之中,是犹金玉绮绣不贮于家,而一旦索之于市,欲其精粹,不可得已。此贤才不可不素养,而君相所以深谋于上也。②

元祐恢复诗赋取士及馆职召试,苏轼既主持了元祐元年的馆职召试,又知元祐三年贡举。然而,当绍圣时,随着新党主政,进士、制科取士制度再度反复。绍圣元年五月,诏进士罢试诗赋,专治经术;九月,诏罢制科。元祐、绍圣在考试取人制度上缺少连续稳定性的做法,进一步造成写作人才缺乏的困境。因此作为权宜之计,绍圣二年设立了词科考试科目。《容斋三笔》卷十载:"熙宁罢诗赋,元祐复之,

① 黄庭坚:《奉和文潜赠无咎篇末多以见及以既见君子云胡不喜为韵》,《山谷诗集注》卷四,《黄庭坚诗集注》,第156页。
② 孔武仲:《元祐召试馆职记》,《全宋文》第100册,第318页。

至绍圣又罢,于是学者不复习为应用之文。绍圣二年始立宏词科,除诏诰制敕不试外,其章表、露布、檄书、颂、箴、铭、序、记、诚谕凡九种,以四题作两场引试,唯进士得预,而专用国朝及时事为题,每取不得过五人。大观四年改立词学兼茂科,增试制诏,内二篇以历代史故事,每岁一试,所取不得过三人。"①这些措施稍稍缓解了元符以来翰苑词臣缺员和不够称职的问题。

七 "翰林二苏公"与元祐诗坛

哲宗朝翰苑人才盛于元祐,在元祐激烈的党争气氛中,诗坛却在其时迎来唱和的高潮,这与翰林学士及承旨苏轼的影响与地位密不可分。

"苏门"文学集团之形成,正是苏轼入主翰苑的元祐时期。元祐元年十月,苏轼除翰林学士,十一月除侍读,正式入院供职;元祐四年,苏辙继入翰苑。对苏氏昆仲的任命,文坛引起的反响是巨大的。首先是苏轼门人李廌,他作前后《金銮赋》表达了喜悦之情,《金銮赋并引》说:"苏先生自中书舍人拜翰林学士,门人李廌以《金銮赋》贺之。"《金銮后赋并引》写道:"元祐元年冬,今余杭龙图先生初入玉堂,廌作《金銮赋》,四年夏,小苏先生九三丈复自地官贰卿入翰林为学士,廌故作后赋,欲以见儒者之荣,兄弟之美,而以尚之,故曰后赋云。"②同时又作两首诗祝贺苏辙,《贺小苏先生》诗说:"柱史承恩正紫微,玉皇优诏碧云词。欲知伯仲文章职,对掌丝纶内外司。"他期望"共扶吾道邪归正,同振斯文盛不衰"③。陈师道《赠二苏公》诗更极力称扬,其诗如下(为便于理解,附笺注):

---

① 洪迈:《容斋三笔》卷十,第 527 页。
② 李廌:《金銮赋并引》《金銮后赋并引》,《全宋文》第 132 册,第 107—108 页。
③ 李廌:《贺小苏先生》,《全宋诗》第 20 册,第 13630 页。

　　岷峨之山中巴江……异人间出骏四方,严王陈李司马扬。一翁二季对相望,奇宝横道骥服箱。谁其识者有欧阳,大科异等固其常。小却盛之白玉堂,(注:"诗意谓纵未大用,尚当以词禁处之。")典谟雅颂用所长。度越周汉登虞唐,千载之下有素王,平陈郑毛视荒荒。(注:"言先儒所见之不明也。")后生不作诸老亡,文体变化未可量。(注:"谓熙宁间新学之弊。")万口一律如吃羌,(笺:《谈丛》:"王荆公改科举,暮年乃觉其失。曰:'欲变学究为秀才,不谓变秀才为学究也。'")妖狐幻人犬陆梁。虎豹却走逢牛羊,上帝惠顾被不祥。天门夜下龙虎章,前驱吴回后炎皇。绛旗丹毂朱冠裳,从以甲胄万鬼行。乘风纵燎无留藏,天高地下日月光。授公以柄扶病伤,士如稻苗待公秧。临流不度公为航,如大医王治膏肓。外证已解中尚强,探囊一试黄昏汤。一洗十年新学肠,(注:"新学,谓王介甫经学也。")老生塞口不敢尝。向来狂杀今尚狂,请公别试囊中方。[①]

　　苏轼自觉地承继了欧阳修的文坛主盟地位,他说:"方今太平之盛,文士辈出,要使一时之文有所宗主。昔欧阳文忠常以是任付与某,故不敢不勉。异时文章盟主,责在诸君,亦如文忠之付授也。"[②]故而以苏轼为中心,在其周围有四学士:惠洪《石门文字禅》卷二七载:"秦少游、张文潜、晁无咎,元祐间俱在馆中,与黄鲁直为四学士,而东坡方在翰林,一时文物之盛,自汉唐已来未有也。"[③]又有六君子,元代虞集则将二苏与刘攽、邓润甫、曾肇、孔文仲、武仲称为元祐"七君子"[④]。随着馆阁召试制度的恢复,在苏轼的倡导下,中断已久的馆阁

① 陈帅道:《赠二苏公》,《后山诗注补笺》卷一,第20—25页。
② 李廌:《师友谈记》,第44页。
③ 惠洪:《石门文字禅》,《文渊阁四库全书》第1116册,第523页。
④ 虞集:《题刘贡父、苏子瞻兄弟、邓润甫、曾子开、孔文仲兄弟赓和竹诗墨迹》,《道园学古录》卷十一,《文渊阁四库全书》第1207册,第169页。

诗酒文会的传统也重续盛事。苏轼诗云：

> 自君兄弟还,鼎立知有补。蓬山耆旧散,故事谁删去? 来迎
> 冯翊传,出饯会稽组。吾犹及前辈,诗酒盛册府。愿君唱此风,
> 扬觯斯杜举。①

黄庭坚《和答子瞻和子由、常父忆馆中故事》诗积极呼应说:"二苏上
连璧,三孔立分鼎。……天不椓斯文,俱来集台省。日月黄道明,桃
李春昼永。时平少犴狱,地禁绝螱蜒。颇怀修故事,文会陈果茗。当
时群玉府,人物殊秀整。下直马阗阗,杯盘具俄顷。共醉凌波袜,谁
窥投辖井。天纲极恢疏,道山非簿领。何曾归闭门,灯火生寒冷。欲
观太平象,复古望公等。贱子托后车,当烦煮汤饼。"②正是在苏轼的
影响下,整个元祐诗坛,都对雅集唱和表现出了极高的热情。苏门酬
唱尤为独特景象,南宋邵浩将苏门唱和作品编为《坡门酬唱集》23
卷,收录苏门诗人苏轼、苏辙、黄庭坚、秦观、张耒、晁补之、陈师道、李
廌 8 人平时唱酬诗歌 660 首,《坡门酬唱集原序》称:"诗人酬唱盛于
元祐间,自鲁直、后山宗主二苏,旁与秦少游、晁无咎、张文潜、李方
叔,驰骛相先后,萃一时名流,悉出苏公门下,嘻其盛欤!"③
　　从元祐元年正月除中书舍人起,苏轼先后任两制词臣及承旨学
士、礼部尚书,其间屡乞外郡,相继出守杭、颖、扬、定等州,其元祐时
期的诗歌创作以翰苑为中心,同时从京城至外任,其精神轨迹与艺术
风格均保持了一致性。尤其在守东南诸郡时,暂离京城政治漩涡中

---

① 苏轼:《见子由与孔常父唱和诗辄次其韵,余昔在馆中,同舍出入辄相聚饮酒赋诗,近岁
不复讲,故终篇及之,庶几诸公稍复其旧,亦太平盛事也》,《苏轼诗集合注》卷二八,第
1399—1400 页。
② 黄庭坚:《和答子瞻和子由、常父忆馆中故事》,《山谷诗集注》卷六,《黄庭坚诗集注》,第
217—218 页。
③ 张叔椿:《坡门酬唱集原序》,《文渊阁四库全书》第 1346 册,第 465 页。

心,"收得玉堂挥翰手,却为淮月弄舟人"①,与州郡僚佐日夕交游,尽享东南宾主之美,清享师友壶觞之乐,坐拥湖山之色,诗思更为舒展,诗艺更为恣肆。

苏轼元祐在朝期间诗歌有 200 余首,数量丰富,既反映了苏轼及其门下学士群体的文化生活和精神气貌,更可窥见苏轼的心迹。除了苏门弟子外,苏轼与邓温伯、苏颂、韩绛、韩维、顾临、钱勰、曾肇、刘攽、孔武仲等两府同僚、两制词臣及画家米芾、李伯时、王诜等人唱和尤多。这些诗歌的主题较多的集中以下几个方面:或谐谑调笑,或品赏书画,尽显文人雅兴;或送别惠赠,或感旧怀人,抒写人生感悟。不论玉堂当值,抑或休沐燕集,总是交织着不能忘怀的江湖之兴与深沉的民生之忧,一方面,他屡屡表达归休之意:"我亦江海人,市朝非所安。常恐青霞志,坐随白发阑。"②另一方面,又时时流露忧患情怀:"吾闻江汉间,疮痏有未起。"③而作为翰林学士通常应有的轩冕之志、荣宠之感却甚为淡薄。苏轼入翰苑时已 51 岁,他形容自己当时的状态是:"岂意残年踏朝市,有如疲马畏陵坡。"④"岂知西省深严地,也着东坡病瘦身。"⑤"我正含毫紫微阁,病眼昏花困书檄。"⑥似乎对忽然改变的政治际遇心理上颇不适应,身体也因岁月摧折而状况不佳,因此从苏轼元祐诗歌中,不难体会到经历过元丰诗祸、黄州贬居而仍处于元祐党争漩涡中的那种忧祸畏讥的心境,但仍保持着他一贯独立不改的政治品格和诗人的浪漫本性。

玉堂直宿,锁院知举,当直草麻,经筵侍读等朝堂生活,在苏诗中均有较多的反映。宋代学士院环境颇具艺术气氛,《郭熙画秋山平

---

① 苏轼:《次韵林子中春日新堤书事见寄》,《苏轼诗集合注》卷三五,第 1768 页。
② 苏轼:《送曹辅赴闽漕》,《苏轼诗集合注》卷三〇,第 1505 页。
③ 苏轼:《送周朝议守汉州》,《苏轼诗集合注》卷三〇,第 1518 页。
④ 苏轼:《次韵周邠》,《苏轼诗集合注》卷二六,第 1335 页。
⑤ 苏轼:《次韵答完夫、穆父》,《苏轼诗集合注》卷二六,第 1342 页。
⑥ 苏轼:《送表弟程六知楚州》,《苏轼诗集合注》卷二七,第 1354 页。

远》咏山水壁画:"玉堂昼掩春日闲,中有郭熙画春山。鸣鸠乳燕初睡起,白波青嶂非人间。离离短幅开平远,漠漠疏林寄秋晚。"①据苏轼自注,此诗有文潞公(彦博)跋尾,诗的后半幅即由"恰似江南送客时,中流回头望云嶽"两句转向抒写愿从潞公游的意愿。黄庭坚和诗云:"黄州逐客未赐环,江南江北饱看山。玉堂卧对郭熙画,发兴已在青林间。"②诠解了苏轼题咏山水画的意蕴。据蔡宽夫《诗话》记载:学士院两壁原有巨然画山,董羽画水,燕穆之山水。元丰末学士院迁址,画屏不知所在,但却新增郭熙所画"春江晓景","禁中官局多熙笔迹,而此屏独深妙,意若欲追配前人者。苏儋州尝赋诗云:'玉堂昼掩春日闲,中有郭熙画春山。'今遂以为玉堂一佳物也"③。据称,郭熙在宋代专工山水的 24 位画家中排名第 18,但此画却甚有名,亦因名诗人题咏而声名更著。

苏轼昆仲相继入翰苑与经筵,既是荣遇,更是责任,也伴随着忧惧疑虑。苏辙作《去年冬辙以起居郎入侍迩英讲不逾时迁中书舍人,虽忝冒愈深,而瞻望清光与日俱远,追记当时所见,作四绝句呈同省诸公》诗,唱和者多达 5 人次(黄庭坚两组)。辙诗云:"早岁西厢跪直言,起迎天步晚临轩。何知老侍曾孙圣,欲泣龙髯吐复吞。"(其三)追忆当年参加制策试时在崇政殿得以瞻望仁宗天表的激动心情。其四写讲书情景:"讲罢渊然似不胜,诗书默已契天心。高宗问答终垂世,未信诸儒测浅深。"④苏轼次韵诗亦记事感怀,其一云:"曈曈日脚晓犹清,细细槐花暖欲零。坐阅诸公半廊庙,时看黄色起天庭。"第三句自注:"仆射吕公(公著)、门下韩公(维)、右丞刘公(挚)皆自讲席大用。"其二由侍讲赐汤茶而感儒生之荣遇:"陛楯诸郎空雨立,故应惭悔不

---

① 苏轼:《郭熙画秋山平远》,《苏轼诗集合注》卷二八,第 1427 页。
② 黄庭坚:《次韵子瞻题郭熙画秋山》,《山谷内集诗注》卷七,《黄庭坚诗集注》,第 263 页。
③ 蔡宽夫:《蔡宽夫诗话》,吴文治主编:《宋诗话全编》第 1 册,第 628 页。
④ 苏辙:《去年冬辙以起居郎入侍迩英……》,《栾城集》卷十五,《苏辙集》,第 292 页。

儒冠。"其四则感慨颇多："微生偶脱风波地,晚岁犹存铁石心。定似
香山老居士,世缘终浅道根深。"据自注,是深感与白居易"出处老少,
大略相似,庶几复享此翁晚节闲适之乐焉"①。黄庭坚的和诗颇得东
坡之心："赤壁归来入紫清,堂堂心在鬓凋零。""对堂丝纶罢记言,职
亲黄屋傍尧轩。雁行飞上犹回首,不受青云富贵吞。""乐天名位聊相
似,却是初无富贵心。"②苏轼另一首记经筵侍讲诗也与白居易有关,
使用了具有记事功能的长题：《九月十五日迩英讲〈论语〉终篇,赐执
政、讲读、史官燕于东宫,又遣中使就赐御书诗各一首,臣轼得〈紫薇
花〉绝句,其词云：'丝纶阁下文书静,钟鼓楼中刻漏长。独坐黄昏谁
是伴,紫薇花对紫薇郎。'翌日各以表谢,又进诗一篇,臣轼诗云》,其
时"上(哲宗)前此未尝以御书赐群臣"(见诗注),少年皇帝首次御赐
侍从唐诗,苏轼所得为白居易《直中书省》诗,紫薇(亦作"紫微")花自
唐以来即为中书省之雅称,中书舍人亦雅称紫薇郎,诗句正切合苏轼
词臣身份和工作环境,白居易的仕宦经历与其晚年心态,使苏轼极易
从其身上找到精神契合点,"出处依稀似乐天"③。由宸翰珍赐唐诗,
确是荣宠无比："归来车马已喧阗,争看银钩墨色鲜。人间一日传万
口,喜见云章第一篇。"但苏轼并没有过多渲染荣宠之感,而是由颂圣
转向对边事的关注和对责任的自觉：

　　玉堂昼掩文书静,铃索不摇钟漏永。莫言弄笔数行书,须信
　时平由主圣。犬羊散尽沙漠空,捷烽夜到甘泉宫。似闻指麾筑
　上郡,已觉谈笑无西戎。(注："时熙河新获鬼章,是日泾原复奏

① 苏轼：《轼以去岁春夏侍立迩英而秋冬之交子由相继入侍次韵绝句四首各述所怀》,《苏
　轼诗集合注》卷二八,第1424页。
② 黄庭坚：《子瞻去岁春立迩英子由秋冬间相继入侍作诗各述所怀予亦次韵四首》,《山
　谷诗集注》卷七,《黄庭坚诗集注》,第258—260页。
③ 苏轼：《予去杭十六年而复来守二年而去,平日自觉出处老少粗似乐天,虽才名相远而安
　分寡求亦庶几焉……》,《苏轼诗集合注》卷三三,第1674页。

夏贼数十万人皆遁去。")文思天子师文母,终闭玉关辞马武。小蔬愿对紫薇花,试草尺书招赞普。①

这是苏轼元祐翰苑诗中不多见的感奋之作。元祐三年,苏轼与苏辙同转对,轼《次韵子由五月一日同转对》诗:"忧患半生联出处,归休上策早招要。后生可畏吾衰矣,刀笔从来错料尧。"②仍心怀对政治风险的余悸,当指其时策试馆职廖正一等,以王莽、曹操为策题,为台谏王觌、韩川、赵挺之所弹击之事。

翰苑当直时,除了召对草麻的繁忙,有时也颇感"玉堂孤坐不胜清"③。《卧病逾月请郡不许复直玉堂,十一月一日锁院,是日苦寒,诏赐官烛法酒,书呈同院》诗:

> 微霰疏疏点玉堂,词头夜下揽衣忙。分光御烛星辰烂,拜赐宫壶雨露香。醉眼有花书字大,老人无睡漏声长。何时却逐桑榆暖,社酒寒灯乐未央。④

苏辙、苏颂、范祖禹、毕仲游参与了此次次韵唱和,和诗大多渲染了玉堂学士独享御赐官烛法酒的荣宠,苏颂《次韵子瞻锁院赐酒烛》还称赞了苏轼的文笔:"暮召从容对玉堂,归来院吏写宣忙。郫醪独赐尊常酒,龙烛初然泪有香。起草才多封卷速,把麻人众引声长。百官班里听恩制,争诵雄文出未央。"⑤但苏轼内心却更渴望那种乡村闲静和乐的温暖生活。借阅读消磨独直的漫漫长夜,也算是一举两得、苦乐相伴的幸事,如《夜直玉堂携李之仪端叔诗百余首读至夜半

---

① 苏轼:《九月十五日迩英讲〈论语〉终篇……》,《苏轼诗集合注》卷二九,第1457—1460页。
② 苏轼:《次韵子由五月一日同转对》,《苏轼诗集合注》卷三十,第1487—1488页。
③ 苏轼:《次韵刘贡父寄侄嵇驾》,《苏轼诗集合注》卷二九,第1467页。
④ 苏轼:《卧病逾月请郡不许复直玉堂……》,《苏轼诗集合注》卷三十,第1514页。
⑤ 苏颂《次韵子瞻锁院赐酒烛》,《苏魏公文集》卷十五,第140页。

书其后》：

> 玉堂清冷不成眠，伴直难呼孟浩然。暂借好诗消永夜，每逢佳处辄参禅。愁侵砚滴初含冻，喜入灯花欲斗妍。寄语君家小儿子，他时此句一时编。①

苏轼曾知元祐三年贡举，有诗并记。《书试院诗后》载：元祐三年正月二十一日领贡举事，辟李伯时为考校官。三月初考校毕，李伯时欲作画以排遣锁院等候期间的苦闷，黄庭坚率先作诗，苏轼次韵，蔡肇(天启)、晁补之(无咎)、舒焕(尧文)、廖正一(明略)等相继。② 据黄庭坚《题太学试院》记载：此年东坡与莘老(孙觉)、经父(孔文仲)同知贡举，黄庭坚、熙叔、元舆、彦衡、子明5人为参校官，君贶、希古、履中、器之、成季、尧文(舒焕)、元忠、遐叔、子发、君时、天启(蔡肇)、志完等12人点检试卷。③ 加上李伯时，则此次考试共20多人参加。参与元祐三年贡院唱和者应在半数左右，今仅存庭坚、补之及苏轼诗，唱和是由李伯时在试院画马而起。伯时其时作画尚多(见晁补之次韵诗)，多为寄托无聊、排遣苦闷之笔，诸人和诗借题画游戏翰墨，调笑遣怀，增添了趣味。轼诗结尾三句表达了即将拆卷出院休假的快乐："门前欲嘶御史骢，诏因三日休老翁，羡君怀中双橘红。"末句自注："黄有老母。"④

至于友人门生及馆阁学士间的闲居宴集更为频繁，著名的如琼林苑与金明池之游。金明池是汴京春日士庶游赏的名胜，也是皇家举行宴会如进士闻喜宴的场所，因在汴梁城西，故又名西池。苏轼有

---

① 苏轼：《夜直玉堂携李之仪端叔诗百余首读至夜半书其后》，《苏轼诗集合注》卷三十，第1536页。
② 苏轼：《书试院中诗》，《苏轼文集》卷六八，第2139—2140页。
③ 黄庭坚：《题太学试院》，《全宋文》第107册，第223页。
④ 苏轼：《次韵黄鲁直画马试院中作》，《苏轼诗集合注》卷三十，第1480—1481页。

《和宋肇游西池次韵》，黄庭坚亦作《次韵宋懋宗三月十四日到西池都人盛观翰林公出遨》，题注："翰林公谓东坡。"诗云：

> 金狨系马晓莺边，不比春江上水船。人语车声喧法曲，花光楼影倒晴天。人间化鹤三千岁，海上看羊十九年。还作遨头惊俗眼，风流文物属苏仙。①

从苏轼出游时都人围观的场面，反映了"翰林公"的文采风流和声望。轼《仆领贡举未出，钱穆父雪中作诗见及，三月二十日同游金明池始见其诗，次韵为答》诗，应与前诗所述时间相近，按制度是锁院结束后二人游西池时所作，诗中说："雪知我出已全消，花待君来未敢飘。行避门生时小饮，忽逢骑吏有嘉招。"②"门生"或指应试举子而言。

元祐五年三月，苏轼已出守杭州，以秘书少监王钦臣为首的馆阁学士出游琼林苑及信安公园亭，孔武仲作题名记，记录了这一盛会：

> 自祖宗优遇馆阁，岁出后苑御库酒以赐之，于是有池上之集。元祐五年三月乙酉，太平王仲至（钦臣）以秘书少监实领兹会，修故事也。于是宿戒宾客，晨出西郊，同舍皆集于琼林苑。既又泛舟池中，环水殿后，循桥而北，骑而适信安公之园，宴语至暮，相与涵泳恩思，歌吟太平，为一时之盛游。又以为席中之人，合散不常，异时复来，则其先后出处之详，宜有以考也，乃题姓名壁间以志之。③

---

① 黄庭坚：《次韵宋懋宗三月十四日到西池都人盛观翰林公出遨》，《山谷诗集注》卷九，《黄庭坚诗集注》，第337—338页。
② 苏轼：《仆领贡举未出，钱穆父雪中作诗见及……》，《苏轼诗集合注》卷三十，第1484—1485页。
③ 孔武仲：《信安公园亭题名记》，《全宋文》第100册，第316—317页。

据其所记,参与是会者,有李周、盛侨、王钦臣、杜常、崔公度、陈蔡、盛次仲、林旦、李德刍、宋匪躬、孔武仲、黄裳、刘唐老、李昭玘、徐铎、晁补之、张耒、韩治等 18 人;尚有以事不至者 9 人:黄廉、吴安许、孙朴、黄庭坚、元耆宁、司马原、余中行、仲平、廖正一等,两者共计 27 人。由此可以想见其时馆阁学士雅集唱和之景象。前引苏轼诗《见子由与孔常父唱和诗辄次其韵,余昔在馆中,同舍出入辄相聚饮酒赋诗,近岁不复讲,故终篇及之,庶几诸公稍复其旧,亦太平盛事也》,曾以恢复"蓬山故事"期许"三孔"兄弟,苏轼的倡导确实收到了成效。

八　苏轼与元祐词臣的"清切唱和"

苏轼元祐中与两制词臣频频酬赠赓和,可举以下几例。

(一) 苏轼与邓润甫

苏轼与邓润甫元祐初共事翰苑,邓为学士承旨。两人的唱和其实仅武昌西山诗,但却吸引多人参与,在元祐初诗坛颇有意义。西山唱和缘于偶然的际会,由苏轼发起,并由苏轼收束,是当时翰苑雅事。苏轼自叙作诗缘起说:

> 嘉祐中,翰林学士承旨邓公圣求为武昌令,常游寒溪西山,山中人至今能言之。轼谪居黄岗,与武昌相望,亦常往来溪山间。元祐元年十一月二十九日考试馆职,与圣求会宿玉堂,偶话旧事,圣求尝作《元次山窊尊铭》,刻之岩石,因为此诗,请圣求同赋,当以遗邑人使刻之铭侧。

两人同在翰苑召试馆职时锁院夜话,本来只邀邓润甫同赋,同时又有苏辙、孔武仲、晁补之、张耒、刘攽多人参与进来。轼诗回忆了当年游西山时所见元结、邓润甫遗迹后感慨："当时相望不可见,玉堂正对金銮开。岂知白首同夜直,卧看椽烛高花摧。江边晓梦忽惊断,铜环玉锁鸣春雷。"①其他人的和诗都将苏轼、邓润甫两位学士作为咏叹的中心。刘攽和诗称道苏、邓两翰林:"两公雄才又超拔,明珠照人眸睐开。腾龙始知爪牙壮,掣鹰无复毛羽摧。腰金佩鱼见官秩,不似迁客谈象雷。朝廷一入不得出,邱壑何事烦公来。南人歌声易慷慨,公诗感激成叹哀。"②苏轼《再用前韵》诗说:"诸公渠渠若夏屋,吞吐风月清隅隈。我如废井久不食,古甃缺落生阴苔。数诗往复相感发,汲新陈旧寒光开。"③苏轼好友岑象求当时收藏了东坡在范百禄宅会饮时所书赠邓润甫诗,他在跋语中说:"子瞻内翰昔窜谪黄岗,游武昌西山,观圣求所题墨迹,时圣求已贵处北扉,而子瞻方误时远放,流落穷困。不二年,遂与圣求对掌诰命,并驱朝门,则优游笑语于清切之禁。在常人固足感叹,况有文而赋于情者,宜何如哉! 此前诗之所以作也。"④事实上,武昌西山是东坡贬居黄州时所游旧地,却依然会常常浮现于心头,其特别的意义,也许就是让人兴起那种恍如隔世的身世盛衰之感吧。

本来邓润甫是这次唱和的另一主角,但邓诗只存佚句:"武昌山水诚佳哉,当年五柳亲栽培。家家开门枕江水,春风照耀桃与梅。"⑤《全宋诗》另存其诗 4 首,其一为《春帖子》,应为在翰苑时所作,另一为长篇五古《道中咏怀奉寄利州冯允南(山)使君》⑥。可注意的是,在邓润甫元丰至元祐初知杭州、成都府期间,韦骧、冯山与他屡有唱和。

---

① 苏轼:《武昌西山并叙》,《苏轼诗集合注》卷二七,第 1383—1386 页。
② 刘攽:《邓圣求往为武昌令刻石元次山窊尊,及苏子瞻谪官黄州游武昌见前刻,后同在翰林因有诗示余,余为次韵和之》,《全宋诗》第 11 册,第 7158 页。
③ 苏轼:《西山诗和者三十余人再用前韵为谢》,《苏轼诗集合注》卷二七,第 1387—1388 页。
④ 岑象求:《东坡书赠邓圣求诗跋》,《全宋文》第 82 册,第 327 页。
⑤ 邓润甫:《次东坡韵》,《全宋诗》第 11 册,第 7393 页。
⑥ 均见《全宋诗》第 11 册,第 7392 页。

韦骧为钱塘人,其和邓诗云:"玉堂健笔成高咏,欲和临池恨思悭。"①
冯山为安岳人,对邓润甫评价甚高,称道他:"训诰资温润,衣冠出品
题。风流出宪府,威凤肃朝闱。""长篇追杜老,余论及曹溪。"②元祐二
年,冯山曾忆当年与蒲传正、邓润甫和唐人韦处厚、张籍《盛山十二
咏》诗:"曾继唐贤旧唱酬,宿云亭传为迟留。韦温石上寻遗迹,蒲邓
天边忆俊游。"③《和题成都诸公唱和集》云:"诸公高咏蜀人编,唱和春
容近百篇……谁谓开州新集好,退之题后始完全。"④以韩愈比拟邓内
翰。《和邓温伯二首》其一:"不独高文耀世奇,曾将宏议振天维。谁
人才术能争首,自古功名贵及时。"⑤苏颂元祐初也与邓润甫屡有唱
和,称其"禁中手笔由裁制,天下英雄在挈携(自注:'公屡试多士及知
贡举。')"⑥。从中可见这位元祐翰林学士追步唐贤的诗歌文章,及其
招携时彦、品题人物、风流俊赏的风采,都颇获当世好评。

(二) 苏轼与钱勰

钱勰,绍圣元年至二年(1094—1095)在院。钱勰以政事、文学著
称,据李纲《钱公墓志铭》载:他三为开封府尹,以治绩称,"国家都
汴,尹天府者多名卿才大夫,位天子之侍从,然独会稽钱公政事号为
本朝第一"。乐于荐士,"尤精鉴裁,所推荐多达者","以才学事神、哲
二宗,阀阅声望,益以光显"⑦。钱勰于熙宁、元祐中屡知开封府,元祐
三年出守越州,兼两浙东路兵马钤辖,绍圣初为学士,与东坡颇为相

① 韦骧:《用别韵再和》,《全宋诗》第 13 册,第 8554 页。
② 冯山:《和新成都知府邓润甫温伯内翰道中见寄》,《全宋诗》第 13 册,第 8654 页。
③ 冯山:《往时与今钱唐蒲资政传正修史,邓内翰温伯同和唐韦考功、张水部〈盛山十二
咏〉,界开江令使榜于宿云亭二十三年矣,因缘登览,感慨畴昔,复为短篇以纪故事》,题
注:元祐二年正月二十八日安岳冯允南。《全宋诗》第 13 册,第 8664—8665 页。
④ 冯山:《和题成都诸公唱和集》,《全宋诗》第 13 册,第 8666 页。
⑤ 冯山:《和邓温伯二首》,《全宋诗》第 13 册,第 8665 页。
⑥ 苏颂:《邓圣求承旨叠有佳句……》,《苏魏公集》卷十二,第 149 页。
⑦ 李纲:《钱公墓志铭》,《全宋文》第 172 册,第 270—276 页。

契,唱和甚多。元祐初在汴京,苏轼尚为起居舍人,钱勰与胡宗愈均为中书舍人,勰有赠胡、苏二人诗,其后三人往来唱和,钱勰、胡宗愈各有 2 首,苏轼 4 首,但钱、胡二人仅各存 1 首,且《全宋诗》及陈新等《全宋诗订补》均失收,今据《苏诗合注》录三人唱和诗如下:

史观婆娑马与班,十年流落共间关。鸾皇乍喜翔西省,猿鹤何劳怨北山。不学三闾吟泽畔,仍欣二陆下云间。非惟纶绋须橡笔,谠论尤宜赐燕闲。(钱勰《次完夫韵简子瞻右史舍人》)

苏公五十□髯班,云衲青袍入汉关。贾谊谪归犹太傅,谢安投老负东山。黄冈泉石红尘外,阳羡牛羊返照间。知有竹林高兴在,欲闲谁肯放君闲。(胡宗愈《宗愈闻子瞻舍人有怀居之兴为小诗以戏呈》)

青衫别泪尚斓斑,十载江湖困抱关。老去上书还北阙,朝来拄笏看西山。相从杯酒形骸外,笑说平生醉梦间。万事会须咨伯始,白头容我占清闲。(苏轼《次韵胡完夫》)

老入明光踏旧班,染须那复唱阳关。故人飞上金銮殿,迁客来从饭颗山。大笔推君西汉手,一言置我二刘间。便须置酒呼同舍,看赐飞龙出帝闲。(苏轼《次韵钱穆夫》)

柳絮飞时笋箨班,风流二老对开关。雪芽我为求阳羡,乳水君应饷惠山。竹簟凉风眠昼永,玉堂制草落人间。应容缓急烦闾里,桑柘聊同十亩闲。(苏轼《次韵完夫再赠之什某已卜居毗陵与完夫有庐里之约云》)

诏语春温昨夜班,屋头鸣鸠便关关。游仙梦觉月临幌,贺雨诗成云满山。怜我白头来仗下,看君黄气发眉间。凤池故事同机务,火急开尊及尚闲。(苏轼《次韵穆父舍人再赠之什》)[1]

---

[1] 诸诗见《苏轼诗集合注》卷二六,第 1336—1340 页。

钱勰诗对于胡宗愈与二苏结束贬谪生涯、重新获得起用充满了欣喜与期待。苏轼和宗愈诗则对劫后余生既庆幸而又旷达,相对于朝廷政事,他们更倾心于那种竹林杯酒的风流雅兴与庐里桑柘的清闲生活。而与钱勰的唱和,则以玉堂凤池的文章相称许。东坡称钱勰为大手笔、"西汉手",正如李纲所评:"内外制辞,脍炙人口……所为文章雄深雅健,得西汉体。"轼诗"一言置我二刘间"句自注云:"公行轼告词引董仲舒、刘向事。""二刘"谓刘向、刘歆父子,俱以文章学术见称,是钱勰在任命告词中对苏轼的评价和期许,可见两人的相契。总之,这组三人唱和诗反映了他们在元祐新政初期那种相对乐观积极的心态。

苏轼与钱勰在汴京时之游从唱和,尚有前引元祐三年苏轼锁院结束后三月二十日二人同游金明池诗,及《次韵钱舍人病起》"坐觉香烟携袖少,独愁花影上廊迟"[1]等诗。元祐三年,钱勰知越州,"公既怀绂故乡,过家上冢,挥金亲旧,日引宾朋饮酒赋诗,讼庭萧然,至终日无一事"。元祐四年,苏轼出守杭州,两人依然"唱和往来无虚日,当时以比元、白"。元祐七年,钱勰再尹开封府,苏轼为礼部尚书,"每俟公治事时,送诗求和,公不废决遣,即次韵答之,辞意赡丽,轼大惊,以简谢曰:'电扫庭讼,响答诗筒。'"据说这是"数年来故事也"[2]。苏轼用电光和回声两个绝妙的比喻赞扬了钱勰的政事明敏和诗思快捷。苏轼在颍州时,两人仍屡屡寄诗酬唱,"年来齿颊生荆棘,习气因君又一言"[3]、"欲息波澜须引去,吾侪岂独坐多言"[4],是两人屡遭谤伤的共同遭遇;"玉堂不着扶犁手,霜鬓偏宜画鹿轓"[5]、"幸推江湖心,适我

---

① 苏轼:《次韵钱舍人病起》,《苏轼诗集合注》卷二七,第 1363 页。
② 李纲:《钱公墓志铭》,《全宋文》第 172 册,第 270—277 页。
③ 苏轼:《次韵钱越州》,《苏轼诗集合注》卷三一,第 1554 页。
④ 苏轼:《次韵钱越州见寄》,《苏轼诗集合注》卷三一,第 1562 页。
⑤ 苏轼:《次韵答钱穆父,穆父以仆得汝阴用杭越酬唱韵作诗见寄》,《苏轼诗集合注》卷三四,第 1712 页。

鱼鸟愿"①、"逝将江海去,安此麋鹿姿"②,经历宦海风波后,两人的心迹已明显不同于元祐初年。紫薇花是唐人曾吟咏过的中书秘书机构的专有意象,哲宗曾以御书白居易紫薇花诗赠苏轼,故紫薇花对词臣有着特殊的意义。苏轼《次韵钱穆父紫薇花二首》之二云:"折得芳蕤两眼花,题诗相报字倾斜。箧中尚有丝纶句,坐觉天光照海涯。"③后来还回忆道:"与君并值记初元,白首还同入禁门。"④总之,苏轼与钱勰是气类厚善、才华相埒的一对诗友,他们也拥有共同的交游圈,如王巩(定国)《过池阳》诗有句"不见当年两翰林",自注谓:"两翰林为滕公甫(元发)、钱公勰也。"⑤孔武仲因钱勰赠高丽扇而报以梅州纸及诗云:"不如包卷归文房,钱公家世能文章。五日京兆聊尔耳,归步金銮上玉堂。玉堂不复知吏事,紫橐华簪奉天子。凤阁曾睹思涌泉,谪仙今振辞如绮。不似冷官太苦辛,吟哦风月愁山鬼。"⑥钱勰祖钱易、父钱彦远、叔父钱明逸、从兄钱藻及钱勰,三世制科,"皆以制举取重名于世",自从祖钱惟演至钱勰,三世"五人掌丝纶之职",钱氏"儒学之盛,甲于本朝"。孔武仲诗称羡其家学渊源,职清地近,文思泉涌、文辞遒丽,正与李纲《钱公墓志铭》对其生平事迹的记载,以及对钱勰善为制辞及"作诗清闲遒丽,长于用韵"等描述相符。

(三) 苏轼与范祖禹

苏轼与范祖禹同为蜀人,在政治、学术、文章等方面都深相知许。祖禹后于苏轼入翰苑(元祐七年),其《初到玉堂》诗写道:"空愧朱衣华发吏,玉堂三世见题名。"自注:"院有老吏,尝引接叔祖忠文公

---

① 苏轼:《和穆父新凉》,《苏轼诗集合注》卷二九,第 1431 页。
② 苏轼:《次韵钱穆父会饮》,《苏轼诗集合注》卷三六,第 1823 页。
③ 苏轼:《次韵钱穆父紫薇花二首》,《苏轼诗集合注》卷三二,第 1626 页。
④ 苏轼:《次韵蒋颖叔钱穆父从驾景灵宫二首》其二,《苏轼诗集合注》卷三六,第 1815 页。
⑤ 王巩:《过池阳》,《全宋诗》第 14 册,第 9714 页。
⑥ 孔武仲:《内阁钱公宠惠高丽扇以梅州大纸报之仍赋诗》,《全宋诗》第 15 册,第 10267 页。

(镇)、叔父资政(百禄),今又引接入院。"祖孙三代翰苑题名,是华阳范氏的家族荣耀。苏轼与范祖禹唱和颇多,称其为"小范"。比如祖禹和苏轼送顾临赴任河北都运诗:"翰林出新诗,风霆奔落纸。"元祐三年,作《和子瞻禁林锁院诏赐烛酒》(见上文)。① 元祐七年,祖禹在翰林作《送秦主簿赴仁和(治杭州)》,称赞秦观:"秦君淮海彦,文锋雄太阿。早依苏扬州,匠手为砻磨。"结尾特意嘱托:"为我谢苏公,先归待江沱。"②苏轼时由扬州还朝为兵部尚书,故祖禹称为"苏扬州",轼和诗云:"秦郎忽过我,赋诗如《卷阿》。句法本黄子,二豪与揩磨。嗟我久离群,逝将老西河。后生多名士,欲荐空悲歌。小范真可人,独肯勤收罗……近闻馆李生(指李廌),病鹤借一柯。赠行苦说我,妙语慰蹉跎。西羌已解仇,熄火连朝那。坐筹付公等,吾将寄潜沱。"③据史载,此年四月范祖禹亦曾向朝廷荐举苏轼文章为天下第一,堪任经筵,但苏轼此时在政治上已倍受摧折,无复壮年意气,故以荐举贤才与平定边患之事寄托于祖禹。而买田静退、归休"江沱",也是两位蜀中名士默契的约定,如祖禹翰林当直诗就屡屡自述其"梦":"十年曾向伊川卧,长忆闲中梦寐安。"④"终夕玉堂魂梦冷,蜀江声绕水晶宫。"⑤"一夕梦飞双剑外,已疑身到雪山清。"⑥闲居洛阳十五年潜心著书的生活,故乡的山水风物,都使身在玉堂的范祖禹梦寐难忘。

最有趣味的是苏轼与范百禄、范祖禹即"大小范"叔侄间的一次馈赠唱和。大苏以月石砚屏赠大范,以涵星砚赠祖禹,结果百禄有诗作答而祖禹无诗,于是苏轼复以月石风林屏赠祖禹,并督促其和诗:

---

① 范祖禹:《同子瞻送子敦赴河北都运次韵》《和子瞻禁林锁院诏赐烛酒》,《全宋诗》第15册,第10366—10367页。
② 范祖禹:《送秦主簿赴仁和》,《全宋诗》第15册,第10375页。
③ 苏轼:《次韵范纯父送秦少章》,《苏轼诗集合注》卷三五,第1791页。
④ 范祖禹:《翰林寓直》,《全宋诗》第15册,第10377页。
⑤ 范祖禹:《夜直闻御沟声》,《全宋诗》第15册,第10377页。
⑥ 范祖禹:《八月十一日夜玉堂对月》,《全宋诗》第15册,第10378页。

> 大范忽长谣,语出月胁令人惊。小范当继之,说破星心如鸡鸣。床头得一月,下有风林横。急送小范家,护此涵星泓。愿从少陵博一句,山林尽与洪涛倾。①

范祖禹遂应命作了《子瞻尚书惠涵星砚月石风林屏赋十二韵以谢》,苏轼自然给予积极的回应,诗中更多的是"抚物怀人"的感慨:"与君持橐侍帷幄,同列温室观尧裳。自怜太史牛马走,伎等卜祝均倡伶。""上书挂名岂待我,独立自可当雷霆。我时醉眠风林下,夜与渔火同青荧。抚物怀人应独叹,作诗寄子谁当听?"②其后祖禹又作《谢子瞻尚书惠墨、端溪砚二首》,称赞苏轼的文学事业与政治情怀:"先生海内文章伯,穷年蒿目忧黔黎。玉堂新制自心巧,想见星象躔宝奎。"③两人任职于翰苑、经筵,尽管不免失意伤怀,但仍以立朝名节与苍生忧患相激励。

(四) 苏轼与中书舍人

苏轼与外制词臣即中书舍人的唱和亦非常活跃,并且凸显了几个突出特点。其一是人员构成的地域性。江西人成为西掖中的主体,进一步从侧面反映了宋代政治与文化由北向南转移的趋向。苏轼《次韵三舍人省上》(自注:(元祐二年)三月二十九日作。明日,驾幸景灵宫):

> 纷纷荣瘁何能久,云雨从来翻覆手。恍如一梦堕枕中,却见三贤起江右。嗟君妙质皆瑚琏,顾我虚名但箕斗。明朝冠盖蔚

---

① 苏轼:《轼近以月石砚屏献子功(范百禄)中书公,复以涵星砚献纯父(范祖禹)侍讲,子功纯父未也,复以月石风林屏赠之,谨和子功诗并求纯父数句》,《苏轼诗集合注》卷三六,第 1819 页。
② 苏轼:《次韵范纯父涵星砚月石风林屏诗》,《苏轼诗集合注》卷三六,第 1820—1822 页。
③ 范祖禹:《谢子瞻尚书惠墨、端溪砚二首》,《全宋诗》第 15 册,第 10376—10377 页。

相望,共扈翠辇朝宣光。武皇已老白云乡,正与群帝骖龙翔,独留杞梓扶明堂。①

"却见"句自注:"曾子开(肇)、刘贡父(攽)、孔经父(文仲),皆江西人。"此"三贤"于元祐元年至二年为中书舍人,三舍人在任命之初就有一系列唱和,多已不存。今存孔武仲数诗,武仲为"临江三孔"之一,文仲之弟,他原唱《三舍人题名于后省皆赋诗因寄呈刘贡父》诗表示祝贺:"西垣寂寞今已久,三贤文章凤池手。"②时东坡与此数舍人同居两省,屡有酬赠,此诗即次武仲之韵。

其二,与地域性相联系,是中书舍人人员构成的家族性。秦观《与鲜于(子骏)学士书》说:"今中书舍人皆以伯仲继直西垣,前世以来未有其事,诚国家之美,非特衣冠之盛也。除书始下,中外欣然,举酒相属。"③《容斋随笔》卷十六引秦观此书考证说:"予以其时考之,盖元祐二年谓苏子由、曾子开(肇)、刘贡甫(攽)也。子由之兄子瞻,子开之兄子固(巩)、子宣(布),贡甫之兄原甫(敞)皆经是职,故少游有此语。"④如果不限于元祐二年,兄弟继直西垣者尚不止于上述几人,比如孔武仲亦任中书舍人并直学士院,而且,上述中书舍人中,曾肇、曾布其后均擢升翰林学士。孔武仲当时所作数首诗中皆刻意提及其兄弟或其他亲缘关系,如《三舍人题名于后省皆赋诗因寄呈刘贡父》诗:"鸰原棣萼俱相望,龙吟虎啸生辉光。就中贡父我故乡,况有小阮争翱翔,翩翩亦试中书堂。"《曾子开示诗再用前韵》:"荣华未满众所望,天启叔季侍清光。"《苏子由示诗再用前韵》:"公家两贤涉世久,六马从容辔在手。……鸾坡凤阁蔚相望,灿灿奎璧

---

① 苏轼:《次韵三舍人省上》,《苏轼诗集合注》卷二八,第1403—1404页。
② 孔武仲:《三舍人题名于后省皆赋诗因寄呈刘贡父》,《全宋诗》第15册,第12075页。
③ 秦观:《与鲜于(子骏)学士书》,《淮海集笺注》卷三七,上海古籍出版社1994年版,第1209页。
④ 洪迈:《容斋随笔》卷十六,第205页。

连晶光。"①鸰原、棣萼、叔季、两贤等词语皆指昆仲,小阮系称侄,指刘敞之子、刘攽之侄刘奉世,他未曾任文史之职,但苏轼有《次韵刘贡父叔侄扈驾》诗,可见亦颇极"衣冠之盛"。除此之外,其他诸人或同在西掖,或分掌两制,孔武仲的诗确实反映了那种"中外欣然"的社会心理。而江西人才的集中出现,只不过从一个侧面进一步显示了江西文学家族持续出现的势头。

其三,在上述"三舍人"中,苏轼唱和最多的是刘攽。刘攽为庆历中进士,年长于苏轼,以史学著称,曾协助司马光修纂《资治通鉴》,又文学过人,是欧阳修文学集团中的活跃人物,与苏轼结交甚早。他性格疏隽,尤以滑稽善谑、机智警辩著称,且曾因此遭赵挺之弹劾。他与苏轼性情相契,两人也常互相嘲谑,唱和频繁。如苏轼《次韵刘贡父叔侄从驾》诗写道:"玉堂孤坐不胜清,长羡邹枚接长卿。只许隔墙闻置酒,时因议事得联名。"②又有《次韵刘贡父省上》及《再和》、《次韵刘贡父春日赐幡胜》及《再和》等系列作品。刘攽有《西省种竹偶书呈同省诸公并寄邓苏二翰林》《种竹重寄子瞻》二诗,直庐种竹,正契合苏轼"不可居无竹"、"无竹令人俗"的雅好,故苏轼作《次韵刘贡父西省种竹》表示欣赏:"要知西掖承平事,记取刘郎种竹初。"③

其他词臣学士间的唱和也呈现同样的景象。以元祐四年至五年任学士承旨的苏颂为例。苏颂与刘叔贡、胡宗愈、陆佃、苏辙、曾肇等西垣雅集,曾用"西"字韵先后唱和共 12 首诗,他们谈老庄,观碑刻,览画卷,忆旧游,苏颂《三月十七日三舍人宴集西省刘叔贡作诗贻坐客席上走笔和呈》诗:"禁掖英僚初拜庆,儒林旧侣许攀携。"④《和陆农

---

① 孔武仲:《三舍人题名于后省皆赋诗因寄呈刘贡父》《曾子开示诗再用前韵》《苏子由示诗再用前韵》,《全宋诗》第 15 册,第 10275—10276 页。
② 苏轼:《次韵刘贡父叔侄从驾》,《苏轼诗集合注》卷三十,第 1467—1468 页。
③ 苏轼:《次韵刘贡父西省种竹》,《苏轼诗集合注》卷二八,第 1418 页。
④ 苏颂:《三月十七日三舍人宴集西省刘叔贡作诗贻坐客席上走笔和呈》,《苏魏公文集》卷十二,第 146 页。

师侍郎三和前韵》:"早登鸡省先诸彦(注:'陆农师自西掖入南宫。'),合入鳌坡试五题。雅道寂寥今复振,士风一变始于齐。"①诗酒文会的"雅道"重新恢复,当与苏轼的提倡有关。《诸公唱和多记经历之事因感昔游复用元韵凡三首》以夹注的形式,记录了词臣制度的变迁,如其一:"十年不到掖垣西,旧路重寻壁已泥。"注云:"某自元丰初赴西掖,蒲传正(宗孟)、李邦直(清臣)、黄安中(履)三舍人礼上,迨今十年方再来,而旧院改移,不复昔日,故云。""四户贵同公鼎重"句下注:"近制,舍人分预朝政,与昔时事体不同。"表明中书舍人参政机会多于昔时。其二"紫微旧刻兰堂闶"句注:"仁宗篆赐紫微阁四字,旧在院。元丰中迁入群玉殿,不得复见矣。""朱字新牌艺院题"句注:"神宗更新舍人院,命翰林待诏朱书牌额以赐。"②与会诸人以词臣为主,集会的话题唤起他们共有的文化记忆,唱和诗呈现了记事的功能。《重次前韵奉酬子由、子开、叔贡三舍人二首》其一:"制诏温纯诗什健,若非元白更难齐。"③反映了元祐时期词臣的诗文修养和苏颂的文学审美旨趣。据《诗话总龟》卷六引《诗史》载:"苏子容爱元、白、刘宾客辈诗,如汝洛唱和,皆往往成诵,苦不爱太白辈诗,曾诵《汝洛集·九日送人》云:'清秋方落帽,子夏正离群。'以为假对工夫无及此联。又举刘梦得《送李文饶再镇浙西诗》,以为最着题。"④故以"元白"比拟诸人制诏诗什。

　　苏颂《邓圣求承旨叠有佳句,过有褒称,无言不酬,虽复牵强,以多为贵,固已数穷,大雅旁通,谅无消斥》诗,记录了与元祐初承旨学士邓润甫的唱酬及聚会,也以夹注的形式记载了承旨学士制度的掌故文献:

---

① 苏颂:《和陆农师侍郎三和前韵》,《苏魏公文集》卷十二,第 146 页。
② 苏颂:《诸公唱和多记经历之事因感昔游复用元韵凡三首》,《苏魏公文集》卷十二,第148 页。
③ 苏颂:《重次前韵奉酬子由、子开、叔贡三舍人二首》,《苏魏公文集》卷十二,第 149 页。
④ 阮阅:《诗话总龟》卷六,人民文学出版社 1987 年版,第 63 页。

召节从来蜀道西,遗思人尚襆青泥。禁中手笔由裁制,天下英雄在挈携。(注:"公屡试多士及知贡举。")密议金銮应有记,(注:"韩偓承旨有《金銮密记》。")登庸石刻仵重题。(注:"元稹为承旨学士作《题名记》云:'十七年中,在是职者一十人,而九人参大政。'次年稹亦入拜。")纶闱盛宴仙鳌会,飞集翩翩五凤齐。(注:"是集内外制五人。")①

苏颂与刘挚的唱和也值得注意。刘挚为嘉祐四年进士,史称苏颂曾四典贡举,嘉祐四年,颂为殿试复考官。熙宁八年,苏颂知应天府,辟刘挚为签判。元丰元年,苏颂权知开封府,再辟刘挚为府推官。② 元祐初,苏颂为吏部尚书兼侍读,迁翰林学士承旨,官拜尚书右仆射中书侍郎。刘挚为御史中丞、尚书左丞,进中书侍郎,迁门下侍郎。又同为元祐大臣,《宋史》论曰:"(吕)大防重厚,(刘)挚骨鲠,(苏)颂有德量。三人者,皆相于母后垂帘听政之秋,而能使元祐之治,比隆嘉祐,其功岂易致哉!"③可见二人有座主门生、幕府僚佐及同朝重臣的多重交谊,自神宗熙丰至元祐中颇多唱和。刘挚《次和次中(按林旦字次中)简留守苏子容》应作于熙宁八年:

濉园文雅久湮沦,居守今逢紫禁臣。右客游梁似司马,主人开阁等平津。不才亦预门生旧,承乏来趋幕府新。共喜风骚坛将在,箫韶时许击辕亲。④

以汉代梁孝王与司马相如等喻林旦、刘挚与苏颂的幕僚与门生关系,

---

① 苏颂:《邓圣求承旨叠有佳句……》,《苏魏公集》卷十二,第149页。
② 颜中其编:《苏颂年表》,《苏颂公文集》,第1258—1264页。
③ 《宋史》卷三四〇《吕大防、刘挚、苏颂传论》,第10868页。
④ 刘挚:《次和次中简留守苏子容》,《全宋诗》第12册,第7974页。

也反映了苏颂在当时诗坛的地位。元祐元年苏颂还朝，授刑部尚书，刘挚即作诗祝贺："公归真足慰儒林，云日重瞻帝阙金。"①两人或夜直唱和：

> 膺门早岁预登龙，俭幕中间托下风。敢谓弹冠烦贡禹，每思移疾避胡公。论文青眼今犹在，报国丹心老更同。夜直沉迷坐东省，斋居清绝望南宫。②

开篇即追述早年的座主门生之谊，中间叙论文旨趣与报国情怀。元祐末党争激烈，苏颂出守扬州，刘挚作《送子容二首》，其一云：

> 文人家世积清芬，二许遗风见子孙。学问共推元凯库，衣冠争望李膺门。西垣润色文还古，东土留居政有恩。归奉汉皇前席对，岂无今士所难言。③

这是对苏颂文章、学术、政治建树及其家风与士望的全面评价。

元丰八年末，苏轼自登州还朝授礼部郎中，与宗室赵令铄的数次唱和，应是其在元祐诗坛十年诗歌交际活动的发端，诗的中心内容是酒，东坡答令铄《致斋》诗说："端向瓮间寻吏部，老来专以醉为乡。"令铄果然送酒并诗，④遂往复次韵者再三。冯注引查慎行评："一时赠答风流，犹可想见也。"⑤又《庚溪诗话》载："元祐间，东坡与曾子开同居两省，扈从车驾赴宣光殿，子开有诗，略云：'鼎湖弓剑仙游远，渭水衣

① 刘挚：《次韵次中喜子容还朝》，《全宋诗》第 12 册，第 7974 页。
② 刘挚：《夜直中书省寄左省子容公》，《全宋诗》第 12 册，第 7977 页。
③ 刘挚：《送子容二首》，《全宋诗》第 12 册，第 7980 页。
④ 赵令铄：《子瞻和予致斋诗，有"端向瓮间寻吏部，老来惟欲醉为乡"之句，因送薄酒兼成斐章，冀发笑也》《子瞻辞免起居之命，令铄复用前韵一首以勉之》，《全宋诗》第 18 册，第 1956 页。
⑤ 苏轼·《次韵赵令铄》《次韵赵令铄惠酒》，《苏轼诗集合注》卷二六，第 1323、1327 页。

冠綦路新。''阶除翠色迷宫草,殿阁清阴老禁槐。'"①曾肇诗仅存佚
句,苏轼时作《次韵曾子开从驾二首》及《再和》二首,苏辙、苏颂、范
纯仁诸公皆有和诗。轼《再和二首》之一云:"衰年壮观空惊目,险韵
清诗苦斗新。"冯应榴评注说:"以上诸公和诗,可想见一时清切唱和
之盛。"②又,苏轼曾在给晚辈的诗中想象挂冠归乡后的一幅场景:
"相从结茅舍,曝背谈金銮。"③"金銮"或称"銮坡",即学士院之别称,
可见东坡乐于把元祐翰苑生涯作为日后回忆时的谈资。黄庭坚跋
此诗时评二苏诗说:"观东坡二丈诗,想见风骨巉岩,而接人仁气粹
温也。观黄门诗,顾然峻整,独立不回,在人眼前。元祐中每同朝
班,余尝目之为成都两石笋也。"④由诗观人,元祐"翰林二苏公"的
风骨与气宇宛然可想。以"苏翰林"为中心的元祐诗坛雅集唱和,规
模超过了欧阳修为翰林主人的嘉祐诗坛。查、冯二人所评"清切"
"风流"四字,正可概括元祐时期词臣、馆职诗人群体相携追随、酬唱
赓和、高风雅韵的特点,在此基础上,以苏门学士诗人群为主体的元
祐诗人创造出了宋诗史上最具"宋调"风貌的群体风格和诗歌类型:
"元祐体"。

九　苏轼与"元祐体"

"元祐体"是宋诗中最为重要的群体风格之一,也是宋代诗风成
熟的标志。严羽《沧浪诗话·诗体》在"以时而论"的体派风格中共列
举十六体,宋代包括"本朝体(通前后而言之)"、"元祐体(苏、黄、陈诸
公)"、"江西宗派体(山谷为之宗)"三体。事实上,严格意义上的"以

---

① 陈岩肖:《庚溪诗话》卷下,丁福保辑《历代诗话续编》本,第 180—181 页。
② 苏轼:《次韵曾子开从驾二首》《再和二首》,《苏轼诗集合注》卷二八,第 1406—1410 页。
③ 苏轼:《送千乘千能两侄还乡》,《苏轼诗集合注》卷三十,第 1519 页。
④ 黄庭坚:《跋子瞻送二侄归眉诗》,《全宋文》第 106 册,第 181 页。

时而论",宋代只有"元祐体"。"本朝体"的概念过于宽泛,"江西宗派体"从命名上看具有浓厚的地域色彩。在"以人而论"的宋代体派中,严羽列举了东坡体、山谷体、后山体、王荆公体、邵康节体、陈简斋体、杨诚斋体等七体,其中苏、黄、陈均为"元祐体"的代表人物而各为一体,黄庭坚一人又兼"元祐"、"江西"、"山谷"三体。由此可见"苏门"在宋诗体派中所占份量之重和所具有的代表性。①

诚然,"元祐体"既非单一的东坡体或山谷体、后山体,也不是上述三人诗风的叠加组合。正如方回所说:"元祐诗人诗既不为杨刘昆体,亦不为九僧晚唐体,又不为白乐天体,各以才力雄于诗。"②即以苏门"四学士"而言,其艺术风格也丰富多彩,独具个性。晁补之曾说:"苏公门下客,事业皆不磨。"③周紫芝对"四学士"的文学风貌作过传神的描述:

> 　　苏公论士昔未闻,四客辈出俱同门。龙媒忽下洗凡马,野鹤一举空鸡群。虞皇七友廊庙具,元和(应为"大历")十子非渠伦。张公(耒)屈宋排衙官,清词丽句冰雪寒。秦公(观)笔下有过秦,平生目短曹刘垣。金华仙伯(黄庭坚)学杜甫,句法自许窥公藩。晁公(补之)磊落天下士,帝遣长庚下人世。旧闻一醉百梨花,醉后狂歌满天地。诗成只在倚马间,高谈颇似悬河翻。当时七发真少作,秦汉以来无此文。④

可以说,"元祐体"是一批富于才华和创造性的诗人在集体参与的诗

---

① 《沧浪诗话·诗体》,《沧浪诗话校释》,人民文学出版社 1983 年版,第 52—53 页,第 58—59 页。
② 《瀛奎律髓汇评》卷二一黄庭坚《咏雪奉呈广平公》诗方回评语,第 886 页。
③ 晁补之:《次韵范翰林淳夫(祖禹)送秦主簿觌》,《全宋诗》第 19 册,第 12782 页。
④ 周紫芝:《二十八日雪霁读晁无咎集呈别乘徐彦志且以奉怀》,《全宋诗》第 26 册,第 17240 页。

坛唱和中所共同创造出的诗歌体派,在元祐诗坛的盟主——翰林苏公的引领下,"元祐体"呈现出"和而不同"的艺术特征。①

(一)"以文滑稽"——"元祐体"的谐谑趣味

宋代文人喜谐谑,表现出幽默诙谐的性格特点。东坡更以善谑著称,钱勰曾说:"子瞻可谓善戏谑者也。"②晁说之也记载:"东坡好戏谑,语言或稍过,(范)纯夫必戒之。东坡每与人戏,必祝曰:勿使范十三知。"③在颍时,欧公之子欧阳辩先后以油烟墨及大鱼馈饷并求苏公诗,轼分别作两诗"戏之",查注曰:"所谓以文滑稽也。"④其赠赵令畤、陈师道诗也称:"且将新句调二子。"⑤"我亦儿嬉作小诗。"⑥又说韩愈:"退之仙人也,游戏于斯文。谈笑出奇伟,鼓舞南海神。"⑦东坡作诗也往往"以文滑稽",游戏翰墨,具有鲜明的个性色彩。

在苏门学士诗人群的唱和中,这种游戏谐谑的色彩更为常见。苏诗中屡有标明"戏赠"、"戏和"、"戏作"、"戏书"等字样的诗题,其中苏、黄师徒二人最为默契,往往心领神会,旗鼓相当。这又集中于两个方面,其一是诗歌技艺中的较量,如苏轼诗称效黄庭坚诗,庭坚答诗云《子瞻诗句妙一世乃云效庭坚体,盖退之戏效孟郊、樊宗师之比,以文滑稽耳,恐后生不解,故以韵道之》:

> 我诗如曹郐,浅陋不成邦。公如大国楚,吞五湖三江。赤壁

① 关于"元祐体",有代表性的讨论文章,可参看曾枣庄《论元祐体》,《成都大学学报》1986年第1期;张宏生《元祐诗风的形成及其特征》,《文学遗产》1995年第5期;周裕锴《元祐诗风的趋同性及其文化意义》,《新宋学》第一辑,上海辞书出版社2001年版。
② 曾慥:《高斋漫录》,《文渊阁四库全书》第1038册,第318页。
③ 晁说之:《晁氏客语》,《文渊阁四库全书》第863册,第165页。
④ 苏轼:《欧阳季默以油烟墨二丸见饷各长寸许我戏作小诗》《明日复以大鱼为馈重二十斤且求诗故复essa之》,《苏轼诗集合注》卷三四,第1718—1720页。
⑤ 苏轼:《复次放鱼韵答赵承议、陈教授》,《苏轼诗集合注》卷三四,第1695页。
⑥ 苏轼:《蜡梅一首赠赵景贶》,《苏轼诗集合注》卷三四,第1742页。"嬉"一作"戏"。
⑦ 苏轼:《顷年杨康功使高丽还,奏乞立海神于板桥,仆嫌其地湫隘,移书使迁之文登,因古庙而新之……》,《苏轼诗集合注》卷三六,第1834页。

风月笛，玉堂云雾窗。句法提一律，坚城受我降。枯松倒涧壑，波涛所舂撞。万牛挽不前，公乃独力扛。诸人方嗤点，渠非晁张双。袒怀相识察，床下拜老庬。小儿未可知，客或许敦厖。诚堪婿阿巽，买红缠酒缸。①

将诗歌技艺的竞争比作诸侯之间弱肉强食的争战，自谦为"浅陋"的蕞尔小国，等待玉堂主人的招降，说得煞有介事。其二是日常生活中的调笑。如黄庭坚患眼病，苏轼遂调侃他："诵诗得非子夏学，绌史正作丘明书。天公戏人亦薄相，略遣幻翳生明珠。"②庭坚遂作《子瞻以子夏、丘明见戏聊复戏答》。元祐三年，庭坚除著作郎，新党赵挺之论其操行邪秽，黄、赵交恶由来已久，庭坚戏作《情人怨戏效徐庾漫体》三首，据说即借艳体微讽此事，苏轼亦次韵"戏赠"：

昨夜试微凉，汗衾初退红。我愿偕秋风，随身入房栊。君王不好事，只作好惊鸿。细看卷蛮尾，我家真栗蓬。③

苏轼《戏书李伯时画御马好头赤》："山西战马饥无肉，夜嚼长稭如嚼竹。蹄间三丈是徐行，不信天山有坑谷。岂如厩马好头赤，立仗归来卧斜日。莫教优孟卜葬地，厚衣薪樗入铜历。"④将"战马"与"御马"的命运作对比，隐含讥讽之意，却颇具诙谐色彩，苏辙、黄庭坚、晁补之、张耒均有和诗。又如《戏用晁补之韵》：

---

① 黄庭坚：《子瞻诗句妙一世乃云效庭坚体，盖退之戏效孟郊、樊宗师之比，以文滑稽耳，恐后生不解，故以韵道之》，《山谷诗集注》卷五，《黄庭坚诗集注》，第191—192页。
② 苏轼：《次韵黄鲁直赤目》，《苏轼诗集合注》卷二七，第1383页。
③ 黄庭坚：《清人怨戏效徐庾慢体三首》，《山谷诗集注》卷十，《黄庭坚诗集注》，第363—365页。苏轼：《次韵黄鲁直戏赠》，《苏轼诗集合注》卷三十，第1511页。
④ 苏轼：《戏书李伯时画御马好头赤》，《苏轼诗集合注》卷二十，第1502页。

昔我尝陪醉翁醉,今君但吟诗老诗。清诗咀嚼那得饱,瘦竹潇洒令人饥。试问凤凰饥食竹,何如驽马肥苜蓿? 知君忍饥空诵诗,口颊翻澜如布谷。①

晁诗不存,从东坡和诗看,是刻画补之生活清贫而又吟诗不辍的形态,显得无奈而又可爱。

东坡赠友人顾临的两首诗也类似游戏之作。顾临喜论兵,神宗曾命其编《武经要略》。曾任经筵官,元祐七年至八年为翰林学士。元祐中,苏轼与李常、王古、邓润甫、孙觉、胡宗愈等人评价他:"临资性方正,学有根本,慷慨中立,无所回挠。"②据说他姿状雄伟,人或以"顾屠"嘲弄之。元祐二年,自给事中为河北都运使,苏轼先作送行诗说:"我友顾子敦,躯胆两雄伟。便便十围腹,不但贮书史。容君数百人,一笑万事已。十年卧江海,了不见愠喜。磨刀向猪羊,酾酒会邻里。归来如一梦,丰颊愈茂美。平生批敕手,浓墨写黄纸。会当勒燕然,廊庙登剑履。翻然向河朔,坐念东郡水。河来屹不去,如尊乃勇耳。"其中有几句拿他的身材开了玩笑,幽默谐谑而不落恶俗,但据说顾临还是不太高兴。于是在为顾临饯行时,苏轼因疾未往,而再和前韵加以宽解:"君为江南英,而作河朔伟。人间一好汉,谁似张长史。上书苦留君,言拙辄报已。置之勿复道,出处俱可喜。攀舆共六尺,食肉飞万里,谁言远近殊,等是朝廷美。遥知别送处,醉墨争淋纸。我以病杜门,商颂空振履。后会知何日,一欢如覆水。善保千金躯,前言戏之耳。"③

元祐七年,苏轼自扬州回京任礼部尚书,王诜以小诗借观苏轼新得稀世之宝仇池石,并欲据为己有,于是苏轼在借出的同时,作诗预

① 苏轼:《戏用晁补之韵》,《苏轼诗集合注》卷二九,第1434—1435页。
② 《长编》卷三九八"元祐二年四月癸巳",第9703页。
③ 苏轼:《送顾子敦奉使河朔》《诸公饯子敦轼以病不往复次前韵》,分别见《苏轼诗集合注》卷二九,第1411、1415页。

先敬告:"风流贵公子,窜谪武当谷。见山应已厌,何事夺所欲。欲留
嗟赵弱,宁许负秦曲,传观慎勿许,间道归应速。"①最后四句巧妙地借
用蔺相如出使秦国不辱使命的故事,表达自己不敢不借、希望王诜早
日"完璧归赵"的意愿。结果这一趣事在诗友中又引起了波澜,钱勰、
王钦臣、蒋之奇参与了次韵唱和,表达了各自的看法,钱、王二位认为
石不可借,蒋以为不然,但在蒋之奇目睹了海石之奇妙后,也后悔自
己说过的话,三人的观点取得了一致。但此时苏轼有了新的想法:
如果王诜用其所藏韩干画马图交易,则自己会加以考虑:"故人诗相
戒,妙语予所伏。一篇独异论,三占从两卜。君家画可数,天骥纷相
逐。风骏掠原野,电尾捎涧谷。君如许相易,是亦我所欲。今日安西
守(指蒋之奇),来听阳关曲。劝我留此峰,他日来不速。"②结果让王
诜颇有些为难,钱、蒋二位又各出奇想:钱想兼取奇石名画,蒋则欲
焚画碎石,苏轼再以庄禅加以开解,引申开去:"盆山不可隐,画马无
由牧。聊将置庭宇,何必弃沟渎?焚宝真爱宝,碎玉未忘玉。……定
心无一物,法乐胜五欲。三峨吾乡里,万马君部曲。卧云行归休,破
贼见神速。"王注引次公注谓,"三峨"句言真山,"万马"句言真马:"我
有真山,则将卧云;王有真马,则用破贼。如此假山不必爱,画马不必
取也。"③从怕借,到交换,到焚弃,最后由假到真,由两件珍贵的艺术
品引发几个人的争执,充满了谐趣,读之令人时发一噱。

(二)"往复感发"——"元祐体"的竞技意识

《四库全书总目·坡门酬唱集提要》说:"次韵之诗,惟东坡变化

① 苏轼:《仆所藏仇池石希代之宝也,王晋卿以小诗借观意在于夺,仆不敢不借然以此诗先
之》,《苏轼诗集合注》卷三四,第 1837 页。
② 苏轼:《王晋卿示诗欲夺海石,钱穆父、王仲至、蒋颖叔皆次韵,穆、至二公以为不可许,独
颖叔不然。今日颖叔见访,亲睹此石之妙,遂悔前语,仆以为晋卿岂可终闭不予者,若能
以韩干二散马易之者,盖可许也。复次前韵》,《苏轼诗集合注》卷三六,第 1843 页。
③ 苏轼:《轼欲以石易画,晋卿难之,穆父欲兼取二物,颖叔欲焚画碎石,乃复次前韵并解二
诗之意》,《苏轼诗集合注》卷三六,第 1845 页。

不穷,称为独绝,而诸家才力颇亦足以相抗。"①次韵酬唱是诗人群体间主要的交际形式,他们几乎"无言不酬"(苏颂语),常常一和再和,往复不已,诗成了酬答往来不可缺少的"礼数",最大限度地发挥了"诗可以群"的社会交往功能。此时,诗的原创性似乎并不重要,重要的在主动参与,在"诗战"中施展浑身解数,因难见巧,愈出愈奇,表现出自觉而强烈的竞争意识。

作为当代诗坛共推的盟主,苏轼乐于主动挑战,且喜以战为譬,以战喻诗本身就蕴含着一种挑战性和竞争性。如东坡守颍时,赵德麟为签判,陈师道为教授,又有欧阳修之二子棐(字叔弼)、辩(字季默),东坡屡屡说:"我从陈赵两欧阳。"②后来师道之弟传道又加入进来,东坡称为"五君":"二陈既妙士,两欧惟德人。王孙乃龙种,世有翁云麟。五君从我游,倾写出怪珍。俗物败人意,兹游实清醇。"③在东坡幕府中,宾主之间燕集赓和甚多,但欧公二子却不喜作诗,东坡遂用"激将法"挑逗之:

> 君家文律冠西京,旋筑诗坛按酒兵。袖手莫欺真将种,致师须得老门生。明朝郑伯降谁受,昨夜条侯壁已惊。从此醉翁天下乐,还须一举百觞倾。④

所谓"醉翁天下乐",缘于欧阳修昔日亦曾有诗《读蟠桃诗寄子美》云:"我亦愿助勇,鼓旗噪其旁。快哉天下乐,一醶宜百觞。"⑤《合注》本注引赵注:"此篇以战譬诗,盖用师有律而文亦有律也。"有趣的是,欧阳

---

① 《四库全书总目·坡门酬唱集提要》,第 1695 页。
② 苏轼:《西湖戏作》,《苏轼诗集合注》卷三四,第 1730 页。
③ 苏轼:《和赵德麟送陈传道》,《苏轼诗集合注》卷三四,第 1763 页。
④ 苏轼:《景贶、履常屡有诗督叔弼、季默倡和,已许诺矣,复以此句挑之》,《苏轼诗集合注》卷三四,第 1710 页。
⑤ 欧阳修:《读蟠桃诗寄子美》,《居士集》卷二,《欧阳修诗文集校笺》,第 59—60 页。

叔弼后来被东坡发现其实能诗而深藏不露,偶一展露便令人惊叹:"子诗如清风,寥寥发将旦。胡为久闭匦?绮语真自患。许时笑我痴,隔屋相咏叹。竟识彦道不?绝叫呼百万。清朝固多士,入门子皆冠。"①这令苏公颇感欣慰,但叔弼作诗未必没有苏公从中激发的作用。又如元祐六年颍州咏雪诗"白战不许持寸铁"之喻②;《和刘景文雪》诗:"那堪李常侍,入蔡夜衔枚。"③以唐时李愬雪夜袭蔡州擒吴元济比喻刘景文赋诗,均是将彼此唱和比作胜负成败的搏击或战事,诗人成了对垒的士兵或将帅,充分体现了苏轼诙谐而豪放的艺术个性。《次韵晁无咎学士相迎》是赴任扬州时所作,诗中述及晁补之父晁端友:"少年独识晁新城(端友),闭门却扫卷旆旌。胸中自有谈天口,坐却秦军发墨守。"④"坐却"句喻其善辩,《合注》本引赵云:"此一句四出。"即合用四事:鲁仲连说辛垣衍却秦军事;左思《咏史》诗语;公输般作九种攻城之机关,而墨翟以九守拒之;何休著《公羊墨守》,郑玄作《发墨守》论战,二、四两句均以战事为喻,而"坐却"句将四事撮合一处,尤见诗人学问与句法功力。事实上,主动参与和约战,已成为风气。如苏辙作题画诗《韩干三马》,苏轼唱和后,⑤苏颂、黄庭坚、刘攽、王钦臣皆有和二苏之作,王钦臣和小苏曰:"翰林相继写高韵,何止羊何共和之。"⑥刘攽和苏轼诗曰:"诸公赋诗邀我和,我如钝椎逢利锥。"⑦

(三)"风流文采"——"元祐体"的人文气息

在元祐诗人唱和诗中,人文意象占了更多的比例。二苏与黄庭

---

① 苏轼:《新渡寺席上次赵景贶、陈履常韵送欧阳叔弼,比来诸君唱和,叔弼但袖手旁睨而已,临别忽出一篇,颇有渊明风致,坐皆惊叹》,《苏轼诗集合注》卷三四,第 1736 页。

② 苏轼:《聚星堂雪》,《苏轼诗集合注》卷三四,第 1723—1725 页。

③ 苏轼:《和刘景文雪》,《苏轼诗集合注》卷三四,第 1734 页。

④ 苏轼:《次韵晁无咎学士相迎》,《苏轼诗集合注》卷三五,第 1788—1791 页。

⑤ 苏辙:《韩干三马》,《栾城集》卷十五,《苏辙集》,第 295 页。苏轼《次韵子由书李伯时所藏韩干马》,《苏轼诗集合注》卷二八,第 1421 页。

⑥ 王钦臣:《次韵苏子由咏李伯时所藏韩干马》,《全宋诗》第 13 册,第 8705 页。

⑦ 刘攽:《次韵苏子瞻韩丁马赠李伯时》,《全宋诗》第 11 册,第 7146 页。

坚、王诜、李公麟、王巩、刘季孙、参寥等人的唱和中,游心于梅荷竹菊、枇杷牡丹、书画琴筝、泉石清玩,徜徉于杭、颖二西湖,追陪于郡邑幕府,相从于玉堂册府,全面展示了当时诗人与官员、画家、僧道游赏雅集的文化生活,浸染着浓郁的艺术气氛。如王诜汴京著名的"西园",频频举行诗酒文会,元祐二年,苏轼、苏辙及黄庭坚等 16 人聚集于此,李公麟作《西园雅集图》,米芾记此图说:"自东坡而下,凡十有六人,以文章议论,博学辨识,英辞妙墨,好古多闻,雄豪绝俗之资,高僧羽流之杰,卓然高致,名动四夷。"①邵浩《坡门酬唱集引》说:"无事展卷,则两公、六君子之怡怡偲偲气象宛然在目,神交意往,直若与之承欢接辞于元祐盛际,岂特为赓和助邪?"这种高风逸韵、文雅风流的"气象",可称之为"馆阁气象",也是盛宋文化的艺术写照。

其次,"元祐体"的人文气息还体现在诗与画的天然交融,诗人与画家之间的毫无间隔:"诗画本一律,天工与清新。"②"诗人与画手,兰菊芳春秋。"③苏轼称李伯时说:

> 古来画师非俗士,妙想实与诗同出。龙眠居士本诗人,能使龙池飞霹雳。君虽不作丹青手,诗眼亦自工识拔。龙眠胸中有千驷,不独画肉兼画骨。但当与作少陵诗,或自与君拈秃笔。④

画师与诗人,同一"妙想",诗人亦可独具鉴赏丹青的"诗眼"。唐代诗人王维主要是作为画家诗人为宋人接受的,苏轼的"诗中有画,画中有诗"成为精彩的定评,在画史与诗史上均产生重大影响,苏轼本人则兼具绘画、书法等高超的造诣。黄庭坚一方面说东坡"海内文

---

① 米芾:《西园雅集图记》,《全宋文》第 121 册,第 41 页。
② 苏轼:《书鄢陵王主簿画折枝二首》之一,《苏轼诗集合注》卷二五,第 1437 页。
③ 苏轼:《次韵黄鲁直、伯时画王摩诘》,《苏轼诗集合注》卷三十,第 1499 页。
④ 苏轼:《次韵吴传正枯木歌》,《苏轼诗集合注》卷三六,第 1861 页。

章非画师"①,又说:"折冲儒墨阵堂堂,书入颜杨鸿雁行。胸中元自有丘壑,故作老木蟠风霜。"②不仅题写画意,也称赞了苏轼的学术思想、书法艺术及政治品格。当时画家中与诗人交往最著者为文同、米芾、李伯时、王诜。王诜作有名画《烟江叠嶂图》,为王巩所收藏,坡公与王诜则各作二诗往来唱和,轼诗在对原画的云烟山水之境作了生动传神的描绘之后,转而想起黄州:"君不见武昌樊口幽绝处,东坡先生留五年。春风摇江天漠漠,暮云卷雨山娟娟。"王诜和诗云:"爱诗好画本天性,辋川先生疑夙缘。会当别写一匹烟霞境,更应消得玉堂醉笔挥长篇。"和诗的"奇丽"诗语得到苏轼的欣赏,复次韵"纪其诗画之美",并"道其出处契阔之故":"风流文采磨不尽,水墨自与诗争妍。"王诜复次韵以谢:"玉堂故人相与厚,意使嫫母齐联娟。"③诗人与艺术家的联袂,促进了不同艺术门类的沟通,提升了文人诗歌的文化品位。

(四)"因难见巧"——"元祐体"的诗艺追求

以苏门诗人为主的元祐诗人群,既多才艺,也倾注心力于诗艺,尤其讲求诗律、句法、修辞的新奇立异。方回比较苏轼与黄庭坚诗:"坡诗天才高妙,谷诗学力精严,坡律宽而活,谷律刻而切。"④苏轼自己曾说:"敢将诗律斗精严。"⑤又说:"诗无定律君应将,醉有真乡我可侯。"⑥苏轼并非不重诗律,而是更崇尚那种意到笔随的自然意趣,而不太愿

---

① 黄庭坚:《题子瞻寺壁小山枯木二首》其二,《山谷诗集注》卷九,《黄庭坚诗集注》,第348页。
② 黄庭坚:《题子瞻枯木》,《山谷诗集注》卷九,《黄庭坚诗集注》,第348—349页。
③ 苏轼:《书王定国所藏〈烟江叠嶂图〉》《王晋卿作〈烟江叠嶂图〉,仆赋诗十四韵,晋卿和之语特奇丽,因复次韵,不独纪其诗画之美,亦为道其出处契阔之故,而终之以不忘在莒之戒,亦朋友忠爱之义也》,《苏轼诗集合注》卷三十,第1526—1529页。王诜:《奉和子瞻内刊见赠长韵》《子瞻再和前篇,非惟格韵高绝而语意郑重相与甚厚,因复用韵答谢之》,《全宋诗》第15册,第10169—10170页。
④ 方回:《瀛奎律髓》卷二一黄庭坚《春雪呈张仲谋》评语,第887—888页。
⑤ 苏轼:《谢人见和前篇二首》其一,《苏轼诗集合注》卷十二,第582页。
⑥ 苏轼:《次韵王定国得晋卿酒相留夜饮》,《苏轼诗集合注》卷二十,第1537页。

意为诗律所缚,但这并不排斥他逞才使气,并以诗艺与诗友切磋争胜。

东坡《次韵曾子开从驾二首》之一用"辛"字韵,又作《再和二首》,其一云:"衰年壮观空惊目,险韵清诗苦斗新。最后数篇君莫厌,捣残椒桂有余辛。"①据蔡絛《西清诗话》载:"东坡在北扉,自以独步当世,与一时侍从更唱迭和,莫不称首。曾子开赋《扈跸诗》,押辛字韵,韵窘束而往返络绎不已,坡厌之,复和云:'读罢君诗何所似,捣残姜桂有余辛。'顾问客曰:'解此否?谓首唱多辣气故耳。'"②蔡絛将第三句改为"读罢君诗何所以",便由苏轼自谦变为对曾肇的讥讽和挑衅。陈岩肖《庚溪诗话》对此甚不以为然,首先,他认为苏诗末句系用《离骚》"昔三后之纯粹兮,固众芳之所在。杂申椒与菌桂兮,岂维纫夫蕙茝"数句以喻贤人,其说近迂。但他认为:"诗人押险韵,冥搜至此,可谓工矣。"并批评蔡絛妄改轼原诗甚为无理,且"误后人心术":"坡为人慷慨疾恶,亦时见于诗,有古人规讽体,然亦讵肯效闾阎以鄙语相詈哉!"③这一解释更为合理。

苏轼《次韵范纯父送秦少章》评秦觏诗:"句法本黄子,二豪与揩磨。"④"二豪"指秦观与张耒,其实他自己的诗在句法上也有避熟求生之处。如元祐六年在颍州《与赵陈同过欧阳叔弼新治小斋戏作》诗有句:"梦回闻剥啄,谁乎赵陈予。"王十朋注引《诗话》:"景贶(即赵令畤)附掌曰:'句法甚新,前人未有此法。'季默(即欧阳辩)曰:'有之:长官请客吏请客,目曰主簿少府我。即此语也。'"⑤"谁乎赵陈予"与"目曰主簿少府我"均分说客主三人,句法生新独造。《聚星堂雪并叙》是在颍州仿效欧公咏雪的"白战体",时间与前诗同时,也是在元

---

① 苏轼:《次韵曾子开从驾二首》《再和二首》,《苏轼诗集合注》卷二八,第1406—1410页。
② 蔡絛:《西清诗话》卷下,吴文治主编:《宋诗话全编》第3册,第2515页。"首唱"作"唱首",恐误。
③ 陈岩肖:《庚溪诗话》卷下,丁福保辑《历代诗话续编》本,第180—181页。
④ 苏轼:《次韵范纯父送秦少章》,《苏轼诗集合注》卷三五,第1791页。
⑤ 苏轼:《与赵陈同过欧阳叔弼新治小斋戏作》,《苏轼诗集合注》卷三四,第1722—1723页。

祐六年十一月祷雨之后，与上述宾客会饮于聚星堂，"忽忆欧阳文忠公作守时，雪中约客赋诗，禁体物语，于艰难中特出奇丽。尔来四十余年，莫有继者。仆以老门生继公后，虽不足以追配先生，而宾客之美，殆不减当时，公之二子又适在郡，故辄举前令，各赋一篇"。诗中说："汝南先贤有故事，醉翁诗话谁续说？当时号令君听取，白战不许持寸铁。"①欧公首创的"白战体"40 余年难乎为继，这确是一种因难见巧的高难度的智力游戏，赤手搏击，对创作者的想象力、语言储备都是极大的挑战。如果说次韵诗是在韵脚的限制中舞蹈，"白战体"则是在语言的禁忌中施展拳脚。

　　因为特定的政治环境，苏轼元祐时期的诗歌创作较少黄庭坚所称的"忿诟"习气，以苏轼为核心的元祐诗坛唱和体现了"清切风流"的时代特点。笔者赞同周裕锴教授的观点，即"元祐体"诗风的价值，"在于最集中地反映了北宋雅文化的特征，最生动地记载了北宋盛世的文化成果，最全面地展现了北宋文人的精神世界，并由此建立了具有典范意义的泛学术、泛文化的诗歌类型，即所谓'文人之诗'。"②

十　"六一清风今不孤"：东坡与
 醉翁的文采风烈

　　"苏翰林"以其气节政声、道德文章、文采风流而在朝野士庶中获得巨大的声誉。杨杰赞扬苏氏事业："经纶事业重家世，昔闻父子今季昆。"③苏轼出守颍州，刘季孙将其与欧阳修相提并论："倦压鳌头请左符，笑寻颍尾为西湖。二三贤守去非远，六一清风今不孤。"④其门人李廌对苏轼的敬仰崇拜之情屡见于诗赋歌颂，他称赞苏轼历仕四

---

① 苏轼：《聚星堂雪》，《苏轼诗集合注》卷三四，第 1723—1725 页。
② 周裕锴：《元祐诗风的趋同性及其文化意义》，《新宋学》第一辑。
③ 杨杰：《和酬子瞻内翰赠行长篇》，《全宋诗》第 12 册，第 7846 页。
④ 刘李孙：《寄苏内翰》，《全宋诗》第 12 册，第 8366 页。

朝,建立了崇高的威望:"四朝师令望,百辟仰清尘。"政治上立朝刚直:"严凝气刚劲,謇谔性忠纯。凛凛风霜操,优优雨露仁。"学术卓越而道德深蕴:"高才叹今古,妙学洞天人。黼黻文华国,渊源德润身。"文章则制策一流:"射策明三道,观光耀九宾。"入翰苑"视草金銮殿,登庸凤诏春"。① 虽出于门下之笔,但这样的评价也并无溢美之处,足以反映苏轼在当时政坛士林中的崇高地位。徐积所作《赠子瞻》三首,则赞美"翰林主人"苏轼元祐中外任杭、扬二州时政迹,其一云:"翰林主人其姓苏,左臂不任十上书。几年乞得江与湖,吴中父老争欢呼。玉堂金户不肯居,肯来南郭寻樵夫。"其二:"翰林岂特文章工,赤心白日相贯通。先与吴人除二凶,次与吴田谋常丰。乃与徒役开西湖,狭者使广塞者除。""无穷之力谁与俱,前有白傅后有苏。翰林如此能成务,吴人叩额呼为父。未知休息立生祠,定是吴山行坐处。翰林却过淮之东,无人不看眉阳公。玉堂气貌将以恭,又到南城寻老农。……老翁虽醉不敢迁,记得杭州三事书。欲毗舜智皋陶谟,事防阻隔有所拘。翰林此说若行诸,圣朝惠泽可大敷。"②诗人特别强调"翰林岂特文章工",更形象地刻画了苏轼忧劳勤劬于民生而深受父老爱戴的官员形象,对其政治主张不能实施表示惋惜。

东坡身后获得了与其座师欧阳内翰同样不朽的声名。曾从苏轼学诗的潘大临称赞其制诏得两汉之风:"元祐丝纶两汉前,典刑意得龙光宣。裕陵(神宗)圣德如天大,谁道微臣敢议天。"称颂其忠直气节与政治遭际:"公与文忠总遇谗,谗人有口直须缄。声名百世谁常在,公与文忠北斗南。"③晁说之题咏欧、苏画像从也文章与事功两方面着笔:"座右铭何有,丹青得若人。东坡禅客衲,六一醉人巾。先后

① 李鹰:《上翰林眉山先生苏公》,《全宋诗》第20册,第13620—13621页。
② 徐积:《赠子瞻三首》,《全宋诗》第11册,第7574页。
③ 潘大临:《哭东坡》,《全宋诗》第20册,第13435页。

文章伯,安然社稷臣。"①南宋名臣李光在儋州东坡所造载酒堂题诗时,高度赞扬苏轼追配李杜韩柳、超越欧公的文学成就:"东坡文章喧宇宙,粲如日星垂不朽。六一老人犹避路,作者纷纷皆束手。俊逸精神追李杜,华妙雄豪配韩柳。"②

　　苏轼曾慨叹,欧公身后,"醉翁宾客散九州,几人白发还相收"③。作为"老门生",在政治与文学事业上自觉追踪座主欧公,是苏轼精神动力所在。元丰八年,当哲宗即位,司马光重新获得起用时,东坡在自常州赴任登州舟中,就与来自滁州的一位友人谈起时事和往事:"坐观邸报谈迁叟(司马光),闲说滁山忆醉翁。"④元祐三年,当53岁的苏轼以翰林学士知贡举时,不禁想起恩师嘉祐二年锁院试士并与诸贤士唱和故事:"当年踏月走东风,坐看春闱锁醉翁。白发门生几人在,却将新句调儿童。"⑤当年欧公由扬徙颍,而东坡则由颍迁扬,二人行迹亦如此相似,因此,后期的苏轼对欧阳修的理解也愈来愈深刻。当苏轼守颍时,浏览欧公在颍留下的足迹,追怀其文采风流,缅想欧公的玉堂事业与"清颍"之思,屡兴感慨:"宾主俱贤,盖宗资、范孟博之旧治;文献相续,有晏殊、欧阳修之遗风。"⑥"醉翁行乐处,草木皆可敬。"⑦在扬州时,登欧公当年所建平山堂,"每到平山忆醉翁"⑧。与欧公同样引起他尊敬的前辈还有太宗朝翰林学士王禹偁:

　　　　斯人何似似春雨,歌舞农夫怨行路。君看永叔与元之,坎坷
　　一生遭口语。两翁当年鬓未丝,玉堂挥翰手如飞。教得滁人解吟

---

① 晁说之:《题六一东坡像》,《全宋诗》第21册,第13810页。
② 李光:《载酒堂》,《全宋诗》第25册,第16400页。
③ 苏轼:《送晁美叔发运右司年兄赴阙》,《苏轼诗集合注》卷三五,第1800页。
④ 苏轼:《小饮公瑾舟中》,《苏轼诗集合注》卷二六,第1293页。
⑤ 苏轼:《和子由除夜元日宿致斋三首》之三,《苏轼诗集合注》卷三十,第1477页。
⑥ 苏轼:《颍州谢到任表二首》其二,《苏轼文集》卷二四,第691页。
⑦ 苏轼:《次韵赵景贶春思且怀吴越山水》,《苏轼诗集合注》卷三四,第1739页。
⑧ 苏轼:《次韵聂木羍学十相迎》,《苏轼诗集合注》卷三五,第1789页。

咏,至今里巷嘲轻肥。两翁今与青山久,要伴前人作诗瘦。我倦承明苦求出,到处遗踪寻六一。凭君试与问琅邪,许我来游莫难色。①

毫无疑问,"文章忠义为当世准的"的东坡,是醉翁事业最自觉最成功的继承者,尤其在元祐翰苑与文坛,以出色的文学与政治实践,树立了翰林学士的崇高楷模,也成为以道义文章相交的师友传承的典范,并由此构建了以翰林学士王禹偁发端、欧、苏前后相继的文学传承谱系,文采风烈,使后人"怀慕想望"②,传之无穷。

---

① 苏轼:《次韵王滁州(景猷)见寄》,《苏轼诗集合注》卷三四,第 1747 页。
② 李廌:《汝阴唱和集后序》,《全宋文》第 132 册,第 136 页。

第七章
宋徽宗、宋钦宗朝翰林学士述论

宋徽宗元符三年(1100)正月即帝位,在位 25 年,任用翰林学士(含直院)共 35 人,其中哲宗绍圣中学士继任者 2 人,即蔡京、蒋之奇;学士承旨 8 人,即蔡京、蹇序辰、张康国、邓洵仁、强渊明、蔡薿、王黼、冯熙载。宋钦宗于宣和七年(1125)十二月即位,在位仅 1 年余,任用翰林学士 8 人,学士承旨 2 人,即王孝迪、吴开。此时宋朝廷已是残局,没有必要单独论列,故本章将徽、钦两朝作为一个完整的时期加以论述,按政治局势与文化走向,又可分为崇宁、大观(1100—1111)与政和、宣和(1111—1125)及靖康(1126—1127)三个重点节点。

徽宗即位,曾试图调停新旧党矛盾,故改号"建中靖国",但最终归于失败。新党对旧党施以更残酷的迫害,终徽宗之世,新党全面执掌朝政,尤其是蔡京屡入翰苑,四度当国,长期盘踞政坛,极大地毒化了徽宗朝的政治生态、文学环境、士风人心。士大夫生存环境严重恶化,正气销铄,士风衰落,文学高潮衰退。另有一类如王黼、李邦彦之流的放浪浮薄的学士、宰相,以浮华的脂粉歌舞做着滑稽丑陋的表演。徽、钦朝翰林学士在学术旨趣、道德水平、文学素养上薰莸异味,良莠参差,在蔡京新党集团一系列反文学、反学术的逆流中,文坛大家消失。崇宁党禁、政和诗禁一度剥夺了士人作诗的权力,科场中的诗赋仍被视为有"害经术"的文体而被排斥在取士制度之外,这使徽宗朝诗歌的发展遭遇多重困境。但尚有曾肇、慕容彦逢、王安中、叶梦得、李邴等掌诰的翰林学士"典型犹存",在写作上保持了较高的文学水平。

宋徽宗朝翰林学士简表

姓名	籍贯	在院时期	科举	承旨或直院	任职时间
蔡京 (1047—1126)	兴化仙游	绍圣二年至元符三年（1095—1100）三月、元符三年四月至建中靖国元年（1100—1101）、崇宁元年（1102)三月至五月	熙宁三年	屡为承旨	3年
蒋之奇 (1031—1104)	常州宜兴	元符三年(1100)	嘉祐二年		1年
曾肇 (1047—1107)	建昌南丰	元符三年至崇宁元年（1100—1102)	治平四年		3年
张商英 (1043—1121)	蜀州新津	建中靖国元年(1101)	治平二年		1年
王觌 (生卒年不详)	泰州如皋	建中靖国元年(1101)	第进士		1年
徐勣 (生卒年不详)	宣州南陵	建中靖国元年(1101)	举进士		1年
蹇序辰	成都双流	崇宁元年(1102)		承旨	1年
郭知章 (?—1111)	吉州龙泉	崇宁元年(1102)	第进士		1年
张康国 (1056—1109)	扬州	崇宁二年至三年（1103—1104)	第进士	承旨	2年
林摅 (生卒年不详)	福州	崇宁二年至四年（1103—1105)	赐进士第		3年
张康伯 (生卒年不详)	扬州	崇宁四年(1105)			1年

（续表）

姓名	籍贯	在院时期	科举	承旨或直院	任职时间
刘正夫 (1062—1119)	衢州 西安	崇宁四年(1105)至大观元年(1107)	举进士		3 年
刘昺 (生卒年不详)	开封 东明	崇宁四年(1105)、大观三年(1109)	元符末		2 年
邓洵仁 (生卒年不详)		崇宁四年至大观四年 (1105—1110)		承旨	6 年
薛昂 (?—1134)	杭州	崇宁五年(1106)	元丰八年		1 年
郑居中 (1058—1122)	开封	崇宁五年至大观元年 (1106—1107)	登进士第		2 年
慕容彦逢 (1067—1117)	宜兴	大观元年(1107)	元祐三年		1 年
许光凝 (生卒年不详)	河南	大观二年(1108)、政和六年至七年(1116—1117)			3 年
叶梦得 (1077—1148)	苏州 吴县	大观二年至三年 (1108—1109)	绍圣四年		2 年
强渊明 (生卒年不详)	杭州 钱塘	大观三年(1109)、政和五年至宣和元年 (1115—1119)	进士	承旨	6 年
张阁 (1068—1113)	河阳	大观四年(1110)、政和元年(1111)	进士及第		2 年
刘嗣明 (生卒年不详)	开封 祥符	大观末	入太学		1 年
蔡薿 (1067—1123)	开封	政和二年(1112)、政和七年(1117)	崇宁五年	承旨	2 年

（续表）

姓名	籍贯	在院时期	科举	承旨或直院	任职时间
俞　栗 （？—1118）	江宁	政和三年（1113）	崇宁四年以上舍生赐进士第		1 年
王　黼 （1079—1126）	开封祥符	政和四年（1114）、政和五年至政和七年（1115—1117）、重和元年（1118）（？）	崇宁进士	两为承旨	4 年
王安中 （1076—1134）	中山阳曲	政和七年至宣和元年（1117—1119）	元符三年		3 年
张邦昌 （1081—1127）	永静东光	政和八年至宣和元年（1118—1119）	进士		2 年
冯熙载 （生卒年不详）	衢州西安	重和元年（1118）	进士	承旨	1 年
李邦彦 （？—1130）	怀州	宣和二年至三年（1120—1121）	大观二年上舍及第		2 年
宇文粹中 （？—1139）	华阳	宣和二年至六年（1120—1124）		承旨	5 年
赵　野 （？—1127）	开封	宣和五年（1123）	政和二年		1 年
李　邴 （1085—1146）	济州巨野	宣和五年（1123，权直学士院）、宣和六年（1124）	崇宁五年		2 年
韩　驹 （1080—1135）	仙井监	宣和六年（1124）	政和赐进士出身	权直学士院	1 年
吴　敏 （1089—1132）	真州	宣和七年至靖康元年（1125—1126）	大观二年太学私试	权直学士院	2 年
王孝迪 （？—1140）	下蔡	宣和七年至靖康元年（1125—1126）			2 年

宋钦宗朝翰林学士简表

姓名	籍贯	在院时期	科举	承旨或直院	任职时间
吴　敏 (1089—1132)	真州	宣和七年至靖康元年 (1125—1126)	大观二年 太学私试	权直学士院	2年
王孝迪 (?—1140)	下蔡	宣和七年至靖康元年 (1125—1126)		承旨	2年
王　宇 (?—1130)	江州	靖康元年(1126)			1年
何　㮚 (1089—1127)	仙井	靖康元年(1126)	政和五年		1年
许　翰 (?—1133)	拱州 襄邑	靖康元年(1126)	元祐三年		1年
翟汝文 (1076—1141)	润州 丹阳	靖康元年(1126)	元符三年		1年
吴　开 (生卒年不详)	滁州	靖康元年至二年 (1126—1127)	绍圣四年 宏词科	靖康初 承旨	2年
莫　俦 (1089—1164)	平江 吴县	靖康元年至二年 (1126—1127)	政和二年		2年
梅执礼 (1079—1127)	婺州 浦江	靖康元年(1126)	崇宁五年		1年

一　蔡京与崇、观、宣和间翰林学士

孙觌曾说"蔡京之世二十六年"①，其执政时间正与徽宗朝相始终。蔡京为熙宁三年进士，哲宗绍圣二年二月，蔡京初为翰林学士兼侍读，修国史，绍圣三年七月入翰苑一年余即为翰林学士承旨。元符

① 孙觌：《宋故翰林学士莫公墓志铭》，《全宋文》第161册，第97页。

三年三月徽宗已即位,京遭言者弹劾,除知太原府,因皇太后诏令留京修史,未行,四月即恢复承旨职位,至十月出知永兴军;崇宁元年三月至五月再授承旨,实际在哲宗朝翰苑仅一任,在徽宗朝两任。他在元祐、绍圣之际,反掌于司马光与章惇之间,识者已见其奸。至徽宗朝,蔡京盘踞要职 20 余年,其间在翰苑时间并不长,却以学士承旨的身份,在其周围培植起一批新党翰林学士,即使为相后,也牢牢控制着两制掌诰舆论大权。

不论在翰苑还是相位,蔡京的恶行都堪称奸臣之最,因此被天下罪为"六贼"(蔡京、王黼、童贯、梁师成、朱勔、李邦彦)之首。

其一,编造元祐党籍,发起"崇宁党禁",残酷迫害旧党。蔡京起于逐臣,一旦得志,遂假托绍述之名钳制天下,崇宁中,元祐群臣相继贬逐流徙,死亡殆尽,京仍第其罪状两等,以司马光为首,指为元祐奸党,崇宁元年至三年,徽宗与蔡京三次籍定"元祐党人碑",第三次多达 309 人,由蔡京书写姓名,颁于天下,"永为万世子孙之戒"①。

其二,逢迎帝王,倡为"丰亨豫大"之说。蔡京被夺职提举洞霄宫期间,童贯以供奉官诣三吴访书画奇巧,留杭累月,京与游,不舍昼夜,凡所画屏幛、扇带之属,贯日以达禁中,蔡京也得以重获起用。当是时,号称"承平既久,帑庾盈溢",于是蔡京迎合徽宗宣扬文治武功的心理,"倡为丰亨豫大之说,视官爵财物如粪土,累朝所储大抵扫地矣"②。立明堂,铸九鼎,修方泽,建道宫,作大晟乐,制定"命宝";以侈丽相夸尚,崇大宫室苑囿;进花石纲,兴造艮岳,供奉无度,穷奢极侈,遂致国帑日空,民不聊生。《宋史·徽宗本纪》论赞总结徽宗君臣之荒诞行为说:"迹徽宗失国之由,非若晋惠之愚、孙皓之暴,亦非有曹、马之篡夺,特特其私智小慧,用心一偏,疏斥正士,狎近奸谀。于是蔡

① 杨仲良:《皇宋通鉴长编纪事本末》卷一二二《禁元祐党人》,第 2058 页。
②《宋史》卷四七二《奸臣传二》,第 13724 页。

京以猥薄巧佞之资,济其骄奢淫佚之志。溺信虚无,崇饰游观,困竭民力。君臣逸豫,相为诞谩,怠弃国政,日行无稽。"承熙、丰、绍圣椓丧之余,最终导致北宋北宋王朝的败亡。①

其三,以"御笔手诏"破坏封驳制度。唐宋时期,对于诏敕的执行与起草有封驳制度,目的是对不恰当的诏旨和决策给以监督和指正。给事中(属门下省)专掌封驳,中书舍人可以封还"词头",熙宁著名的"三舍人"宋敏求、李大临、苏颂缴还李定任命词头即是最著名的范例。但蔡京专权,极力压制不利于自己的言论,遂挟天子以自重,给事中与中书舍人的封驳权均被剥夺,封驳制度被公然践踏。《东都事略·蔡京传》载:"初,国朝之制,凡诏令皆中书门下议,而后命学士为之,至熙宁间有内降手诏,是不由中书门下共议,盖大臣有阴从中而为之者,议者已非之矣,至京则又作御笔手诏焉。京益专政,患言者议己,故作御笔密进拟,而丐徽宗亲书以降出也,违御笔则以违制坐之,以坏封驳之制,事无巨细,皆托而行焉。至有不类上札者,而群下皆莫敢言。"②所谓"不类上札"者,实际上是徽宗由宦官杨球模仿其笔迹所为,时人称为"书杨"。可见,徽宗皇帝也纵容蔡京的这种行为。因此,当宣和六年(1124)韩驹迁中书舍人并权直学士院时,曾对徽宗表示:"若止作制诰,则粗知文墨者皆可为,先帝置两省,岂止使行文书而已。"徽宗明确地说:"给事实掌封驳。"韩驹进一步奏称:"舍人亦许缴还词头。"徽宗曰:"自今朝廷事有可论者,一切缴来。"③这段对话显然是有所指而发。

其四,险诈贪婪,寡廉鲜耻。蔡京自身生活"侈靡无度,竭四海九州之力以自奉","暮年即家为府,营进之徒,举集其门,输货僮隶得美官,弃纪纲法度为虚器",终致宗社之祸。凡四入相,屡罢屡起,屡起

---

① 《宋史》卷二二《徽宗本纪四》,第 418 页。
② 《东都事略》卷一〇一《蔡京传》,《文渊阁四库全书》第 382 册,第 657 页。
③ 《宋史》卷四四五《韩驹传》,第 13140 页。

屡仆。但他几乎每次罢免或左迁,不是迁延不去,就是百般哀求,丑态百出,"每闻将退免,辄入见祈哀,蒲伏扣头,无复廉耻"。"天资凶谲,舞智御人",见利忘义,至于"兄弟为参、商,父子如秦、越"。宣和二年(1120),令其致仕,却毫无去意,徽宗不得已派童贯规劝蔡京上章主动请辞,又命词臣代为三表请去,乃降制从之。钦宗即位后,边情紧急,蔡京先将家室南下以求自保,毫无大臣风节。①

其五,培植党羽。"蔡京三入相时,除用士大夫,视官职如粪土,盖欲以天爵市私恩。"②蔡京长期执政,轻用官职,依附干进者多,其中一些翰林学士成为蔡京集团成员,形成盘根错节的政治势力。以下是蔡京政治集团中翰林学士的大体情况:

吴敏,宣和七年(1125)至靖康元年(1126)直学士院。他于大观二年(1108)太学私试首选,蔡京喜其文,先是欲妻之以女,敏辞。擢浙东学事司干官,为秘书省校书郎,京荐其充馆职,并因此开了御笔特批、违反封驳制度的先例。当时中书侍郎刘正夫认为,吴敏尚未经过门下省的审议,蔡京于是请御笔特召上殿,除右郎官。"御笔自此始。违者以大不恭论,繇是权幸争请御笔,而缴驳之任废矣"。靖康时吴敏草传位诏书,主和议。③

蹇序辰,崇宁元年(1102)学士。他在绍圣中任中书舍人时,与徐铎编类司马光等元祐诸臣章疏案牍,"由是缙绅之祸,无一得脱者"。徽宗立,中书指言序辰编类元祐章牍事状,傅致语言,指为谤讪,诏除名勒停,放归田里。蔡京为相,复拜刑部、礼部侍郎,为翰林学士,进承旨。史载:"序辰亦有文,善傅会,深文刻核,似其父(周辅)云。"并将周辅、序辰父子与邓绾、洵仁父子相提并论:"绾及周辅二家,父子并同恶相济,而序辰与铎编类事状,流毒元祐名臣,忠义之士,为之一

---

① 《宋史》卷四七二《奸臣传二》,第13727—13728页。
② 洪迈:《容斋四笔》卷十五,第791页。
③ 《宋史》卷三五二《吴敏传》,第11123页。

空,驯致靖康之祸,可胜叹哉!"①

　　张康国,崇宁二年(1103)至三年(1104)在院并进承旨。后拜尚书左丞,其兄康伯代为学士。他与蔡京的关系有始无终,"始因蔡京进,京定元祐党籍,看详讲议司,编汇章牍,皆预密议,故汲汲引援之,帝亦器重焉。及得志,寖为崖异,帝恶京专愎,阴令沮其奸,尝许以相"。于是蔡京也使御史中丞吴执中击康国。后来康国"暴得疾,仰天吐舌,舁至待漏院卒,或疑中毒云"②。死因颇为蹊跷。

　　林摅,崇宁二年(1102)至四年(1104)在翰苑。他赐进士第,擢起居舍人,"俄直学士院,禁林官不乏,帝特命,遂为翰林学士"③。所谓"特命",多半亦得蔡京之力。奉命出使辽国,蔡京密使其激怒辽主以启边衅。在辽时,他盛气丑诋,失礼怒邻,但朝廷并不以其生事为罪。他为人很愎,士论不佳,靖康元年因系蔡京死党而被追贬为节度副使。④

　　刘正夫,崇宁四年(1105)学士。其与蔡京关系亦反复无定。蔡京据相位,正夫附翼之,力主绍述。京罢,正夫与郑居中暗中援京,但终为蔡京所恶,屡欲陷其于罪。他虽依附蔡京,但尚非死党,后因徽宗信任而入据相位,也属患得患失、迎合取容之辈,因此史书对其政治品格多负面评价。《宋史》本传云:"正夫由博士入都,驯致宰相,能迎时上下,持禄养权。性吝啬,惟恐不足于财。""正夫生平所为,睒眣出没正邪之间。"⑤《东都事略》将其与王黼之流相提并论:"自正夫去位,王黼为相,误国召乱,以祸天下。余深、白时中、李邦彦辈相继窃位,皆鄙夫患失之徒云。"⑥

---

①《宋史》卷三二九《蹇序辰传》,第10606页。
②《宋史》卷三五一《张康国传》,第11107页。
③《宋史》卷三五一《林摅传》,第11110页。
④《东都事略》卷一〇三《林摅传》,《文渊阁四库全书》第382册,第668—669页。
⑤《宋史》卷三五一《刘正夫传》,第11100—11106页。
⑥《东都事略》卷一〇二《刘正夫传》,《文渊阁四库全书》第382册,第666页。

　　刘昺,崇宁四年(1105)、大观三年(1109)两为学士。他是蔡京门客,崇宁三年,蔡京擢昺为大司乐,付以乐正,作大晟乐。据说周邦彦曾为刘昺之祖作墓志铭,昺以白金数十斤为润笔,辞不受,刘无以报之,因除户部尚书,荐以自代。① 蔡京置局议礼,又以昺领之,为翰林学士。曾为京划策排挤郑居中,故京力援昺。《宋史》将刘昺与强渊明、宋乔年、刘嗣明并称为"斗筲"之辈、小人之党。②

　　薛昂,崇宁五年(1106)学士。哲宗时,曾请罢史学,被哲宗斥为"俗佞"。他"与余深、林摅始终附会蔡京,至举家为京讳。或误及之,辄加笞责,昂尝误及,即自批其口",无耻而复可笑。③

　　叶梦得,大观二年(1108)至三年(1109)学士。他是蔡京门客、章惇姻家、晁氏之甥。梦得因蔡京荐举召对,但并非一味逢迎,他曾"极论士大夫朋党之弊,专于重内轻外,且乞身先众人补郡。蔡京初欲以童贯宣抚陕西,取青唐。梦得以为非祖宗法,京有惭色"④。可见在政治上仍能保持其独立品格。其后在徽宗政坛屡废屡起,南渡后在高宗朝再任学士。

　　强渊明,大观三年(1109)、政和五年(1115)至宣和元年(1119),两度为学士及承旨,在翰苑前后 6 年。他与其兄强浚明及叶梦得与蔡京结为死交,"立元祐籍,分三等定罪,皆三人所建,遂济成党祸"。渊明以故亟迁秘书少监、中书舍人、大司成、翰林学士。政和五年,渊明为学士承旨,翰林广直庐,徽宗御书"摛文堂"榜赐之⑤,这是宋太宗御书"玉堂之署"后,又一件翰苑盛事。

　　张阁,大观四年(1110)、政和二年(1112)为学士。崇宁初,由卫尉主簿迁祠部员外郎,因资历浅而为掌制者所议,蔡京主之乃止。他

① 庄绰:《鸡肋编》卷中,中华书局 1983 年版,第 70 页。
② 《宋史》卷三五六《刘昺传》,第 11206—11213 页。
③ 《宋史》卷三五二《薛昂传》,第 11122 页。
④ 《宋史》卷四四五《文苑传》七,第 13132 页。
⑤ 《宋史》卷三五六《强渊明传》,第 11209 页。

长于制诏，"尝夜盛寒，草制稿进，帝犹坐，赏其警敏，赐诗以为宠"。蔡京罢相，"阁当制，历数其过，词语遒拔，人士多传诵之"。制词中有句云："出入八年，事寖紊于将来，谋悉违于初议。擅作威福，妄兴事功，轻爵禄以示私恩，滥锡予以蠹邦用。借助姻娅，密布要途，聚引凶邪，合成死党。"①京复相，阁出守杭州，他"思所以固宠，辞日，乞自领花石纲事，应奉由是滋炽云"②。张阁先得蔡京帮助而迁官，蔡京失势而草罢相制，蔡京复出便济其恶，本质上仍与蔡京同流。

蔡嶷，政和二年(1112)、七年(1117)两为学士及承旨。崇宁五年蔡京罢相，蔡嶷以诸生试策，揣测蔡京将复用，即对策曰："熙丰之德业，足以配天，不幸继之以元祐；绍圣之缵述，足以永赖，不幸继之以靖国。陛下两下求言之诏，冀以闻至言收实用也，而见于元符之末者，方且幸时变而肆奸言，乘间隙而投异意，诋诬先烈不以为疑，动摇国是不以为惮，愿逆处其未至而绝其原。"于是擢为第一，为徽宗所欣赏，以所对策颁于天下。除秘书省正字，迁起居舍人，未几，为中书舍人，"自布衣至侍从才九月，前所未有也"。他是开封人，却主动与蔡京叙宗族关系，"一意附蔡京，叙族属，尊为叔父。京命攸、修等出见嶷，巫云：'向者大误，公乃叔祖，此诸父行也。'遽列拜之"。荫附权幸，无耻之尤。御史曾言："嶷游太学，则挟诡计以钳诸生；居侍从，则抉私事以胁宰辅；处门下，则借国法以快私忿；为郡守，则妄尊大而蔑监司。"③徽宗朝士风大坏，此辈有与焉。

俞桌，政和三年(1113)学士。史载："蔡京再相，憾向所用士多畔己，叶梦得言桌独否，遂拜御史中丞。陈士风六弊，又发户部尚书刘炳(即刘昺)为举子时阴事。京方倚炳为腹心，戾其意，改桌翰林学

---

① 张阁：《蔡京降太子少保致仕制》，《全宋文》第137册，第292页。
② 《宋史》卷三五二《张阁传》，第11145页。
③ 《宋史》卷三五四《蔡嶷传》，第11172页。

士。"《宋史》本传将其与蔡嶷并斥为"愎邪小人"①,只是因蔡党内部矛盾而曾违忤蔡京之意。

在蔡京专权、谄谀成风的政治气氛下,翰苑与政府中也有与蔡京对立抗衡的政治势力,为首的主要有郑居中、张商英、王黼等人。

张商英,建中靖国元年(1101)为学士。商英为人诡谲反复,与旧党及蔡京的关系都比较复杂。他因屡诣执政求进不得而积憾于元祐大臣,绍圣中为谏官,便极力攻击之,"观望捭阖,以险语激怒当世";"迁中书舍人,谢表历诋元祐诸贤,众益畏其口"。拜翰林学士,"蔡京拜相,商英雅与之善,适当制,过为褒美"。但为相后复与京议政不合,数诋京"身为辅相,志在逢君",御史遂取其旧作《元祐嘉禾颂》及《司马光祭文》,斥其反复,入元祐党籍,被削职。复出后变革蔡京之政,"为政持平,谓京虽明绍述,但借以劫制人主,禁锢士大夫尔。于是大革弊事"。在蔡京当政之时,他尚能立同异,一时颇获人望。不过《宋史》认为:"商英作相,适承蔡京之后,小变其政,譬饥者易为食,故蒙忠直之名。"而其本质则是"以倾诐之行,窃忠直之名,没齿犹见褒称,其欺世如此!"②

郑居中,崇宁五年(1106)至大观元年(1107)为翰林学士。居中是王珪婿。初仕时,蔡京曾荐其有廊庙器。徽宗欲利用他和张商英以制衡蔡京,"徽宗知京不可颛任,乃以张商英、郑居中辈敢与京为异者参而用之"。但两人"向背离合,视利所在",难孚公议。居中为相期间,能"存纪纲,守格令,抑侥幸,振淹滞,士论翕然望治"③。对蔡京的变乱法度,还是起到了一定的遏制作用。

其中亦有自持操守、持论公正者,因稀缺而尤显可贵,如建中靖国元年学士王觌与徐勣。王觌,哲宗朝"在言路,欲深破朋党之说"。徽

---

① 《宋史》卷三五四《俞㮚传》,第11170页。
② 《宋史》卷三五一《张商英传》,第11098—11106页。
③ 《宋史》卷三五一《郑居中传》,第11106页。

宗立,迁御史中丞,因倡"建中"之义而被当政者所忿,改为翰林学士。"觊清修简澹,人莫见其喜愠。持正论始终,再罹谴逐,不少变。"①徐勣,徽宗朝初擢宝文阁待制兼侍讲,迁中书舍人,"时绍圣党与尚在朝,人怀异意,以沮新政。帝谓勣曰:'朕每听臣僚进对,非诈即谀,惟卿鲠正,朕所倚赖。'"对其品格充分信任,"诏与蔡京同校《五朝宝训》,勣不肯与京联职,固辞,奏京之恶,引卢杞为喻"。徐勣与何执中均曾为徽宗王府记室,"蔡京以宫僚之旧,每曲意事二人,勣不少降节"。他立朝"挺挺持正,尤为帝所礼重,而不至大用,时议惜之"②。此外王安中于政和初为御史中丞,政和七年(1117)至宣和元年(1119)为学士,亦曾"言京欺君僭上、蠹国害民数事。上悚然纳之"③。

　　上述翰林学士大多于崇宁、大观至政和间任职翰苑,从他们与蔡京的关系看,可以分成三种类型。其一是以蔡京为首,对内,他们制造了崇宁党禁和盛世浮华,开浮夸奢靡之风;对外,他们在对北方辽金政权的关系中造成了被动,启黩武徼功之心。随着蔡京在政坛的屡屡废罢复出,及其自身的舞智御人,蔡京周围的翰林学士既有死心塌地、一意依附者,也不乏始终反复、望风捭阖者。其二是张商英、郑居中、王黼为首的另外三股势力,然而事实上徽宗察知蔡京之奸,而有意"择与京不合者执政以柅之"④,但结果也造成了不同集团之间的权力角逐。正如《宋史》所评:"郑居中、张商英、蔡京、王黼诸人互指为党,不复能辨。"⑤"徽宗知京不可颛任,仍以张商英、郑居中辈敢与异者参而用之。殊不知二人者向背离合,视利所在,亦何有于公议哉?"⑥其中王黼的势力要大于张、郑二人,但情况不同,将于下文专节

① 《宋史》卷三四四《王觊传》,第 10944 页。
② 《宋史》卷三四八《徐勣传》,第 11024—11026 页。
③ 《宋史》卷三五二《王安中传》,第 11126 页。
④ 《宋史》卷四七二《奸臣传二·蔡京》,第 13727 页。
⑤ 《宋史》卷二五六《刘挚、宋乔年、强渊明等传论》,第 11213 页。
⑥ 《宋史》卷三五一《张商英、郑居中等传论》,第 11106 页。

介绍。其三即王觌与徐勣,二人建中靖国元年在翰苑,均深得徽宗信任而未得大用,其后整个徽宗朝这样立朝忠直挺挺者几乎是凤毛麟角。因此,总的来看,不同的政治集团或势力在一定程度上对蔡京的行为有所限制,对时弊有所矫正,但由于根深蒂固的朋党习气和狭隘的利益争斗,使他们之间不可能形成合力撼动蔡京集团的根基,也无法从根本上扭转由此带来的士风颓败。对此,《宋史》总结说:

> 论曰:崇宁、宣和之间,政在蔡京,罢不旋踵辄起,奸党日蕃,一时贪得患失之小人,度徽宗终不能去之,莫不趋走其门,若张康国、朱谔、刘逵、林摅者皆是也。康国、逵中虽异京,然其材智皆非京敌,卒为京党所击。摅奉京奸谋,激怒邻国,渝约启衅,罪莫大焉。①
>
> 蔡京以绍述为罗,张端官修士而尽之,上箝下锢,其术巧矣。徽宗亦颇悟,间用郑居中、王黼、李邦彦辈褫京柄权,以不肖易不肖,犹去野葛而代乌喙也。庸愈哉!当是时,王、蔡二党,阶京者苊京,缔黼者右黼,援丽省台,迭相指嗾,微功挑患,汴洛既震,则惴缩无策,苟生丐和。②

“以不肖易不肖”,换汤不换药,恶性循环,正是政治腐败的症结所在。

二 王黼、李邦彦与政、宣、
靖康中翰林学士

热衷于声色娱乐而又精于艺事的徽宗在用人上也表现出偏爱外

---

① 《宋史》卷三五一《张康国等传》,第 11114 页。
② 《宋史》卷三五二《李邦彦等传》,第 11132 页。

表的倾向,蔡京是"美风姿"的男子①,政和、宣和间王黼、李邦彦尤以姿容姣好及奇技淫巧而得徽宗宠信,成为妆点"政宣风流"的词臣与宰执。

王黼与徽宗的关系及其在政坛的影响与蔡京同中有异。他于政和四年(1114)、政和五年至政和七年(1115—1117)、重和元年(1118)三入翰苑并迁承旨。王黼"为人美风姿,目睛如金,有口辩才,疏隽而寡学术,然多智善佞"。他巧妙利用张商英、蔡京、郑居中的矛盾而得以迅速升迁,父事大宦官、"六贼"之一梁师成,称其为"恩府先生",强夺门下侍郎许将(哲宗朝翰林学士)宅第。宣和元年乘蔡京致仕之机,阳顺人心,悉反其所为,居然被四方称为"贤相"。然而既得位,乘权势为邪,比蔡京有过之而无不及。比如他倚仗权势,生活腐败,"多畜子女玉帛自奉","凡四方水土珍异之物,悉苛取于民,进帝所者不能什一,余皆入其家"。方腊事起,隐瞒不报;又设经抚房专治边事,代替枢密院,导致童贯伐燕无功,反以厚赂买空城奏凯称贺。尤为可笑的是,"身为三公,位元宰,至陪嬛曲宴,亲为俳优鄙贱之役,以献笑取悦"②。王称评论说:王黼以奇技淫巧为身谋,"遭时得君,承京之后,其为奸恶又甚于京,内连梁师成,外徇童贯,覆灭辽国,招挑金人,皆黼之罪也"③。

张邦昌,政和八年(1118)至宣和元年(1119)学士。他曾任大司成,因生徒犯法,坐训导无素罢,由知洪州入为礼部侍郎、翰林学士。宣和元年除尚书右丞,改左丞,迁中书侍郎。当王黼用事,与童贯共起边衅,邦昌不持可否于其间,时论罪之。靖康元年,拜少宰兼中书侍郎。曾奉康王入金营为质,金犯汴京,力主和议,靖康二年被金人立为伪"大楚"皇帝。时御史中丞秦桧以状论列说:"若张邦昌者,在

---

① 《宣和书谱》卷十二,《文渊阁四库全书》第 813 册,第 266 页。
② 《宋史》卷四七〇《佞幸传》,第 13681—13683 页。
③ 《东都事略》卷一〇六《王黼传》,《文渊阁四库全书》第 382 册,第 685 页。

道君时附会权幸之臣,共为蠹国之政,今日社稷倾危,生民涂炭,虽非一夫所致,亦邦昌为之之力也。"入《宋史·叛臣传》《东都事略·僭伪传》。王称对此作了简要评价:"邦昌之僭,良由胁迫,及金骑已退,乃纳政孟后,归玺康王,其心亦可见矣。然圣人之大宝曰位,邦昌乃起而代之,可乎?"①

李邦彦,宣和二年(1120)至三年(1121)为学士及承旨。李邦彦出身卑微,父亲是银工,他却喜从进士游,由是声誉奕奕。入补太学生,大观二年上舍及第。"邦彦俊爽美风姿,为文敏而工,然生长闾阎,习猥鄙事,应对便捷,善讴谑,能蹴鞠,每缀街市俚语为辞曲,人争传之,自号李浪子。言者劾其游纵无检,罢符宝郎,复为校书郎。"他善事中人,故争相荐誉之。累迁中书舍人、翰林学士承旨。李邦彦与王黼不协,乃阴结蔡攸、梁师成等谗黼,但对朝政无所建明,"惟阿顺趋谄,充位而已,都人目为浪子宰相"。金人兵临城下,他坚主割地之议,太学生陈东等数百人伏宣德门上书,斥邦彦及白时中、张邦昌、赵野、王孝迪、蔡懋、李棁之徒为社稷之贼。建炎初,以主和误国而责贬。②

冯熙载,重和元年(1118)学士及承旨。他由大司成拜翰林学士,迁承旨,旋除尚书左丞。逾年,迁中书侍郎。"王黼为相,熙载与之共事,多不协。"年四十九卒。③

韩驹,宣和五年(1123)除秘书少监,六年(1124)为中书舍人、权直学士院,未几,坐为乡党曲学(即苏学),以集英殿修撰提举江州太平观。他曾应王黼之命作题画诗,为刘克庄所诟病。四库馆臣载:"晁公武《读书志》谓王黼尝命驹题其家藏《太乙真人图》,盛传一时,今其诗具在集中,有'玉堂学士今刘向'之句,推许甚至。刘克庄谓子苍诸人自鬻其技至贵显,盖指此类,其亦陆游《南园记》之比乎?要其

① 《东都事略》卷一二二《僭伪传》,《文渊阁四库全书》第382册,第799页。
② 《宋史》卷三五二《李邦彦传》,第11120页。
③ 《东都事略》卷一〇三《冯熙载传》,《文渊阁四库全书》第382册,第670页。

文章不可掩也。"①

李邴,宣和五年权直学士院,六年为学士。南宋建炎中再直学士院,为翰林学士。据载,王黼在其失意时曾笼络他,遂有馆职之命:"政和间,丁忧归山东,服终造朝,举国无与谈者,方伥伥无计时,王黼为首相,忽遣人招至东阁,开宴,出其家姬十数人,酒半,唱是词侑觞,大醉而归。数日,遂有馆阁之命。"②歌姬所唱之词为《汉宫春词》:"潇洒红梅,向竹梢疏处,横两三枝。东风亦不爱惜,雪压霜欺,无情燕子怕春寒,轻失花期。惟是有南来塞雁,年年长见开时。 清浅小溪如练,问玉堂何似?茅舍疏篱,伤心故人去后,冷落新诗。微云淡月,对孤芳分付他谁。空自倚清香,未减风流,不在人知。"但据《苕溪渔隐丛话》等所载,以为词中"问玉堂何似"非指翰苑,作者亦非李邴。李邴与王黼之交往当与韩驹类似,但李邴在两宋之交却以气节著称,周必大评价他:"始以渊源之学、华重之文藻饰王度,中以刚大之气扶颠持危,晚以超卓之见居安资深,允所谓间生之贤者也。""公天资高明,积学深至,早历清要,号称文士,猝遇国难,大节凛然,为庙廊之器。"③

赵野,宣和五年学士。其人颇圆滑,周旋于蔡京、王黼两党之间,"时蔡京、王黼更秉政,植党相挤,一进一退,莫有能两全者,野处之皆得其心,京、黼亦待之不疑"④。

王孝迪,宣和七年(1125)至靖康元年(1126)在院并为承旨。他是李邦彦姻家。靖康元年,时任翰林学士的许翰上疏言:"王孝迪之昏庸,固已污翰苑而擢中书。"⑤因而落职。《宋会要》亦载其事:"靖康

① 《四库全书总目·陵阳集提要》,第 1354 页。
② 王百里:《词苑丛谈校笺》卷八,人民文学出版社 1988 年版,第 497 页。
③ 周必大:《李文敏公邴神道碑》,《全宋文》第 233 册,第 40 页。
④ 《宋史》卷三五二《赵野传》,第 11127 页。
⑤ 许翰:《上钦宗论卜天下安危在置相得失》,载《宋朝诸臣奏议》卷四八,注:"靖康元年二月上,时为翰林学士。"第 524 页。

元年三月二十四日,延康殿学士、知庐州王孝迪落职,提举南京鸿庆宫,以言者论其初无他长,徒以李邦彦姻家骤至执政,故有是命。"①

当金人入侵、生灵涂炭、社稷危亡之际,翰林学士的表现也截然不同。钦宗朝学士共9位,两位为徽宗朝学士,即吴敏、王孝迪,新任学士总数竟达7位之多,但任职时间均不长,仅吴开与莫俦二人任期为2年,这二人与张邦昌的政治命运也伴随着北宋的覆亡而结束。

何㮚,靖康元年翰林学士。他在徽宗朝任御史中丞,曾极论王黼之罪,"论王黼奸邪专横十五罪,黼既抗章请去,而尤豫未决。㮚继上七章,黼及其党胡松年、胡益等皆罢"。京城失守后,从幸金帅营,遂留不返。金人议立异姓,提出要求:"唯何㮚、李若水毋得预议。"可见其为金人所惧怕。既陷朔庭,㮚仰天大恸,不食而死,年仅39岁。②

许翰,靖康元年翰林学士。宣和七年任给事中,为书抵时相,历陈内忧外患,触怒时相,落职提举江州太平观。靖康初,复以给事中召。当金人进攻京师甫退之际,许翰赴阙,即日赐对,除翰林学士,其时曾上疏言王孝迪昏庸(见上文),寻改御史中丞。上疏言边事,陈决胜之策,不为钦宗所用。高宗朝为相,因论李纲、宗泽、陈东事,论议剀切,而数为黄潜善所抑,反遭言者弹劾落职。《宋史》本传称:"翰通经术,正直不挠,历事三朝,致位政府,徒以(王)黼、(蔡)攸、(黄)潜善辈,薰犹异味,横遭口语,志卒不展,(李)纲虽力引之,不旋踵去,翰亦斥逐而死。"③

翟汝文,靖康元年翰林学士兼侍讲,绍兴中复为学士及承旨兼侍读。他在崇宁中曾被大臣称为"王佐材",徽宗召对,嘉其才华,对蔡京说:"翟某器识深远,议论通明,可储东观。"拜秘书郎。其父翟思曾任秘书监,"父子踵武蓬山,缙绅荣之"。当时三馆建议东封,汝文明

① 《宋会要辑稿》职官六九之二二,第3940页。
② 《宋史》卷三五三《何㮚传》,第11135页。
③ 《宋史》卷三六三《许翰传》,第11343—11344页。

确反对说："治贵清净,柳宗元犹知封禅之非,今不劝上三代礼乐以文
至治,而启上师秦汉之侈心,惧王通之讥也。"梁师成强市百姓墓田,
广其园囿,汝文言于上,被师成讽宰相黜知密州。秦桧为郡文学,汝
文荐其才,故桧引用之。"然汝文性刚不为桧屈,对案相诟,至目桧为
'浊气'。"①钦宗即位,以东宫旧臣召直翰苑。力主抗金,二帝被掳,起
五千兵勤师。当此之际,"宣、政间士夫咸附北司以图进宠,及二圣出
狩,汩丧忠赤以苟活性命,独公以道自守,进退光明无垢",故高宗赞
誉为"中兴人物之表"②。

　　吴开,靖康元年至二年为权直院、翰林学士兼侍讲,进承旨。他
在翰林时荐举秦桧,桧由此进用。靖康元年因逃避使金而遭降三官
处分。后使金被留,仕张邦昌伪楚政权,卖国偷生,与莫俦往来敌中
而洋洋自得。③

　　莫俦,靖康元年授给事中兼侍读、直学士院、翰林学士。俦有文
才,据说他在靖康初直学士院时,锁院独直,"宰相吴敏伺公入直,并
下六制,欲因是以危公。公秉一炬,解衣却坐,一挥而就,醇深典丽,
各得其体。渊圣(钦宗)嘉其敏妙,会公入对,褒誉甚宠,除吏部尚书。
朝士闻之曰:'宰相以已望人,欲抑之而更进,可发一大笑也。'"俄拜
翰林学士,颇有点戏剧化。④

　　梅执礼,据《靖康要录》卷三载:靖康元年三月三日,"翰林院学
士何桌守尚书右丞,御史中丞许翰同知枢密院事,梅执礼除翰林学
士"⑤。他是北宋王朝最后一位翰林学士。执礼素与王黼善,黼尝置
酒其第,夸示园池妓妾之盛,有骄色。执礼曰:"公为宰相,当与天下
同忧乐。今方腊流毒吴地,疮痍未息,是岂歌舞宴乐时乎?"并作诗劝

①《宋史》卷三七二《翟汝文传》,第11543—11545页。
②翟耆年:《翟忠惠家传》,《全宋文》第193册,第15,9页。
③王明清:《挥麈录余话》卷二,上海书店出版社2001年版,第247页。
④孙觌:《宋故翰林学士莫公墓志铭》,《全宋文》第161册,第97—102页。
⑤《靖康要录》卷三,《文渊阁四库全书》第329册,第457页。

诚之,黼愧怒,夺其职。金人陷京都,执礼死之。年仅 49 岁。①

在靖康之变中,莫俦与时任承旨的吴开都扮演了不光彩的角色。据《宋史纪事本末》载:"靖康二年二月丁卯,金人令翰林承旨吴开、吏部尚书莫俦入城,令推立异姓堪为人主者。癸未,吴开、莫俦复召百官议,众莫敢出声,相视久之,计无所出。王时雍问于开、俦,二人微言敌意在邦昌,时雍未以为然。适尚书员外郎宋齐愈至自金营,众问金人意所主,齐愈取片纸书张邦昌三字示之,时雍乃决,遂以邦昌姓名入议状。张叔夜不肯署状,金人执叔夜置军中,太常寺簿张浚、开封士曹赵鼎、司门员外郎胡寅皆逃入太学,不书名,唐恪书名,仰药而死。"②不过,据《建炎以来系年要录》卷二记载:靖康二年二月丁卯,"道君太上皇帝出诣金营,时敌令翰林学士承旨吴开、学士莫俦邀上皇出郊"③。莫俦时仍为翰林学士而非吏部尚书。对于此事,孙觌为莫俦所作墓志铭仅一语带过:"国有大故,公亦得罪去矣。"④王明清《挥麈录》明确记述:"靖康之末,二圣北狩,四海震动,士大夫捧死不暇,往来敌中洋洋自得者,吴开、莫俦二人,路人所知也。事定,皆窜逐岭外。"⑤两人均难逃"诛窜而死"⑥的结局,由此而论,对于金人立张邦昌为帝,吴、莫实助成之。这与金人明确拒绝何㮚预议立伪帝之事以及张叔夜、胡寅等不署立张邦昌状的凛然之气形成鲜明对照。

综上所述,徽宗宣和、政和以至钦宗靖康年间翰林学士,以"六贼"中的另外两位翰林学士王黼、李邦彦为首,二人迹类俳优,俱为奸佞之人,都由翰林入为宰执,交结大宦官梁师成而又互相倾轧。由于二人长期盘踞翰苑政坛,深得徽宗宠信,故落魄寒士为仕进计,或自

---

① 《宋史》卷三五七《梅执礼传》,第 11233 页。
② 《宋史纪事本末》卷十三"张邦昌僭逆",第 388 页。
③ 《建炎以来系年要录》卷二,上海古籍出版社 1992 年版,第 43 页。
④ 孙觌:《宋故翰林学士莫公墓志铭》,《全宋文》第 161 册,第 100 页。
⑤ 王明清:《挥麈余话》卷二,第 247 页。
⑥ 《东都事略》卷一二二《僭伪传·张邦昌》,《文渊阁四库全书》第 382 册,第 799 页。

鬻其技,如韩驹、李邴早从王黼游。朝臣学士中除了旧交如梅执礼曾与王黼善,更不乏趋附者如王孝迪与李邦彦为姻家,也有左右逢源的投机者如赵野。北宋士风颓败之势至此已极,当宋亡之际,品节之崇高与卑污立见。张邦昌因被金人拥立为帝而成为宋廷臣民的公敌,李邦彦与张邦昌、赵野、王孝迪均被太学生陈东斥为"社稷之贼",吴开、莫俦往来于敌营、出仕于伪楚而不知耻,如果说他们共同葬送了北宋王朝也并不为过。最难能可贵的是,在浮华而昏乱的时世,尚有翰林学士能自持操守,甚至为民族大义而死难,如何㮚连上七八章极论王黼奸邪,被掳金营后绝食而死;许翰论王孝迪昏庸而污翰苑,力主抗战,贬逐而死;翟汝文谏阻徽宗东封,抨击梁师成之强取豪夺,起兵勤师,斥秦桧之污浊;梅执礼讽戒王黼歌舞奢靡,在金营中不屈而死,等等,莫不忠直耿介,以自己的坚守执著诠释了翰林学士这一政治群体由前辈学士王禹偁、欧阳修、王安石、苏轼等倡导和践行的道德风节。

三　馆职滥授与士风大坏

如前所论,崇、观间与政、宣间翰林学士的道德水平良莠不齐,而总体上是以蔡京与王黼为首的政治集团愈趋愈下,这对于一般士风之影响显而易见。除了翰苑之外,还可从当时举子、状元以及馆职学士群体进一步了解北宋末期士风之坏。

《宋史》曾列数熙宁至宣和科考状元状况,可见当时士风之大端:"自太宗岁设大科,致多士,居首选者辄取华要,有不十年至宰相,亦多忠亮雅厚,为时名臣。治平更三岁之制,继以王安石改新法,士习始变。哲、徽绍述,尚王氏学,非是无以得高第,叶祖洽首迎合时相意,擢第一,自是靡然,士风大坏,得人亦衰,而上之恩秩亦薄矣。熙宁而后,讫于宣和,首选十八人,唯何㮚、马涓与此五人有传,然时彦、端友龊龊,祖洽、俞栗、蔡薿憸邪小人。"其所举7人历经神、哲、徽、钦四朝,其中叶祖洽为熙宁三年状元,时彦元丰二年状元,马涓元祐六年状元,霍端友崇宁二年状元,蔡薿崇宁五年状元,何栗政和五年状元,俞栗崇宁四年以上舍生赐进士第,非状元,为蔡京心腹。蔡、何、俞为徽、钦朝翰林学士,上文对其生平行迹已作简要评述,《宋史》称时彦、端友龊龊,祖洽、俞栗、蔡薿为憸邪小人,将其原因统统归结为:"繇王氏之学不正,害人心术,横溃烂漫,并邦家而覆之,如是其憯焉。此孟子所以必辩邪说、正人心也。"①结论失于武断。

再看向来为文化精英聚集的馆阁的情况:

> 政和以后,增修撰直阁贴职为九等,于是材能治办之吏,贵游乳臭之子,车载斗量,其名益轻。②

> 国朝儒馆……地望清切,非名流不得处……自熙宁以来,或颇用赏劳……至崇宁、政、宣以处大臣子弟姻戚,其滥及于钱谷文俗吏,士大夫不复贵重。③

> 政和末,老蔡以太师鲁国公总治三省,年已过七十,与少宰王黼争权相倾。朱藏一(胜非)在馆阁,和同舍秋夜省宿诗云:"老火未甘退,稚金方力征。炎凉分胜负,顷刻变阴晴。"两人门下士互兴谮言,以为嘲谤。其后黼独相,馆职多迁擢,朱居官如故,而和人菊花诗云:"纷纷桃李春,过眼成枯萎。晚荣方耐久,造物岂吾欺?"或又谮于黼以为怨愤。是时,士论指三馆为闹蓝。④

政和八年九月,有臣僚上言,更具体地列举了当时馆职滥授的状

---

① 《宋史》卷三五四《叶祖洽、蔡薿等传》,第 11172 页。
② 洪迈:《容斋随笔》卷十六,第 206 页。
③ 洪迈:《容斋四笔》卷一,第 618—619 页。
④ 洪迈:《容斋四笔》卷十五,第 790 页。

况："臣伏睹方今天下太平,济济多士,上自常伯,下逮百执,宜左则左,宜右则右,无施不可。惟馆职之任,议者每患其难,岂非清官美职,皆萃于是,而缙绅儒者,责望为重欤?且秘书丞,清官也,术业不修若姚莘者为之,可乎?校书郎,美职也,行义无闻若孙畚者为之,可乎?吴次宾之趣操卑污,胡国瑞之专事口吻,丁彬、司马之美之才资阘茸,叶域之问学肤浅。凭恃门阀有如赵永裔,夤缘亲党有如周审言。又其甚者,如孙悟之傲狠暴戾,尝丽刑书。然则澄汰之道,庸可已乎?至如总领之任,尤须老成,虽躐取科名,而学术未优,资望素轻,而懦不更事,如郑亿年者,乃为少监,诚恐未足以压服多士也。"①其所列举的政和馆职共11人,不论学术或品行都难孚人望,有渎于"清官美职"之誉。馆阁为储才育才之所,馆职是由进士高科选拔的文学才俊,但自熙宁以来,由于当政者轻文学重吏才的取才倾向,馆职的文学色彩越来越淡薄,馆职越来越成为一种文化身份的象征,授予也越来越趋于庸滥。

士大夫竞趋势利,道德感缺失,人格卑下,造成整个时代士风的沉沦。但简单地将此现象归结为王氏新学之罪并不恰当。徽宗朝士风之日趋卑污,与蔡京、王黼之流关系最大,对此,时人许翰、谢逸说得最为尖锐明白:

> 臣闻国家之基,系风俗之盛衰,风俗之变,视大臣之进退。祖宗以来,大臣有体,入则弼庙堂,出则奠藩镇,进退之度,昭然可观。比年大臣重去位而轻守节,既解政机,犹复顾望,踌躇阙庭,以幸复用。故蔡京、王黼盘踞都城,如古柏根不可动移。数十年间风俗大坏,礼义廉耻之节亡,而宠禄姑息之欲胜。此既往不可追已,矫而正之,要在今日。②

---

① 《宋会要辑稿》职官一八之一九,第2764页。
② 许翰:《用人臣以励风俗疏》,《全宋文》第144册,第308页。

> 廉耻道丧,忠义气塞。乘时射利、变节从俗者滔滔皆是;乞
> 食墦间、舐痔得车者,面有德色。故谗邪如山,贪墨成市,而莫之
> 救药。正人端士,无辜吁天,而无以明白。①

范仲淹、欧阳修在景祐、庆历中所建立的以名节自砺、以天下为己任
的人格风范,至此已被肆意践踏、破坏殆尽。士风往往与世风相倚
伏,验之徽、钦朝翰林学士,大致不差。

四 诗歌的多重困境:崇宁 "党禁"与政和"诗禁"

与徽宗朝翰林学士道德水平总体下降并行的是,一些翰林学士
的写作能力也趋于平庸低下。

按照翰苑制度和惯例,翰林学士均由文学进身,除了制诏等应用
文的写作外,诗赋创作也是朝堂上下应制奉和、诗会雅集的必备技
能。但自崇宁以来,蔡京专权,实行严酷的"党禁",诗歌被"元祐学术
政事"牵累,竟然被逐出了文学园地,翰林学士也处于不能自由作诗
甚至讳言诗歌的尴尬境地。

崇宁元年七月,以蔡京为尚书右仆射兼中书侍郎,次日即"焚元
祐法",建中靖国的"调停"宣告失败,籍元祐党人与禁元祐政事的一
系列愈演愈烈的清算和究治迅速铺开。兹据《宋史·徽宗本纪》将崇
宁党禁的始末择要排列如下:

> 崇宁元年九月己亥,籍元祐及元符末宰相文彦博、侍从苏轼等、
> 余官秦观等凡百有二十人,御书刻石端礼门。十二月丁丑,"诏:诸
> 邪说诐行非先圣贤之书,及元祐学术政事,并勿施用"。

---

① 谢逸:《祭汪伯庚教授文》,《全宋文》第 133 册,第 280 页。

崇宁二年四月丁卯，"诏：毁吕公著、司马光、吕大防、范纯仁、刘挚、范百禄、梁焘、王岩叟景灵西宫绘像"。乙亥，"诏毁刊行《唐鉴》并三苏、秦、黄等文集"。戊寅，"追毁程颐出身文字，其所著书令监司觉察"。六月庚申，"诏：元符末上书进士，类多谄讪，令州郡遣入新学，依太学自讼斋法，候及一年，能革心自新者许将来应举，其不变者当屏之远方"。九月辛巳，"诏：宗室不得与元祐奸党子孙为婚姻"。辛丑，"令天下监司长吏厅各立《元祐奸党碑》"。十一月庚辰，"以元祐学术政事聚徒传授者，委监司察举，必罚无赦"。

崇宁三年正月辛巳，"诏：上书邪等人毋得至京师"。六月壬寅，"图熙宁、元丰功臣于显谟阁。癸卯，以王安石配飨孔子庙"。戊午，"诏：重定元祐、元符党人及上书邪等者合为一籍，通三百九人，刻石朝堂，余并出籍，自今毋得复弹奏"。

崇宁四年五月戊申，"除党人父兄子弟之禁"。七月甲寅，"诏：夺元祐辅臣坟寺"。

大观元年五月癸卯，"诏：自今凡总一路及监司之任，勿以元祐学术及异意人充选"。

宣和元年二月甲戌，"以《绍述熙丰政事书》布告天下"。

宣和二年六月辛巳："诏：自今冲改元丰法制，论以大不恭"。

宣和六年十月庚午，"诏：有收藏习用苏、黄之文者，并令焚毁，犯者以大不恭论"。十二月甲辰，"蔡京领讲议司。诏百官遵行元丰法制"。①

对"元祐党人"与"元祐学术"的打击范围，从史书、诗话、文集、画像、坟寺到上书言事之举子、子孙婚姻、传播授受，必欲泯灭其痕迹，遏制其影响，消除其后患。"元祐党人"成为人们心中的梦魇，"凡天

———————
① 《宋史》卷一九一二二《徽宗本纪》，第357—418页。

下之所谓贤者，一日之间，布满岭海，自有宋以来，未之闻也"①。元符、崇宁间，苏轼及其门人相继离世。

在"党禁"的政治背景下，制造了更为荒诞的"诗禁"。据《容斋随笔》及《避暑录话》记载：

> 自崇宁以来，时相不许士大夫读史作诗，何清源（执中）至于修入令式，本意但欲崇尚经学，痛沮诗赋，于是庠序之间以诗为讳。政和后稍复之。②

> 政和间，大臣有不能为诗者，因建言诗为元祐学术，不可行。李彦章为御史，承望风旨，遂上章论陶渊明、李、杜而下皆贬之，因诋黄鲁直、张文潜、晁无咎、秦少游等请为科禁。故事：进士闻喜燕例赐诗以为宠，自何丞相文缜（㮚）榜后遂不复赐，易诏书以示训戒。何丞相伯通（执中）适领修敕令，因为科云："诸士庶传习诗赋者杖一百。"是岁冬初雪，太上皇意喜，吴门下居厚首作诗三篇以献，谓之"口号"，上和赐之。自是圣作时出，讫不能禁，诗遂盛行于宣和之末。伯通无恙时，或问初设刑名将何所施？伯通无以对，曰："非谓此诗，恐作律赋省题诗害经术尔。"而当时实未有习之者也。③

这两段记载在时间节点上或许有些矛盾之处。实际上，"诗禁"亦起于崇宁间，苏、黄等人文集其时已被作为"元祐学术政事"而被禁止传播，以"时相"蔡京为首的新党政治集团自然不会放过诗歌，已将禁止"读史作诗""修入令式"，至政和间，更有承望风旨者，明确地将诗列为"元祐学术"，进而不许"传习"。立法者何执中政和元年至五年为

① 《宋史》卷三四六《龚夬传》，第10983页。
② 洪迈：《容斋四笔》卷十四，第782页。
③ 叶梦得：《避暑录话》卷下，《文渊阁四库全书》第863册，第690页。

相,而闻喜宴改赐诗为赐箴以训诫进士则有政和二年(莫俦榜)与五
年(何文缜榜)两说,且均出大观中任翰林学士的叶梦得的记载。据
《石林燕语》卷九载:“莫俦榜,上不赐诗而赐箴。”①案,莫俦为政和二
年状元,何文缜为何桌,则是政和五年状元,参之以政书记载,则应以
二年为是:

> 政和二年,亲试举人,送敕局立法,始罢赐诗,改赐箴。先
> 时,御史李章(按即李彦章)言作诗害于经术,自陶潜至李、杜皆
> 遭讥诋,诏送敕局立法,宰臣何执中遂请禁人习诗赋。又诏士毋
> 得习史学。②

其实问题的要害仍然是“元祐学术政事”。另一没有明言的原因是
“大臣有不能为诗者”,考政和中大臣不能诗者,当系崇宁二年至五年
任翰林学士的林摅与薛昂两人。林摅寡学,赐进士第出身,史载,“国
朝词臣进不由科第者,林摅、颜岐及(任)申先而已”③。后来当廷误读
白字而出丑,“集英殿赐进士第,摅当胪传,有姓甄而呼为坚,名盎而
呼为快者,徽宗指曰:‘卿误邪?’”以致御史“论其不学无术”④。如此
文化水平,实非诗林中人所应有。林摅在崇宁至大观中曾同知枢密
院,并进中书侍郎。薛昂大观、政和中曾拜尚书左丞、门下侍郎,同样
“寡学术”,不能诗,“主王氏学,尝在安石坐,围棋赌诗,局败,昂不能
作,安石代之,时人以为笑云”。他“与余深、林摅始终附会蔡京”⑤,品
格上声气相投,论才学之差,两人恐怕也不遑相让。
　　科举废诗赋其影响比“诗禁”或许更大,这是徽宗朝诗歌所遭遇

---

① 叶梦得:《石林燕语》卷九,第141页。
② 马端临:《文献通考》卷三一“选举”四,第296页。
③ 《建炎以来系年要录》卷九五,第332页。
④ 《东都事略》卷一〇三《林摅传》,《文渊阁四库全书》第382册,第669页。
⑤ 《宋史》卷二五一《薛昂传》,第11122页。

的又一重困境。兹以《宋会要辑稿》所载看其始末,政和元年十一月
十五日臣僚上言:

> 伏睹神宗皇帝以声律对偶之文雕虫篆刻,不足以发挥圣人
> 之余蕴,遂罢诗赋,崇经术。元祐中,曲学陋儒自售其私,请以诗
> 赋取士,仍争为篇章,更相酬唱,欲鼓天下之众而从之。哲宗皇帝
> 深悯其弊,俄即废革,尽复熙、丰科举之法。陛下(徽宗)典学养
> 士,增广前烈,亲洒宸翰,训迪多方,元祐学术悉禁毋曾。然缙绅
> 之徒,庠序之间,尚以诗赋私相传习,或辄投进,仰渎聪聪。盖义
> 理之学高明而难通,声偶之文美丽而易入。喜易而恶难者,世俗
> 之常情也。倘非重行禁约,为之矫拂,恐复流而为元祐之学矣。①

诏语的批示是:"榜朝堂,委御史台弹劾。"所谓元祐中建议恢复诗赋
制度者,直指苏轼、孔武仲等人。

在实行"三舍法"的教育体系中,进一步强化了王安石新学的垄
断地位,而仍然没有诗赋的位置。前引史料称"时相不许士大夫读史
作诗","史学"同样与"元祐学术政事"相关联,于是政和中遂有"史
学"之禁,这是诗歌遭遇的第四重困境。《能改斋漫录》载:

> 先是,崇宁以来专意王氏之学,士非《三经》、《字说》不用。
> 至政和之初,公议不以为是,蔡嶷为翰林学士,慕容彦逢为吏部
> 侍郎,宇文粹中为给事中,张琮为起居舍人,列奏:欲望今后时
> 务策并随事参以汉唐历代事实为问。奉御笔:"经以载道,史以
> 纪事,本末该贯,乃称通儒,可依所奏,今后时务策问,并参以历
> 代事实,庶得博习之士不负宾兴之选。"未几,监察御史兼权殿中

---

① 《宋会要辑稿》选举四之七,第 4294 页。

侍御史李彦章言："夫诗、书、周礼，三代之故，而史载秦汉隋唐之事，学乎诗、书、礼者，先王之学也；习秦汉隋唐之史者，流俗之学也。今近臣进思之论，不陈尧舜之道而建汉唐之陋，不使士专经而使习流俗之学，可乎？伏望罢前日之诏，使士一意于先王之学，而不流于世俗之习，天下幸甚。"奉御笔："经以载道，史以纪事，本末该贯乃为通儒。今再思之，纪事之史士所当学，非上之所以教也，况诗赋之家皆在乎史。今罢黜诗赋而使士兼习，则士不得专心先王之学，流于俗好，恐非先帝以经术造士之意。可依前奏，前降指挥更不施行。"时政和元年三月戊戌也。①

翟耆年所撰翟汝文传记也说，大观中"徽宗皇帝务述熙、丰政事，士夫学宗王氏，以通经为要，史学无介意者"②。值得注意的是，薛昂为王安石门客，却寡学术，他在哲宗时即请罢史学，"士子有用《史记》《西汉》语，辄黜之"，曾被哲宗斥为俗佞。③ 此人居然能在徽宗朝任大司成主持学正，又在崇宁五年任翰林学士，由此看来，他对崇宁以来"诗禁"与"史学"之禁都有可能是积极的推动者。总之，罢"史学"而独尊"经"，与熙宁"罢诗赋，崇经术"及政和诗禁"崇尚经学，痛沮诗赋"的取向，都显示了学术与文化思想的混乱和僵化。而倡其议者，正是那位善于望风希旨的御史李彦章。黄庭坚《与方蒙书》曾说："顷洪甥送令嗣二诗，风致洒落，材思高秀，展读赏爱，恨未识面也。然近世少年，多不肯治经术及精读史书，乃纵酒以助诗，故诗人致远则泥。"④苏轼亦曾告诫后辈："侄孙近来为学何如？想不免趋时。然亦须多读史，务令文字华实相副，期于适用乃佳。"⑤两位元祐诗坛大家的经验

① 吴曾：《能改斋漫录》卷十二，第371—372页。
② 翟耆年：《翟忠惠家传》，《全宋文》第193册，第3页。
③ 《宋史》卷三五二《薛昂传》，第11122页。
④ 黄庭坚：《与方蒙书》，《全宋文》第106册，第124页。
⑤ 苏轼：《与侄孙元老四首》二，《苏轼文集》卷六十，第1842页。

之谈,可以说明史学确是宋人诗学不可缺少的学术根柢,亦不啻是对"近民"以来"史学"之禁的针砭。

熙宁以来馆职召试取消诗赋应是诗歌所面临的又一重困境。哲宗绍圣元年曾设宏词科加以补救,徽宗崇宁四年五月,又设立词学兼茂科,"帝(徽宗)以宏词科不足以致文学之士,故改立是科。岁附贡士院试,中格则授馆职,岁不过五人"①。但都未能从根本上解决问题。馆阁召试制度迄未完善,政和"诗禁"使这种情况进一步雪上加霜。同样值得注意的是,崇宁元年任翰林学士的郭知章在哲宗朝就曾表示"馆职无所用,朝廷设之不疑";绍圣复制科,知章参与校试,他仍然表示反对:"先朝既策进士,即废此科,近年复置,诚无所补。"②遂罢制科。郭知章对宋朝廷两大选官召试制度均表示异议,虽然有迎合执政、投合时好的心理,但确实反映了熙宁以来朝廷取士政策的主要走向。

"党禁"、"诗禁"、史学之禁及馆职、制科召试制度之反复,都或直接或间接地对宋诗的发展给予致命的戕害,而且直接导致朝廷秘书机构写作人才的匮乏和写作水平的下降。韩驹宣和六年迁中书舍人,徽宗与其交谈时,他就对当时制诏写作的状况表示了不满:"近年为制诰者,所褒必溢美,所贬必溢恶,岂王言之体。且《盘》《诰》具在,宁若是乎?"③其例颇多:

首先,元符二年八月,哲宗与时任知枢密院的曾布谈到词臣难得时,曾比较蒋之奇与蔡京文字,曾布认为:"之奇文字虽繁,然却有可道,亦时有好语,非蔡京可比。"哲宗表示同意说:"蔡京诚不可比之奇。"布曰:"何以逃圣鉴!"④蔡、蒋二人于徽宗朝继任学士,其实,这二

---

① 《宋史纪事本末》卷九,第 249 页。
② 《宋史》卷三五五《郭知章传》,第 11196 页。
③ 《宋史》卷四四五《韩驹传》,第 13140 页。
④ 《长编》卷五一四"元符二年八月乙未",第 12230 页。

人的文学修养尚不算差。比如蔡京,即"喜为文词,作诗敏妙,得杜甫
句律。制诰表章,用事详明,器体高妙,于应制之际,挥翰勤敏,文不
加点,若夙构者,未尝起稿"①。只是因人而废,流传不多。

　　林摅,系不由科第而特命直学士院,曾在殿试唱名时读错"甄岙"
二字,被御史论其寡学,前文所引史称:"国朝词臣进不由科第者,林
摅、颜岐及(任)申先而已。"②有意思的是这位颜岐也是赐进士出身,
靖康元年除中书舍人,时殿中侍御史胡舜陟列举其多篇制词文词不
通的毛病,如:"其草《晁说之中书舍人辞》云:'知世掌美,又润色于丝
纶。'用杜甫诗'欲知世掌丝纶美'之句,今曰'知世掌美',成何等语
耶?《除孙传侍读》云:'朕念元子,出就外傅,从学之始。左右前后,
羽翼既多。宜得知孔氏正道者,以表率之。'此东宫辞也。传已罢东
宫官矣,劝读而为此语,岂非昏缪之甚?郡守,承流宣化也,怀安霍安
国再任,乃云:'宣流河内。'张良,运筹帷幄之中,决胜千里之外。《除
钱伯言知真定》乃云:'增筹幄之胜。'……其辞不典如此。"③遂罢其中
书舍人之职。林、颜二人可相"媲美"。

　　翰林学士刘正夫,因作宫廷娱乐歌词不佳而被罢。大观元年闰
十月四日,中书省奏:"翰林学士刘正夫撰饮福宴政语,文字拙恶,音
韵不协。"④遂罢学士,知河南府。此事《宋史》所记系正夫作《春宴乐
语》,有"紫宸朝罢衮衣闲"之句,张康国密白徽宗:"衮衣岂可闲?"⑤事
实略有不同,从艺术性上升到政治性,但张康国的理由显得牵强,实
系蔡京所使,有深文周纳之嫌。

　　学士刘珏,言者曾论其"昨在翰苑,制词荒缪"⑥,以不称职罢。其

① 《宣和书谱》卷十二,《文渊阁四库全书》第813册,第267页。
② 《建炎以来系年要录》卷九五,第332页。
③ 吴曾:《能改斋漫录》卷十四,第408页。
④ 《宋会要辑稿》职官六之五二,第2522页。
⑤ 《宋史》卷三五一《刘正夫传》,第11100页。
⑥ 《宋会要辑稿》职官六八之一六,第3916页。

实他的特长是通音律,而非写文章。蔡京曾擢其任大司乐,后又以其领议礼局,为翰林学士,就有些勉强了。①

薛昂,寡学术,禁史学,不能诗,为时人讥嘲,已见前述。

尤为可笑的是,翰苑中老吏也有能指点学士者。比如刘嗣明,大观末在翰苑,交结郑居中,倾张商英。②《容斋随笔》记载其一则逸事:"京师盛时,诸司老吏类多识事体,习典故。翰苑有孔目吏,每学士制草出,必据案细读,疑误辄告。刘嗣明尝作《皇子剃胎发文》,用'克长克君'之语,吏持以请,嗣明曰:'此言堪为长,堪为君,真善颂也。'吏拱手曰:'内中读文书不如是,最以语忌为嫌。既克长,又克君,殆不可用也。'嗣明悚然,亟易之。"③殊为可笑。与刘嗣明相映成趣的是靖康中某位中书舍人的故事:"靖康中,东坡先生追复元职,时汪彦章(藻)在掖垣,偶不当制,舍人不学而思涩,彦章戏曰:'公无草草,渠家焚黄。'三字惭而怨之。又一日,当草一制,将毕矣,偶思结尾不来,省中来催促,不容缓,愈牵窘,搜思久之,院吏仓猝启曰:'第云"服我休命,往其钦哉"可矣。'舍人然而用之。"④"不学而思涩"的窘迫也可发一噱。

上述状况,是哲宗绍圣、元符间翰苑词令不振、词臣无文局面的延续。一个值得注意的现象是,徽宗朝有多位翰林学士曾任大司成,主持新学政,分别是薛昂、强渊明、刘嗣明、张邦昌、冯熙载、赵野。大司成是崇宁元年建外学(即辟雍)后新设学官,但上述诸人都不以文学著称,反而不乏寡学者。这也从侧面说明,熙宁以来馆阁与制科考试制度的废罢反复与学校人事制度的变动,不利于文学人才的培养。毋宁说,起到了消极的作用。

---

① 《宋史》卷三五六《刘昺传》,第 11206 页。
② 《宋史》卷三五六《刘嗣明传》,第 11211 页。
③ 洪迈:《容斋随笔》卷十五,第 199—200 页。
④ 王明清:《挥麈后录》卷八,第 143—144 页。

五　政、宣风流与宫廷唱和

政和"诗禁"更像是一纸空文,《宋会要辑稿》载: 政和元年十一月臣僚上言即指出,在"元祐学术"被禁之时,"缙绅之徒,庠序之间,尚以诗赋私相传习,或辄投进",是因为"声偶之文美丽而易入"①,这与"庠序之间以诗为讳"形成强烈的反差,可见"诗禁"之荒诞可笑。很显然,不论公理人心,民间还是上层,"诗禁"都难以执行下去。即使没有徽宗和吴居厚《喜雪诗》的事件,解除这一"诗禁"也是早晚的事。事实上徽宗御制喜雪诗出不久,"陈简斋遂以《墨梅》擢置馆阁焉"②。于是,诗于"政和后稍复之","诗遂盛行于宣和之末",正是时代的需要;质言之,是宫廷礼乐文化的需要。

徽宗好大喜功,蔡京被称为"太平宰相",曲意逢迎,君臣嬉游,共同营造出一派太平盛世景象:"崇宁间,四方承平,百揆时序,典章礼乐,灿然一新。"③崇宁三年正月,"帝锐意制作以文太平,蔡京复每为帝言,方今泉币所积赢五千万,和足以广乐,富足以备礼,帝惑其说,而制作营筑之事兴矣"④。蔡京擢刘昺为大司乐,崇宁四年八月,赐新乐名《大晟》。大观元年五年五月,诏班新乐于天下。大观三年六月,诏修《乐书》。制礼作乐,歌舞升平,"中外奏祥瑞无虚日"⑤,词臣则忙于起草贺表,挥霍着自己的文才。政、宣之间,宫廷台阁文学艺术呈现出全面繁荣的景象,诗歌唱和活动达到高潮。

最值得注意的是当朝皇帝徽宗,他几乎可以称为政、宣宫廷唱和的第一"领唱者",以往的"翰林主人"此时成了主要的配角。徽宗的

---

① 《宋会要辑稿》选举四之七,第4294页。
② 周密:《齐东野语》卷十六,中华书局1983年版,第193页。
③ 《宣和书谱》卷十二,《文渊阁四库全书》第813册,第269页。
④ 冯琦、陈邦瞻:《宋史纪事本末》卷五,第145页。
⑤ 周必大:《李文敏公郇神道碑》,《全宋文》第233册,第40页。

《宣和御制宫词》300 首,数量巨大,其他词臣学士也有《宫词》作品,如李邴有《宫词四首》①,当受徽宗影响。但比较起来,还是徽宗以其诗、书、画兼善的宫中"大家"与"道君皇帝"的身份,写作"宫词"这一题材更为当行本色,具有得天独厚的优势。徽宗《宫词》的主要篇幅仍是宫廷生活,但与传统宫词不同的是,"宫怨诗的缺席"②,而着重表现了徽宗的政治文化思想,反映了宣和间的艺术文化气氛和某些制度文化的内容,是一幅宫禁生活的全景图画。正如张明华所指出的:具有强烈的"纪事性"③。除了后宫歌舞娱乐等生活外,此处试述其对政治文化题材的表达。

首先,徽宗《宫词》对取材用贤的思想有突出的表现。其重吏能而轻文学的用人纲领,沿续了熙宁以来的理念:"金銮登对择忠良,嘉纳儒臣蹇议长。图治取人当数路,吏能全不在文章。"④徽宗朝教育制度继续施行"三舍法",并一度完全取代科举,王安石"新学"在新的教育体制中仍然占有重要地位。取材选官的正途仍是科举,其规模进一步扩大:"求贤取士属熙辰,朝野喧传诏墨新。省试更增人百数,大庭将见出平津。"其所咏史实,当即《文献通考·选举四》所载:"(宣和)六年,礼部试进士万五千人,诏特增百人,差知举官五人。"⑤此年知举者为翰林学士承旨宇文粹中。⑥ 皇帝亲临殿试,"殿庭亲策擢群材,杂沓英贤入彀来。俊敏各求先御览,禹门春浪鼓春雷"。策论仍是考试的主要文体:"南宫时务策群贤,题目函封进御前。敕选左貂齐答问,魁名优与进官联。"正规的学校教育之外,皇室贵胄的宗学教育也得到加强:"设科取士不遗贤,诏语先从内治先。朱邸遂兴宗子

---

① 李邴:《宫词四首》,《全宋诗》第 29 册,第 18435 页。
② 艾朗诺:《徽宗与北宋后期:文化政治与政治文化》,转引自包伟民的书评《宋徽宗:"昏庸之君"与他的时代》,《北京大学学报》2009 年第 2 期。
③ 张明华:《徽宗朝诗歌研究》,上海古籍出版社 2008 年版,第 197—201 页。
④ 宋徽宗:《宫词》,均引自《全宋诗》第 26 册,第 17043—17061 页,不再一一出注。
⑤ 马端临:《文献通考》卷三一《选举四》,第 297 页。
⑥ 据张希清:《北宋贡举登科人数考》,《国学研究》第二卷。

学,振振麟趾副详延。"取材的途径之二是馆阁:"东观从来选俊英,一时乐育合人情。公卿由此涂中进,密勿登庸得仰成。"修书、藏书、校书是馆阁的日常性工作,徽宗重文,修书恩数也甚多:"崇、观以来,文治日兴,三馆、史局,修书每成,关乙览,辄有醲赏。蔡京当国,至有修书已竟,分为五、六进以希滥恩。"①"旋题玉额起层楼,三阁图书集校酬。近日得增新碧榜,显谟相继缮徽猷。"此首专写帝王藏书阁,"三阁"应是龙图阁、天章阁、宝文阁。新增两阁分别是显谟阁,专门收藏神宗御制文集及御书,哲宗元符中建成,徽宗建中靖国元年改名"熙明阁",崇宁元年恢复原名;徽猷阁,建于大观二年,收藏哲宗御集,两阁均置学士、直学士、待制等官。殿阁与三馆秘阁共同组成宋代馆阁的藏书体系,是宋代文化事业发达的体现。

其次,《宫词》对翰苑词臣给予充分的重视。"资善堂中几席开,词臣都是栋梁材。专求近密同参辅,皇嗣初看听读来。"资善堂是皇太子及其他诸王子的读书之所,设有翊善、赞读、直讲、说书等教官。据《宋史》卷一六二《职官志》载:"资善堂自仁宗为皇子时为肄业之所,每皇子出就外傅,选官兼领。""政和元年,定王、嘉王出就资善堂听读,诏宰执就见。靖康元年,诏皇太子出就外傅,就资善堂置学舍,令国子监供监书。"②按《宋史·钦宗本纪》载:大观二年正月,钦宗赵桓进封定王。政和元年三月,讲学于资善堂。③ 此诗正是纪实之笔,而讲学的词臣则被誉为"栋梁材"。词臣中多饱学及才行卓异之士,因此多从中挑选文章道德优秀的翰林学士担任教习之官,以辅导太子或诸王子,原任太子的讲读官则往往有机会升任翰林学士或其他要职。如翟汝文,大观二年"渊圣皇帝(即钦宗)出就外傅,择一时人物为官僚,首命公劝讲储宫";"渊圣皇帝即位,以东宫旧臣召

① 岳珂:《愧郯录》卷六,《文渊阁四库全书》第865册,第131页。
② 《宋史》卷一六二《职官志》二,第3824—3825页。
③ 《宋史》卷二二《钦宗本纪》,中华书局1977年版,第421页。

直翰苑"①。另有三首《宫词》叙述了词臣的写作情况:"翰苑花深夜漏稀,奉承亲笔草麻归。鸾笺几幅鱼龙化,近掖重升一品妃",是起草诏词;"巧簇罗牌翰苑词,宜春相向贴门楣。近来清禁尤珍重,珠蹙金书御制诗"、"庆成宫宇亘修梁,伟颂声文出玉堂。近日屡经新述作,懔然中外仰宸章",是写作春贴子、上梁文等其他应用文字,而对皇帝本人的制作,也情不自禁地流露得意之情。

事实上,徽宗对词臣的宠重确实有过于前朝帝王之处。宣和中,宫廷屡屡举行大型诗会,如宣和二年十二月的延福宫曲宴、宣和七年九月、十二月的睿谟殿曲宴及预赏元宵灯会,曲燕近臣,规模盛大,命大臣进诗,则多长篇巨制之作,如王安中宣和二年、七年两次曲宴奉旨所进诗歌都是长达百韵的五言排律,冯熙载宣和七年所进则为七言长篇②,均极尽夸饰渲染。宣和六年,高丽入贡,李邴以翰林学士为充馆伴,召宰辅、亲王、贵戚宴睿谟殿,赏橙橘,侍从预者才四五人,诏李邴赋纪事诗,"公乘馆客夜草百韵以进"③。而在这些例行的宫廷诗会中,徽宗最为关照的近臣除了宰执外,还是翰林学士。蔡京《延福宫曲宴记》载:宣和二年十二月,"召宰执亲王等曲宴于延福宫,特召学士承旨臣李邦彦、学士臣宇文粹中,与示异恩也"。期间浏览诸殿,徽宗特别叮嘱蔡絛:"引二翰苑子细看,一一说与。"谆语再三。又乘兴观赏宫人表演的歌舞,"上谕臣邦彦、臣粹中曰:'此尽是嫔御,自来翰林不曾与此集,自卿等始。'"又叮嘱李邦彦:"《翰林志》可以尽载此事,此卿等荣遇。"④可见翰林学士所享异恩殊荣。

在世风、士风与诗人心态的交互作用下,诗坛一方面大唱颂圣的

---

① 翟耆年:《翟忠惠家传》,《全宋文》第 193 册,第 6 页。
② 王安中:《睿谟殿曲宴诗并序》《宣和七年九月二十三日睿谟殿曲燕诗诗序》,《全宋诗》第 24 册,第 15971—15796 页。冯熙载:《宣和七年十二月二十一日就睿谟殿张灯预赏元宵曲燕应制》,《全宋诗》第 24 册,第 16182 页。
③ 周必大:《李文敏公邴神道碑》,《全宋文》第 233 册,第 41 页。
④ 蔡京:《延福宫曲宴记》,《全宋文》第 109 册,第 178—179 页。

主题，另一方面，不免落入谄谀的俗套。

颂圣的主旋律是宣扬宣和盛世景象。据佚名"崇宁翰林"《和彭路谢恩》诗："主圣臣贤当作颂，愧无椽笔继王褒。"①"作颂"成为自觉的集体意识。史载："宣和元年九月，加(蔡)攸开府仪同三司。攸有宠于帝，进退无时，与王黼得预宫中秘戏，或侍曲宴，则攸、黼着短衫窄袴，涂抹青红，杂倡优侏儒中，多道市井淫媟谑浪语，以献笑取悦，攸妻宋氏出入禁掖，攸子行领殿中监，宠信倾其父。攸尝言于帝曰：'所谓人主，当以四海为家，太平为娱，岁月能几何，岂徒自劳苦?'帝深纳之。"②就在这一年的九月重阳节过后，徽宗赐宴，并与郓王赵楷及蔡攸、蔡京父子联句："桂子三秋七里香(徽宗)，麦云九夏两歧秀(赵楷)。鸡舌五年千载枣(攸)"，最后三句由蔡京"曲终奏雅"："菊英九日万龄黄，君臣燕衎升平际，属句论文乐未央。"③王安中《初寮集》卷一全为奉和应制之作，他认为"方时承平，中外衎乐，嬉游之盛，前所未有"④，故屡出颂扬之辞："万纪重和第二年"、"万历宣和第二年"、"侍臣谁草宣和颂"⑤。慕容彦逢此类诗作亦多，如："时和岁稔民同乐，古昔升平似此稀。"⑥"圣德格天超旷古，更须宸翰述沉几。"⑦也不吝于美化之辞，既体现了侍从文人自觉的"职业意识"，也是浮华虚假的造势需要。

谄谀的对象自然是蔡京、王黼之流。位极人臣的蔡京曾得意忘形地讥嘲王禹偁，《石林诗话》卷下记载："姑苏南园，钱氏广陵王之旧圃也。老木皆合抱，流水奇石参错其间，最为工。王翰林元之为长洲

① 崇宁翰林：《和彭路谢恩》，《全宋诗》第24册据清嘉庆《崇安县志》收入，第15739页。
② 冯琦：《宋史纪事本末》卷十一，第325页。
③ 宋徽宗：《宣和元年九月十二日赐宴联句》，《全宋诗》第26册，第17073页。
④ 王安中：《进和御制上巳赐宴诗序》，《全宋诗》第24册，第15977页。
⑤ 王安中：《重和春宴口号》《进和御制元夕诗》《进和御制幸太学秘书省诗》，《全宋诗》第24册，第15977页。
⑥ 慕容彦逢：《恭和御制回銮诗二首》其一，《全宋诗》第22册，第14673页。
⑦ 慕容彦逢：《恭和御制以嘉雪愆候……己卯庚辰降雪盈尺赐相臣诗二首》其一，《全宋诗》第22册，第14675页。

县宰时,无日不携客醉饮,常有诗曰:'他年我若功成后,乞取南园作醉乡。'今园中大堂遂以醉乡名之。大观末,蔡鲁公罢相,欲东还,诏以园赐公。公即戏以诗示亲党云:'八年帷幄竟何为,更赐南园宠退师。堪笑当时王学士,功名未有便吟诗。'"①王禹偁诗为《南园偶题》:"天子优贤是有唐,鉴湖恩赐贺知章。他年我若功成去,乞取南园作醉乡。"②王禹偁作为以气节和文章著称的翰林学士,在后辈欧阳修、苏轼心目中都具有崇高的地位,蔡京毫不掩饰地向亲党夸耀自己的荣宠而嘲讽当年微时的王禹偁,正反衬出蔡京精神境界的卑俗。他最受用的不过是那些祝贺他生辰的贺诗,甚至还有皇帝的御赐诗与赐和诗。因此王士禛谈到姑苏南园先归章惇、后赐蔡京时认为,"二人为南园之辱甚矣",而王禹偁诗"虽托空言,要足为沧浪增重也"③。

即使非权臣门客,趋附逢迎也是政、宣间词人墨客之常态。如慕容彦逢和梁师成诗④,韩驹曾为贺王黼生日作二十绝句,《苕溪渔隐丛话后集》卷三四引《诗说隽永》云:"王咸平黼为校书郎日,尝梦龙降其室,故子苍作《咸平生日》诗云:'昔年亲擢校书郎,夜梦苍龙绕屋梁。异事那知今日应,六龙深驻载赓堂。'又云:'已向丛霄侍玉宸,朅来端为付经纶。不须更说人间事,曾是仙中第一人。'"⑤不仅称其为"仙中第一人",更誉为"太平宰相":"万里青霄发轫时,骅骝绝足看奔驰。太平宰相何人识,惟有巫咸得预知。"⑥蔡京与王黼是政、宣间某些文人笔下的"太平宰相",然而史家记录的历史真相却是:

---

① 蔡京诗《诏赐南园示亲党》,见《全宋诗》第 18 册,第 11943 页。
② 王禹偁:《南园偶题》,《全宋诗》第 2 册,第 692 页。
③ 王士禛:《居易录》卷三四,影印《文渊阁四库全书》本。
④ 慕容彦逢:《和中书梁侍郎君臣庆会阁赐御筵诗》《和中书梁侍郎喜雪赐御筵诗》,《全宋诗》第 22 册,第 14676 页。
⑤ 韩驹:《咸平生日》,《全宋诗》第 25 册,第 16636 页。
⑥ 韩驹:《咏太平宰相》,《全宋诗》第 25 册,第 16637 页。吴曾《能改斋漫录》卷十一:"韩子苍献王将明生日二十绝句,内一绝云云。"第 340 页。

臣尝妄论政、宣致祸之由……自蔡京倡丰亨豫大之说，王黼开应奉享上之门，专以淫侈蛊上心，奢靡蠹国，用土木之功穷极盛丽，花石之贡毒遍江南，甚至内庭曲宴，出女乐以娱群臣；大臣入侍，饰朱粉以供戏笑。于是荒嬉无度而朝政大坏矣。①

六　元祐矩矱：徽、钦朝词臣馆职与诗坛唱和

北宋馆阁虽经元丰改制后的变化，以及馆职滥赏、馆阁成为蔡京、王黼两党互相攻击的"闹蓝"②等消极现象，但藏书修书等学术文化活动仍能正常进行，徽宗对馆阁也足够重视。如政和中曾幸秘书省，宣和四年三月再幸秘书省，"前一日，宰相至省阅视，提举秘书省、提举三馆秘阁官皆诣省阅视，供张文籍、书画、古器等，排比储偫，在省职事官皆省宿"。翌日，诣秘阁，"宣群臣观累朝御书御制、书画、古器等，皆列置秘阁下"③，仪式相当隆重。撰写《麟台故事》的程俱不仅记录了这一盛事，而且作"口号"诗二首加以颂扬。④

陈与义以《墨梅》诗擢置馆阁，是为诗歌恢复名誉的标志性事件，也是政和以后馆阁诗歌唱和活动的良好开端。《容斋随笔》记载：崇宁以来"诗禁"自"政和后稍复为之，而陈去非遂以《墨梅绝句》擢置馆阁。尝以夏日偕五同舍集葆真宫池上避暑，取'绿阴生昼静'分韵赋诗，陈得'静'字。其词曰：'清池不受暑，幽讨起予病。长安车辙边，有此万荷柄。是身唯可懒，共寄无尽兴。鱼游水底凉，鸟语林间静。谈余日亭午，树影一时正。清风不负客，意重百金赠。聊将两鬓蓬，起照千丈镜。微波喜摇人，小立待其定。梁王今何许？柳色几衰盛。

① 刘时举：《续宋编年资治通鉴》卷十四，《文渊阁四库全书》第 328 册，第 1027 页。
② 洪迈：《容斋四笔》卷十五，第 790 页。
③ 程俱：《麟台故事》卷五，第 207 页。
④ 程俱：《车驾幸秘书省口号二首》，注："壬寅。"即宣和四年。《全宋诗》第 25 册，第 16343 页。

人生行乐耳,诗律已其剩。邂逅一尊酒,它年五君咏。重期踏月来,夜半啸烟艇。'诗成出示坐上,皆诧为擅场,朱新仲(翌)时亲见之,云'京师无人不传写也。'"①大有解禁后的畅快之感。

由于"诗禁"的影响,诗人们一度对作诗致祸心存畏忌,徽宗朝馆阁翰苑间的雅集酬唱活动总体上大为减少。与上节所述宫廷台阁的诗会一样,翰林学士的诗歌唱和也集中于政、宣期间,翰苑内外,或知贡举,或独宿当直,或出守州郡,从二三至交知音间的唱和,到形成若干诗人唱和群体,诗坛逐渐恢复原有景象。

翰林学士以知贡举或举主的身份而成为座主的知名者主要有两位,其一是慕容彦逢,"自崇宁以来,五司文衡,一时俊杰多出其门"②。其《贡院唱和》诗云:"文官花畔揖群英,紫案香焚晓雾横。十四年间五知举,粉牌时拂旧题名。"自注:"自崇宁癸未叨备从班,距今十有四年间,五知贡举。文官花在试厅前。"③可以推知其门生不在少数。其二是翟汝文,他历仕徽、钦、高三朝,"执政从官,或援于场屋,或自僚属荐于朝者,一百三十五人,程俱、陈槖、韩驹皆门生也",135 人数量相当可观,包括在密州时曾荐举的秦桧。④

曾肇是翰苑诗坛的中心人物之一。他元祐初曾为中书舍人,徽宗即位,复以中书舍人召,元符三年至崇宁元年(1100—1102)为翰林学士兼侍读。元符三年,曾布拜相,曾肇草制,"布之拜相,肇适当制,国朝学士弟草兄制,唯韩维与肇,为衣冠荣"⑤。因其兄布在相位,肇遂引故事避禁职。崇宁初入党籍,屡徙州郡。大观元年卒,其在徽宗朝前期生活创作仅 7 年。

---

① 洪迈:《容斋四笔》卷十四,第 782 页。陈与义:《夏日集葆真池上以绿阴生昼静赋诗得静字》,《陈与义集》卷十,中华书局 1982 年版,第 160 页。
② 蒋瑎:《慕容彦逢墓志铭》,《摛文堂集》附录,《全宋文》第 133 册,第 211 页。
③ 慕容彦逢:《贡院唱和》,《全宋诗》第 22 册,第 14679 页。
④ 翟耆年:《翟忠惠家传》,《全宋文》第 193 册,第 14 页。
⑤ 曾肇:《除曾布银青光禄大夫守尚书右仆射兼中书门下侍郎制》,《全宋文》第 109 册,第 368 页。

绍圣中,曾肇知滁州,曾作《二贤堂》诗咏前辈翰林学士王禹偁与欧阳修:

> 天骥精神凤羽仪,青云天路此委蛇。由来道谊千钧重,不独文章一世师。史牒已传《三黜赋》,骚人谁继《八哀》诗。有时无命非今日,从古长沙贾傅悲。(原注:右为王元之作也。)

> 万壑千岩花草香,醉翁此地昔徜徉。不闻燕雀知鸿鹄,但见鸱枭笑凤凰。平日声名追屈贾,暮年勋业佐虞唐。神清洞府今何处,故事空留楚山旁。(原注:右为欧公作也。)①

既有身处贬所时的同情和伤感,也有从前贤的事业、道义与文章得到的激励。曾肇出于王安石门下,也曾凭吊荆公墓:"天上龙胡断,人间鹏鸟来。未应淮水竭,所惜泰山颓。华屋今非昔,佳城闭不开。白头门下士,怅望有余哀。"②方回评:"诸曾皆出王半山门下,此言亦恐太过。"③但确实显示了他与荆公精神传承的踪迹,释道潜对他的评价反映了这一点:"表率衣冠真领袖,羽仪台阁旧家风。词林岂独专周诰,衮职深期补舜聪。"④

江西诗人"豫章四洪"之一洪刍与曾肇有文学交往,其诗卷曾得到曾肇阅读和评赏,《曾内相以绝句诗还予诗卷和其韵五首》:

> 月旦平生精藻鉴,短章七字粲星罗。银钩虿尾争辉媚,岂减兰亭叙永和。(其二)

> 紫微光焰垂星斗,内相词华丽蜀罗。愿乞金丹换凡骨,坐令

---

① 曾肇:《二贤堂》,《全宋诗》第18册,第11887页。
② 曾肇:《上王荆公墓》,《全宋诗》第18册,第11896页。
③ 《瀛奎律髓汇评》卷二八,第1230页。
④ 释道潜:《寄子开内翰》,《全宋诗》第16册,第10787页。

文物压元和。(其三)

> 李膺此世龙门坂,得士初非一目罗。牛铎黄钟或同调,岂无宫徵配鸾和。(其四)①

其二以东晋永和年间名士的山林雅集及王羲之的《兰亭集序》比拟曾肇对自己诗歌的"月旦"评鉴,曾肇采用的应是七绝论诗诗的形式,惜皆不存。其三称赞曾肇历任两制词臣,文词华美,"金丹换凡骨"之喻当受其"老舅"黄庭坚诗论点拨,庭坚云:"古之能为文章者,真能陶冶万物,虽取古人之陈言入于翰墨,如灵丹一粒,点铁成金也。"②又云:"不易其意而造其语,谓之换骨法;规摹其意而形容之,谓之夺胎法。"③洪刍此喻意在表达追求艺术创新,以超越"元和"的文学理想。其三则反映了曾肇为士林与诗坛宗仰的地位与影响。

曾肇兼翰林侍读学士,其在经筵时所作诗也值得注意:

> 二阁从容访古今,诸儒葵藿但倾心。君臣相对疑宾客,谁识昭陵用意深。④

> 凤尾扶疏槐影寒,龙吟萧瑟竹声干。汉皇恭默尊儒学,不似公孙见不冠。⑤

二阁为迩英阁与延义阁,是仁宗所建讲读之所,昭陵即仁宗,其经筵所读当为《三朝宝训》,是仁宗朝采录太祖、太宗、真宗事迹所编经筵讲读经典,"宝元二年十二月诏以进读,嗣是讲幄相沿,遂为故事"⑥。

---

① 洪刍:《曾内相以绝句诗还予诗卷和其韵五首》,《全宋诗》第22册,第14498页。
② 黄庭坚:《答洪驹父书》之三,《山谷集》卷十九,《四部丛刊》初编本。
③ 魏庆之:《诗人玉屑》卷八,《宋诗话全编》第9册,第9060页。
④ 曾肇:《迩英阁侍读(经)筵作》,《全宋诗》第18册,第11888页。
⑤ 曾肇:《迩英阁前槐后竹双槐极高而柯叶拂地状如龙蛇或谓之凤尾槐》,《全宋诗》第18册,第11888页。
⑥ 《四库全书总目·经幄管见提要》,第753页。

其后类似以圣训为主要内容的"宝训"续有编纂。第二首虽咏迩英阁槐树,其主题仍是表现理想化的君臣政治关系。

张舜民曾与翰林学士曾肇、礼部侍郎刘正夫(崇宁四年翰林学士)、中书舍人徐勣(建中靖国元年拜翰林学士)等人于资善堂会食后作《十月十九日诸讲官晨趋迩英,前夕初雪沾洽,寻有旨权住讲一日,既而同子开(曾肇)内翰、正夫(刘正夫)侍郎、元功(徐勣)舍人少伫资善,一饫而出,诸公嘉其景而被上恩,乃谓衰薄不可无作,聊书长句,深愧斐然》:

西风拔地夜飘霙,天惠胪传讲暂停。病眼昏花逋读史,高谈快论阻横经。御沟容与冰初合,苑柳扶疏叶未零。可是太平占上瑞,衰才殊不解丹青。①

徽宗即位之初,诸人多与蔡京等不合。舜民以右谏议大夫召,"居职才七日,所上事已六十章","言多剀峭"②。曾肇曾移书其兄曾布,告诫其蔡京兼有章惇、蔡卞之奸,足为深虑。③ 徐勣以宝文阁待制兼侍讲,帝谓勣曰:"朕每听臣僚进对,非诈即谀,惟卿鲠正,朕所倚赖。"诏与蔡京同校《五朝宝训》,勣不肯与京联职,固辞,奏京之恶,引卢杞为喻。④ 刘正夫与徐勣均与修《神宗正史》,而能折衷元祐、绍圣是非得失而参用之,后亦召试中书舍人,侍讲迩英阁。⑤ 据舜民题意,诸人似应有唱和,但今仅存此诗。

叶梦得是徽宗朝以及南北宋之交以翰林学士而在诗坛有影响力的核心人物。本章重点讨论其在徽宗朝后期诗坛的创作活动。

---

① 张舜民:《十月十九日诸讲官晨趋迩英……》,《全宋诗》第14册,第9685页。
② 《宋史》卷三四七《张舜民传》,第11006页。
③ 《宋史》卷三一九《曾肇传》,第10395页。
④ 《宋史》卷三四八《徐勣传》,第11026页。
⑤ 《东都事略》卷一○二《刘正夫传》,《文渊阁四库全书》第382册,第666页。

　　叶梦得大观二年至三年(1108—1109)为学士,他在政治上依附蔡京,故所著《石林诗话》有"尊熙宁而抑元祐"的倾向,一方面"专主半山而阴抑苏黄,非正论也"①,但另一方面,又不为党争的政治立场所囿。况且,他"本晁氏之甥,犹及见张耒诸人,耳濡目染终有典型,故文章高雅,犹存北宋之遗风。南渡以后,与陈与义可以肩随,尤、杨、范、陆诸人皆莫能及,固未可以其绍圣余党遂掩其词藻也"②。他与当时诗人过从唱和颇为密切,不过现存诗作均为南渡后所作,徽宗朝词作却留存颇多。从与"叶内翰"在徽宗朝交游唱和的诗人可以看出,其中多苏门中人,他们的作品与元祐诗歌亦有渊源可寻。由此表明,叶梦得以其在翰苑的地位与影响,在其周围聚拢了一批诗人,承传了"外家风采"与"元祐矩矱"。不过,这一系列唱和的发生地点不在朝堂,而是转移到了地方的"诗社",其中尤以叶梦得为首的颍昌唱和参与者多,影响亦大,与汴京诗坛产生了互动效应。

　　叶梦得于大观三年(1109)罢翰林学士,政和元年至政和四年闲居家乡苏州城东布德坊,与程俱、曾纡等人交游。政和五年起知蔡州,政和七年移知颍昌(今河南许昌),至宣和二年罢。其守颍期间与苏过、晁说之等10余人结为诗社,唱和甚欢。元陆友仁《研北杂志》卷上载:叶梦得镇许昌,在其周围,既有名公之后通判韩璹,系韩维之孙,韩维之子宗质,"皆清修简远,持国(维)之风烈犹在";韩缜之子宗武,"年八十余致仕,耆老笃厚,历历能论前朝事";王陶之子王实,"浮沉久不仕,超然不婴世故,慕嵇叔夜、陶渊明为人";曾公亮之孙曾诚,"议论英发,贯串古今";苏翰林二子苏迨、苏过,"文采皆有家法"。又有岑穰,"已病,羸然不胜衣,穷今考古,意气不衰";许亢宗,"冲澹靖深,无交当世之志"。此外尚有韩琯、贺铸、蔡伸(宽夫)等人。他们

---

① 方回:《瀛奎律髓》卷二四,叶梦得《送严塯侍郎使北》诗评,《瀛奎律髓汇评》,第1093页。
② 《四库全书总目·建康集提要》,第1349页。

聚会于颍昌,结为唱和之友。同时叶氏舅父晁将之自金乡来过,晁冲之、晁说之居于新郑,"杜门不出,遥请入社"。诸贤气类相投,"时相从于西湖之上,辄终日忘归,酒酣赋诗,唱酬迭作,至屡返不已,一时冠盖人物之盛如此"①。赵鼎臣有《韩次律在许下与叶少蕴唱和,他日以寄余,因次韵和之并以寄叶》(自注:韩璹、叶梦得)诗云:

> 尺书不献罪何逃,每读新诗胜读骚。千里寄怀惟短梦,十年饮德似醇醪。次公治郡声方藉,陶令抛官趣独高。俗吏无缘参步武,白头终日漫尘劳。②

颈联"次公"以梦得比汉代黄霸,"陶令"句注:"谓次律。""俗吏"乃鼎臣自谦之辞,其宣和初任度支员外郎,故云。

　　赵鼎臣的次韵诗已是许昌唱和的余波,许昌唱和诗作当时即编为《许昌唱和集》,此集在南宋淳熙中曾由韩元吉与苏岘重刻,今已不存,现存诗较多的倒是其时闲居新郑的晁冲之。冲之隐于具茨山下,得免党祸,政和中,他与其从兄补之、说之一样,都与许昌诗社中诸诗友遥相呼应,诗笺唱酬。《和叶甥少蕴内翰重开西湖见寄二首》:"挥翰玉堂还有日,行春停骑且留杯。"(其一)"就日金坡通汉苑,望云玉涧断苏台。"(其二)《和寄叶甥少蕴内翰见招》:"翰林赫奕今如此,莫道人惟旧雨来。"以舅父的身份,答复叶梦得频频的"见寄"、"见招",对其暂罢翰苑之职给以安慰。③ 又有和答颍昌府通判韩璹的两首诗,

---

① 陆友仁:《研北杂志》卷上,《文渊阁四库全书》第 866 册,第 574 页。可参见王兆鹏《两宋词人年谱·叶梦得年谱》,台湾文津出版社 1994 年版;潘殊闲《叶梦得研究》,巴蜀书社 2007 年版,第 318—322 页。
② 赵鼎臣:《韩次律在许下与叶少蕴唱和,他日以寄余,因次韵和之并以寄叶》,《全宋诗》第 22 册,第 14906 页。
③ 晁冲之:《和叶甥少蕴内翰重开西湖见寄二首》及《和寄叶甥少蕴内翰见招》《次韵再答少蕴知府甥和四兄以道长句并见寄二首》《复和少蕴内翰甥兼谢伯蕴通判兄再赠》《复用韵》等诗,均见《全宋诗》第 21 册,第 13890 页。

其一《答韩君表》:

> 百年鄠杜家相近,人物凋零我独惊。但见少陵能继祖,不闻小陆可优兄。终朝诗赋道仍郁,老去文章健更成。敢拟济河轻一战,隐然望已怯长城。①

此诗的意义是其中蕴含的家族与地域文化色彩。诗中流露了家族中衰、人物凋零的忧虑,隐含的政治背景即是元祐以来的恶性党争,张剑指出:晁氏家族中"之"字辈多陷党祸,才大命奇,不得重用②,补之、说之即皆入元祐党籍,冲之则因此退居山林以自保。从诗中可以感受到其传承家族文化的自觉意识,这可与冲之咏晁氏家族标志性祠堂"积善堂"诗相对照,诗中追溯家族的源流:"忠实文华入本朝,三祖百孙同一体。中祖颍川袭远封,东祖西祖复于济。自从决策罢兵来,(自注:文庄公(宗悫)会韩、范等五帅,遂参大政。)平进不厌百寮底。即今门户益衰微,揽古怀今情曷已。"所谓"中祖"指晁氏三眷之中眷,即晁迥、晁宗悫一支,又称昭德晁氏,晁冲之所属。"东祖"指晁迪一支,晁补之属此系,"西祖"系晁遘一支,东祖、西祖主要居济州钜野、任城、金乡一带,即诗中所说"复于济"。时由晁补之作《积善堂记》,冲之诗云:"中眷有孙不能鸣,东眷孙文刊烨炜。"③诗与记显然互相配合而作,补之所作堂记也颇为感伤地言及家族的中衰:"抑晁氏自文庄公(宗悫)秉政,勋业在王室,逮今六十余年,而仕益微,似不可振。"④

其二是冲之《次君表韵答叶少蕴甥》诗:"老去幽栖谁比数,传君诗一

---

① 晁冲之:《答韩君表》,《全宋诗》第 21 册,第 13897 页。
② 张剑:《宋代家族与文学——以澶州晁氏为中心》,北京出版社 2006 年版,第 143 页。以下关于晁氏家族之相关材料,多参阅此书。
③ 晁冲之:《积善堂诗》,《全宋诗》第 21 册,第 13903 页。注以为当为晁说之诗。
④ 晁补之:《积善堂记》,《全宋文》第 127 册,第 31—33 页。

邑人惊。敢叨礼亦推甥舅,借问年犹愧弟兄。"①冲之(1073—1026)②、梦得(1077—1148)辈分有高低,生年则相近。叶氏为江南大姓,东眷晁端彦即娶叶氏。又晁冲之与韩瑾两人分属北方文化与仕宦之大族"清丰晁氏"与"桐木韩氏",且有联姻关系。据考证,晁冲之女嫁韩元吉伯父,晁子阖女嫁韩元吉子韩浪。因此,晁冲之诗中所表达的家族文化意识不仅在许昌唱和诗群中能够引起大多数参与者的共鸣,而且在时隔60多年后的淳熙二年(1175),在韩氏、苏氏后人中仍引起强烈的反响。绍兴十四年(1144),韩维玄孙韩元吉在福州得见叶公,询问当年《许昌唱和集》,叶梦得"抵掌慨叹且曰:'昔与许昌诸公唱酬甚多,许人类以成编。他日当授子。'其后见公石林,得之以归"。又30余年后,元吉与苏轼曾孙苏岘相会于建安,一起披读《许昌唱和集》:

> 相与道乡间人物之伟,因出此集披玩,始议刻之。盖叔子(苏岘)父祖诸诗亦多在也。箕颖隔绝,故家沦落殆尽,典型未远,其交好之美,文采风流之盛,犹可概见于此云。③

一部《许昌唱和集》,传续了中原与江南文化家族晁氏、韩氏、叶氏、苏氏、曾氏等在政和中的文学交往与文采风流,也寄托了南渡后诸人对故国文献与乡土的情思,"风月胜日,时一展玩于嵯峨之间,虽伯牙之绝而山阳之笛,犹足慰其怀之思云"④。文章是宋代许多文化家族的立身之本,故叶梦得在南宋时曾与一位外家晚辈晁激仲连续和答4篇,首篇开头即说:"外家文采到诸郎,凛凛词锋未可当。""家声合继紫微郎,(自注:晁氏自文元(迥)、文庄(宗悫)皆尝历知制诰,至以道

---

① 晁冲之:《次君表韵答叶少蕴甥》,《全宋诗》第21册,第13897页。
② 晁冲之生卒年据张剑《宋代家族与文学——以澶州晁氏为中心》,第45页。
③ 韩元吉:《书许昌唱和集后》,《全宋文》第216册,第119页。
④ 陆友仁:《研北杂志》卷上,《文渊阁四库全书》第866册,第574页。

(说之)复为中书舍人。)不独诗同沈鲍行。"①晁迥、晁宗悫父子任真宗、仁宗朝翰林学士,巧合的是,叶梦得的曾叔祖叶清臣与晁宗悫同朝为翰林学士,也是令叶梦得倍感荣幸的家族盛事,他记载:"曾从叔祖司空道卿(清臣),庆历中受知仁祖,为翰林学士……吾大观中亦忝入翰林,因面谢略叙陈,太上皇闻之,喜曰:'前此,兄弟同时迭为学士者有矣,未有宗族相继于数世之后,不唯朝廷得人,亦可为卿一门盛事。'"②以此之故,他对外家以内外制词臣相继的"文采""家声"也最具文化认同感。

许昌唱和的另一特色是竞技性和游戏性。晁冲之《次四兄(以道)韵答许下诸公》诗:

> 群雄将风骚,敌若攻守墨。公将百万兵,如一剧孟足。间楚或挥金,伐虞还取玉。使我备偏裨,授书防败辱。安敢凯旋歌,直可向师哭。短兵不须接,长城已完筑。畏强我但守,用奇公自出。入垒畏膝行,免冠谢头秃。论功毂可丹,锡命绶当绿。顾我老更痴,猛虎空手触。③

答诗煞有介事地模拟了一场攻守双方的"诗战",谐谑风趣,颇有东坡、山谷风采。冲之《答韩君表》诗尾联"敢拟济河轻一战,隐然望已怯长城",用唐人"五言长城"之典,以战喻诗,也是当时习语。如程俱次曾诚(存之)诗:"五言古长城,屹若万夫筑。"④次叶梦得诗:"嗟我一寸莛,登公五言城。"⑤叶梦得《满庭芳·张敏叔、程致道和示复用韵寄

---

① 叶梦得:《与晁激仲夜话》《又答(激仲)》,《全宋诗》第 24 册,第 16188 页。
② 叶梦得:《避暑录话》卷下,《文渊阁四库全书》第 863 册,第 678 页。
③ 晁冲之:《次四兄(以道)韵答许下诸公》,《全宋诗》第 21 册,第 13869 页。
④ 程俱:《次韵寄谢存之曾公学士》,《全宋诗》第 25 册,第 16314 页。
⑤ 程俱:《次韵和颍昌叶翰林七首》(同许学士亢宗干誉泛舟潩水),《全宋诗》第 25 册,第 16315 页。

酬》词亦云："长城。谁敢犯,知君五字,元有诗声。"①

苏轼幼子苏过与许昌诗人叶梦得、王寔、韩瑁、曾诚等均有唱和,
其与梦得围绕颍昌西湖有三组唱和诗,即《次韵晁无斁与叶少蕴重开
西湖唱酬之诗》三首《次韵少蕴二首》《次韵叶守端午西湖曲水》七绝5
首。梦得疏浚西湖,是为政善举,故诸人多歌咏之。试看苏过《次韵
少蕴二首》:

> 画师安得老龙眠,写此西湖李郭船。谈麈生风看落屑,诗坛
> 余勇战空卷。拍堤春涨云空阔,夹岸桃蹊锦接连。到处聚观千
> 万目,要公膏雨作丰年。
>
> 云间波雨杂鹈行,山意波光两浩茫。老大读书真伯业,歌呼
> 狎客类平阳。丹青遗构风流在,尊酒题诗草木芳。湛辈不须悲
> 岁月,羊公名与岘山长。②

丹青、诗艺,既切合叶梦得多才艺的"翰林"身份,也是苏过乃父之风;
赤手空拳的"诗战"是欧、苏所擅长的高级智力"游戏",再现了元祐诗
坛遗风;以政事期许,则见其淑世情怀。

另一位与"叶翰林"唱和颇多的是程俱。程俱外祖为神宗、哲宗
朝翰林学士邓润甫,他出于翟汝文门下,宣和二年,又得叶梦得荐举
为著作佐郎。政和中,程俱曾长期寓居吴中,梦得则为苏州吴县人,
其时闲居苏州,两人游从甚密。叶梦得出知蔡州、颍昌时,亦时时相
招游从,寄赠赓和,程俱和诗常常一题数首,如《次韵和颍昌叶翰林七
首》《蔡州叶翰林寄示近诗次韵八首》《奉陪知府内翰至卞山有诗五
首》,③并多注甲子,持续时间长,作品数量亦多。因两人有门生座主

---

① 叶梦得:《满庭芳·枫落吴江》,《全宋词》第2册,第995页。
② 苏过:《次韵少蕴二首》《全宋诗》第23册,第15494页。
③ 程俱诗见《全宋诗》第25册,以下如非必要,只引篇名,不一一注明页数。

之谊,故程俱诗中对叶梦得的文学政事屡屡表达崇敬之情,如《和叶翰林湖上夜归古句》:"翰林文章旧惊世,聊试三辅分符铜。"《次韵和颍昌叶翰林七首》:"翰林补天手,妙语追三闾。"(同许学士亢宗干誉泛舟潩水)《复次韵酬叶翰林见寄》:"公初入承明,神采映冰玉。……于今十年后,犹作一麾出。何当还宣温,不用求钓筑。遥知西湖柳,蔽芾谁敢秃。"《寄谢叶翰林见招二首》其二:"白雪词章胜远游,胸中清鉴有阳秋。玉堂正要如椽笔,肯使经年借一州。"《酬颍昌叶内翰见招》:"宾阁遥知悬玉麈,直庐应许到金坡。"自注:"唐孟浩然故事。"指孟浩然在长安访王维,并同秘阁诸贤联句事,为宋人所乐用,如苏轼《夜直玉堂携李之仪端叔诗百余首读至夜半书其后》:"玉堂清冷不成眠,伴直难呼孟浩然。"程俱亦以孟浩然自比。又《叶内相赴淮西》是政和五年叶梦得起知蔡州时所作:

> 向来英妙压鳌头,去国三年白鬓秋。萧傅岂烦更吏治,贾生元自赞皇猷。高文已得江山助,远业宁为管晏留。闻说云亭已除地,正须椽笔纪鸿休。

据《宋史》卷四四五《文苑传》载:梦得大观二年迁翰林学士,"极论士大夫朋党之弊,专于重内轻外,且乞身先众人补郡。蔡京初欲以童贯宣抚陕西,取青唐。梦得以为非祖宗法,京有惭色"[1]。政和三年,遂以龙图阁直学士知汝州,寻落职,提举洞霄宫。诗中颔联当指此而言,将其比作极论国事而上疏遭贬的贾谊,对其去国转徙的遭遇深致不平,借此或可窥其并非完全依附蔡京者流。

叶梦得的文学艺术修养在程俱诗中多有反映,著名制墨匠人沈珪曾持叶梦得诗作为引见,来求程俱题诗,沈珪善制墨,名为"漆烟",

---

[1]《宋史》卷四四五《文苑传七》,第 13133 页。

技术冠于当代,程俱《秀州沈珪漆烟最善,持叶翰林诗来求余诗,为作一首》记录了一段艺坛佳话:

> 华亭老人入吴市,戏以淳漆滋松腴。壁中科斗何足道,勒崇正欲遵河图。故令墨客从毛颖,玉堂伴直邻清都。如椽之笔吐光焰,赓歌纪瑞无时无。却分圭璧到蓬户,寂漠著书怜腐儒。[1]

诗的重点还是称赞叶氏的文词,"如椽之笔"一语屡见其称道叶氏诗中(见上文),并非套语。此外,《题叶翰林阅骏图》《借叶内翰画令小江模写》《用叶翰林韵题赵叔问、燕文贵山水》等题画诗,反映了他们对于丹青艺术的共同艺术趣味。程俱入馆也得益于叶氏的帮助,《酬叶翰林喜某除官东观》二首题注:"庚子(宣和二年)。"此年,程俱因梦得荐举迁秘书省著作佐郎,成为文学妙选,诗云:"列宿罗胸妙补天,巨鳌峰顶号耆年。"(其一)两用"补天"一语(《次韵和颍昌叶翰林七首》"翰林补天手,妙语追三闾")称颂梦得,表达其崇仰之情。程俱绍兴中为秘书少监,久在馆阁,颇习掌故,不仅撰写了《麟台故事》这一北宋馆阁制度的名著,也多有诗记录馆阁修书及雅集生活的诗篇,如《春日与会要同舍会饮西园》《会要官集西池同舍翁挺作诗次其韵》《暴书会和陈正字磷观御制书二首》等。

叶梦得之外,宣和中直学士院的韩驹也是诗坛活跃人物。其题画诗《题王内翰家李伯时画太一姑射图二首》,是应权臣王黼之命而作:

> 太一真人莲叶舟,脱巾露发寒飕飔。轻风为帆浪为楫,卧看玉宇浮中流。中流荡漾翠绡舞,稳如龙骧万斛举。不是峰头十

---

① 程俱:《秀州沈珪漆烟最善,持叶翰林诗来求余诗,为作一首》,《全宋诗》第 25 册,第 16248 页。

丈花,世间那得莲如许。龙眠画手老入神,尺素幻出真天人。恍然坐我水仙府,苍烟万顷波粼粼。玉堂学士今刘向,禁直岧峣九天上。不须对此融心神,会植青藜夜相访。(其一)

  海上仙山邈云水,神居缥缈凌虚起。风餐露宿不知年,八极浮游一弹指。何人纸笔作此图,细看尚恐冰为肤。便欲凭轩问连叔,却愁挂壁惊肩吾。虽有此图传自古,矫矫真容那得睹。万里中州不少留,晓发咸池暮玄圃。而今玉殿开珠宫,鸾旗鹤驭纷长空。神兮早御飞龙下,愿赐千秋年谷丰。(其二)①

刘克庄曾称谢无逸、谢幼槃"弟兄在政、宣间,科举之外有岐路可进身,韩子苍诸人或自鬻其技至贵显,二谢乃老死布衣,其高节亦不可及"②。然时风如此,为了生存,难免会做某些周旋妥协,上述韩驹诗作除"玉堂学士今刘向"二句不免阿谀成分外,就题画诗本身而言,尚属上乘,故当时颇获好评,《苕溪渔隐丛话》前集卷五三:"李伯时画太一真人卧一大莲叶中,手执书卷仰读,萧然有物外思。韩子苍有诗题其上云……子苍此诗语意妙绝,真能咏尽此画也。"③从另一方面看,徽宗朝艺术气氛浓厚,绘画地位提高,徐俯诗曰:"近代推名画,诸君作荐书。皇都开艺学,博士是新除。"④因此,即使王黼这样"疏隽而寡学术"者也不免附庸风雅。韩驹题画诗作尚多,其中有题徽宗画鹊诗二首:

  君王妙画出神机,弱翅争巢并语时。想见春风鸬鹊观,一双飞占万年枝。

---

① 韩驹:《题王内翰家李伯时画太一姑射图二首》,《全宋诗》第 25 册,第 16590 页。
② 刘克庄:《江西诗派序》,《全宋文》第 329 册,第 111 页。
③ 胡仔:《苕溪渔隐丛话》前集卷五三,第 361 页。
④ 徐俯:《李贺晚归图》,《全宋诗》第 24 册,第 15833 页。

舍人簪笔上蓬山，辇路春风从驾还。天上飞来两乌鹊，为传喜色到人间。①

据诗题《臣棐以御画鹊示臣某谨再拜稽首赋诗》，棐为何棐，时任中书舍人，靖康元年任学士。韩驹在馆阁(蓬山)，他特意将御画给韩驹观看，说明对韩驹艺术鉴赏能力的认可。韩驹另有和何棐诗叙二人交游：

夜直沉沉浴殿南，春风想对百花潭。藤床转枕寻余梦，粉壁题诗倚半酣。追记旧游时一笑，劝参真理莫多谈。白头初试丝纶手，归去扶犁意亦甘。②

韩驹宣和中曾为著作郎、秘书少监，伍晓蔓指出：韩驹政、宣间诗歌创作的主要特征是"馆阁气"或称之为"官样文章"，其表现是粉饰太平，谀颂上司，以及官僚唱酬，其共同的特点是多出于应酬，平庸软弱。③ 其描写馆阁生活的诗作颇多，如馆阁曝书会："去年看曝石渠书，内酒均颁白玉腴。"④"忆在昭文并直庐，与君三岁侍皇居。花开辇路春迎驾，日转蓬山晓曝书。"⑤以及馆中直宿、上元观灯、雅集酬唱等活动都有记叙。⑥《次韵馆中诸公游慈云寺》中云："二公当代豪，词林气方盛。五言谨诗律，百罚严酒令。""二公"其一当指翁彦深，其曾任秘书少监、国子祭酒、秘书监，韩驹有《次韵翁监再来馆中》诗云："归老江湖久自盟，睡余且复对空枰。重来内阁人初健，惯蹋天街马不

① 韩驹：《臣棐以御画鹊示臣某谨再拜稽首赋诗》，《全宋诗》第 25 册，第 16618 页。
② 韩驹：《次韵何文缜舍人后省致斋》，《全宋诗》第 25 册，第 16620 页。
③ 伍晓蔓：《江西宗派研究》，巴蜀书社 2005 年版，第 405—407 页。
④ 韩驹：《偶书二绝呈馆中旧同舍》其一，《全宋诗》第 25 册，第 16613 页。二句又见《庚子年还朝饮酒六绝句》其二，庚子为宣和二年，第 16616 页。
⑤ 韩驹：《抚州邂逅彦正提刑道旧感叹辄书长句奉呈》，《全宋诗》第 25 册，第 16626 页。
⑥ 韩驹：《次韵李希声馆中上元直宿》《次韵馆中上元游葆真宫观灯》，《全宋诗》第 25 册，第 16617、16619 页。

惊。已喜刘歆分七略,尚传韩愈诲诸生。太平润色须公等,应许吾兼吏隐名。"另一人应指赵鼎臣,鼎臣参与游寺,有《病目无聊因游慈云寺作诗呈诸友》及《五月十八日陪同舍诸友游慈云寺》两首,前首系次韩驹诗韵,其余诸公游慈云寺诗均不存。赵鼎臣有《贺韩子苍迁居》诗,题注云:"驹,著作。"为韩在馆时所作,诗云:"南邻歌舞北邻呼,藏室仙人肯卜居。著撰初无千斛米,般移空有五车书。乌来屋上看殊好,燕集梁间喜有余。莫把先生轻相料,锦囊犹自可专车。"①鼎臣《余数与同舍唱和而何亨老独否,耿伯顺以诗挑之,因次其韵》亦当为同时在馆唱和之作,颇有"诗战"意味:

> 巧匠未尝夸所能,解衣盘薄初不惊。纷纷众史争舐笔,我独以此全其名。坎其击鼓瓦釜闹,黄钟大吕元希声。扬雄有口吃不语,长安小儿心欲轻。一朝胸中吐白凤,至今千载犹仪刑。颇疑将军固多许,衔枚十万藏奇兵。可怜吾党有壮士,疾斗不暇金鼓鸣。寄声大耿莫仓猝,火急防渠夜斫营。②

与许昌诗坛唱和的谐谑游戏趣味宛然同气。

由上所述,可知徽宗朝尤其是政和、宣和时期,不论在馆阁、翰苑、经筵还是州郡如许昌诗坛,诗歌唱和活动在经历元符、崇宁荒唐的"诗禁"之后,都开始渐呈复苏、热闹景象。值得注意的是,其时活跃在诗坛而成就可观的翰苑诗人,不论其是否曾入元祐"党籍"或曾依附蔡京、王黼集团,他们的诗学渊源多出于熙、丰、元祐诗人特别是苏轼。以下几位尤有代表性:

叶梦得,他既是蔡京门客,章惇姻家,同时又是晁氏之甥。梦得

---

① 赵鼎臣:《贺韩子苍迁居》,《全宋诗》第22册,第14912页。
② 赵鼎臣:《余数与同舍唱和而何亨老独否,耿伯顺以诗挑之,因次其韵》,《全宋诗》第22册,第14877页。

与苏门中诸学士游从，以文学相知，他曾作《晁无咎鸡肋集序》《张文潜柯山集序》《廖明略竹林集序》等文评价诸人文章，曰："始，元祐初，天下所推文章，黄、张、晁、秦号四学士。明略同直三馆，轩轾诸公间，无所贬屈，欲自成一家。"①又引苏轼对晁、张、秦之文的评价："君（张耒）与秦少游同学于翰林苏子瞻，子瞻以为'秦得吾工，张得吾易'。而世谓工可致，易不可致，以君为难云。又曰：'无咎雄健峻拔，笔力欲挽千钧；文潜容衍靖深，独若不得已于书者。二公各以所长名家。'"②故其诗文创作均能自觉传承外家风采、元祐矩矱。王士禛评曰："石林，晁氏之甥，及与无咎、张文潜游，为诗文笔力雄厚，犹有苏门遗风，非南渡以下诸人可望。"③翁方纲评曰："叶石林，深厚清隽，不失元祐诸贤矩矱。"④其文亦然，四库馆臣评曰："然梦得本晁氏之甥，犹及见张耒诸人，耳濡目染终有典型，故文章高雅，犹存北宋之遗风。南渡以后，与陈与义可以肩随，尤、杨、范、陆诸人皆莫能及，固未可以其绍圣余党遂掩其词藻也。"⑤

赵鼎臣曾与叶梦得、韩驹等唱和，四库馆臣认为："（赵鼎臣）与苏轼、王安石诸人交好，相与酬和，故所作具有门径，能力追古人。刘克庄称其诗谓材气飘逸，记问精博，警句巧对殆天造地设，略不戟人喉舌，费人心目。"评其诗"工巧流丽，其才实未易及"⑥。

韩驹，仙井监人，因"坐乡党曲学"（即"苏氏学"）而在政和、宣和中两遭贬谪。他曾在许下从苏辙学，评其诗似储光羲。⑦刘克庄评韩驹诗说："子苍蜀人，学出苏氏，与豫章不相接，吕公强之入派，子苍殊不乐其诗，有磨淬剪截之功，终身改窜不已，有已写寄人数年而追取，

① 叶梦得：《廖明略竹林集序》，《全宋文》第 147 册，第 303 页。
② 叶梦得：《张文潜柯山集序》，《全宋文》第 147 册，第 303 页。
③ 王士禛：《带经堂诗话》卷九，第 206 页。
④ 翁方纲：《石洲诗话》卷四，第 125 页。
⑤《四库全书总目·建康集提要》，第 1349 页。
⑥《四库全书总目·竹隐畸士集提要》，第 1341 页。
⑦《宋史》卷四四五《文苑传七》，第 13140 页。

更易一两字者,故所作少而善。"①韩驹与江西诗派中人吕居仁(本中)及徐师川(俯)、李希声(锌)等均有唱和,应是吕本中将其列为江西派的原因之一。

李邴,济州钜野人,为李昭玘侄,周必大记载:"伯父乐静先生昭玘尝从眉山苏文忠、文定公、御史中丞孙公觉、门下侍郎李公清臣讲论文章,仕至起居舍人,性静厚忠实,其文演迤贯理,稳密不露斲削,公(邴)独得其传。"②李昭玘从苏轼游,为轼所称道,他与晁端礼(次膺)、晁补之等唱和较多,并有赠李邴诗《赠汉老侄琴》。③ 李邴评昭玘诗曰:"其为诗,奇丽惬适,章断句绝,余思羡溢,得诗人味外之味。"④故李邴不仅文章独得昭玘之传,其诗亦有所沾丐,惜其存诗不多。

上述翰林学士(韩驹为直院)均进入南宋,叶梦得与李邴在建炎中再为翰林学士,他们的同道还有在政和中入馆阁、南渡后在绍兴中任翰林学士的陈与义,由于其政治地位及文学创作的影响力,他们自然成为元祐诗人与南渡诗人之间的中介。

七　典型犹存:徽、钦朝翰林 学士与制诰写作

总体上来说,徽、钦朝翰林学士的写作水平,远达到不到嘉祐、熙宁、元祐几朝的高度,且时常面临词臣艰于棘拔、词命令中外取笑的困境。但正如诗坛尚有翰林学士传续着元祐余脉一样,徽、钦朝翰苑中也仍有几位值得称道的制诰写作高手沿承着元祐文脉。南宋周紫芝《书初寮集后》称:"徽宗皇帝在位岁久,文士诗人一时辈出,不减元

① 刘克庄:《江西诗派序》,《全宋文》第 329 册,第 109 页。
② 周必大:《李文敏公邴神道碑》,《全宋文》第 233 册,第 41 页。
③ 李昭玘:《赠汉老侄琴》,《全宋诗》第 22 册,第 14644 页。
④ 李邴:《乐静集序略》,《全宋文》第 175 册,第 58 页。

和、长庆间人物。如参政翟公(汝文),待制韩公(驹),翰林汪公(藻),初寮先生王公(安中),皆以文辞自显,号为杰出,不可跂及者,余未易殚数也……自往至今,几三十年,诸公之墓木何止拱把,读之使人想见当时文采风流之胜。"①除汪藻为南宋高宗朝两制词臣外,周紫芝所提到的其他三位均为徽、钦朝学士及直院。事实上,其时以文章著称的翰苑学士尚不止上述数人,而且,仍然以诗文兼擅、博学多闻的多面手居多。

首先,大观元年翰林学士慕容彦逢,其生平事迹,蒋瑎所撰《慕容彦逢墓志铭》记述最详。他6岁时即默识强记,读书一再过辄不忘,少长,锐志于学,痛自砥砺,穷经缀文不少懈,出与诸儒试,常为魁首,弱冠登元祐三年进士第。崇宁初试进士,慕容上奏:

> 神宗皇帝以经术迁士,故科举所选之文,醇于义理,非深有得于经术者不能为也。绍圣纂承,惓惓以取士为先务,而元符之末,时事纷更,学校官稍非其选。或喜淫靡,或尚怪僻,或进纵横权变之学,其程文与上游者传播四方,谓之新格,转相袭蹈,以投时好。陛下监观治体,灼见其原,追讲先猷以幸教,多士固向风承德矣,然余习犹未殄也。臣愿陛下因秋试进士,特诏有司,惩革其弊。其所取以义理为先,文采为后,凡浮辞僻论踳驳不纯者,咸沮黜之。庶几学者唯义理之从,以副陛下继述神考造士之意。②

诏从其请。慕容彦逢绍圣二年中宏词科,曾作《神宗皇帝圣政颂》,全面歌颂神宗变革法度的历史功绩,谈到取士制度的沿革说:"昔有在

---

① 周紫芝:《书初寮集后》,《全宋文》第162册,第190页。
② 慕容彦逢:《乞取士以义理为先奏》,《全宋文》第136册,第215页。

周,士贵以肄。宾兴贤能,惟德惟艺。既望终魄,东极于隋。雕虫取士,壮士不为。神考念兹,罢黜声律。论秀烝髦,选取经术。贤关载辟,教学惟醇。锄荒剔蠹,统一道真。"①可见其文化与文学思想与王安石一脉相承,故其力主取士以熙、丰、绍圣为法,以经术取士,先义理而后文采,这与《能改斋漫录》所载"崇宁以来专意王氏之学,士非《三经》《字说》不用"的状况也正相吻合。慕容自崇宁至政和中屡典贡举,"自崇宁以来,五司文衡,一时俊杰多出其门"。大观元年春,权翰林学士。岁中即除兵部侍郎,改吏部,在翰苑仅一年。其后兼太子宾客,"岁中频摄翰林学士,自居从官,凡翰苑缺员,辄被旨兼领,所草内制自成一集"。他屡屡兼领词命之职,以补翰苑之缺,足见徽宗对他的信任,这得益于其自少至长的嗜学博闻,勤于写作,"自幼嗜学问,晚节益笃,藏书数万卷,朝夕翻阅不去手,自经史诸子百家之言靡不洽通,故其所蓄浑雄深博,发为词章,雅丽简古,无世俗气,尤长于辞令,典严温厚,褒贬无溢言。诏命或丛委,操笔立成,初若不经意,而轻重适当,文采粲然。每一篇出,多士口传以熟。上尤爱公文,以为有古风,进见往往摘训辞之善者称赏之"②。其所著《摛文堂集》多应用之文,今存内外制词达 11 卷之多,奏状章表 3 卷。其他为书启题记、墓志祭文及策问辞赋等,总体上都体现了他重义理实用、无浮词溢言、深博典重、行文简古而又不乏文采的特点。

上文提及的叶梦得,是大观二年至三年学士,除诗歌外,亦颇负文名。他是一位学者型的翰林学士,"徽宗时尝司纶诰,于朝章国典夙所究心,故是书(《石林燕语》)纂述旧闻,皆有关当时掌故,于官制科目言之尤详,颇足以补史传之阙,与宋敏求《春明退朝录》、徐度《却扫编》可相表里"③。又与苏门中晁、张等人游,"耳濡目染,终有典型,

---

① 慕容彦逢:《神宗皇帝圣政颂》,《全宋文》第 136 册,第 252 页。
② 蒋璨:《慕容彦逢墓志铭》,《全宋文》第 133 册,第 212 页。
③ 《四库全书总目·石林燕语提要》,第 1040 页。

故文章高雅,犹存北宋之遗风"①。他有《石林奏议》15 卷,多作于南宋时,故此不多论。

王安中,其内外制词获得的评价最高。《宋史》本传载:"安中为文丰润敏拔,尤工四六之制。"正如王安中诗多颂扬盛世之作而为徽宗赏遇并成为范本,政、宣之间,他也以擅写贺表而被徽宗赏识。其所著《初寮集》所载贺表有数十篇。史载:"政和间,天下争言瑞应,廷臣辄笺表贺,徽宗观所作,称为奇才。他日,特出制诏三题使具草,立就,上即草后批'可中书舍人'。"②王安中的幸运是早年从东坡学,周必大《跋初寮先生帖》载:"初寮先生未冠时,及拜东坡于中山,笔精墨妙,宜有传授。"③安中为中山阳曲人,小苏轼 40 岁,其从苏轼学在元祐八年苏轼知定州时,时安中 18 岁,正所谓"未冠时"。周必大《初寮先生前后集序》也叙述了王安中与苏轼的师承授受关系:

> （东坡苏公）晚守中山,尚书左丞王公世家是邦,博学工文词,年十六即贡京师。后二年坡至,奇之,公亦自谓得师也。明年坡南迁,不能卒业。④

周必大又说:"当政、宣间,禁切苏学,一涉近似,旋坐废锢,而先生以夺胎换骨之手,挥毫禁林,初无疑者。靖康而后,党禁已解,玉佩琼琚之词,怒猊渴骥之书,盛行于东南,然后人人知其为苏门颜、闵也。晁、张复生,其雁行。"⑤

李邴,从其伯父李昭玘得文章之传,"以渊源之学、华重之文藻饰王度",宣和中,"中外奏祥瑞无虚日,公草贺表不停缓,精确典

① 《四库全书总目·建康集提要》,第 1349 页。
② 《宋史》卷三五二《王安中传》,第 11126 页。
③ 周必大:《跋初寮先生帖》,《全宋文》第 230 册,第 286 页。
④ 周必大:《初寮先生前后集序》,《全宋文》第 230 册,第 150 页。
⑤ 周必大:《跋初寮先生帖》,《全宋文》第 230 册,第 286 页。

丽",“陈桥显烈宫成,特命公撰文刻石"。徽宗称赞他:“内外制得卿
称职矣。"①他也以善写贺表而被徽宗赏遇,这与王安中最为相似,事
实上,他对王安中的文章的确给予相当高的评价:

> 本朝承五季之后,杨、刘之学盛于一时,其裁割纂组之工极
> 矣,石介愤然以杨公破碎圣人为世巨害,著论排之甚力。然当时
> 文宗巨儒,司翰墨之职者,亦必循本朝故事。如近世张公安道
> (方平)高简粹纯,王公禹玉(珪)温润典裁,元公厚之(绛)精丽稳
> 密,苏东坡先生雄深秀伟,皆制词之杰然者。譬之王良、造父,策
> 骥骤而骋康庄,一日千里而节以和銮,驰之蚁封亦必中度,岂能
> 彼而不能此哉!初寮先生太保王公,自布衣文称天下,由东观入
> 掖垣,由乌府登鳌禁,皆天下第一选,司内外制者累年,其所制体
> 大而义严,事核而旨深,奇而不失正,雄而不为夸,褒勋劳则有带
> 砺丹青之信,施霈宥则有雨露涵濡之泽,文治平则祥极乎凤麟,
> 申戒饬则诚著乎金石,嘉武节则毅乎彪虎之威,美文德则昭乎藻
> 火之华,皆极其致。盖与本朝三数公不相上下,而驰骤乎燕、许、
> 常、杨之域,若不以体制拘之,骎骎乎汉氏矣。盖公天才英迈,笔
> 力有余,于文于诗,皆瑰奇高妙,无所不能,故出为世用者如此。
> 自徽宗皇帝即位以来,擅制诰之美者,公一人而已,得不谓一代
> 之奇文欤!②

将其与杨亿、刘筠、张方平、王珪、元绛、苏轼相提并论,以为徽宗朝
“一人而已",誉之为“一代奇文",其地位之高无以复加。他的这一评
价也得到了南宋以题跋评论见长的周紫芝和周必大的认同,周紫芝

---

① 周必大:《李文敏公郑神道碑》,《全宋文》第 233 册,第 40 页。
② 李郑:《王初寮先生文集序》,《全宋文》第 175 册,第 57 页。

说："初寮盖文健而深,诗丽而雅,至于制诰浑厚,足以风动四方,则李公汉老(邴)以谓公当承平之世,多褒扬粉泽之词,如'伤居尔体,痛在朕躬,不得施于战士,弗为子孙之谋,更存辅车之势,不得加于叛国',呜呼! 其尽之矣。"①其引李邴"公当承平之世,多褒扬粉泽之词"之语,评价切当,但不见于上引李邴之序。就这个角度而言,将王安中称为徽宗朝之"杨、刘",应该是恰当的。前引周必大评价王安中的《跋初寮先生帖》《初寮先生前后集序》两篇可以合观。首先,他所提出的本朝太宗至哲宗数朝杰出的翰林学士分别是王禹偁、杨亿、欧阳修、苏轼数人,安中诗文则传习东坡门风:

> 时方讳言苏学,而公已潜启其秘钥。久之,徽宗旁求文士,召置馆阁,给札亲试,骤掌书命,由中司入北门,历二辖。其诏制表章诗文,大率雅重温润,而时发秀杰之语。《定功继伐》等碑、《睿谟曲宴》百韵诗,多出特命,上恩与天通矣。万目睽睽,徒谓其鹤鸣九皋,而不知夺胎换骨自有仙手,故未尝以曲学指之。

又指出其南渡以后,"尽发平昔之所蕴,且复躬阅事物之变,益以江山之助,心与境会,意随辞达,韵遇险而反夷,事积故而逾新。他人瞠乎其后,我乃绰有余裕。至于桂、郴佛寺诸记,闳深辨丽,近坡暮年之作。黄、张、晁、秦既没,系文统,接坠绪,谁出公右? 岂止袭其裳、佩其环而已?"②强调其为苏门后学承续文统的重要人物。

　　另一位师法东坡而文章获盛称的是徽宗朝中书舍人、钦宗朝翰林学士翟汝文。关于翟汝文与苏轼的渊源,其子翟耆年所撰《家传》载:徽宗时,曾有言官指言"公少从苏轼、黄庭坚游,学术不正"③,以

① 周紫芝:《书初寮集后》,《全宋文》第162册,第190页。
② 周必大:《初寮先生前后集序》,《全宋文》第230册,第150—151页。
③ 翟耆年:《翟忠惠家传》,《全宋文》第193册,第3页。

阻其中书舍人之命。不过据汝文《东坡远游赋》自述：

> 龙眠居士画东坡先生，黄冠野服，据矶石横策而坐。子由闻
> 而赞之。始公在北门，某为童子，欲见公而公出定武，复旋谪儋
> 耳，竟不及见公之南也。其门人皆在坐，怃然流涕。某笑之，以
> 谓儋琼居绝，正如龙眠所见，置公于水间一石耳……然士无贤不
> 肖皆曰东坡之门人，唯某未之识。伤后生不复见其余风遗烈，与
> 之并世犹若此，况读其书，追其人于千载之上。呜呼！天孰能使
> 余不遇哉？虽然，得其像而朝夕见之，亦足以为之师矣。①

按翟汝文(1076—1141)与王安中同龄，均少苏轼40岁。苏轼在翰苑
时，他为童子，似有机会相识。但适逢苏轼出守定州，旋贬岭海，而未
及见，并强调"某未之识"，据此判断，汝文似未曾从苏轼游，但他确实
是自觉地从精神上以苏轼为师的。同时，汝文有机会与苏门中人结
识游从，他作有《次韵张文潜龙图鸣鸡赋》②，张耒则有诗《赠翟公巽》：
"我昔出守来丹阳，江流五月如探汤。使君之居在山腹，绕舍树石何
青苍。"③汝文为丹阳人，张耒绍圣元年知丹阳，诗当系此时所作。又
张耒《送翟公巽赴中书舍人》诗："青灯论文夜未分，晓闻门外送使君。
问君舍此去安往，紫皇诏归侍玉宸。锋芒发硎断犀象，好为明主裁丝
纶。论思献纳乃其职，况公之意常在民。追还三代旧风采，主以事实
致此文。圣君贤相有美意，笔端与物为阳春。"④汝文尤得曾巩赏识，
年十四举进士，试《孔子集大成论》，词旨赡博。以书谒曾巩，曾巩喟
然曰："吾道不坠，繄子是赖。"大臣荐于徽宗，徽宗召对后对蔡京说：

① 翟汝文：《东坡远游赋并序》，《全宋文》第149册，第4—5页。
② 翟汝文：《次韵张文潜龙图鸣鸡赋》，《全宋文》第149册，第2页。
③ 张耒：《赠翟公巽》，《张耒集》卷十三，第232页。
④ 张耒：《送翟公巽赴中书舍人》，《张耒集》卷十五，第264页。

"翟某器识深远,议论通明,可储东观。"拜秘书郎,"公父子(汝文父翟思,曾官秘书监)踵武蓬山,缙绅荣之"。除著作郎,"九流七略,靡不该贯,率语成章,事以类举",诏试词掖,为宫官所阻。直到政和三年,方由知陈州诏还西掖,"公以天子修明礼乐,比隆三代,王言非深厚尔雅不足行远,乃师《盘诰》,以敷辞令,震耀中外,明并日月,四方传诵,咨嗟太息"。钦宗即位,召直翰苑。绍兴初,复以翰林学士起用,除承旨兼侍读,"帝(高宗)顾公进趋雍容,议论英特,谓中兴人物之表","每制诏上,帝读之,恨起公晚"①。

翟汝文身仕三朝,立朝刚直,力主抗金,是一位学术、政事、气节相兼的翰林学士,在徽、钦两制词臣中与汪藻、孙觌、叶梦得等齐名。就其气节文章而言,正如周紫芝所说:"阁下以其所学而践其所行,其忠孝之节,卓越之行,皆非人所能及。至其发而为文也,则清而丽,婉而深,高明而不为异,殆非近世愀愉之所能仿佛也。方其翔翔琐闼,进掌丝纶,而议者以阁下之辞粹然有典诰之遗风,常、杨、张、陆之徒为不足比数。此其胸中之气浩然于外有不可掩者,而其身不得一日安于朝廷之上者,何哉?以阁下重风节而轻势利,高目云汉,傲睨俦列,昂昂然如野鹤之在鸡群也。"②就其学养而言,则如龚明之所记:"公(翟汝文)文章甚古,所作制诰皆用《尚书》体,天下至今称之。自宣、政以来,文人有声者唯公与叶石林(梦得)、汪浮溪(藻)、孙兰陵(觌)四人耳。孙尝自评云:'某之视浮溪,浮溪之视石林,各少十年书。石林视忠惠亦然。'识者以为确论。"③黄庭坚曾作《跋翟公巽所藏石刻》,也可证其博古多闻。其文今存 12 卷,四库馆臣评价说:

---

① 翟耆年:《翟忠惠家传》,《全宋文》第 193 册,第 9 页。
② 周紫芝:《见翟公巽书》,《全宋文》第 162 册,第 87 页。
③ 龚明之:《中吴纪闻》卷五,《宋元笔记小说大观》第 3 册,上海古籍出版社 2001 年版,第 2899 页。

汝文好古淹博，深通篆籀，尝从苏轼、黄庭坚、曾巩游，故所为文章尚有熙宁、元祐遗风，史称其为中书舍人时外制典雅，一时称之。盖当北宋之季，如汪藻、孙觌皆以四六著名，惟汝文能与之颉颃。周必大序觊《鸿庆集》称中多误收汝文所作，亦足见其体格之相近矣。杨万里《诚斋诗话》引汝文《左仆射制》中"古我先王，惟图任旧人共政；咸有一德，克左右厥辟宅师"二句，以为用成语雅驯妥贴之式。又引《贺蔡攸除少师启》中"朝廷无出其右，父子同升诸公"二句，以为截断古语补以一字，而读者不觉为巧之至。今观其文，大都根柢深重，措词雄健，所谓无一字无来处者，庶几足以当之。非南宋表启涂饰剽掇之比，其为作者所推，非徒然也。①

翟氏骈体制诰文特色，首先，以善于剪裁和措词为人称道。《诚斋诗话》所举二例，其一是本朝制诰表启"有一联用两处古人全语而雅驯妥帖如己出者"，如"翟公巽行麻制云：'古我先王，惟图任旧人共政；咸有一德，克左右厥辟宅师。'则前二语熟，而后二语突兀矣"②。四句均出《尚书·商书》，前二句为《盘庚上》成句，"咸有一德"为篇名，"克左右厥辟宅师"句出《太甲上》，原文作："惟尹躬克左右厥辟，宅师，肆嗣王丕承基绪。"为追求以《书》对《书》，而使语意不够顺畅"妥贴"，故有"突兀"之感。杨万里所举另一例《贺蔡攸除少师启》即《贺除开府仪同三司启》："朝廷无出其右，简在帝心；父子同升诸公，贵穷人爵。""朝廷无出其右"为史（《田叔列传》）、汉（《高帝纪》）中语，多作"汉廷臣无出其右"。"简在帝心"出《论语·尧曰》，"人爵"则出《孟子·告子上》："公卿大夫，此人爵也。""父子同升诸公"出《论语·宪问》：

<hr/>

① 《四库全书总目·忠惠集提要》，第 1348 页。
② 杨万里：《诚斋诗话》，丁福保辑《历代诗话续编》本，第 151 页。

"与文子同升诸公。""朝廷"句是所谓"截断古人语"而补以一字,"父子"句则是"用古人语,不易其字之形而易其意"①,均是活用古语,有如天成。

"所作制诰皆用《尚书》体"是翟汝文制词写作的另一突出特色。如《节度使开府仪同三司除尚书左仆射兼中书侍郎制》:

> 古我先王,惟图任旧人共政;咸有一德,克左右厥辟宅师。格于皇天,迪我高后。嗟尔万方之有众,听予一人之作猷。具官某,为国世臣,若时元老。有申伯柔惠之德,揉此万邦;有山甫将明之忠,式是百辟。勋在盟府,纪于太常。淑旆绥章,壮十乘元戎之寄;绣裳赤舃,兼三事大夫之仪。畴论道经邦之远猷,对代天理物之元宰。眷兹屏翰,作朕股肱,遄命衮衣之归,爰趋介圭之觐。赉予良弼,维简在上帝之心;建尔上公,以钦若先王之烈。具瞻四海,师表万民。其正左辅之名,往总西台之务。朕欲四方其训,无竞惟人;汝维庶绩咸熙,允厘在位。命乃保乂,格于丕平,使山川鬼神亦莫不宁,致华夏蛮貊罔不率俾。于戏! 欲治已久,得时为难。由成汤而至文王,若伊尹、莱朱之亲见;乃齐宣之知孟氏,曾管仲、晏子之不为。往肩乃心,以辅台德。②

全篇错综使用《尚书》《诗经》成句习语而以骈语组织,故词语古奥而不显过分生涩,体现了"无一字无来处"、绩学为文的根柢。句法亦不限于骈四俪六,如"淑旆绥章,壮十乘元戎之寄;绣裳赤舃,兼三事大夫之仪。畴论道经邦之远猷,对代天理物之元宰",两组"四七"句接一组"八八"句;"命乃保乂,格于丕平,使山川鬼神亦莫不宁,致华夏

---

① 杨万里:《诚斋诗话》,丁福保辑《历代诗话续编》本,第152页。
② 翟汝文:《节度使开府仪同三司除尚书左仆射兼中书侍郎制》,《全宋文》第149册,第18页。

蛮貊罔不率俾"为"四四九九";"由成汤而至文王,若伊尹、莱朱之亲
见;乃齐宣之知孟氏,曾管仲、晏子之不为"为"七八七八",且以虚字
贯穿,变化多端,转换自如。陈振孙曾指出"欧、苏始以博学富文为大
篇长句,叙事达意无艰难牵强之态"①,这在翟文中也有非常鲜明而成
功的表现。

推究翟汝文"深重""雄健"的文章风格,其一,得益于其"淹博"之
学;其二,是其独有的政治气节使然;其三,则是对苏轼文章的师法。
兹各引苏轼与翟汝文一篇以作比较:

> 大狝获禽,必有指踪之自;丰年高廪,孰知耘耔之劳。昔汉
> 武命将出师,而呼韩来庭,效于甘露;宪宗励精讲武,而河湟恢
> 复,见于大中。憬彼西戎,古称右臂。自嘉祐末,兀征扰边。至
> 熙宁中,董毡方命。于赫圣考,恭行天诛。非贪尺寸之疆,盖为
> 民除蟊螟。遂建长久之策,不以贼遗子孙。而西蕃大首领鬼章,
> 首犯南川,北连拓拔。申命诸将,择利而行;旋闻偏师,无往不
> 克。吏士用命,争酬未报之恩;圣灵在天,难逃不漏之网。已于
> 八月戊戌,生获鬼章。颉利成擒,初无渭水之耻;郅支授首,聊报
> 谷吉之冤。谨当推本圣心,益修戎略。务在服近而来远,期于偃
> 革以息民。仰冀威神,曲垂昭鉴。(苏轼《生擒西蕃鬼章奏告永
> 裕陵祝文》)②

> 门下:宗祀之庆,覃及万方;象胥之言,通于九译。乃眷海
> 隅之长,屡修时事之恭。其敷神休,用锡尔宠。大同军节度、云
> 州管内观察处置等使、金紫光禄大夫、检校司徒、使持节云州诸
> 军事、云州刺史兼御史大夫、上柱国、真腊国王、食邑三千四百

---

① 陈振孙:《直斋书录解题》卷十八《浮溪集》,第526页。
② 苏轼:《生擒西蕃鬼章奏告永裕陵祝文》,《苏轼文集》卷四四,第1291页。

户、食实封一千四百户金袅宾深,凤推诚节,远有令名,载驰大赂
之琛,入效充庭之实。亦惟恃我朝廷爵秩,假宠有邦;用能保尔
山川土田,传序累世。顷专将阃之任,久假斋钺之华。能肩乃
心,不失旧物。朕躬祈宗祀,敷佑群黎,涓选季秋之辰,具严三岁
之享。敞九筵之重屋,并侑祖宗;率万国之欢心,奉承圭币。爰
因熙事之惠泽,增益食赋之爱田。宠尔世臣,并加命数。其祗敦
策戒,思保宠荣。于戏! 翕受蕃禧,以丕厘上帝之命;大赉率土,
用不遗小国之臣。可特授……真腊国王加食邑五百户,食实封
二百户,散官勋如故。主者施行。(翟汝文《真腊国王金袅宾深
明堂加恩制》)①

轼文作于元祐二年九月五日,此年八月,岷州将种谊收复洮州,执西
番青宜结鬼章,以为陪戎校尉,缚送阙下,百官称贺。生擒鬼章是神
宗熙宁以王子韶熙河开边以来震动朝野的军事胜利,实现了神宗遗
愿,故百僚表贺,并遣使祭告永裕陵,一时歌咏颇多。苏轼以翰林学
士作祝文,此外尚有《获鬼章二十韵》诗及《论擒获果庄称贺太速札
子》《因擒果庄论西羌夏人事宜札子》《乞诏边吏无进取及论果庄事宜
札子》《乞约果庄讨阿里库札子》数篇奏札,分别歌咏、论奏此事,表达
如何处置与蕃夷关系等意见。如认为:"捷奏朝至,举朝夕贺,则边臣
闻之,自谓不世之奇功,或恩礼太过,则将骄卒惰,后无以使。臣愿朝
廷镇之以静,示之以不可测。"②祝文为祭告神宗之文,故以歌颂为主。
《容斋五笔》卷九谓祝文用汉武帝、唐宪宗之事,"用事精切"③。翟汝
文制词当作于宣和中为中书舍人时。史载:真腊于政和中始通中

① 翟汝文:《真腊国王金袅宾深明堂加恩制》,《全宋文》第149册,第16页。
② 苏轼:《论擒获庄斥称贺太速札子》,《苏轼文集》卷二八,第797页。
③ 洪迈:《容斋五笔》卷九,第909页。

国,宣和二年十二月,真腊入贡,诏封其主金哀宾深为国王。① 楼钥曾作两篇跋文评东坡告永裕陵文:

> 永乐之祸,可胜痛哭! 鬼章生禽,宿愤遂摅。"太宗平突厥,高宗平高丽,当告陵庙。盖以唐高祖蓄愤于北狄,太宗锐意于东夷,武功未张立,后圣继志,亦既平荡,所宜启告。"此长庆中奏语也。不知当奏告时,有雄文如此否?②

> 鬼章扰边,如唐之默啜;种谊之奇功,似郝灵荃。第未知当时有词臣如此否? 翟忠惠作《安南制》有云:"亦惟恃我朝廷爵秩,假宠有邦,用能保尔山川土田,传祚永世。"文人多称服之。盖出坡公之遗意。时方禁苏氏学,而文人之杰如忠惠公亦祖其绪余,是真不可掩矣。③

第一则中所引"太宗平突厥"数句见《唐会要》卷十四及《册府元龟》卷十二载长庆元年(821)四月河北诸道平,中书门下奏语,后于五月告于太庙,但未载告文。永乐之祸指元丰五年(1082)宋军惨败于永乐城之役。第二则中默啜为唐时东突厥可汗,郝灵荃为唐将,曾袭突厥有功。两则跋语均以唐喻宋,而以苏轼文与唐代词臣相比较,称苏轼为"雄文"。第二则以翟汝文与苏轼比较,称汝文为"文人之杰",其文能出坡公之遗意,祖苏氏之余绪,这一方面应指其所引"亦惟恃我朝廷爵秩,假宠有邦;用能保尔山川土田,传祚永世"四句与东坡告永裕陵文结尾"谨当推本圣心,益修戎略。务在服近而来远,期于偃革以息民"数句在安抚外夷的思想上的契合,另一方面亦应包含文章本身如句法、风格等方面对苏轼的效仿。

---

① 《宋史》卷二二《徽宗本纪四》,第 407 页。
② 楼钥:《跋东坡获鬼章告裕陵文》,《全宋文》第 264 册,第 194 页。
③ 楼钥:《东坡获鬼章告庙文》,《全宋文》第 264 册,第 326 页。

莫俦，靖康元年(1126)至二年在院，是钦宗朝除翟汝文外以文章著称的另一位翰林学士。他少年时即有文才，"公为儿时，英妙秀发，不类童子，诵书日千余言，操笔为文，不由师授，自中律吕"。政和三年殿试，被徽宗皇帝擢为第一，徽宗对其父莫卞赞叹说："俦年少耳，草数千言，文词赡丽，皆切当世之务，遂为诸儒冠，卿可谓善教子矣。"莫俦尤以制词敏妙得体而为徽宗、钦宗所叹赏。宣和六年，召试中书舍人，"先时词臣草后宫书命，莫有中上意者，制词往往多自中出。徽宫进二婕好，公当制，仍命即日进告。告入，对辅臣有'词垣得人'之语"。靖康初以中书舍人直学士院，"宰相吴敏伺公入直，并下六制，欲因是以危公。公秉一炬，解衣却坐，一挥而就，醇深典丽，各得其体。渊圣(钦宗)嘉其敏妙"①。孙觌对其文章评价相当高，赞扬他："翰林初载，文中之虎。曰大手笔，可配燕许。"②"诏令坦明，一时巨公以文章自名如王履道(安中)、翟公巽(汝文)者，皆叹异之。"又说："自唐以来，常、杨、燕、许之伦号称大手笔者，固不乏人，若夫得于心，应于手，朝出九重，暮行万里，风动草偃，山鸣谷应，人人晓然，如推置赤心于其腹中者，惟陆宣公一人为然。公学力雄赡，思致远发，落笔千言，坌然涌出，若有所相。自宣和讫靖康，大典册多出公手，四方传诵，号为称职。"将其比拟为陆贽。"每读公书，而先朝文物之盛炳然在目，叙事详实，不侈不浮，盖孔子所谓辞达者。"③但其文今仅存三篇，究其原因，当是为其在立伪帝张邦昌一事上的丑陋行为所累。

综观徽、钦朝文坛，在崇宁实行禁锢"元祐学术政事"的"党禁"、"诗禁"的政治高压气氛下，文学仍顽强而艰难地寻找着发展的空间。具有反讽意味的是，正是被禁的以苏轼为代表的元祐文学，赋予政和

① 按吴开《锁院麻三道以上宿直双宣学士二员奏》即与此有关："今月十六日，锁院麻六道，止系权直院莫俦独宿，欲乞今后遇三道以上，双宣二员。"《全宋文》第137册，第64页。
② 孙觌：《宋故翰林学士莫公墓志铭》，《全宋文》第160册，第97—102页。
③ 孙觌：《翰林莫公内外制序》，《全宋文》第160册，第316页。

以后文学以复苏和重振的生机。翰林学士曾肇、叶梦得、韩驹、李邴、王安中、翟汝文诸人，多与苏门中人包括"四学士"及李昭玘、廖明略等游从，他们自觉师法苏轼的文学精神与传统，在苏轼及苏门学士等元祐诗人群相继零落辞世后，成为元祐诗风、文风的传承者。亦有与王安石渊源较深者如曾肇、慕容彦逢。抛开政治立场或党派之争的立场，正如胡应麟所指出的："宋世人才之盛，亡出庆历、熙宁间，大都尽入欧、苏、王三氏门下。"①王安石与苏轼在熙宁、元丰政坛的对立既势同水火，又在文学上深相推重。反倒是世人的表现令人感慨，张舜民哀悼王安石说："去来夫子本无情，奇字新经志不成。今日江湖从学者，人人讳道是门生。"②苏轼的遭遇亦与此类似，眉山人王赏记载："东坡公伯仲一世龙门，士获从之游，几半天下。及绍圣之变，始终一节以从公游者，盖亦无几。"③其门人李廌曾慨叹："今先生得罪，窜南海，异时门生故吏，孰肯顾恤?"④然而，文学的传播与接受最终要交给公平的读者和历史的验证。正是徽宗朝馆阁翰苑中的文学中坚力量对文学精神的坚守，才使得北宋欧阳修与王安石、苏轼相继开创的文学事业不至于出现断裂，也使徽、钦朝文学成为南宋高宗朝"最爱元祐"的文化热潮的过渡和先声。这进一步显示了欧、苏、王三人作为政坛名臣与文坛领袖，其独特的魅力和崇高的地位。

---

① 胡应麟:《诗薮》杂编卷五，第311页。
② 张舜民:《哀王荆公》四首其三,《全宋诗》第14册，第9693页。
③ 王赏:《书东坡黄门帖后》,《全宋文》第145册，第231页。
④ 李廌:《汝阴唱和集后序》,《全宋文》第132册，第136页。

结　语

　　翰林学士制度建立于唐,至宋进一步完善。学士院做为朝廷的中枢秘书机构,也成为文化精英与文学才俊汇聚之所。北宋帝王对词臣的推重,使翰林学士得以在政治舞台上"展尽底蕴",也在社会与文坛上获得崇高的地位与声望。本书以"翰林学士与文学"为题,仍采用"制度 + 文学"的流行命题方式,面临的主要难题是:怎样在制度与文学之间找到恰当的交接点? 我们的思路是,以翰林学士的政治角色、文化身份与文学活动为绾结点,探究宋代翰林制度与文学的深层联系。

　　首先,关于翰林学士的政治角色。总体来说,宋代翰林学士的政治地位较之唐代进一步强化。翰林学士由文学进身,以词命为职,专掌"王言",又有"内相"和"天子私人"之称,由翰苑进入两府担任军政要职者也有很高的比例。文学与政事相兼、德行与文章并重构成宋代翰林学士的基本素质。同时,宋代翰林学士大多曾担任台谏、经筵两种重要职务,台谏官控制舆论导向,是宋代朋党政治中最为活跃的力量;经筵官讲读进对,是翰林学士文化身份之外重要的政治身份。作为帝王之师臣,经筵官既是皇帝的道德与知识导师,涵养帝德,助成"圣学",丰富了帝王政治之学——"帝学"的内涵;同时,在讲论经史文艺之外,兼有政治顾问之责,往往借"留身"、"夜对"、"转对"、"独对"等机会,参议重大政务,从而有效地保证了君臣政治的"堂陛相承",使宋代帝王崇文重儒的传统得到有效的延续。在特定时期比如神宗朝与哲宗朝,翰林学士参政的机会愈多,在某种意义上,政治角色超越了文化身份。翰林学士在不同时期因政治立场、文化品格的差异而分化为不同的政治集团,个别事件如"景祐政争"、"秦邸狱案"、"乌台诗案"等,为则诠释政治(制度)与文学的关系提供了典型案例。

其次,关于翰林学士的文化身份。由进士、馆阁到两制的选任途径,使翰林学士成为典型的文学之选,一批杰出的翰林学士成为士林尊仰的楷模。这取决于以下要素:第一,以学术、道义与名贤寒士相交,文章道德的垂范和性格魅力的吸引,被公认为天下宗师;第二,知贡举及主持馆职、制科与词臣等考试,参与或主持修书等学术活动,专翰墨文史之任,从而与举子及馆职词臣诗人群体建立更密切的结盟关系;第三,具有推引士类、品题人物、诲诱后进的热情,成为士子追随游从的核心。王禹偁、杨亿、晏殊、欧阳修、苏轼等翰林学士莫不如此,他们的文采风流对于士风建设与宋代文学品格的塑造都起到了表率和示范作用。

再次,关于翰林学士的文学地位。翰林学士的政治地位与文学声望决定了其在当代文坛的影响力。全书系统地论述北宋九朝翰林学士的人员构成、政治分野与文化品格、文学群体及交游酬唱等状况,以重要的时间节点与诗史时段、人物谱系参错衔接,多线并进,尤其关注那些文学演化进程中容易为人忽略的转捩点,如太宗朝淳化、太平兴国,真宗朝景德、大中祥符,仁宗朝天圣、景祐、庆历、嘉祐,神宗朝熙宁、元丰,哲宗朝元祐、绍圣、元符,徽宗朝崇宁、政和、宣和等,构成完整的时间线。翰林学士的进退分合、师友传习、交游唱和,组合为不同的诗人群,杨亿、欧阳修、王安石、苏轼四位中心人物则体现了宋代文学的代际传承,构建了北宋文学演进的人物谱系。杨亿是宋代诗史上第一个具有独立个性的诗歌体派的代表人物,"昆体"从酝酿、形成到结集、传播,都刻印上了杨亿鲜明的个人色彩。欧、王、苏三人则亦师、亦友、亦敌,他们在政坛、文坛前后相继的崇高地位,影响着北宋中后期的文学走向。北宋诗文的自立、转型与嬗变，与上述四人密不可分。在时代与人物的交替代序中，呈现出北宋文学由因袭、发展到高潮、衰退的曲折历程。同时值得关注的是，一些"回翔州郡"、出入翰苑的翰林学士，如出守滁、颍、杭、扬的王禹偁、欧阳修、苏轼等人，退居洛阳的司马光、吕公著、范镇等人，形成若干文臣与文士交游聚合的次中心，这些小型的地域性的雅集酬唱，也打上了"翰林主人"的清晰印记，使玉堂与郡邑、朝廷与地方之间，保持着政治信息与文学动态的交流回应。

对北宋翰林学士做先行的时段研究，进而下探南宋，对宋代"翰林学士制度与文学"做贯通研究，是个人对研究规划的设想。两宋翰林学士制度前后相承，南宋翰苑制度因时代政局之变而又面临机构重建和变动调整，其制度沿革与学士述作既遵循北宋"故事"，又自成独立的发展体系。

从文学角度而言，北宋翰林学士与文学的意义，是经南宋而不断强化的典范地位。首先是翰林学士树立的品格与风范。王禹偁、杨亿、欧阳修、苏轼，均以其风骨气节、文章事业，成为南宋词臣所崇仰的翰苑楷模。其次是写作上的垂范与文脉传承。翰林学士以文章进身、以词命为职的职事特点，使其保持了极高的写作水准。由于"王言"写作制度的要求，使四六骈体成为翰苑第一文体，名家作手，多出翰苑，著在典册，传于人口。自北宋后期开始出现专门的四六话，乃至笔记、集序、诗话等，均热衷于品赏名句佳对，讨论修辞法度，推举名家典范。北宋词臣为宋四六之演进开宗立派，创立范式。以南宋集序、文话等举例来看，如汪藻评价说："宋兴百余年，文章之变屡矣。杨文公倡之于前，欧阳文忠公继之于后，至元丰、元祐间，斯文几于古而无遗恨矣。盖吾宋极盛之时也。"①以欧阳修与杨亿为宋初百年文

---

① 汪藻：《苏魏公文集序》，《全宋文》第 157 册，第 226 页。

章演革之帜志,体现了宋人的"大文章观"。韩驹认为北宋历代帝王崇儒重文,造成文章之盛不愧于汉唐的局面:"太宗始尚文教,则士有王禹偁、苏易简倡其风;真宗敦好词学,则有晏殊、杨亿为之冠;仁宗时则有若欧阳修,在神宗时则有若王安石。此数公者,其文皆不愧于汉唐,而其余以文擅于一时者尚不可一二数也。"①周必大说:"惟本朝承五季之后,诗人犹有唐末之遗风,迨杨文公、钱文僖、刘中山诸贤继出,一变而为昆体。未几宋元宪、景文公兄弟又以学问文章别成一家,藻丽而归之雅正,学者宗之,号为二宋。"②由杨、刘至二宋,着眼于宋初昆体一脉。杨囷道《云庄四六余话》将宋代四六文分为苏轼与王安石两派:"皇朝四六,荆公谨守法度,东坡雄深浩博,出于准绳之外,由是分为两派。近时汪浮溪、周益公诸人类荆公,孙仲益、杨诚斋诸人类东坡。"③

前引周必大、汪藻、韩驹三人,皆为南宋翰林学士或直院,作为宋代翰苑体制中人,他们对北宋翰林学士与翰苑文学的接受视野与文章观,是研究"活的制度史"的第一手资料,有助于重新发现和估价被后世"文学史"所遮蔽的一批活跃于朝堂台阁的重要作家以及应用性文体的"文章学"价值。

除此之外,翰林制度在南宋也表现出新的特点,比如更自觉的制度意识,尤其体现在词臣品格的独立、典章制度的考辨、翰苑文献的纂辑等方面。再如"道学"与翰林学士的进退,"词科"与翰林学士的选任等问题,都有待于展开更深入的讨论。

---

① 韩驹:《论文不可废疏》,《全宋文》第 161 册,第 369 页。
② 周必大:《跋宋待制晙宁轩自适诗》,《全宋文》第 230 册,第 409 页。
③ 杨囷道:《云庄四六余话》,王水照编《历代文话》本,第 118 页。

主要参考文献

《续资治通鉴长编》,李焘撰,中华书局,2004 年

《宋史》,脱脱等撰,中华书局,1977 年

《续资治通鉴》,毕沅撰,上海古籍出版社,1987 年

《续资治通鉴长编拾补》,黄以周等辑补,上海古籍出版社,1986 年

《宋史纪事本末》,冯琦编、陈邦瞻增辑,吉林出版集团影印《四部荟要》本

《皇宋通鉴长编纪事本末》,杨仲良撰,黑龙江人民出版社,2006 年

《东都事略》,王称撰,影印《文渊阁四库全书》本

《隆平集》,曾巩撰,影印《文渊阁四库全书》本

《宋会要辑稿》,徐松等辑,中华书局,1997 年

《宋大诏令集》,中华书局,1962 年

《宋朝诸臣奏议》,赵汝愚辑,上海古籍出版社,1981 年

《文献通考》,马端临撰,中华书局,1986 年

《四库全书总目提要》,纪昀等撰,商务印书馆,1933 年

《直斋书录解题》,陈振孙撰,上海古籍出版社,1987 年

《郡斋读书志》,晁公武,上海古籍出版社,1990 年

《宋文鉴》,吕祖谦编,中华书局,1992 年

《宋诗钞》,吴之振等编,中华书局,1986 年

《全宋诗》,北京大学古文献研究所编,北京大学出版社,1992 年

《全宋诗订补》,陈新等补正,大象出版社,2005 年

《全宋词》,唐圭璋编,中华书局,1999 年

《全宋文》,曾枣庄、刘琳主编,上海辞书出版社、安徽教育出版社,2006 年

《西昆酬唱集注》,杨亿编,王仲荦注,上海书店出版社,2001 年

《瀛奎律髓汇评》,方回编,李庆甲集评校点,上海古籍出版社,1986 年

《白居易集笺校》,白居易撰,朱金城笺注,上海古籍出版社,1988 年

《小畜集》,王禹偁撰,《四部丛刊》本

《武夷新集》,杨亿撰,影印《文渊阁四库全书》本

《梅尧臣集编年校注》,梅尧臣撰,朱东润校注,上海古籍出版社,1980 年

《苏舜钦集编年校注》,苏舜钦撰,傅平骧、胡问陶校注,巴蜀书社,1991 年

《欧阳修全集》,欧阳修撰,中华书局,2001 年

《欧阳修诗文集校笺》,欧阳修撰,洪本健校笺,上海古籍出版社,2009 年

《龙学文集》,祖择之撰,影印《文渊阁四库全书》本

《王文公文集》,王安石撰,上海人民出版社,1974 年

《临川集》,王安石撰,影印《文渊阁四库全书》本

《王荆文公诗李壁注》,王安石撰,李壁注,上海古籍出版社,1993 年

《王荆公文集笺注》,王安石撰,李之亮笺注,巴蜀书社,2005 年

《传家集》,司马光撰,影印《文渊阁四库全书》本

《司马温公集编年笺注》，司马光撰，李之亮笺注，巴蜀书社，2009 年

《蔡襄集》，蔡襄撰，上海古籍出版社，1996 年

《华阳集》，王珪撰，《丛书集成初编》本，商务印书馆，1935 年

《文庄集》，夏竦撰，影印《文渊阁四库全书》本

《曾巩集》，曾巩撰，中华书局，1984 年

《苏轼文集》，苏轼撰，中华书局，1986 年

《苏轼诗集》，苏轼撰，中华书局，1982 年

《苏轼诗集合注》，苏轼撰，冯应榴辑注，上海古籍出版社，2001 年

《苏辙集》，苏辙撰，中华书局，1990 年

《黄庭坚诗集注》，中华书局，2003 年

《淮海集笺注》，秦观撰，徐培均笺注，上海古籍出版社，1994 年

《张耒集》，张耒撰，中华书局，1993 年

《后山诗注补笺》，陈师道撰，任渊注，冒广生补笺，中华书局，1995 年

《陈与义集》，陈与义撰，中华书局，1982 年

《鹤山先生大全文集》，魏了翁撰，《四部丛刊》本

《文忠集》，周必大撰，影印《文渊阁四库全书》本

《浮溪集》，汪藻撰，影印《文渊阁四库全书》本

《群书考索》，章如愚撰，影印《文渊阁四库全书》本

《古今源流至论》，林駉撰，影印《文渊阁四库全书》本

《玉海》，王应麟撰，影印《文渊阁四库全书》本

《山堂肆考》，彭大翼撰，影印《文渊阁四库全书》本

《儒林公议》，田况撰，影印《文渊阁四库全书》本

《翰苑群书》，洪迈编，影印《文渊阁四库全书》本

《玉堂杂记》，周必大撰，影印《文渊阁四库全书》本

《宋朝事实》，李攸撰，《丛书集成》初编本

《东斋记事》，范镇撰，中华书局，1980 年

《春明退朝录》，宋敏求撰，中华书局，1980 年

《归田录》，欧阳修撰，中华书局，1981 年

《渑水燕谈录》，王辟之撰，中华书局，1981 年

《燕翼诒谋录》，王栐撰，中华书局，1981 年

《默记》，王铚撰，中华书局，1981 年

《游宦纪闻》，张世南撰，中华书局，1981 年

《旧闻证误》，李心传撰，中华书局，1981 年

《宋朝事实类苑》，江少虞撰，上海古籍出版社，1981 年

《邵氏闻见录》，邵伯温撰，中华书局，1983 年

《邵氏闻见后录》，邵博撰，中华书局，1983 年

《东轩笔录》，魏泰撰，中华书局，1983 年

《铁围山丛谈》，蔡絛撰，中华书局，1983 年

《湘山野录、续录》，文莹撰，中华书局，1984 年

《石林燕语》，叶梦得撰，中华书局，1984 年

《青箱杂记》，吴处厚撰，中华书局，1985 年

《梁溪漫志》，费衮撰，上海古籍出版社，1985 年

《四朝闻见录》，叶绍翁撰，中华书局，1989 年

《云麓漫钞》，赵彦卫撰，中华书局，1996 年

《南宋馆阁录、续录》，陈骙、佚名撰，中华书局，1998 年

《避暑录话》，叶梦得撰，上海古籍出版社，1992 年

《清波杂志》，周煇撰，中华书局，1994 年

《容斋随笔》，洪迈撰，上海古籍出版社，1995 年

《能改斋漫录》，吴曾撰，上海古籍出版社，1979 年

《麟台故事校证》，程俱撰，张富祥校证，中华书局，2000 年

《挥麈余话》，王明清撰，上海书店出版社，2001 年

《师友谈记》,李廌撰,中华书局,2002 年

《曲洧旧闻》,朱弁撰,中华书局,2002 年

《侯鲭录》,赵令畤撰,中华书局,2002 年

《西塘集耆旧续闻》,陈鹄撰,中华书局,2002 年

《梦溪笔谈》,沈括撰,上海书店出版社,2003 年

《墨庄漫录》,张邦基撰,中华书局,2002 年

《朝野类要》,赵升撰,中华书局,2007 年

《宋论》,王夫之著,中华书局,1964 年

《诗话总龟》,阮阅编,人民文学出版社,1987 年

《苕溪渔隐丛话》,胡仔编,人民文学出版社,1962 年

《文体明辨序说》,徐师曾撰,人民文学出版社,1962 年

《诗薮》,胡应麟撰,中华书局,1958 年

《历代诗话》,何文焕辑,中华书局,1981 年

《历代诗话续编》,丁福保辑,中华书局,1983 年

《清诗话》,王夫之等辑,上海古籍出版社,1978 年

《清诗话续编》,郭绍虞编,上海古籍出版社,1983 年

《宋诗话考》,郭绍虞撰,中华书局,1979 年

《宋诗话辑佚》,郭绍虞编,中华书局,1980 年

《宋诗话全编》,吴文治,凤凰出版社,1998 年

《历代文话》,王水照编,复旦大学出版社,2007 年

《朱熹的历史世界——宋代士大夫政治文化的研究》,余英时著,
生活·读书·新知三联书店,2004 年

《中国翰林制度研究》,杨果著,武汉大学出版社,1996 年

《宋代官制辞典》,龚延明著,中华书局,1997 年

《谈艺录》,钱锺书著,中华书局,1984 年

《宋代文学通论》,王水照主编,河南大学出版社,1997 年

《王水照自选集》,王水照著,上海教育出版社,2000 年

《苏轼评传》,王水照、朱刚著,南京大学出版社,2004 年

《翰学三书》,傅璇琮、施纯德编,辽宁教育出版社,2003 年

《唐翰林学士传论》,傅璇琮著,辽海出版社,2005 年

《宋代文学编年史》曾枣庄、吴洪泽著,凤凰出版社,2010 年

《唐宋诗歌论集》,莫砺锋著,凤凰出版社,2007 年

《唐诗论学丛稿》,傅璇琮著,京华出版社,1999 年

《唐宋文学研究》,曾枣庄著,巴蜀书社,1999 年

《北宋文人与党争》,沈松勤著,人民出版社,1998 年

《北宋诗文革新研究》,程杰著,内蒙古教育出版社,2000 年

《北宋新旧党争与文学》,萧庆伟著,人民文学出版社,2001 年

《宋代散文研究》,杨庆存著,人民文学出版社,2002 年

《宋诗体派论》,吕肖奂著,四川民族出版社,2002 年

《苏门六君子研究》,马东瑶著,北京大学出版社,2005 年

《文化视域中的北宋熙丰诗坛》,马东瑶著,陕西人民教育出版社,2006 年

《北宋古文运动的形成》,冯志弘著,上海古籍出版社,2009 年

《祖宗之法》,邓小南著,生活·读书·新知三联书店,2006 年

《宋诗选》,张鸣选注,人民文学出版社,2004 年

《江西宗派研究》,伍晓蔓著,巴蜀书社,2005 年

《传媒与真相——苏轼及其周围士大夫的文学》,内山精也著,王水照主编"日本宋学研究六人集",上海古籍出版社,2005 年

《距离与想象——中国诗学的唐宋转型》,浅见洋二著,"日本宋学研究六人集",上海古籍出版社,2005 年

《复古与创新——欧阳修散文与古文复兴》,东英寿著,"日本宋学研究六人集",上海古籍出版社,2005 年

《气与士风——唐宋古文的进程与背景》,副岛一郎著,"日本宋学研究六人集",上海古籍出版社,2005 年

《宋代科举与文学》,祝尚书著,大象出版社,2006 年

《宋代文学探讨集》,祝尚书著,大象出版社,2007 年

《宋代文化与文学研究》,张海鸥著,中国社会科学出版社,2002 年

《宋初百年文学复兴的历程》,张兴武著,中华书局,2009 年

《唐宋散文创作风貌》,阮忠著,天津教育出版社,2010 年

《宋代散文史论》,马茂军著,中华书局,2008 年

《宋代文献学研究》,张富祥著,上海古籍出版社,2006 年

《宋人别集叙录》,祝尚书著,中华书局,1999 年

《宋人总集叙录》,祝尚书著,中华书局,2004 年

《唐宋诗美学与艺术论》,陶文鹏著,南开大学出版社,2003 年

《宋代散文研究》,杨庆存著,人民文学出版社,2002 年

《宋代文学论稿》,杨庆存著,复旦大学出版社,2007 年

《宋代家族与文学》,张剑著,北京出版社,2006 年

《北宋馆阁翰苑与诗坛研究》,陈元锋著,中华书局,2006 年

《欧阳修与宋代士大夫》,朱刚、刘宁主编,《思想史研究》第四辑,上海人民出版社,2007 年

《叶梦得研究》,潘殊闲著,巴蜀书社,2007 年

《徽宗朝诗歌研究》,张明华著,上海古籍出版社,2008 年

《西昆体研究》,张明华著,人民文学出版社,2010 年

《宋四六论稿》,施懿超著,上海古籍出版社,2005 年

《宋代文学的历史文化考察》,钱建状著,福建教育出版社,2012 年

《中唐至北宋的典范选择与诗歌因革》,李贵著,复旦大学出版社,2012 年

《宋元诗学论稿》,史伟,上海辽东出版社,2012 年

《从"白体"到"西昆体"》,张鸣,《国学研究》第三卷

《论"元祐学术"与"元祐政事"》,沈松勤,《中华文史论丛》第八十八辑

《庆历新政人士和北宋散文的发展》,洪本健,《江海学刊》2001年第6期

《论北宋庆历诗人对杜诗的发现与继承》,马东瑶,《杜甫研究学刊》2001年第1期

《论北宋庆历诗风的形成》,马东瑶,《文学遗产》2002年第2期

《论宋初百年士风的演进》,马茂军,《华南师范大学学报》2004年第4期

《从宋初政治的崇文货币看宋诗气质的形成》,曾祥波,《北京大学学报》2004年第3期

《宋太祖朝的翰林学士》,范学辉,《文史》2005年第3辑

《论欧阳修对韩愈诗歌的接受与宋诗的奠基》,谷曙光,《北京师范大学学报》2005年第3期

《晁迥与宋初文学》,李朝军,《四川大学学报》2005年第3期

《庆历党议与苏舜钦诗风的嬗变》,马茂军,《商丘师范学院学报》2006年第3期

《庆历党议与梅尧臣诗风的嬗变》,马茂军,《甘肃联合大学学报》2006年第2期

《"太学体"及其周边诸问题》,朱刚,《文学遗产》2007年第5期

《北宋末临川诗人群体及其文学史意义》,伍晓蔓,《文学遗产》2007年第5期

《宋代唱和诗的深层语境与创变诗思——以北宋两次白兔唱和诗为例》,吕肖奂,《四川大学学报》2008年第2期

《从南北对峙到南北融合——宋初百年文坛演变历程》,沈松勤,《文学评论》2008年第4期

《"崇宁党禁"下的文学创作趋向》,沈松勤、姚红,《文学遗产》2008 年第 2 期

《宋代的政治空间:皇帝与臣僚交流方式的变化》,平田茂树,《历史研究》2008 年第 3 期

《欧阳修天圣学韩:北宋"文学自觉"的重要标志》,洪本健,《华东师范大学学报》2009 年第 3 期

《宋庠、宋祁的七律创作及其诗史意义》,张立荣,《齐鲁学刊》2009 年第 6 期

《北宋经筵中的师道实践》,姜鹏,《学术研究》2009 年第 7 期

《徽宗诗坛的创作群体及其地域分布》,李欣,《长江学术》2009 年第 2 期

《创新与引领:宋代诗人对器物文化的贡献——以砚屏的产生及风行为例》,吕肖奂,《四川大学学报》2009 年第 3 期

《朝堂之外:北宋东京士人走访与雅集——以苏轼为中心》,梁建国,《历史研究》2009 年第 2 期

《朝堂内外:北宋东京的士人交游——以"嘉祐四友"为中心的考察》,梁建国,《文史哲》2009 年第 5 期

《"以天下为己任"诗风之开启——北宋景祐三年朋党事件的诗歌写作及其诗歌史意义》,周剑之,《广西社会科学》2010 年第 11 期

《北宋"险怪"文风:古文运动的另一翼》,朱刚,《中国社会科学》2010 年第 1 期

《西昆酬唱集与宋诗演进》,慈波,《浙江学刊》2010 年第 1 期

后　记

　　"翰林学士与文学"属文史交叉的研究课题。上世纪80年代末，我以《乐官文化与文学》作为硕士学位论文选题，是涉足制度与文学领域之始；进入新世纪后，完成了博士学位论文《北宋馆阁翰苑与文学》，又连续申报了国家社科基金项目"北宋翰林学士与文学"与"南宋翰林学士与文学"，均获得立项，本书即是第一项课题的结项成果。这些选题都延续了制度与文学研究的思路。随着上个世纪古代文学研究向文化学的转向，制度与文学也成为学界持续关注的热点领域。我所在的山东师范大学文学院与《文学遗产》《文史哲》编辑部及上海大学文学院，分别于2016年和2018年在济南联合举办了两届"制度与文学高端学术论坛"，邀约全国高校和科研机构从事各朝代、各领域制度与文学研究的中青年专家学者，围绕制度与文学的理论与方法、制度与文学的研究范畴、制度与文学的热点与前沿问题、制度与文献、制度与文体、制度与文本等议题展开了深入的学术研讨。论坛展示了制度与文学领域的新成果，开拓了新视野，也提出了新问题。

　　一个时期以来，古代文学研究界对跨学科研究的趋向表达了一种集体"焦虑"，布鲁姆《西方正典》中的这段话经常被引用："文学研究者变成了业余的社会政治家、半吊子社会学家、不胜任的人类学家、平庸的哲学家以及武断的文化史家。"这被比喻为"打工说"。毋庸讳言，以往对文学做文史交叉的研究，确实不同程度地存在着重文化背景的外部考察、重文献史实的考据实证、文学本位缺失、文学＋

文化"两张皮"、命题模式化、边界模糊等偏颇现象,但其弊端似乎也被有意无意地夸大了,在学术理念上存在一定的误区。就制度与文学的关系而言,试想,在科举社会和文官体系下,有几人不是兼修经史,学人而兼诗人,官员而兼作家,为政、为学、为文一体,总是与制度有不同程度的联系。因此,将文学纳入政治、文化等制度史的视野,自是文学研究的题中应有之义。可以说,制度与文学,亦文亦史,两者不可分割,只要坚持以文学为落脚点,就不存在越界,不必自卑于文学为史学"打工"作嫁,沦为历史学、政治学的附庸或奴婢。

因此,我非常赞同陈尚君先生说过的一段话:"对于研究者来说,我主张无分文史,无分内外,无分宏微,无分考论,无分新旧,惟文献有据、见解独到是求。"(中国唐代文学学会第十九届年会暨唐代文学国际学术研讨会开幕词)廖可斌先生也强调各学科的贯通:"也许有人认为,这是脱离,放弃了文学研究的领域,而去研究历史学(包括政治史,经济史,文化史,社会史等)领域的问题。我认为不是这样,这不是放弃文学研究的领地,而是主动拓宽文学研究的领地,把本应该属于文学研究的领域,以及与历史研究,思想史研究交叉的领域,也纳入到古代文学研究的范围中来,改变文学研究日益成为历史研究和思想史研究的附庸的状况。"(《回归生活史和心灵史的古代文学研究》,《文学遗产》2014年第4期)这种认识其实正植根于我国固有的文史一家的学术传统。古代文学研究理应充分关注和借鉴其他学科特别是史学研究的相关成果。史部为制度文献之渊薮,制度史的研究也一直是史学界的重要研究课题。近年来,以北京大学中国古代史研究中心为平台,多次举办工作坊和研讨会,倡导"活的制度史",在研究议题、思路和方法上,不断拓宽和延伸,其研究成果和学术理路值得古代文学学界重视和借鉴。反过来,历史学者同样重视集部文献的阅读利用,重视考察士人阶层的文化活动。因此,我们确实不必严守专业的壁垒,放弃阵地,画地为牢,作茧自缚。这与提倡研究范式、学科理论、学术命题的创新并不相悖。

以上所述是我在做制度与文学课题时秉持的学术理念,但追求与实绩之间还有不小距离。本书于2013底即已完成结项,但一直没有时间和精力按预想再做进一步的改进完善,只借此次校对做了一些局部和细节的修润。我对宋代翰林学士的研究,始于复旦读博之时,拙稿能够忝列由业师王水照先生主编的"复旦宋代文学研究书系第二辑"六种之一,对个人而言,具有特别的意义。但同时深知自己的成果还达不到先生所期待的学术水平,存在的问题与不足尚多,期待得到学界的批评。

书中的部分章节曾作为阶段性成果发表和转载于《文学遗产》、《文史哲》、《华南师范大学学报》、《江西师范大学学报》、《福州大学学报》、《山东师范大学学报》、人大书报资料中心《中国古代、近代文学研究》等学术期刊,感谢上述期刊编辑的扶持。本书得到"山东省一流学科山东师范大学文学院中国语言文学科建设经费"出版资助,一并致谢!

陈元锋

己亥新正于历下

图书在版编目（CIP）数据

北宋翰林学士与文学研究/陈元锋著.—上海：复旦大学出版社，2019.7（2021.12
重印）

（复旦宋代文学研究书系第二辑/王水照主编）

ISBN 978-7-309-14232-7

Ⅰ.①北…　Ⅱ.①陈…　Ⅲ.①文官制度-研究-中国-北宋
②中国文学-古典文学研究-北宋　Ⅳ.①D691.42②I206.441

中国版本图书馆 CIP 数据核字（2019）第 044946 号

北宋翰林学士与文学研究

陈元锋　著

责任编辑/王汝娟

复旦大学出版社有限公司出版发行

上海市国权路 579 号　邮编：200433

网址：fupnet@ fudanpress.com　http://www.fudanpress.com

门市零售：86-21-65102580　团体订购：86-21-65104505

出版部电话：86-21-65642845

上海盛通时代印刷有限公司

开本 890×1240　1/32　印张 12.75　字数 303 千

2021 年 12 月第 1 版第 2 次印刷

ISBN 978-7-309-14232-7/D · 980

定价：80.00 元